“十三五”国家重点图书出版规划项目

列国志

GUIDE TO THE WORLD NATIONS

新版

唐志超 编著

JORDAN

约旦

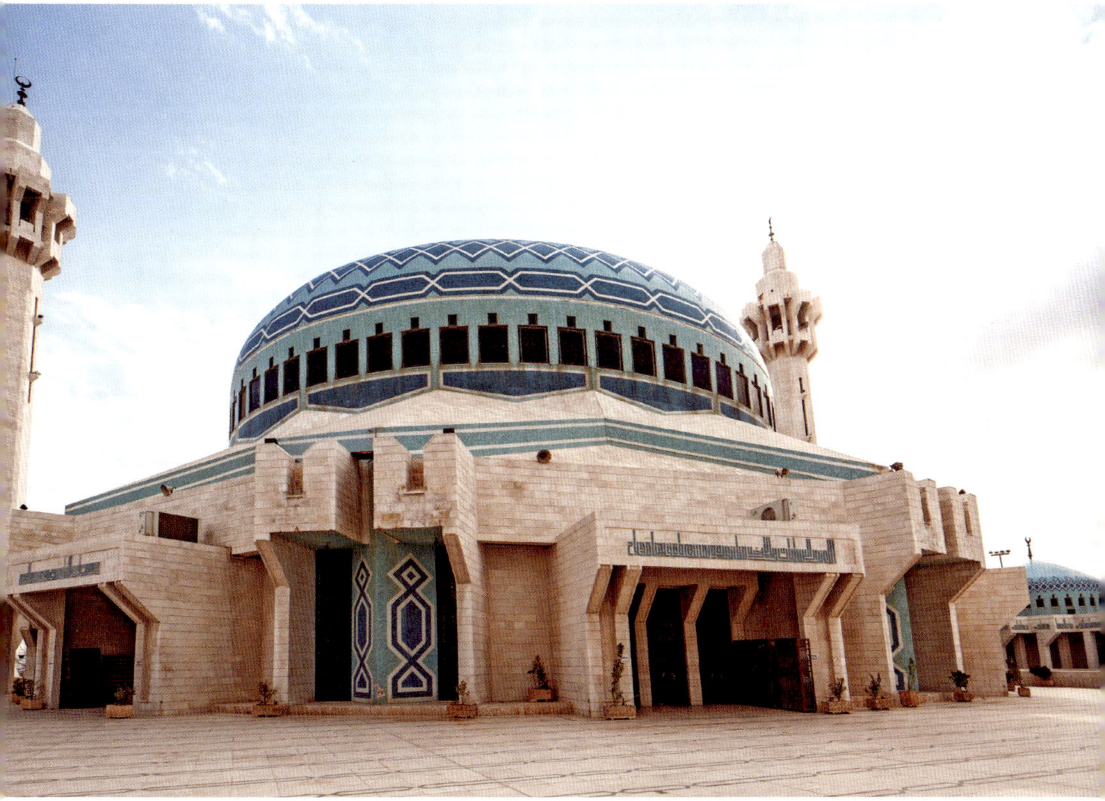

社会科学文献出版社
SOCIAL SCIENCES ACADEMIC PRESS (CHINA)

约旦国旗

约旦国徽

安曼夜景

伍麦叶宫

杰拉什

伯大尼

古塞尔阿姆拉城堡

『失落之城』佩特拉

圣·乔治教堂

死海

亚喀巴，『约旦眺望海洋的窗口』

出版说明

《列国志》编撰出版工作自1999年正式启动，截至目前，已出版144卷，涵盖世界五大洲163个国家和国际组织，成为中国出版史上第一套百科全书式的大型国际知识参考书。该套丛书自出版以来，受到社会各界的广泛好评，被誉为“21世纪的《海国图志》”，中国人了解外部世界的全景式“窗口”。

这项凝聚着近千学人、出版人心血与期盼的工程，前后历时十多年，作为此项工作的组织实施者，我们为这皇皇144卷《列国志》的出版深感欣慰。与此同时，我们也深刻认识到当今国际形势风云变幻，国家发展日新月异，人们了解世界各国最新动态的需要也更为迫切。鉴于此，为使《列国志》丛书能够不断补充最新资料，更好地服务于社会各界，我们决定启动新版《列国志》编撰出版工作。

与已出版的144卷《列国志》相比，新版《列国志》无论是形式还是内容都有新的调整。国际组织卷次将单独作为一个系列编撰出版，原来合并出版的国家将独立成书，而之前尚未出版的国家都将增补齐全。新版《列国志》的封面设计、版面设计更加新颖，力求带给读者更好的阅读享受。内容上的调整主要体现在数据的更新、最新情况的增补以及章节设置的变化等方面，目的在于进一步加强该套丛书将基础研究和应用对策研究相结合，将基础研究成果应用于实践的特色。例如，增加了各国有关资源开发、环境治理的内容；特设“社会”一章，介绍各国的国民生活情况、社会管理经验以及存在的社会问题，等等；增设“大事纪年”，方便读者在短时间内熟悉各国的发展线索；增设“索引”，便于读者根据人名、地名、关键词查找所需相关信息。

顺应时代发展的要求，新版《列国志》将以纸质书为基础，全面整合国别国际问题研究资源，构建列国志数据库。这是《列国志》在新时期发展的一个重大突破，由此形成的国别国际问题研究资讯平台，必将更好地服务于中央和地方政府部门应对日益繁杂的国际事务的决策需要，促进国别国际问题研究领域的学术交流，拓宽中国民众的国际视野。

新版《列国志》的编撰出版工作得到了各方的支持：国家主管部门高度重视，将其列入“‘十二五’国家重点图书出版规划项目”；中国社会科学院将其列为创新工程学术出版资助项目，王伟光院长亲自担任编辑委员会主任，指导相关工作的开展；国内各高校和研究机构鼎力相助，国别国际问题研究领域的知名学者相继加入编辑委员会，提供优质的学术咨询与指导。相信在各方的通力合作之下，新版《列国志》必将更上一层楼，以崭新的面貌呈现给读者，在中国改革开放的新征程中更好地发挥其作为“知识向导”、“资政参考”和“文化桥梁”的作用！

新版《列国志》编辑委员会

2013年9月

前　言

自1840年前后中国被迫开关、步入世界以来，对外国舆地政情的了解即应时而起。还在第一次鸦片战争期间，受林则徐之托，1842年魏源编辑刊刻了近代中国首部介绍当时世界主要国家舆地政情的大型志书《海国图志》。林、魏之目的是为长期生活在闭关锁国之中、对外部世界知之甚少的国人“睁眼看世界”提供一部基本的参考资料，尤其是让当时中国的各级统治者知道“天朝上国”之外的天地，学习西方的科学技术，“师夷之长技以制夷”。这部著作，在当时乃至其后相当长一段时间内，产生过巨大影响，对国人了解外部世界起到了积极的作用。

自那时起中国认识世界、融入世界的步伐就再也没有停止过。中华人民共和国成立以后，尤其是1978年改革开放以来，中国更以主动的自信自强的积极姿态，加速融入世界的步伐。与之相适应，不同时期先后出版过相当数量的不同层次的有关国际问题、列国政情、异域风俗等方面的著作，数量之多，可谓汗牛充栋。它们对时人了解外部世界起到了积极的作用。

当今世界，资本与现代科技正以前所未有的速度与广度在国际间流动和传播，“全球化”浪潮席卷世界各地，极大地影响着世界历史进程，对中国的发展也产生极其深刻的影响。面临不同以往的“大变局”，中国已经并将继续以更开放的姿态、更快的步伐全面步入世界，迎接时代的挑战。不同的是，我们所面临的已不是林则徐、魏源时代要不要“睁眼看世界”、要不要“开放”的问题，而是在新的历史条件下，在新的世界发展大势下，如何更好地步入世界，如何在融入世界的进程中更好地维护民族国家的主权与独立，积极参与国际事务，为维护世界和平，促进世界与人类共同发展做出贡献。这就要求我们对外部世界有比以往更深切、全面的了解，我们只有更全面、更深入地了解世界，才能在更高的层次上融入世界，也才能在融入世界的进程中不迷失方向，保持自我。

与此时代要求相比，已有的种种有关介绍、论述各国史地政情的著述，无论就规模还是内容来看，已远远不能适应我们了解外部世界的要求。人们期盼有更新、更系统、更权威的著作问世。

中国社会科学院作为国家哲学社会科学的最高研究机构和国际问题综合研究中心，有11个专门研究国际问题和外国问题的研究所，学科门类齐全，研究力量雄厚，有能力也有责任担当这一重任。早在20世纪90年代初，中国社会科学院的领导和中国社会科学出版社就提出编撰“简明国际百科全书”的设想。1993年3月11日，时任中国社会科学院院长胡绳先生在科研局的一份报告上批示：“我想，国际片各所可考虑出一套列国志，体例类似几年前出的《简明中国百科全书》，以一国（美、日、英、法等）或几个国家（北欧各国、印支各国）为一册，请考虑可行否。”

中国社会科学院科研局根据胡绳院长的批示，在调查研究的基础上，于1994年2月28日发出《关于编纂〈简明国际百科全书〉和〈列国志〉立项的通报》。《列国志》和《简明国际百科全书》一起被列为中国社会科学院重点项目。按照当时的计划，首先编写《简明国际百科全书》，待这一项目完成后，再着手编写《列国志》。

1998年，率先完成《简明国际百科全书》有关卷编写任务的研究所开始了《列国志》的编写工作。随后，其他研究所也陆续启动这一项目。为了保证《列国志》这套大型丛书的高质量，科研局和社会科学文献出版社于1999年1月27日召开国际学科片各研究所及世界历史研究所负责人会议，讨论了这套大型丛书的编写大纲及基本要求。根据会议精神，科研局随后印发了《关于〈列国志〉编写工作有关事项的通知》，陆续为启动项目拨付研究经费。

为了加强对《列国志》项目编撰出版工作的组织协调，根据时任中国社会科学院院长李铁映同志的提议，2002年8月，成立了由分管国际学科片的陈佳贵副院长为主任的《列国志》编辑委员会。编委会成员包括国际片各研究所、科研局、研究生院及社会科学文献出版社等部门的主要领导及有关同志。科研局和社会科学文献出版社组成《列国志》项目工作组，社会科学文献出版社成立了《列国志》工作室。同年，《列国志》项目被批准为中国社会科学院重大课题，新闻出版总署将《列国志》项目列入国家重点图书出版计划。

在《列国志》编辑委员会的领导下，《列国志》各承担单位尤其是各位学者加快了编撰进度。作为一项大型研究项目和大型丛书，编委会对《列国志》提出的基本要求是：资料翔实、准确、最新，文笔流畅，学术性和可读性兼备。《列国志》之所以强调学术性，是因为这套丛书不是一般的“手册”“概览”，而是在尽可能吸收前人成果的基础上，体现专家学者们的研究所得和个人见解。正因为如此，《列国志》在强调基本要求的同时，本着文责自负的原则，没有对各卷的具体内容及学术观点强行统一。应当指出，参加这一浩繁工程的，除了中国社会科学院的专业科研人员以外，还有院外的一些在该领域颇有研究的专家学者。

现在凝聚着数百位专家学者心血，共计141卷，涵盖了当今世界151个国家和地区以及数十个主要国际组织的《列国志》丛书，将陆续出版与广大读者见面。我们希望这样一套大型丛书，能为各级干部了解、认识当代世界各国及主要国际组织的情况，了解世界发展趋势，把握时代发展脉络，提供有益的帮助；希望它能成为我国外交外事工作者、国际经贸企业及日渐增多的广大出国公民和旅游者走向世界的忠实“向导”，引领其步入更广阔的世界；希望它在帮助中国人民认识世界的同时，也能够架起世界各国人民认识中国的一座“桥梁”，一座中国走向世界、世界走向中国的“桥梁”。

《列国志》编辑委员会

2003年6月

序

中东地区，举世瞩目。在中东版图上，约旦是一个神奇的国家。为帮助广大读者了解约旦的神奇之处，唐志超撰写了《约旦》一书，我在此谨表祝贺。

约旦历史悠久、文物荟萃。在历史上，约旦原是巴勒斯坦的一部分。其历史可追溯到石器时代，铜器时代和铁器时代出土的文物洋洋大观。迦南人、犹太人以及古希腊、古罗马、阿拉伯人都在这里留下了历史足迹。该地区既是兵家必争之地，又是犹太教、基督教、伊斯兰教竞相传布之域；既是历史嬗变与现实社会交会之地，又是流血冲突与多元文化交织之域，颇具神奇色彩。

约旦又是一个立国较晚但颇有影响力的国家。从 1916 年阿拉伯大起义、1917 年攻克亚喀巴城算起距今不到 90 年；从英国承认外约旦独立到现在不到 60 年。因此，可以说，约旦是个年轻的国家。约旦虽然是个建国历史较短的小国，但在国际社会广被关注，在中东地区具有一定影响力。第一，约旦是一个王国，执政的哈希姆家族是伊斯兰教创始人穆罕默德的直系后裔，其家族史已有 3000 多年。这在世界上有其独特性。第二，约旦地区在数千年的历史长河中饱经沧桑，约旦王国成立后也屡经战乱。王国创始人阿卜杜拉国王被刺身亡，侯赛因国王在一生中遭遇过无数次危险。在世界列强和地区列强的激烈角逐中，这个地区小国却一次次化险为夷，成功地在夹缝中求得生存。第三，约旦自然条件恶劣，全国 80% ~ 90% 为沙漠高山地区，且资源贫乏。在历史上，约旦是个贫瘠落后的农牧国家，工业基础非常薄弱，从 20 世纪 60 年代才开始发展。国民经济的发展受到地区形势变化的影响和制约。但约旦领导人能够取长补短，趋利避害，注意发挥自身优势，采取适合约旦国情的政策，紧紧抓住侨汇、外援和旅游这三大经济支柱，致力于国民经济的发展。阿卜杜拉二世执政后，加大了这项工作的力度，保持了近年国民经济稳步增长的势头。约旦国民经济的增长和人民生活水平的提高引起了国际社会的关注。第四，约旦奉行中立、不结盟和对外开放政策，推行全方位相对平衡的外交。约旦在外交上具有灵活务实和纵横捭阖的特点，在中东事务中积极发挥作用，多次召开有关经济发展、伊拉克问题等重大问题的国际会议。约旦已成为阿拉伯温和声音的代表，在中东地区的发言权和影响力稳中有升。

《约旦》一书的作者唐志超位年轻有为，是相关研究领域的新秀。他付出了巨大努力，花费两年时间完成了本书。本书分概览、历史、政治、经济、军事、社会、文化及外交八部分，概括了约旦的方方面面。本书布局周密严谨，所用资料系统、翔实，内容详尽，比较准确，力求最新，体现了"全、新、准"的特点。标题概念明确，叙述充实。文字比较简练、朴实，文笔流畅。本书以客观表述为主，辅以立论，基本写出了约旦的特色。

《约旦》一书质量较高，是一本集知识性、学术性和趣味性于一体的好书。书中内容有高度的可信性，作者也就相关问题提出了一些真知灼见。希望《约旦》一书能够得到广大读者的喜爱。

时延春

中国前驻也门、叙利亚大使，世界知识出版社前总编辑

CONTENTS

目录

CONTENTS

目录

CONTENTS

目录

CONTENTS

目录

CONTENTS

目录

CONTENTS

目 录

CONTENTS

目录

CONTENTS

目录

CONTENTS

目 录

CONTENTS

目 录

CONTENTS

目录

第一章

概　览

约旦哈希姆王国（Hashemite Kingdom of Jordan），简称约旦。位于亚洲西部，面积约 8.934 万平方千米。首都安曼。人口约 638.8 万（2012 年）。约旦主体居民为阿拉伯人，阿拉伯语为国语。伊斯兰教为国教，绝大多数国民信奉伊斯兰教，其中以逊尼派为主。

约旦是人类最早的栖息地和文明繁衍地之一。公元前 13 世纪就建立了城邦国家。历史上曾受波斯帝国、罗马帝国、马其顿帝国、阿拉伯帝国、奥斯曼帝国的统治。公元 630 年前后属阿拉伯帝国版图，开始接受伊斯兰教。1517 年被奥斯曼帝国占领，属于奥斯曼帝国的大马士革省。第一次世界大战爆发后，麦加谢里夫侯赛因·本·阿里于 1916 年发动了推翻奥斯曼帝国统治的阿拉伯大起义。战后，奥斯曼帝国解体，巴勒斯坦（包括约旦）又沦为英国的委任统治地。1921 年英国将巴勒斯坦一分为二，约旦河西岸仍称巴勒斯坦，河东岸成立外约旦酋长国，立侯赛因次子阿卜杜拉为埃米尔，这就是约旦哈希姆王国的前身。1928 年 2 月，英国与外约旦签订了为期 20 年的《英国—外约旦条约》，把当时形成的英约关系在法律上确定下来。根据条约，英国控制外约旦的财政和大部分外交事务。1946 年 1 月，英国外交大臣宣布将采取步骤建立一个独立的外约旦主权国家。1946 年 3 月 22 日，英国与外约旦签署伦敦条约，承认外约旦独立但继续在外约旦保留驻军。4 月 18 日，联合国承认外约旦独立。5 月 25 日，阿卜杜拉登基为王，国名为“外约旦哈希姆王国”，执政者由埃米尔改为国王。①

① 阿卜杜拉国王又称阿卜杜拉一世，以区别于阿卜杜拉二世。

同日，外约旦议会批准了《伦敦条约》。6 月 17 日，两国政府互换批准文书，《伦敦条约》正式生效，外约旦至此取得完全独立。外约旦独立后，正式申请成为联合国成员国，但被苏联否决，理由是根据《伦敦条约》该国并非完全独立国家。为此，英国与外约旦于 1948 年 3 月签署了新的条约，取消了对外约旦主权的限制。1955 年 12 月 14 日，外约旦正式成为联合国成员国。

1948 年 5 月，第一次阿以战争爆发，外约旦军队占领了约旦河西岸包括耶路撒冷东区在内的约 5900 平方千米的土地。1950 年 4 月 23 日，外约旦宣布将约旦河西岸及耶路撒冷东部地区并入外约旦版图，并改国名为“约旦哈希姆王国”。1951 年 7 月 20 日，阿卜杜拉遇刺身亡，其长子塔拉勒继位。1952 年 8 月，塔拉勒因病退位，其长子侯赛因继位。1953 年 5 月 2 日，侯赛因正式加冕即位，约旦进入长达 46 年的侯赛因统治时期。1957 年 3 月，侯赛因宣布废除《伦敦条约》，驱逐英国军官，彻底摆脱了英国的控制。1967 年“六五”战争中，以色列占领了约旦河西岸，约旦领土面积大大缩小。1974 年约旦宣布承认巴勒斯坦解放组织为巴勒斯坦唯一合法代表。1988 年 7 月，约旦国王侯赛因宣布断绝与约旦河西岸地区的“法律和行政联系”。1991 年 10 月，约旦参加马德里中东国际和会。1994 年，约旦与以色列签署和约，实现了和平。1999 年 2 月 7 日，侯赛因国王因病去世，其长子阿卜杜拉即位，约旦从此进入阿卜杜拉二世时代。

第一节 国土与人口

一 国土面积

约旦领土面积约为 8.934 万平方千米，其中陆地面积约 88794 平方千米，海洋面积约 540 平方千米。

二 行政区划

历史上，约旦全国划分为 8 个省，分别为安曼省、伊尔比德省、马安省、巴尔卡省、卡拉克省、耶路撒冷省、纳布卢斯省、希伯伦省。其中后三省在约旦河西岸，即现今的巴勒斯坦境内。1988 年宣布放弃对约旦河西岸的主权之后，约旦对全国行政区划重新进行了调整。1994 年新成立了四个省：杰拉什、阿杰隆、马达巴（也译“马代巴”“马德巴”）和亚喀巴。杰拉什、阿杰隆从伊尔比德省分离而来。马达巴从安曼省分离而来。亚喀巴从马安省分离而来。目前全国共 12 个省，即安曼省、伊尔比德省、马安省、扎尔卡省、巴尔卡省、马弗拉克省、卡拉克省、塔菲拉省、马达巴省、杰拉什省、亚喀巴省、阿杰隆省。

全国分为北部、中部和南部三个地区。北部地区包括杰拉什省、阿杰隆省、伊尔比德省和马弗拉克省。中部地区包括安曼省、扎尔卡省、巴尔卡省、马达巴省，人口最多。南部地区包括亚喀巴省、马安省、塔菲拉省和卡拉克省，人口最少。

安曼省，位于中北部。面积 7579 平方千米。人口 247.34 万，其中城市人口 232.55 万，农村人口 14.79 万。人口密度为每平方千米 326.3 人。首府安曼。

伊尔比德省，位于西北部。面积 1572 平方千米。总人口为 113.71 万，其中城市人口 94.3 万，农村人口 19.41 万。人口密度为每平方千米 723.4 人，为各省之最。首府伊尔比德。

阿杰隆省，位于北部。面积 420 平方千米。总人口为 14.69 万，其中城市人口 11.15 万，农村人口 3.54 万。人口密度为每平方千米 350.1 人。首府阿杰隆。

杰拉什省，位于北部。面积 410 平方千米。总人口为 19.17 万，其中城市人口 12.01 万，农村人口 7.16 万。人口密度为每平方千米 467.8 人。首府杰拉什。

马弗拉克省，位于东北部，其北、东、南三面分别与叙利亚、伊拉克、沙特阿拉伯相邻。面积仅次于马安省，为 26551 平方千米。人口为 30.03 万，其中城市人口 11.78 万，农村人口 18.25 万。人口密度为每平方千米 11.3 人。首府马弗拉克。

巴尔卡省，位于中部。面积 1120 平方千米。总人口为 42.8 万，其中城市人口 30.74 万，农村人口 12.06 万。人口密度为每平方千米 382 人。首府萨尔特（也译“萨勒特”）。

扎尔卡省，位于安曼以北。面积 4761 平方千米。总人口为 95.18 万，其中城市人口 89.98 万，农村人口 5.2 万。人口密度为每平方千米 199.9 人。首府扎尔卡。

马达巴省，位于安曼西南、死海东岸。面积 940 平方千米。总人口为 15.97 万，其中城市人口 11.4 万，农村人口 4.57 万。人口密度为每平方千米 170.0 人。首府马达巴。

卡拉克省，位于安曼以南。面积 3495 平方千米。总人口为 24.91 万，其中城市人口 8.72 万，农村人口 16.19 万。人口密度为每平方千米 71.3 人。首府卡拉克。

塔菲拉省，位于卡拉克省与马安省之间。面积 2209 平方千米。总人口为 8.94 万，其中城市人口 6.38 万，农村人口 2.56 万。人口密度为每平方千米 40.5 人。首府塔菲拉。

马安省，位于东南部，为约旦面积最大的一个省。面积约 32832 平方千米。总人口为 12.14 万，其中城市人口 6.66 万，农村人口 5.48 万。人口密度最低，每平方千米只有 3.7 人。首府马安。

亚喀巴省，位于南部亚喀巴湾，西邻以色列。面积 6905 平方千米。总人口为 13.92 万，其中城市人口 11.97 万，农村人口 1.95 万。人口密度为每平方千米 20.2 人。首府亚喀巴。

主要城市有安曼、伊尔比德、扎尔卡、萨尔特、巴尔卡、卡拉克、杰拉什、马达巴、马弗拉克、亚喀巴、塔菲拉、阿杰隆、马安。

各城市电话区号：阿杰隆 02，马弗拉克 02，安曼 06，亚喀巴 03，死海 05，杰拉什 02，卡拉克 03，马安 03，马达巴 05，佩特拉 03，塔菲拉 03，萨尔特 05，瓦迪拉姆 03，扎卡 05。

三　地理位置

约旦位于亚洲西部，阿拉伯半岛的西北（约北纬 29°~33°，东经 34°~39°）。西邻以色列和巴勒斯坦，北接叙利亚，东北与伊拉克接壤，东南及南部与沙特阿拉伯相接。西南一角临红海亚喀巴湾，海岸线长40千米，亚喀巴港是约旦唯一出海口。大陆架有120平方千米。

边界总长1619千米，其中与以色列边界长238千米，与巴勒斯坦的约旦河西岸边界长97千米，与叙利亚边界长375千米，与伊拉克边界长181千米，与沙特阿拉伯边界长728千米。

约旦所在时区为东2区，为格林尼治时间加2小时。每年4~9月，实行夏时制，为格林尼治时间加3小时。约旦的时间比北京时间晚6个小时。

四 地形与气候

约旦国土大部分为高原，是阿拉伯高原的一部分。地势从西到东逐步升高。最西部为约旦河谷，中间为丘陵高地，东部为沙漠高原。海拔为610~1000米。

领土最西部为裂谷带，是东非大裂谷带的北延部分，大约形成于2000多万年前。这一裂谷从土耳其南部，经黎巴嫩和叙利亚一直到死海，再向南穿过亚喀巴湾和红海，最后抵达东非，全长约6000千米。谷地是约旦最突出的自然特征。约旦西部自北而南分别为约旦河谷地、死海、阿拉伯谷地三段，全长约350千米。谷地海拔大部分低于海平面，加利利海地区低于海平面213米，死海水面低于海平面约400米。死海以北是约旦河谷，直到以色列、约旦交界的太巴列湖，长约100千米，宽5~10千米，约旦河蜿蜒其中，是约旦最肥沃的地区，是中东著名的粮食、蔬菜和水果生产地，有“中东的果园和菜园”之美称。死海向南，直到亚喀巴湾，是干燥炎热的阿拉伯谷地，长约155千米，谷地以贫瘠、陡峭著称。该谷地再往南就是亚喀巴湾。

裂谷带以东则陡升为高地，大部分为山地高原，属背斜构造，海拔1000~1400米。北部是著名的丘陵地带，为火山熔岩和玄武岩，具有地中海式的气候和植被。北部丘陵以南和以东则是大草原，为东部沙漠和丘陵地带的过渡地带，但已日益沙漠化。南部丘陵为砂岩和花岗岩组成，多被风蚀。南部的拉姆山，海拔1754米，是约旦最高峰。这一地区降雨很少，几乎没有植被。

东部和东南地区为沙漠地带，也叫巴迪亚地区，主要为沙漠和戈壁，面积约占全国领土的4/5。这一沙漠地带是阿拉伯大沙漠的一部分，它一直延伸到叙利亚、伊拉克和沙特阿拉伯境内，海拔为600～900米。这里夏季白天气温超过40℃，冬季晚上非常冷，干燥和多风。常年降水很少，年均少于50毫米。尽管环境恶劣，还是有一些零散的人口中心。约旦最著名的沙漠是拉姆沙漠，也是著名干涸河床拉姆风景区所在地，是世界上最壮观的沙漠风景区之一。

约旦水资源匮乏，境内河流不多，主要集中在西部。干涸的河床遍布境内，这已成为约旦的主要景观之一。水资源匮乏是约旦面临的最严峻环境挑战。20世纪上半叶，约旦经济社会发展与水资源保障还处于基本平衡状态，但到了下半叶已日益不平衡，约旦成为世界上人均水资源最匮乏的国家之一，属于世界上最缺水的20个国家之一。1997年约旦用水量为8.82亿立方米，人均用水量225立方米。2000年约旦需水量为12.57亿立方米，但实际可供应量不超过9.60亿立方米，缺口达2.97亿立方米。专家预计，到2025年，人均水供应量将下降到91立方米。在约旦水资源需求中，农业约占61%，工业约占6%，其他约占33%。目前，首都安曼市实施分区轮流供水，市民每周可获得供水一次。安曼市区的主要水源地包括三个：位于安曼南部33千米处的海丹山谷（Heidan Valley）的9口水井，每小时可产生1450立方米净水，其中600立方米供应安曼；扎拉－马恩（Zara-aeen）水处理厂和载伊（Zai）水处理厂则分别供应安曼水需求量的30%和40%。为解决水资源匮乏问题，约旦政府采取多种措施增加供应，减少需求，在20世纪80年代初制订了节水计划，采取的措施包括修建水库和大坝、海水淡化、从邻国叙利亚和以色列调水、开展节水运动及调整经济结构等。内阁批准实施了一系列水务政策，如灌溉用水、地下水管理、废水管理等。1994年约旦和以色列签署的和平条约中也专门就水资源做了规定，双方承认各自的水资源不能满足自身需要，应通过各种方法包括地区和国际合作供应更多水资源。根据规定，约旦有权获得另外2.15亿立方米/年的水资源。2006年，由于夏季干旱，约旦政府决定向以色列借水2000万立方米，以解缺水的燃眉之急，待雨季时再将水还回以色列。约旦还制定了国家水战略，对水资源的需求与供应进行全方位管理，其中特别强调水资源使用的可持续性。

约旦河是约旦的最大河流，全长约320千米，流经约旦西部，注入死海，约旦河西是被以色列占领的巴勒斯坦一部分，东部为约旦。约旦河也是世界上地势最低的河流。约旦河谷是约旦最富庶的农业区。约旦河有多个源头，其中主要是阿夏伊夫山及叙利亚境内的谢赫山。约旦河向南流入太巴列湖，穿太巴列湖南流而下，最后注入死海。约旦河不适于航运，主要供工农业用水。近年来由于工农业用水激增，约旦河流量大大减少，致使盐分增加。由于过度开发、污染及缺乏管理，约旦河水量日益减少。雅尔穆克河、扎尔卡河和哈罗德河等是约旦河的主要支流。

西部山区属亚热带地中海气候，其余地区属热带沙漠气候，干旱炎热。约旦各地平均年降水量不到200毫米，分布非常不均，西部为500～700毫米，东部约为100毫米，东南部仅为50毫米。

西部约旦河流域属亚热带地中海式气候，季节反差明显，夏季炎热干燥，冬季寒冷潮湿，春秋两季是约旦气候最适宜季节，但时间很短。首都安曼和高原地区气候温和，有雨季和旱季之分。雨季为11月至次年2月，年平均降水量西部山区为500～700毫米，东南部为50毫米。1月最冷，冬季平均气温为7.2℃。8月炎热干燥，约旦河谷气温可达到48.9℃。安曼夏季气温平均达25.6℃，夜晚凉爽。春秋两季气候宜人。高原地区夏天晚上吹着凉爽的风。由于该地区气温比全国其他地区要高几度，冬季多雨，土壤肥沃，常年适宜农业种植，从而成为约旦的粮仓。安曼是夏季度假的良好地点，而亚喀巴和约旦峡谷则是冬季度假的理想胜地，11月至次年4月间平均气温为16～22℃，很少降雨。

东部沙漠地带气候恶劣，日夜温差大。夏季白天气温超过40℃。干燥，风沙大，年降水量少于50毫米。

五 国旗、国徽、国歌

国旗 约旦国旗呈长方形，长宽之比为2:1。左侧为红色三角形，内有白色七角星。右侧自上而下由黑、白、绿三色宽带相连组成，三色呈横条。红（哈希姆王朝）、绿（绿衣大食）、黑（黑衣大食）、白（白衣大食）四种颜色为泛阿拉伯色，白色七角星象征《古兰经》首章开端的七节。国旗源于阿拉伯大起义。

国徽 为斗篷式。斗篷顶端有一王冠，象征约旦是一个君主立宪国家。斗篷内一只展翅的萨拉丁雄鹰站在一圆球上，象征伊斯兰教义传遍全球。鹰两侧为约旦国旗，国旗下有阿拉伯宝刀和弓箭，象征伊斯兰的胜利者。代表地球的圆球下面是麦穗和棕榈枝，象征农业。底部的绶带上用阿拉伯文写着“约旦哈希姆王国国王祈祷真主赐给他幸福和帮助”。绶带下面是一枚复活勋章。

国歌 名为《国王万岁》。歌词大意是：万岁，万岁，我王至高无上，您的旗帜光荣地高高迎风飘扬。（阿拉伯语歌词：'Asha al Maleek,' Asha al Maleek，Samiyan Maqamuhu，Khafiqatin Fil Ma' ali A' lamuhu。）

六 人口

1921 年外约旦建立时人口为 30 万 ~40 万。到 1946 年独立时，人口约 50 万。1952 年约旦进行了第一次人口普查，大约为 58.62 万人。第二次人口和住房普查于 1961 年 11 月进行，在约旦河东、西两岸都进行了统计，其中东岸总人口为 90.08 万。第三次人口普查于 1979 年 11 月进行，只限于约旦河东岸，总人口为 213.3 万。1994 年 10 月，约旦进行了第四次人口与住房普查，总人口为 413.95 万。2000 年为 485.7 万。2010 年突破 600 万，达到 611.3 万。2012 年人口约 638.8 万，其中女性 309.5 万，男性 329.3 万，人口密度为每平方千米 71.9 人。

根据约旦统计局数据，2013 年约旦人口约 653 万。其中男性 316.4 万，女性 336.6 万。人口密度为每平方千米 73.9 人。人口增长率为 2.2%。15 岁以下人口占 37.3%，15 ~64 岁人口占 59.5%，65 岁以上人口占 3.2%。城市人口占全国人口的 82.6%，农村人口占全国人口的 17.4%。15 ~ 49 岁妇女生育率为 3.5%，其中城市为 3.4%，农村为 3.9%。男女性别比为 100∶106.4。家庭数目为 119.93 万个，家庭平均规模为 5.4 人。平均寿命 74.4 岁，其中男性 72.7 岁，女性 76.7 岁。婴儿死亡率为 17‰，5 岁以下儿童死亡率为 21‰。

七 民族

阿拉伯人是约旦的主体民族，约占总人口的 98%，其中约旦阿拉伯人占 40%，巴勒斯坦阿拉伯人占 60%。阿拉伯人属欧罗巴人种地中海类型，属于闪含语系闪语族。约旦阿拉伯人的祖先来自阿拉伯半岛的奎西族和南阿拉伯的也门族。生活在沙漠和半沙漠地区，以放牧为生的贝都因人也属于阿拉伯人。20 世纪中期以来，由于阿以冲突，大量巴勒斯坦人逃亡到约旦，成为约旦人。

此外，约旦还有其他少数民族，如切尔克斯人（约占 1%）、亚美尼亚人（约占 1%）、库尔德人、土库曼人、车臣人、德鲁兹人、波斯人和希腊人。

贝都因人是约旦人口中最特别的一个群体。贝都因系阿拉伯语音译，其含义是“游牧民”，属欧罗巴人种地中海类型，分布在西亚和北非广阔的沙漠和荒原地带。各地贝都因人均使用当地的阿拉伯方言及阿拉伯文。多信仰伊斯兰教，主要属逊尼派。贝都因部落流动性大，游牧距离远，一般生活在沙漠、荒原、丘陵和农区边缘地带。贝都因人靠饲养骆驼和牛羊为生。他们按季节和固定路线进行有规律的移动。在农区边缘地带度过最炎热、干旱的季节，参加集市，出售畜产品或采集的香料，买回椰枣、粮食、手工业品等必需品。每当雨季到来、沙漠水草生长之际，他们便向沙漠深处进发。住毛毡帐篷，帐篷里用布或毡子隔开，男女分居。贝都因人普遍保留着部落制度和嫡堂婚姻。贝都因人重视荣誉，绝对忠实于氏族和部落。约旦大多数贝都因人生活在沙漠高速公路和铁路两侧的荒漠上。在约旦的南部和东部，贝都因人社区的标志是黑的山羊毛帐篷。过去，贝都因人常常在沙漠上游荡，四处寻找食物和水源。如今只有少部分贝都因人过着这种真正的游牧部落生活。政府长期以来一直鼓励贝都因人定居，但许多人仍对农业生产和城市生活不感兴趣，也不大适应，至今仍过着游牧生活。不过他们也使用卡车、塑料水容器，还用上了电。他们的子女也开始到政府兴办的学校接受现代教育。约旦政府为贝都因人提供各种服务，如教育、住房和诊所等。约旦和阿拉伯社会的许多特征都可以在贝都因文化中找到。贝都因人对约旦文化和传统有独特的贡献。有学者称，贝都因人是约旦的脊梁，是约旦哈希姆王室的忠实支持者、军队的主要兵源。约旦大多数人口都有贝都因血统。

巴勒斯坦人是约旦人口中的特殊群体，并占有很高比率，多为1948年和1967年阿以战争中被迫离开巴勒斯坦来到约旦的难民。一些巴勒斯坦人至今依然生活在约旦北部等地的巴勒斯坦难民营，由联合国难民救济署负责他们的卫生与教育。当前在约旦登记的巴勒斯坦难民约150万人，且大多拥有约旦国籍。尽管巴勒斯坦人的大量涌入增加了约旦的经济和社会负担，但他们也为约旦做出了很大贡献，在约旦政治和经济领域发挥着重要作用。由于巴勒斯坦人口众多，因此约旦受巴以冲突影响非常大，对巴以有关难民等问题的最终地位谈判也非常关注，强调巴勒斯坦难民应有回归权、获得经济补偿的权利。

切尔克斯人是来自高加索地区的非阿拉伯民族。19世纪沙俄向南扩张，侵略高加索时，迫使125万~200万切尔克斯人南移中东。许多人中途死亡，但大约有100万人抵达奥斯曼帝国境内，主要分布在巴尔干和包括约旦、巴勒斯坦、黎巴嫩及叙利亚在内的地中海东部地区。切尔克斯人最早抵达约旦是在1878年。当时他们定居在安曼、西尔河谷和那乌地区，如今在杰拉什、斯维勒赫、扎尔卡及约旦北部其他地方也有居住区。奥斯曼土耳其人曾经将他们招募进警察和政府机构，以对付阿拉伯人。直到20世纪40年代，他们依然主要在军队和政府机构中服务，不过现在已分散于各个部门，从事多种职业。约旦切尔克斯人多受过良好教育，在政治、经济和社会生活中发挥的作用远超过他们的人口比重。切尔克斯人传统文化强调尊重长辈，重视家族关系，如今依然严格禁止同姓结婚。切尔克斯人非常诚实，并以此著称，他们是国王仪仗队的主要成员。

土库曼人主要生活在约旦河谷地北部，1910年前后从伊朗迁移至约旦。车臣人于19世纪后期从格罗兹尼分几批迁移到约旦。几十年来，他们已被约旦社会基本同化，但还保持着一些自己的文化。

德鲁兹人主要居住在北部接近叙利亚的边境地区。

亚美尼亚人主要居住于安曼及其他地区。

八 语言

官方语言是标准阿拉伯语。约旦阿拉伯语是阿拉伯语的一种方言，其中混杂了少数英语、法语和土耳其语。

英语在社会中上阶层普遍使用，也是主要商业语言。大学普遍教授英语。随着大学教育日益国际化，很多大学开始提供英语授课的课程。

法语也是精英外语之一，在很多学校属于选修课程，其中多为私立学校。

德语使用日益增多，尤其是约旦—德国联合大学创办后得到进一步推广。

俄罗斯语、切尔克斯语、亚美尼亚语、车臣语等在各自社区中也广泛使用。

约旦媒体主要使用阿拉伯语，外文媒体主要使用英文，如著名的英文日报《约旦时报》。官方电视台除了使用阿拉伯语外，还使用英语、法语播出。约旦电台使用标准阿拉伯语、约旦阿拉伯语方言及英语、法语播出。电视台播出英文电影时，常常配有阿拉伯语和法语字幕。

第二节 民俗与宗教

一 民俗

约旦是伊斯兰国家，以伊斯兰教为国教，绝大多数人信奉伊斯兰教，因此，约旦的风俗习惯带有浓厚的伊斯兰色彩。城市、乡村到处可见清真寺高高的宣礼塔。根据伊斯兰教规，每个穆斯林一生中必须要完成五大宗教义务，即“五功”：①信奉真主，发誓“万物非主，唯有真主。穆罕默德是真主的使者”；②礼拜，每天必须在凌晨、中午、下午、日落和夜间朝麦加方向做5次礼拜；③施舍；④朝觐，每个有能力的、健康的穆斯林一生中必须到麦加朝觐一次；⑤戒斋，穆斯林在每年的斋月（伊斯兰教历9月）从日出到日落期间禁食任何食物、禁止吸烟等，日落礼拜后方可开斋进食。

婚俗 约旦流行这样的习俗：当男方父亲到女方家求婚时，男方先对女方父亲提出“我们要喝咖啡”，如女方父亲回答“我们喝吧”，则表明已同意这门婚事。此后，要举行订婚仪式。结婚时，新娘要行“辞亲礼”。送亲时，一般要吹喇叭。在约旦南部还流行一种先“偷”后结婚的习俗。贝都因人有不少人近亲结婚。

在公共场合，男女之间很少有亲密举动。男女之间不握手和拥抱，但朋友之间私下可以握手。

约旦作为伊斯兰国家，虽然保护宗教信仰自由，但妇女的穿戴仍然受到一定限制，通常情况下本地妇女会以衣物遮住她们的腿、手臂及头发。外国女性虽不受这些服饰的限制，但仍不适合穿太暴露的衣服，尤其在安曼老城区（市中心）及城市以外的农村地区，男人及女人宜穿保守服装。在安曼市中心，男性及女性都应尽量避免穿着短裤外出。禁止袒胸露背晒日光浴，最好身着连身泳衣，但在旅馆的游泳池内可以穿着分体式泳衣。

二 服饰

主要是阿拉伯民族服饰，如长袍。不过，西式服饰也越来越多，如西服、牛仔裤等。农村人多穿色彩、图案、形状各异的短袖长袍和斗篷，并缠着头巾。贝都因男人多穿一种名字叫“阿巴”的肥大长衫，穿长到脚踝的灯笼裤，冬季外加斗篷，腰间挎一把弯刀或手枪。贝都因女子多穿黑色、茶色或黑蓝相间的宽松斗篷，内穿下摆很长的绣花衣服，喜欢佩戴各种首饰，如手镯、脚镯、戒指、项链、鼻环，以及用金属、兽角、珊瑚、玻璃等材料制成的胸饰。女孩自16岁起，在前额、下颏、双唇、双颊、手、胸、脚掌上黥染蓝色或绿色花纹。

穆斯林妇女的服装通常要包住手臂、腿部和头发。西方女性在这里不受这一约束，但也不能过于暴露。在约旦，人们很少穿短裤。赤膊的太阳浴也不允许。

约旦的阿拉伯首饰很著名，特别是金银珠宝品种众多。约旦人佩戴金银首饰最早可追溯到古罗马帝国统治时期，现今考古挖掘出来大量的古代首饰就是证明。尽管《古兰经》劝诫人们不要佩戴金首饰，但如今社会各阶层的人都佩戴。金首饰多为24K。贝都因人的银首饰包括手镯、项圈、戒指、头饰、各种链子、护身符及化妆盒等，表面雕有花纹或阿拉伯书法。

约旦的金银铜器也很有名，上面雕有阿拉伯书法。铜杯在约旦非常出名，最早是用沙土制成。

三 手工艺品

约旦的传统手工艺品正在复兴，这得益于侯赛因基金会和阿丽娅王后基金会对发展地方手工业的支持。1990年成立约旦设计与贸易中心，宗旨是提高王国的手工艺水平，并将这些商品推向世界。

刺绣和针织是约旦妇女最重要的传统手工艺。在农村地区年轻女孩多会刺绣，这也是吸引男孩的主要优点。许多新娘还亲手给自己做嫁妆。许多人家的坐垫都是手工刺绣品，颜色主要有暗红、栗色、紫色和粉红色，也有橙色、金色和绿色。图案有树木、花草、羽毛、波浪和几何图案。传统的刺绣和针织品主要有长袍、坐垫、靠垫、枕头、帐篷、咖啡袋、挂包。近年来，不断推出新的刺绣品，如被子、内衣、衬衫、手袋、夹克等。在约旦许多大街小巷会看到兜售刺绣的小贩。

编织品。多为用竹子和棕榈叶手工编制而成，形状和大小各异，常见的有篮子和盘子。带把柄的篮子通常用来装水果和蔬菜，储藏粮食。大的带盖的篮子可以用来装换洗的衣服。贝都因人还用羊毛、骆驼毛等编织各种用品，如睡袋、地毯、鞍袋、食品容器、帐篷。传统的编织品颜色主要有深红色、黑色、靛青色、绿色、橙色、芥末色及动物皮毛的自然色。

手工玻璃。又称希伯伦玻璃。过去是用沙制成，如今出于环境保护的需要，改用回收的玻璃制成。造型简洁，色彩斑斓，有深蓝色、深绿色、绿松色、琥珀色、玫瑰红色。杯子上雕有精美图案。如今在死海附近的纳佑尔地区和王宫里还有此类手工作坊。

盛沙瓶。佩特拉和亚喀巴等地制造的一种装有色彩斑斓的沙子的瓶子，形状俏皮有趣。

四 饮食

约旦饮食是典型的阿拉伯风格，但也有自己的特色。约旦的食物多是奶酪、酸奶、水果和蔬菜。早餐通常吃大饼、面包、焖蚕豆、干酪、酸乳酪和奶油等。中晚餐以面食、米饭、肉、鱼、水果、蔬菜为主。当地的美食包括各种开胃菜（当地叫“梅扎”）、阿拉姆、面包、阿月浑子等。有一道名菜“曼萨夫”（Mansaf）是约旦的国菜，是贝都因人的特色食品，由羊肉、酸乳酪及大米做成——在米饭和松仁上铺上羊肉，再淋上奶酪酱。

烤全羊也是约旦很流行的一道菜。烤过的羊羔肚里填满米饭、葱、坚果和葡萄干。

法如吉（Farooj）是一种烤鸡，通常与面包、沙拉一起食用。

克巴卜斯（Kebabs）是在炭火上烹制的一种特色菜，有无骨鸡肉、羊肉或牛肉等。

开胃小吃“梅扎”有200多种。多数餐馆一般先给客人上开胃菜，在用完之后食客才会点餐。开胃菜一般包括：胡卜斯（Khobs或Eish），一种阿拉伯大饼，圆形扁平状，通常与其他菜一起食用；胡姆斯（Hummus），一种加入芝麻糊、咖喱和柠檬汁的豆酱；巴巴-格哈诺什（Babaghanoush），一种由鸡蛋和芝麻糊制成的面团。

阿拉伯人的传统早餐食品是由咖喱、柠檬汁、茴香和橄榄油炸制的棕豆。

贝都因人的主要食品是鲜奶、酸奶、奶酪等奶制品，以及椰枣、粮食制品。肉食和咖啡一般只用于节日和待客。

约旦人喜欢吃甜食，并且经常以甜点作为礼物相互赠送。巴克拉瓦（Baklawa）是一种裹有松仁和糖的甜薄饼。库纳菲赫（Kunafeh）是裹有松仁或奶酪的面团。阿塔耶夫（Atayef）是斋月的糖果和煎制的小甜饼。马莫尔（Mamoul）是经过玫瑰水处理的松仁椰枣面团。莫哈拉比亚

(Mohallabiya)是一种牛奶布丁。

咖啡和红茶是约旦人的主要饮料。阿拉伯咖啡味道浓郁，带有豆蔻的味道，通常以小杯饮用。饮完后摇动杯子表示不再需要加满。土耳其咖啡也常见。大酒店也有不含有咖啡因的咖啡。茶也是以小杯饮用，通常带有甜味。泡有新鲜薄荷的茶是一种非常好的饮品。萨赫拉卜（Sahlab）是一种热牛奶饮品。

城市中多数酒店和酒吧供应酒精饮料。斋月期间，非穆斯林可以在大饭店饮用酒精饮料。本地酿造的荷兰啤酒有阿姆斯特尔（Amstel），周边国家还出产很多种红酒。在超级市场和一些商店也可以买到酒精饮料。阿拉克（Araq）是一种本地烈酒，通常要和水或冰一起饮用。

吸烟在约旦比较常见。除了普通烟草外，约旦也有阿拉伯水烟和旱烟。大多数饭店及一些咖啡店和酒店都有这一类服务。2008 年约旦通过法令，准备在餐厅、咖啡厅及一些公共场所禁烟，但未能彻底实施。

五 节日

每周五为伊斯兰教的聚礼日，是法定休息日。银行、政府机关和大多数商店也会在周六关闭。许多商业机构如航空公司、旅行社和商店在周四下午关闭，但百货商店和超市还照常营业。一些商业机构和商店在周日的部分时间也暂停营业。

银行营业时间一般是从上午 8 点半到下午 3 点，下午 3 点半重新营业到下午 5 点。商业机构每天上午 8 点半到下午 1 点，下午 3 点半到 6 点半营业。政府机构工作时间是从上午 8 点半到下午 3 点。斋月期间，工作时间一般较短。

约旦的节假日主要分为宗教节日和国家节日。固定的主要节日有：

1 月 1 日　元旦

1 月 30 日　阿卜杜拉二世诞辰

5 月 1 日　“五一”国际劳动节

5 月 25 日　独立日（国庆日）

6 月 9 日　阿卜杜拉二世加冕日

6 月 10 日　阿拉伯革命纪念日和建军节

8 月 11 日　侯赛因国王即位日

11 月 14 日　侯赛因国王生日

12 月 25 日　基督教圣诞节

许多法定假日没有固定日期，包括一些基督教节日如节礼日（圣诞节后的第一个工作日）、复活节，以及根据伊斯兰教历法计算的伊斯兰节日如开斋节（Eid al-Fitr，为期 3～4 日），宰牲节（Eid al-Adha，在朝圣或到麦加朝觐结束后为期 4 天的日子，即古尔邦节），伊斯兰新年，先知穆罕默德的诞辰，登霄节，伊斯兰教历元旦。

斋月是伊斯兰教封斋的一个月，其具体日期依照伊斯兰教教历计算。在斋月期间白天不得饮食、不得在公众场合吸烟、不得卖酒、不得行房事。许多商店、银行和办公场所在上午 9 点才开始上班，下午 2 点就关门下班。

政府机关、企业、银行及许多商店都会在法定假日停止办公和营业。

六　宗教

伊斯兰教为国教。约旦宪法规定保护宗教信仰自由。

约旦绝大多数人信伊斯兰教。1997 年的统计显示，穆斯林约占总人口的 96%，基督徒约占 4%。穆斯林中，多属逊尼派，占 91%，什叶派占 9%。

20 世纪 50 年代，基督徒人口约占约旦人口的 30%，但此后呈不断下降态势。目前议会中为基督徒保留 9 个席位。大多数基督徒是希腊东正教派，但也有希腊天主教派、罗马天主教社区、叙利亚东正教、科普特东正教会、亚美尼亚东正教派，以及一些新教教派。游牧民中自称十字军后裔的人信奉基督教。约旦很多商业家族为基督徒。

另外约旦还有少量的什叶派以及德鲁兹派穆斯林、巴哈伊教信徒。德鲁兹派穆斯林多生活在靠近叙利亚的边境地区。巴哈伊教信徒主要生活在约旦河谷。

约旦各地拥有众多宗教圣地，如马达巴。马达巴及其周边地区在旧约中不断被提及，被称为“默德巴”（Medeba），在摩西的故事、《出埃及记》（*Exodus*）、大卫和莫阿布之战、以赛亚对背叛以色列的摩押和摩押王米沙下达的神谕中均有相关记载。公元4～7世纪马达巴作为繁荣兴盛的教会中心，创造了大量精美的拜占庭马赛克制品，很多经典作品被完好保存。很多教堂的马赛克地板仍然能在原处见到，另外一些被转移到马达巴考古公园保存，并向公众展览。马达巴最著名的藏品是在东正教圣·乔治教堂的公元6世纪马赛克地图。该地图描绘了耶路撒冷和圣地，也是迄今为止发现的最早的圣地图画。

尼泊山 摩西在此地辞世，遗体也在此火化。尼泊山是早期耶路撒冷基督教徒的朝圣地。公元4世纪，一座小型教堂修建于此，以纪念摩西辞世。部分建造教堂的石头仍然遗留在环绕着拱厅的墙壁上。之后，这座教堂不断得到扩建，并收藏了大量的拜占庭马赛克作品。

伯大尼 施洗者约翰居住之地，也是耶稣接受洗礼之地，在《圣经·约翰福音》、拜占庭及中世纪的文字资料中被提及。伯大尼地区构成了位于耶路撒冷、约旦河和尼泊山之间的基督教朝圣者路线的一部分。

幕卡威 耶稣基督时期罗马任命的统治者希律王的宫殿和要塞。就在这里，希律王之子希律·安提帕斯把施洗约翰监禁，并在萨乐美（Salome）致命的舞蹈之后，下令将施洗约翰砍头。

萨尔特 来自乌斯之地（the Land of Uz）的约伯（Job）的陵墓和神殿所在地，也是摩西的岳父、先知叶忒罗（Jethro）的陵墓和圣殿所在地。雅各（Jacob）两个儿子迦得和亚设的陵墓也在此地。

佩拉 古时称佩努尔（Penuel），意为“神面”，雅各和化身为人及天使的神整个晚上摔跤之后（《创世记》32：24～30）得名。最近在佩拉，约旦峡谷的北部，发现了巨大的铜器时代和铁器时代的神庙，被认为是目前为止世界上保存最完整的、在圣地发现的旧约时代的庙宇。

佩特拉 在旧约中被提及时有很多不同的城市名，包括色拉（Sela）和Joktheel（《列王记》14：7）。在《出埃及记》中，摩西和以色列人曾途经佩特拉。当地传说，佩特拉之外的瓦迪穆萨（Wadi Musa）温泉，就是摩西凿开岩石、释放泉水的地方（《民数记》20：10－11）。摩西和米丽亚姆之兄艾伦就在约旦辞世，遗体在佩特拉的霍尔山（Hor）火化。该地修建了一座拜占庭教堂以纪念艾伦，随后又修建了一座伊斯兰教陵墓，至今仍吸引着来自世界各地的朝圣者。《马太福音》中有言："佩特拉，几乎就是三位王献上乳香、黄金和没药，对出生在伯利恒的耶稣表示敬意的地点。"

安拉萨斯 位于马达巴东南方约30千米处的城堡，在新约及旧约中都曾被提及。罗马人曾在此建筑堡垒，而且即使穆斯林在此统治一百多年以后，当地基督徒仍然沿用拜占庭马赛克来装饰。在城墙之外最近发掘的圣斯蒂芬大教堂（Church of Saint Stephen），其壮观的马赛克地板保存完好，是在约旦发现的第二大马赛克制品，仅次于世界闻名的马达巴马赛克地图。安拉萨斯现已被联合国教科文组织列为世界遗产。

国王公路 世界上最古老的，至今仍在使用的交通道路。犹太教、基督教和伊斯兰教共同的先知亚伯拉罕就是通过这条道路穿越约旦北部、中部和南部，从美索不达米亚最终到达迦南。摩西也曾经请求"通过国王公路"前往迦南。国王公路在《创世记》中被提及。

据统计，2006年约旦46.2%的居民经常性参加宗教活动。

第三节 特色资源

约旦是一个集古老和现代于一身的王国，旅游资源十分丰富。景观主要分为历史古迹、宗教圣地和人文景观。主要旅游景点有安曼、死海、佩特拉、杰拉什、阿杰隆古堡、亚喀巴等。除了人文景观外，约旦还拥有一些稀有的动植物。

一 著名城市

安曼 约旦首都，是约旦政治、经济和文化中心，也是一座历史悠久的山城。又叫"白城""七丘城"。气候宜人，景色秀丽。历史上曾被叫作纳巴特·阿蒙，希腊—罗马时代又称费城。其历史可以追溯到新石器时代，当时还只是一个村落。在现今安曼侯赛因青年体育城以北约3千米处，有一个村子叫“羚羊泉”，考古证实是这一地区最早的村落。在那里考古发现了大量新石器时代的泥俑。公元前4世纪，马其顿国王托勒密二世费拉德尔菲斯用他的名字将安曼命名为“费拉德尔菲亚城”，意为“友爱之城”，即费城。公元前63年，罗马大将庞培占领了费拉德尔菲亚城。罗马人在费拉德尔菲亚城建立了罗马石柱街，沿山凿建了一座有5000个座位的罗马剧场及公共浴室和罗马式住宅。当时的城市建立在7个山头上，所以安曼也被称为“七丘城”。安曼使用费拉德尔菲亚的名称长达700多年。阿拉伯帝国兴起后，倭马亚王朝将费拉德尔菲亚改叫“安曼”。在罗马人和拜占庭人建筑的基础上，又修建了埃米尔宫、大水池、清真寺和住宅区。埃米尔宫就建在城堡山上，坐西朝东，虽然经历了1300多年，残存的建筑仍然显示出当年阿拉伯建筑的风格和行政区首都的气派。阿拔斯王朝定都巴格达，安曼由于远离首都，受到冷落忽视，特别是连年战争和自然灾害的侵袭，到15世纪末，安曼已衰落成一个被人遗忘的小村庄。直到19世纪末期，切尔克斯人来此定居以后，情况才开始有所改变，但这一恢复的过程非常缓慢。直到1918年，安曼居民还不到5000人，城市面积仅几平方千米，而且大部分居民是切尔克斯人。安曼的真正发展是约旦独立之后。安曼城由原来的几平方千米扩大了几十倍，以白色为基调而点缀着玫瑰红色的建筑散布在14个山包上，人口由原来的几千人发展到近200万人，占整个约旦人口的1/3。全市分27个区。安曼建有许多高级饭店、餐馆、画廊、博物馆、体育城和医学城。城堡山上各色遗迹点缀其中，有力士神殿、伍麦叶王宫和拜占庭教堂，山脚下的罗马剧场可容纳6000名观众。

亚喀巴市是一座美丽的海滨城市，也是唯一的港口城市。位于约旦国土最南端，红海亚喀巴湾的最北端，地理坐标为北纬29.31°，东经35.01°。北部与以色列的埃拉特市相连，南部与沙特阿拉伯接壤，西南部与埃及的西奈半岛隔海相望，位置十分独特。整个亚喀巴市的海岸线长度约为27千米，亚喀巴港是约旦唯一的出海口。港区气温冬季平均为15℃，夏季为33℃。海水表层温度冬季为20℃，夏季为28℃。年降水量最少为7毫米，最多也只有97毫米，平均为20~30毫米，全年降水期只有数日。港区内海流平缓，全年潮汐平均落差仅为0.3~0.5米，最大浪高0.5~1.0米。约旦全国所需的基本生活物资（如粮食、油料和日用品）及生产资料（如机械设备、车辆和各种原材料）都要从亚喀巴港进口；约旦创汇的主要出口商品如磷酸盐、钾盐、化肥、水泥等也要从这里装船外运。除了港口服务外，亚喀巴也以旅游城市著称。这里海水清澈透明，拥有丰富的海洋生物，气候怡人，是一年四季从事潜水、游泳及其他水上运动的理想场所，拥有世界上最好的潜水湾。亚喀巴有世界上最好的呼吸式潜水场地，有皇家潜水俱乐部。亚喀巴的沙滩和珊瑚礁是红海边最漂亮的之一。比较常见的有石珊瑚和蔷薇珊瑚，还有一种是侯赛因国王发现的较少见的黑色树状珊瑚。亚喀巴海岸和海上各有一座马木留克时期和萨拉丁时期的城堡。亚喀巴古迹博物馆位于马木留克城堡附近。

二　名胜古迹

死海　位于约旦和巴勒斯坦之间的裂谷中，约旦首都安曼市以西45千米处，西距耶路撒冷24千米，是世界上水面最低的内陆咸水湖。水平面低于海平面约400米，因每年约旦河及周围山谷河流流入死海中的水量不同而有所不同，是世界陆地最低点。死海北起苏维马，南至萨菲，南北长82千米，东西宽4.8~8.7千米，总面积约1049平方千米，平均水深300米，最深处达409米。死海东岸有半岛突入海中，将其分成两部分，南部面积约260平方千米，北部面积约780平方千米。湖水主要来自约旦河。死海是世界上盐度最高的天然水体之一，是世界著名的大盐湖。由于没有出海口，高强度的蒸发使其矿物盐高度浓缩。被称“死海”，是因为其含盐度特别大，高达23%~25%，是一般海水含盐量的4倍（一般海水含盐量为4%~6%）。由于含盐度高，除细菌外水中无任何生物，沿岸植物也极少，称“死海”实不为过。传说大约在2世纪时，罗马统帅狄杜进军耶路撒冷，后攻到死海岸边，下令处决俘虏。俘虏被投入死海，但没有沉到水中淹死，而被波浪送回岸边。狄杜勃然大怒，再次下令将俘虏投入死海，而俘虏依旧安然无恙。狄杜大惊失色，以为俘虏受神灵庇护而屡淹不死，只好下令将他们全部释放，所以说“死海不死”。在死海中游泳，由于浮力很大，不会游泳的人也不会下沉，可仰卧在水面上悠然自得地闭目养神或看书。死海是一个大盐库，据科学家估计，水中含有钾盐、硫化物、镁、氯、溴等矿物40多亿吨，是化学工业的极好原料。死海常年阳光明媚，气温较高，气候干燥，其湿度仅是正常湿度的35%～50%，死海周围含氧量比安曼高15%，海水因含有多种化学物质可医治皮肤病等多种疾病。死海中氯化物储量丰富。死海及其邻近地区的温泉以其治疗用的矿物水著名，如马茵温泉，吸引了来自世界各地的游客。近年来，死海水位不断下降。据俄罗斯《知识就是力量》杂志报道，俄罗斯水文地质学家发现，1965年死海水面低于地中海海面395米，而1998年其水面已下降到低于地中海海面413米。水面面积已减至630平方千米。湖底凸起的一条狭长地带甚至露出水面，将湖一分为二。随着水量减少，周边地区脆弱的生态环境和兴旺的旅游业都面临危机。死海周围的公路、宾馆和化工厂有下陷危险。绿洲已遭破坏，影响了迁徙鸟类和瞪羚等野生动物的生存。向死海供水的约旦河沿岸国家约旦、以色列、叙利亚等大量截流用水，是死海水位下降的主要原因。为防止死海消失，约旦和以色列两国政府正联合采取行动，修建管道，欲将红海海水引入死海，以拯救死海。2005年3月，两国已就开凿“两海运河”达成一致，并将邀请巴勒斯坦和美国参与。整个工程估计耗资30亿～50亿美元。不过，该方案存在一定争议，迟迟无进展。

杰拉什 历史古城，大约有6500年历史，古希腊—罗马风格的城市，也是世界上保存最好的古罗马省城之一。主要古迹有哈德良凯旋门（建于公元129～130年）、宙斯神庙、古罗马剧场等。在凯旋门以北和古城墙之间是赛马场，长240米，宽51米，周围几排石座，整个赛马场可容纳观众1.5万人，是杰拉什规模最大的建筑。现残存的杰拉什古城墙总长3456米，宽约3米。城墙至少有4座城门，每隔一定距离建有一城堡，共100座。城墙于公元60～70年开始建造，以后多次加固和修缮。南大门是杰拉什城的主要入口处，建于公元130年。进入南大门后为南大街，直通椭圆形罗马广场。罗马广场长90米，宽80米，周围建有边廊。广场四周的爱奥尼亚型石柱建于公元1世纪。广场西南侧是宙斯神庙和南古罗马剧场。宙斯神庙是古希腊—罗马时期杰拉什城最重要的建筑之一。南古罗马剧场始建于公元 1 世纪，可容纳 3000 名观众。不论坐在剧场何处，舞台上唱歌、朗诵、演讲的声音都可清楚听到。站在剧场中央讲话，讲话的回音响彻头顶。在前排矮墙的一端低声讲话，别人在另一端也可清楚听见。这就是杰拉什的回音壁。这座古罗马剧场至今仍在使用。杰拉什城北还有一座北剧场，始建于公元 164 ~ 165 年，可容纳 1600 名观众。它的规模比南剧场小，是可以进行戏剧、艺术演出以及集会的场所。石柱街从南到北贯穿杰拉什城，长 800 米，街两旁耸立着爱奥尼亚型石柱。这条长街及两旁的石柱建于公元 1 世纪下半叶，公元 2 世纪曾进行扩建，在扩建过程中，原来的爱奥尼亚型石柱被换成科林石柱。美人鱼池是杰拉什城内最重要的建筑之一，建于公元 2 世纪末期。水从上面一弧形石孔流入长方水池，再流经 7 个狮子头，最后流入排水道。该建筑的雕刻是罗马时期最精致的浮雕。阿提米斯女神庙是杰拉什现存的最令人神往的古迹之一。该神庙建在高地上，高耸入云的巨大石柱从杰拉什城内任何方向都可以看到。阿提米斯是宙斯的女儿，古代被奉为杰拉什城的保护神。该神庙始建于公元 2 世纪，原来有 12 根石柱，现保存下来 11 根。在拜占庭和倭马亚王朝时期，该庙成为制陶作坊。12 世纪，十字军入侵，在庙内建了一个小型城堡，该庙被破坏。该庙地基已被挖空，巨大的石柱随风摇摆，但千百年来却未倒塌。杰拉什城自 20 世纪 30 年代开始共发掘出 15 座基督教堂，大多建于公元 5 ~ 6 世纪。多采用罗马式的石头建筑，并用色彩斑斓的马赛克装饰地面。在阿提米斯女神庙西边，有一座圣教堂，朝向耶路撒冷，建于公元 530 ~ 531 年。圣教堂西南的马托兰教堂建于公元 611 年。再往东有 3 座相毗连的教堂，一是托马斯和达米阳圣徒教堂，建于公元 533 年，其地面马赛克镶嵌的鸟兽及当时捐建教堂者的图像是杰拉什发掘的马赛克地面最漂亮的一幅。二是施洗约翰圣教堂，建于公元 531 年。三是乔治教堂，建于公元 529 ~ 530 年。每年 7 月约旦政府在该城举办杰拉什文化艺术节，在该地区享有盛誉。

佩特拉　著名古城遗迹，位于安曼以南群山环抱的穆萨谷地之间。佩特拉是希腊语“石头”的意思，《旧约全书》称“塞拉”（Sela）。因为该城建于岩石之间，所以便被称为“石头城”，又因周围的岩石基色为粉红色，世人又称其为“玫瑰城”。公元前4世纪至公元2世纪为纳巴特王国首都。公元106年该城被罗马帝国军队攻陷，沦为罗马帝国的一个行省，曾作为商路要道盛极一时。此后，罗马人占领佩特拉200多年。罗马人在纳巴特人建筑的基础上，进一步修建佩特拉，使得罗马文化与纳巴特文化相互交融。古罗马人进一步修缮剧场，在佩特拉大街修建拱形大门、石柱街，把原来的厄恩墓室改为法院等。公元130年，罗马皇帝哈德良巡游佩特拉城，将其命名为“哈德良佩特拉”。从公元3世纪起，因红海海上贸易兴起代替了陆上商路，佩特拉开始衰落。公元6世纪，佩特拉经历了几次大地震，大部分地面建筑被震坏，拜占庭人便遗弃了它。公元7世纪被阿拉伯军队征服时，已是一座废弃的空城。阿拉伯大帝国和奥斯曼帝国时期，由于远离帝国都城，仅有少数从事畜牧业和农业的居民在佩特拉居住，它只是驼队从叙利亚到埃及或阿拉伯半岛的中途落脚点。自16世纪以后的300年里，无人知晓古城佩特拉，1812年为瑞士人J. L. 伯尔克哈特重新发现。佩特拉古迹散布在20多平方千米的山谷、山坡、山顶上。一般旅游者游览佩特拉主要是骑马或步行。

佩特拉遗迹有一条长约1.5千米的峡谷通道——“赛格小道”。峡谷最宽处约7米，最窄处仅2米。小道两侧有洞窟、岩墓等，主要是纳巴特人的遗迹，如“道金”石墓碑、墓穴、4座方尖碑的墓室和古代石餐室。峡谷尽头，耸立着一座高约43米、宽约30米的依山而建的卡兹涅殿堂（阿拉伯语为宝库之意），造型雄伟，有6根罗马式门柱，分上下两层，直至洞顶。横梁和门檐雕有精细图案。据说是纳巴特王国阿拉塔斯三世国王的陵墓。自此到市中心叫“外赛格”，是一条沿较宽阔峡谷而建的土石路。它的右侧有17个较大的墓室，是原来纳巴特达官贵人的墓穴。左侧有44座墓室。其中最有名的是厄恩墓室。它居高临下、宏伟壮观，墓室内呈四方形，高18米，长宽各20米。这是纳巴特人的不朽杰作。罗马人占领后将它改为佩特拉行政区的法院，下面增建了拱形建筑，设立了司法人员的办公室及监狱，因此后人称此地为“法院”。拜占庭时期又改为东正教堂。法院面对佩特拉城的市中心，原来城市南北均有城墙。

佩特拉大街最早是纳巴特人所建，宽6米，石块铺地。左侧有一块空地，是古佩特拉的贸易市场。街两旁是一两层高的建筑，这些建筑受腓尼基人和古希腊文化的影响，是早期纳巴特人在佩特拉建立的市中心。罗马人占领后，在街两侧加了石柱，所以佩特拉大街现叫“石柱街”。城内有一座古罗马剧场，共34排，7000个座位，周围有4根粗大的石柱，公元1年前后修建。罗马人占领佩特拉以后，进一步按罗马风格对其进行修建。公元363年，佩特拉发生了一次大地震，毁坏了剧场舞台附近的大部分建筑，以后就停止使用了。城东北的山岩上开凿有石窟，其中有一座气势雄伟的三层巨窟，正面为罗马宫殿建筑风格，是历代国王的陵墓。佩特拉博物馆非常有名，里面陈列着佩特拉出土的纳巴特人和罗马时代的陶器、雕塑，以及铁、铜和玻璃制品等文物。展馆设在纳巴特人挖凿的石室中。城外有一座“代尔修道院”，是纳巴特人建的一座神殿或皇家墓室，沿山劈凿而成，正面宽50米，高45米，前面有8根巨大石柱，是佩特拉最大的石凿建筑。在罗马和拜占庭时期，用作修道院。约旦政府非常重视佩特拉的文物保护工作，把它列为重点文物保护区。1981年，侯赛因国王颁布法令，将约旦通讯社改名为佩特拉通讯社，以宣传佩特拉。1985年，联合国教科文组织将该处列入世界文化遗产名录。该地是考古学家的最爱之地，也为游客提供了一个了解不同时代古约旦历史遗迹的机会。

马达巴 又名“马赛克之城”，有3500多年的历史。马达巴最引人入胜之处是一幅完成于公元6世纪的生动描绘耶路撒冷和圣地的马赛克地图。此外还有数百幅马赛克画散落于该城的教堂和民宅中。在马达巴市也有几个基督教堂。罗马东正教堂现在还在使用，建于公元5世纪，地面上有一马赛克镶嵌的中东地图，地图上准确无误地标出如亚历山大、耶路撒冷等城市的位置。公元662年兴建的圣贞女教堂地面上的马赛克镶嵌画别具一格，画面是古希腊戏剧场景，在世界上只有马达巴、罗马、伊斯坦布尔有这样的图案。在圣贞女教堂的旁边建有亚瑟教堂，是公元596年建的两层式教堂。在马达巴市以南约30千米的乌姆赖萨斯有一个依索托凡教堂，它有15米高的塔楼，并拥有拜占庭式教堂最精美的马赛克装饰。

乌姆盖斯考古遗址 2004年入选世界文化遗产名录。该遗迹起初是罗马的一个军营，在公元 5 世纪左右发展成为一个城镇。这个遗迹中有 16 个教堂，还有保存完好的有镶嵌图案的地板。乌姆盖斯在历史上是著名的文化中心，曾产生过很多有名的诗人、哲学家。乌姆盖斯拥有一个非常壮观的平台和两个剧院废墟，从平台可以眺望约旦河谷和加利利海。平台上有一个著名的露台餐厅，在那里可以饱览三个国家的景色。

沙漠城堡 如亚喀巴城堡、舒拜克城堡、卡拉克城堡、突费莱古堡、甘托拉古堡及阿杰隆的拉拜多古堡。这些古堡的历史不尽相同，但都是古代建于商道或战略要地进行防御的重要堡垒，一般建在较高的山顶，并有高大围墙。古赛尔阿姆拉城堡是现今保存最完好的城堡之一，1985 年入选世界文化遗产名录。建于公元 8 世纪早期，保存非常完好。该城堡既是一个军事要塞，也曾是倭马亚王朝哈里发的住所。这座精美小宫殿的最特别之处是它的接待厅和浴室，装潢富丽堂皇，装饰有许多反映那个时代世俗艺术的壁画。城堡的内壁和天花板饰有美丽的壁画，另有两间屋子铺满了色彩缤纷的马赛克。十字军东征时在约旦境内修建了诸多城堡，最典型的是卡拉克和舒拜克两个古城堡，前者建于 1142 年，后者晚 7 年。卡拉克城堡建于现卡拉克城南海拔 960 米的山头上。城堡居高临下，城墙高大坚厚，并建有 4 个雄壮的塔楼，塔楼都由巨石建造，有的长达 3 米。城堡屋顶都是拱形半圆顶式，内部通道宽阔，房间贯通相连，随地势高低起伏，便于机动防御。高大的围墙上有箭孔，并可用于瞭望。城上许多地方设有抛投器具，用以抛射石块。抗击十字军的阿拉伯民族英雄萨拉丁分别于 1173 年、1183 年、1184 年、1187 年 4 次进攻卡拉克古城堡，久攻不克。直到 1188 年 11 月发动了哈托尼战役，付出巨大伤亡才最终夺取了卡拉克城堡。所以卡拉克也是古老的十字军据点。在卡拉克，迄今仍可以感受到 19 世纪奥斯曼帝国宫殿和餐馆的辉煌。舒拜克城堡建于 1149 年，位于现舒拜克镇的东北山头上，城堡内现有十字军使用的教堂、浴室，还有 300 多米长的隧道，现城堡内还刻有萨拉丁书写的阿拉伯文题词。拉拜多古堡位于阿杰隆市东北山顶上，1184 年由萨拉丁的部将建筑而成。拉拜多古堡为群山所围，呈圆形的高大城堡外有宽深的壕堑，原来灌有深水，凭一吊桥进入城堡。城堡外墙壁坚厚，内部结构复杂。内分三层，沿石阶盘旋而上，每层都有大厅、将士住房、仓库，外墙上有箭孔，堡垒顶部是平台。古堡的大厅和房间是拱形半圆顶式。城堡曾被地震毁坏部分建筑，近年来部分得到修复。

沙漠宫殿 有十三四处，多是倭马亚王朝时代建造或扩建的，一般是比较典型的阿拉伯建筑，体现了当时阿拉伯建筑的艺术和风格。穆舍台宫位于安曼阿丽娅国际机场东北侧，离安曼市约 40 千米。743 年兴建。整个宫殿面积较大，呈四方形，四周围墙长 144 米，原先前半部有 25 个警戒塔，警戒塔之间距离相等。庭院较大，院中有一长方形水池。在正南墙，有精心凿刻的石雕，上面雕着各种动物、花草、人物等图案。穆舍台宫分为三部分：南边一部分包括三孔拱形大门；长方形走廊；房间和大厅。东边的大厅可能是穆斯林礼拜用的。中间部分是一个天井。北面部分是大客厅和家庭住房。全部建筑的顶部都是拱形呈半圆式。墙和顶部都为土坯砖建成，房屋和大厅建筑形式同两河流域的建筑风格有些相近。

哈拉乃宫位于安曼以东 55 千米，面对哈拉乃河谷。它是一座四方形的两层建筑，每边长 35 米，中间有一个院子。其建筑形式完全是一个防御性的堡垒，四角有 4 个圆形的塔楼。在四面墙上均有箭孔，既可以放箭，又可起到透光和通风的作用。宫殿唯一的入口开在南墙上，其两侧是四分之一圆形塔。进入大门后的走廊两侧是拱形屋顶的无窗采光大厅。走廊通往中间的露天院子，其四周是住房。原来院子中间有一个蓄水池，蓄存房顶上流下的雨水。在院子的东南角和西南角有石阶通往顶层，顶层的房间和大厅都是拱形屋顶。半圆拱集中压在相连的石柱子上。大厅顶部花草的修饰图案很独特，受两河流域的文化影响很大。

欧麦拉宫位于安曼以东 85 千米，自哈拉乃宫往前行约 30 千米，建于公元 705～710 年。此建筑规模较小，所以称小宫殿，现在主要建筑的外面有一些零散的残垣断壁。北面有一个塔楼，原用做观察和警戒。右侧有一口井，深 25 米。主要建筑分为三部分：客厅、洗澡房和供水房。客厅的两个房间地面是彩色图案的马赛克。在墙壁上有几幅壁画，一幅描述了古代阿拉伯人围猎野驴的情景；另一幅表现一些人在野外进行体育运动；还有一幅画的是当时世界上 6 个主要国家的国王或皇帝，有罗马皇帝、法国国王、埃塞俄比亚皇帝、德国国王、土耳其国王和中国皇帝。

阿兹拉克宫位于阿兹拉克绿洲，是一个长80米，宽72米，整个由黑色火成岩建成的堡垒式的长方形石头宫殿。在围墙中原有黑石建成的塔楼，是一座三层建筑，外墙上设有箭孔。西墙中间有一座大的塔楼。塔楼北侧有一个房间，它的石门是由一块巨大的火成岩石凿刻而成，重达3吨，但一人可以利用门轴推动石门开闭，这是阿兹拉克宫的唯一入口。在院中间有一个长方形的由黑石垒成的平屋顶的清真寺，是倭马亚王朝时代建的。阿兹拉克宫的房间内有几处凿刻的拉丁文、希腊文文字。

施洗约翰遇难地木克维尔 距离马达巴以南30千米，离马茵温泉10千米的一个村子。村外有一个山头，据记载，公元前1世纪犹太王希律在这里修建了一个战略要塞。《圣经》中有一个人物叫施洗约翰，是祭司撒迦利亚之子。他成年后在约旦河畔为人施洗，劝人悔罪，并宣讲“弥赛亚即将到来”。施洗约翰是耶稣同时代的人，年长于耶稣。耶稣青年时代，曾到约旦河畔接受约翰的洗礼。约翰称耶稣为“除去世人罪孽的上帝的羔羊”。施洗约翰为基督的诞生起了宣传和预言的作用。后犹太王希律娶了他兄弟之妻希罗底，施洗约翰曾劝谏希律王说“娶兄弟的妻子是不合理的”，希律就差人捉拿约翰，把他关在木克维尔城堡半山的石洞里，随后将其杀害。现在木克维尔城堡仅剩残垣断壁。原关押施洗约翰的山洞，位于半山腰的隐蔽处，洞口不大，但内部很大，长约40米，宽约20米，高约10米。

摩西升天地尼波山 距马达巴市以北10千米，海拔870米。站在山顶上向西眺望，死海、约旦河谷尽收眼底。而在天晴无云雾的情况下，还可看到西岸的耶路撒冷。根据《圣经》第34节记载，尼波山是摩西生前度过最后时日的地方，并在这儿升天。摩西是犹太教的创始人，在基督教、伊斯兰教中也有很高的地位。在基督教中是仅次于上帝和耶稣的重要人物，被称为上帝的使者和代言人。在伊斯兰教中，摩西是315位使者中的六大使者之一，与亚当、挪亚、亚伯拉罕、耶稣和穆罕默德同列。历史上，摩西曾率领以色列人逃离埃及。在途中，为战胜敌人和克服旅途艰难，摩西在西奈山上接受上帝启示，为犹太人定下“十条诫命”，刻在两块石板上，作为上帝给犹太人定的约法，即著名的“摩西十诫”。摩西晚年在尼波山升天。公元2世纪以后，许多基督教信徒来到尼波山，建起了基督教堂，并在此修行、传教和行医。现在山头上的主教堂建筑建于公元4世纪初，主教堂旁是几个有马赛克镶嵌画的墓穴。主教堂旁还有一个带有三个小院子的基督教堂，建于公元597年。在西面石墙上，耸立着一架巨大的象征摩西魔杖的钢制盘蛇十字架，是1984年由意大利人竖立的。

圣母山/安吉拉古镇 位于基列山以东的约旦河谷。这个镇是耶稣和母亲玛利亚及其弟子路过休息的地方。他们在一个山洞里休息，这个山洞一直是基督徒朝觐的圣地之一。如今已拥有一个现代化的纪念馆。这座山被称为圣母山。这个洞穴是梵蒂冈指定的千禧朝圣地点。

摩押石碑 公元前870～前830年，犹太人越过河谷进犯摩押王国，摩押国王米沙率领摩押人，击退了犹太人的入侵，大获全胜。摩押人把这一胜利用摩押文和希伯来文凿刻在一块高1.1米、宽0.7米、厚0.4米的黑石头上。摩押人用34行文字记述了这段历史，这就是举世闻名的摩押石碑。摩押石碑于1868年被德国传教士克莱茵在约旦的泽班发现，原件珍藏于巴黎罗浮宫博物馆。现约旦国家博物馆、卡拉克博物馆各有一块复制碑。摩押石碑对研究这一段历史，特别是对考证基督教《圣经·旧约》提供了重要的文物资料。

罗德山洞 《圣经》中的人物罗德之妻因违背上帝而变成盐柱，罗德和两个女儿幸存下来，逃到小城左阿（Zoar，现称萨菲）附近的一个山洞。后来，拜占庭基督教徒在山边上为罗德修建了一座隐修院，外面就是罗德和女儿作为避难所的山洞。

此外，约旦还有许多伊斯兰圣地。许多和穆罕默德同时代的先知都在约旦殉教并被埋葬在这里。约旦还有三个重要的伊斯兰历史圣地，即穆塔战役古战场遗址、雅尔穆克战役古战场遗址和法赫尔战役古战场遗址。

其他旅游资源和特色还有月亮谷、马茵温泉等。

月亮谷 约旦自然奇观中最雄伟壮观的沙漠景观，广袤、空荡。这里也是沙漠探险者的乐园。沙漠中有沙漠城堡、纳巴特人神殿及保护区。可以看到骑着骆驼的沙漠警察巡逻。

马茵温泉（Hammamat Ma'in） 距离死海不远。位于海平面264米下的马茵温泉是世界上最壮观的沙漠绿洲之一。每年有数以千计的游客来此感受富含矿物质的温泉水和温泉瀑布。这些瀑布源于约旦高原平原融化的雪水，同时瀑布还是峡谷里109处温泉和泉水的源头。泉水在穿过峡谷汇入扎尔卡河过程中，被地下熔岩加热至63℃。这个地方有一个Evason Ma'in温泉SPA酒店，拥有97个房间，并提供各种专业服务，包括泥疗、水压式温泉浴、水下按摩、面部泥敷、电疗等。

三 植物

由于多沙漠和戈壁，水资源匮乏，约旦植物种类不多，只有2000多种植物，四种植物带。森林和草地主要集中在约旦河谷及约旦与叙利亚交界地区。树木种类主要有橡树、棕榈、橄榄树、圣栎、地中海白松。约旦有许多野生花，在春季沙漠开始变绿的时候，约旦国花黑鸢花和其他各种野花就会竞相开放。

约旦丘陵地区有许多橡树、松树及阿月浑子树。橄榄树、桉树、雪松在丘陵和约旦河谷也四处可见。约旦的干旱气候适合灌木生长。在沙漠地区的岩石缝里偶尔也长有生命力很强的野生花草。

历史上，约旦曾以拥有大量的植被和野生动植物著名。在各地出土的画像和石雕上不乏羚羊、野生山羊和牛的图案。在《圣经》中也有大量记载。后来森林被大批砍伐。1908～1917年是约旦森林被毁坏最严重的时期，当时奥斯曼帝国为修建汉志铁路，进行了大规模的森林采伐，用作燃料，使环境遭到严重破坏，造成水土流失和土地荒漠化。20世纪以来人口的快速增长，以及经济、社会发展也对约旦环境造成了很大影响。为改善环境，约旦政府积极开展大规模的植树造林运动，甚至动用军队在伊尔比德、萨尔特、马弗拉克、阿杰隆和卡拉克等地的荒地上植树。

四 动物

约旦共有70种哺乳动物，73种爬行动物，4类两栖爬行类动物，约20种淡水鱼，1000多种海鱼。沙漠地区主要有昆虫、蜥蜴、小型哺乳动物，也有一些大型动物，如亚洲豺、沙漠鼠、跳鼠、沙漠狐、斑纹土狗、土狼、猫鼬、山鹑、鼹鼠、羚羊、瞪羚、骆驼、獾、野猪、野兔等。白羚羊生活在平原地区，由于被大量猎杀已濒临灭绝；在山里还有野生山羊，但已经非常稀少。在拉姆谷地有西奈玫瑰雀、沙漠云雀，在罕玛特马茵地区有蓝色翠鸟，在阿拉伯谷地有山地羚羊、土狼、狐狸和角山羊，绍马里保护区有阿拉伯羚羊、鸵鸟和波斯野驴。现有的古代岩石图案和拜占庭时期的图画显示，历史上约旦曾拥有丰富的野生动物资源，包括鸵鸟、瞪羚、阿拉伯羚羊、努比亚野山羊、叙利亚熊、欧洲小鹿等。据说当时约旦的河中还有鳄鱼。猎杀瞪羚和其他野生动物要追溯到旧石器时代。现在狩猎受到了皇家自然保护协会（RSCN）的严格控制，除规定狩猎季节、对猎杀动物进行配额限制外，还对狩猎地点进行了严格规定，汉志铁路以东完全禁猎。

亚喀巴湾是中东一些漂亮海洋生物的家园。海水里有大量海洋生命如海星、海黄瓜、螃蟹、虾、海胆、鳗鲡、海马、管鱼。亚喀巴最吸引人的是色彩斑斓的珊瑚礁，在约旦海岸的南部附近分布最多。大约有100种石珊瑚。在浅水里还有许多海藻，为鱼类提供食物和庇护所。

约旦有各种各样的鸟，主要有两种类型：一是约旦土生鸟，大约有150种；二是候鸟。由于地处地中海和阿拉伯动物区过渡地带，约旦位于世界规模最大的候鸟迁移路线上。10年前在阿兹拉克保护区水面上大约有20万只候鸟，包括白鹈鹕、白鹭、燕和鸥等。目前由于水面逐渐干涸，只剩下220种候鸟。

皇家自然保护协会是约旦保护野生动植物资源的核心机构，成立于1966年，也是阿拉伯世界第一个此类非政府组织。该协会关注各种环境问题，尤其是亚喀巴湾的珊瑚礁及陆地野生动植物。该组织制定了一个全面保护区体系，覆盖全国各地区。目前已建立6个保护区，占约旦领土的1.4%，另外6个正在规划之中，这12个保护区约占约旦领土的4%。此外，还有20个放牧保护区，面积约2万公顷，以阻止过度放牧。该协会还与教育部合作在全国的学校中建立了500多个自然保护俱乐部，大约有成员2万人。协会成立以来取得了不少成绩，如在保护阿拉伯羚羊方面成效显著。阿拉伯羚羊在 20 世纪 20 年代就已在约旦消失。1978 年该协会将其从外国重新引进繁育，当年共引进了 8 只。目前数量已达到 200 只。1998 年该协会开始对它们进行野放。

著名的阿兹拉克湿地保护区有大约 300 种鸟，其中 220 种是候鸟。这一湿地动植物丰富，几乎一半地区被水生植物覆盖。狼、红狐狸、斑纹狼、亚洲豺狼及多种昆虫、爬行动物在那里生活，包括 5 种毒蛇。穆吉布湿地保护区有努比亚野山羊、阿拉伯瞪羚、豹、狐狸及多种鱼和鸟类。祖比亚保护区有狐狸和刺猬，近年来又引进了在当地已消失一个多世纪的狍鹿。达纳自然保护区是许多濒危物种如野山羊、阿拉伯瞪羚的家园。保护区有 308 平方千米，是世界自然宝藏，不仅景色优美，而且动植物资源丰富。这里有 703 个物种：72 个植物物种，45 种哺乳动物，300 种无脊椎动物，2 种两栖动物，36 种爬行动物，215 种鸟类。保护区拥有美丽的鲁马纳山，平静而永恒的达纳乡村，红白相间的砂岩峭壁。拉姆保护区有阿拉伯羚羊、多种植物物种，以及 8000 年前的古迹和岩洞绘画。沙洼马里和穆吉布两个自然保护区栖息着阿拉伯羚羊、鸵鸟、瞪羚、野驴和努比亚鹤等。1975 年，皇家学会将沙洼马里野生动物保护区作为保护当地濒临灭绝的野生动物保护中心。保护区如今有 22 平方千米，拥有中东大量的稀有濒危动物。穆吉布自然保护区是世界上海拔最低的自然保护区，坐落于峡谷中。山谷中有 7 条河流流过。

约旦是中东第一个实施环境保护国家战略的国家。在国际自然资源保护联合会（IUCN）的帮助下，1992 年 5 月约旦制定了一个国家环境战略，由政府、非政府组织、私人部门、社区和个人参加。该文件对各方面环境和发展问题提出了 400 多条意见，并列出了确保环境领域不断取得进步的 5 项战略建议：制定一个环境管理和保护的全面立法框架；加强现有环境机构特别是环境部、皇家自然保护协会的组织建设；扩大现有保护范围；提高公众参与环保的意识；将水资源保护置于优先地位，降低人口增长率。

第二章

历　史

约旦原是古巴勒斯坦的一部分。今日约旦所处的地区历史悠久，是人类最早居住地之一。有两大自然因素对约旦历史发展起着至关重要的作用。一是地理位置。约旦处于中东的十字路口，约旦和巴勒斯坦是连接亚非欧三大洲的战略轴心。因此，自有人类文明以来，约旦所处地带就作为交通贸易枢纽发挥着重要作用。由于这一中心地理位置，古代约旦地区曾先后被闪族人、阿卡德人、巴比伦人、亚述人等攻占。后来，约旦地区被合并到波斯、古希腊和罗马文明中，它们的遗迹至今还可找到。自公元7世纪起，约旦地区又先后被阿拉伯帝国、奥斯曼帝国及西方殖民者所统治、占领。二是气候。约旦北部高地和约旦河谷地区降水较多，适宜人类居住，约旦大部分城市文明源于此。由此往南和向东，则多为沙漠，基本无人定居。因此约旦河谷狭长地带构成了约旦地区历史文明的中心地带。

第一节　上古简史

这一阶段主要从远古至公元7世纪初。自旧石器时期以来，约旦地区一直是人类文明主要发源地之一。现今在约旦的考古活动发现了大量史前时期的各种古迹。

一　旧石器时代

这时期约旦地区生活的原始人多以狩猎为生，或住在靠近水源的地方，或跟着野生动物的迁移而四处流动。当时该地区气候比较湿润，如今的沙漠地区当时多为开阔的草原，因此很适合狩猎和群居。目前考古没有发现旧石器时期的建筑、人体骨架，但发掘出了许多当时的工具，如玄武岩手工斧、燧石、石刀及刮擦器具。

二　新石器时代

2000 年，德国史前史学者汉斯·格奥尔格·格贝尔领导的一个国际考古小组在佩特拉地区的巴亚村发现了一座新石器早期时代的墓室，距今约有 9000 年历史。考古学家在墓室中共挖掘出 7 件头盖骨及一些箭头、珠链等，另外，还有许多壁画，这些壁画反映出抽象的主题。在海拔约 1000 米高的岩石陡坡上，建有一些两层的房子，显示出当时人们极高的建筑水平。据估计，在新石器时代早期，巴亚村地区可能有居民 400 人。新发现的墓室为深入研究当时的牧民和农耕民的信仰及宗教礼仪提供了机会。

这一时期约旦地区发生了三大变化。一是人们已经开始定居下来过原始公社生活，多以小的部落为群体。人们的饮食结构发生了变化，开始饲养山羊等牲畜，种植谷物、豌豆与扁豆等农作物；人口不断增加。二是约旦东部地区气候变得越来越干燥、炎热，导致人烟日益稀少，许多地方无人居住。这一气候变化发生在公元前 6500 ~ 前 5500 年。从此，约旦东西部出现了截然不同的两种气候。第三个变化是公元前 5500 ~ 前 4500 年陶器的出现。陶器制作技术最早可能来自美索布达米亚平原地区。如今最大的新石器遗址是在安曼附近的埃因 - 哈扎尔（Ein Ghazal）。那里有大量的建筑物。房屋呈矩形，每幢房屋有多个房间。有些房间还铺有地板。在约旦西北部发现的杰里科古城不仅有石头城墙，还有石塔。有证据显示，当时人们盛行祖先崇拜。考古学家在埃因 - 哈扎尔和贝得哈（Beidha）等地发掘出的人的头骨上敷有石膏，眼眶里填着沥青。最近约旦考古学家还修复了一具大约 8000 年前的女尸，其身高约 1 米，眼睛很大。首都安曼在新石器时期是一个小村子。1983 年考古专家在安曼侯赛因体育城附近的水井旁挖掘出 20 个高 40 ~ 80 厘米、体态不一的泥俑，经鉴定是公元前 6500 年前后塑制的。

三 红铜时代

这一时期也是石器与铜器并用的时代。这一时期人们开始冶炼铜，并用来制造斧头、箭和钩子。人们不再主要以打猎为生，而是依靠种植小麦、大麦、椰枣、橄榄等农作物和饲养绵羊、山羊等为生。沙漠地区人们的生活方式与现代贝都因人的生活方式相似。图雷塔特－哈苏尔（Tuleitat Ghassul）是约旦河谷一个很大的红铜时代的村落。房屋由泥砖砌成，屋顶由木头、芦苇覆盖。有的房屋还垒有石头地基。有的还修建了很大的院子，院墙上雕有装饰图案，如戴面具的人、几何图形、星星等。这些图案可能与宗教信仰有关。

四 青铜器时代

城邦国家的兴起。在早期铜器时期（公元前 3200～前 1950 年），约旦的许多地方如约旦河谷及高原地区都开始有居民定居。公元前 3200 年前后，约旦地区已经有了相对发达的城市特征。这个时期许多乡村都修筑有防御工事，以防掠夺性游牧部落入侵。当时各地还修建了许多水渠。对于地震和水灾，当时的人们也有了一些应对措施。这一时期人们的墓葬习惯发生了一些变化。在阿拉巴河谷有一个保存完好的巴卜－德哈拉（Babal Dhra）遗址，在那里考古学家发现了大约 2 万座呈轴状分布的坟墓，每座下面都有多个墓穴，大约埋葬着 20 万具尸体。棺材有的用木头做成，里面有人骨及罐子、珠宝和武器等陪葬物品。如今在约旦各地散落着许多墓穴遗址，多属于红铜时代晚期和青铜器时代早期。这一时期，埃及和美索布达米亚的城市文明已非常发达，约旦与这些地区都有贸易往来。不过，这一时期约旦地区还没有使用文字，直到约 1000 年之后才出现文字。公元前 2300～前 1950 年，许多建造在山顶上的较大堡垒型城市逐步被较小的非要塞式的乡村所取代。发生这一变化的原因，有的说是地震破坏，有的说是这一时期该地区气候发生大的变化，变得高温少雨，迫使人们下山居住。1974 年，耶路撒冷的英国考古学家在约旦的加瓦发现了建于公元前 3200 年用石块垒砌的土坝，据考证这是世界上最早的水坝。

中期青铜器时代（公元前 1950～前 1550 年），人们的活动范围进一步扩大。埃及、叙利亚、阿拉伯半岛、巴勒斯坦和约旦之间的贸易不断增多，推动了文明和技术的进一步传播和提高。青铜时代的到来给人们带来了更加坚硬和耐用的斧子、刀及其他工具和武器。这一时期约旦中部和北部地区人们之间大规模的直接交往增多。另外，在南部生活着一个叫沙苏（Shasu）的游牧部落。在许多地方出现了一种新的要塞，如安曼的大本营、伊尔比德、佩拉（Pella）和杰里科（又名阿里哈，Ariha）。要塞多建成斜坡形状，上面覆着坚硬的石膏泥，由于很滑，敌人很难爬上来。佩拉要塞就被连绵的城墙和望塔包围着。据说，在公元前 18 世纪，叙利亚、约旦和巴勒斯坦为来自北美索布达米亚的一个名叫希克索斯（Hyksos）的军事贵族所统治，随后他又继续西征，占领了埃及的大部，并在埃及建立了希克索斯王朝（史称牧人王朝）。希克索斯王朝给约旦地区带来了战车、马及新型的防御技术。

考古学家通常将公元前 1550 年确定为中期青铜器时代结束的时间。当时希克索斯被赶出了埃及，逃到巴勒斯坦和约旦，战火也烧到这里，从而使这里的许多中铜器时代的城镇毁于一旦。公元前 1482 年，埃及法老图特摩斯三世（Tuthmosis Ⅲ）登基，他发动了十多次远征，在迦南（巴勒斯坦、约旦和叙利亚）建立了帝国。图特摩斯三世在这一地区引进了埃及的省长制，约旦地区开始埃及化。迦南城邦国家处于埃及文化的不同程度影响之下。在北部，埃及人与米坦尼王国和希泰王国进行了一系列战争，以控制叙利亚。埃及人鼓励对外开展贸易，特别是与爱琴海和地中海国家的贸易。来自希腊的迈锡尼的商品、塞浦路斯的陶器在巴勒斯坦、约旦都有出售，现在还有遗迹存在。最初这些陶器主要用来装油和香料，但也有被用做陪葬餐具的。当时，约旦这一地带呈现了一个时期的繁荣与和平，出现了大量新城镇和寺庙。

青铜器时代大约于公元前 1200 年结束，当时许多近东和地中海的小王国如希腊的迈锡尼、塞浦路斯、安纳托利亚的希泰王国，以及巴勒斯坦、约旦和叙利亚等地的许多城市都遭到了毁灭之灾。毁灭者是来自爱琴海和安纳托利亚的野蛮“海上民族”，他们最后被埃及法老拉美西斯三世

（RamesesⅢ）打败。海上民族的一支叫腓力斯人（Philistines），他们来到了巴勒斯坦并将这一地区起名为腓力斯提亚（Philistian），意思是腓力斯人的地方。公元前 5 世纪，希腊史学家将叙利亚南部称为巴勒斯坦，后来罗马人将之用于地名。这就是巴勒斯坦这一名称的来历。腓力斯人来到巴勒斯坦之后，在这里建立了一系列城邦国家，势力一直达到雅尔穆克河沿岸。还有一种说法是，以色列人破坏了许多迦南城镇如杰里科等。雅各之兄伊索在死海南部建立了伊多姆王国。许多人认为伊多姆王国是个独立国家。但是，在公元前 8 世纪之前一直没有发现伊多姆人的居住地。还有人认为伊多姆国王实际上是一个贝都因人出身的酋长。

五 铁器时代

当时约旦地区有三个大的王国。南部的伊多姆王国、中部的摩押王国、北部山地的阿蒙王国。旧约中记载的大多是这个时期的事情。但考古很少发现《旧约》中所记载的犹太人占领巴勒斯坦的证据。依照《圣经·出埃及记》（公元前 1270～前 1240 年）一节的描述，以色列人在摩西带领下，请求通过伊多姆王国。在被拒绝后，他们绕过伊多姆向东，然后向北来到亚摩利王国（Amorite）。亚摩利人的首领也拒绝了以色列人的请求。最后以色列人占领了亚摩利，并由此向北扩张，攻打摩押王国。摩押国王与米甸（汉志）的 5 个部族组成了反以联盟，但最终还是以色列人获得胜利，米甸的一些地方被占领。摩西死后，约书亚率领以色列人渡过约旦河进入巴勒斯坦。以色列联合王国建立起来，扫罗和大卫相继称王，并从迦南人手里夺取了耶布斯（即耶路撒冷）。公元前 960 年，大卫去世后，南部的伊多姆王国重新获得独立，并向约旦南部扩张，定都布塞拉（Buseira）。现今在约旦境内考古发现的著名“摩押石刻”就反映了公元前 9 世纪中期摩押王国的辉煌。石刻上的碑文赞美了摩押国王米沙（Mesha）的事迹。据记载，当时米沙国王打败了入侵摩押的以色列人。摩押王国主要在现在的约旦中部，先后定都于卡拉克和济班（Dhiban）。

阿蒙王国定都于现今的约旦首都安曼，时间大约为公元前 950 年。公元前 13 世纪，在现在安曼周围有一些信奉阿蒙——太阳神——的部落。

到公元前11世纪，阿蒙人建立了阿蒙王国，以现在的安曼为首都，当时安曼称“阿蒙”。在阿蒙城周围的山顶上，用大块石头建成了方形、长方形或圆形的要塞或警戒塔。这个王国控制了现在扎尔卡河以南、沙漠以西的地区。公元前9世纪，阿蒙王国同其他王国结盟，共同对抗日益强大的亚述人。公元前800年左右，亚述王塔格拉二世崩殁，继位者采取扩张政策。公元前745年，亚述人占领和征服了阿蒙王国，随后又占领了伊多姆王国和摩押王国。但阿蒙国王能够巧妙地保持了他的王权——他把一部分国土割让给亚述人，并每年向亚述人进贡和缴纳罚金。此后过了一段平静时期，阿蒙人扩大了沙漠商道的控制范围，经济和文化得到发展。在安曼山头上考古发掘的两个阿蒙国王的雕像证明了当时阿蒙人的雕刻艺术与那时埃及人和亚述人的水平不相上下。另外，通过挖掘阿蒙国王的仆从阿都尼·努尔的坟墓，人们发现，当时阿蒙人使用的是陶制棺材。由于农业和贸易发达，阿蒙王国相对繁荣。公元前922年，大卫之子所罗门王去世后，以色列联合王国陷入分裂，主要分为南部的犹大王国、北部的以色列国。当时埃及正面临来自地中海的海上民族的入侵，腓力斯人大举入侵，埃及只能对巴勒斯坦和约旦地区维持有名无实的统治，因此以色列人乘虚而入。腓力斯人给这一地区带来了先进的铁器工艺技术。到了公元前1000年前后，铁器已经在巴勒斯坦和约旦地区普遍使用。

约旦地区三个王国的相对繁荣招致了外部的入侵，如巴勒斯坦的以色列人、大马士革的阿拉玛仪人（Aramaeans）及美索布达米亚北部阿舒尔（亚述王国的初期都城）的亚述人。从公元前9世纪开始，亚述人开始不断发动对叙利亚的进攻，到公元前8世纪中期亚述人已经占领了大马士革，以及巴勒斯坦北部以色列王国的都城撒马里亚。很快，摩押、阿蒙和伊多姆三国也臣服于亚述帝国，并向其进贡。公元前730~前630年，巴勒斯坦和约旦地区处于亚述人的统治之下。公元前734年，亚述人占领了加沙等地。公元前721年征服以色列。公元前720~前717年占领叙利亚全境。公元前714年大败乌拉尔图王国。公元前662年远征埃及。经过萨尔贡二世、辛那克里布（公元前704~前681年在位）、伊撒哈顿（公元前680~前669年在位）的征服，亚述已变为地跨亚、非两洲的奴隶制大帝国。亚述巴尼拔与埃兰—巴比伦同盟进行了漫长的战争。其统治末年，国内发生内战，游牧部落西徐亚人入侵，被征服地区纷纷独立，帝国迅速走向灭亡。公元前7世纪初，新巴比伦王国兴起。公元前612年，亚述都城尼尼微陷落于新巴比伦王国和波斯米底王国之手。随后，在新巴比伦国王尼布甲尼撒二世率领下，巴比伦王国在夺得两河流域后又西下夺取了叙利亚、巴勒斯坦和约旦地区等。公元前605年，巴比伦帝国又决定性地打败了埃及。连年战争给该地区造成了巨大破坏，伊多姆王国的人大批出走到巴勒斯坦南部。公元前587年，尼布甲尼撒二世再次攻占耶路撒冷，犹太王国灭亡，大批犹太人被流放到巴比伦。巴比伦时期，阿蒙人时常起来造反，但均遭到巴比伦军队的严酷镇压，阿蒙人的经济和建筑遭到严重破坏，王国人口减少，地域也不断缩小。

但很快，在巴比伦的东部，波斯帝国开始崛起，新巴比伦的统治为波斯所取代。公元前550年，波斯王居鲁士二世灭米底。公元前546年，居鲁士二世灭小亚细亚的吕底亚王国，次第征服了小亚细亚西部沿海各希腊城邦。公元前539年，波斯军队进军美索布达米亚，灭新巴比伦王国，获得了新巴比伦的领地。居鲁士二世自称世界之王、大王、正统的王、巴比伦王、苏美尔与阿卡德之王、四方之王。他把叙利亚和巴勒斯坦并为巴比路士省。这样，波斯人又成为约旦地区的主人，约旦地区和巴勒斯坦处于波斯任命的总督的统治之下。不过约旦内部仍时常发生冲突，特别是摩押人和阿蒙人之间。公元前538年，居鲁士下令允许巴比伦的犹太人回到巴勒斯坦，犹太人开始在巴勒斯坦重建第二圣殿。为此，摩押人和阿蒙人一度与犹太人发生冲突。

六 古希腊统治时期

古希腊统治时期通常指从公元前323年马其顿国王亚历山大大帝去世，到公元前30年罗马征服托勒密王朝统治下的埃及这个时期地中海东部诸国的历史。公元前334年，马其顿亚历山大大帝开始东征波斯帝国。公元前333~前332年，今日的约旦和巴勒斯坦地区被马其顿占领，这样希腊人又成为约旦地区的新主人。在此期间（公元前332~前323年），亚历山大大帝在该地区大力推行“希腊化”。公元前323年，亚历山大去世，希腊帝国分裂，出现了三个希腊王朝：统治马其顿的安提克王朝、统治叙利亚和巴比伦等地区的塞琉古王朝、统治埃及和巴勒斯坦地区的托勒密王朝（公元前323～前197年）。托勒密统治约旦地区的时间从公元前301年延续到公元前198年。之后，塞琉古和托勒密两个希腊王朝为了争夺巴勒斯坦及叙利亚南部等地区发生了长达数年的战争，史称“叙利亚战争”。后来，塞琉古打败了托勒密王朝，巴勒斯坦和约旦地区又处于塞琉古的统治之下（公元前198～前63年）。其间，希腊语成为正式语言，但亚拉姆语依然为普通人常用。大批希腊人移居巴勒斯坦等地。希腊化城市和建筑随处可见，有许多露天剧场、竞技场、浴池等。希腊人在约旦地区建了许多新的城市，如乌姆凯斯（UmmQais），或将其他城市重新命名，如将纳巴特－阿蒙（Rabbath Ammon，即如今的约旦首都安曼）改为费城（Philadelphia），将 Garshu（即如今的杰拉什）改名为安提俄克（Antioch），后又改为格拉萨（Gerasa）。托勒密二世国王费拉德尔菲斯用他的名字命名安曼为费拉德尔菲亚城（简称“费城”），意为“友爱之城”。当时的费城主要在城堡山上，此地大兴土木，商业发达，经商的驼队往返于佩特拉和大马士革之间。

公元前63年，罗马大将庞培占领了费拉德尔菲亚城。此后一直到公元2世纪，是一段相当繁荣的时期，费拉德尔菲亚是约旦北部和叙利亚南部10座繁华的罗马城市之一。罗马人在城里建立了罗马石柱街，沿山凿建了一座有5000个座位的罗马剧场，还有公共浴室和罗马式住宅。当时的城市有很大发展，建立在7个山头上，如古罗马城的布局，所以也称“七丘城”。在东罗马拜占庭人占领的300多年间，费拉德尔菲亚城没有多大发展。这一时期的建筑物后来在罗马、拜占庭和伊斯兰时代大多进行了重建。所以希腊化时期的建筑和城市最后完整保存下来的并不多。如今在约旦保存下来的最具希腊化风格的地方叫伊拉克－埃米尔（Iraqal Amir），位于安曼西部。该地有一座城堡，名叫盖斯尔－阿卜德（Qasral Abd，阿拉伯语意为“奴隶之城堡”），大约修建于公元前2世纪后期，主要由大石块垒建，石上雕有狮子和老鹰等图案。城堡四周被人工所挖的护城河环绕。在杰拉什也有相当多的古希腊遗迹，如祖尤斯神庙。

亚历山大征服约旦之前，在约旦地区南部已有一个比较发达的王国——纳巴特（Nabataean）。公元前7世纪末，在阿拉伯半岛北部和叙利亚南部生活着一个阿拉伯游牧民族——纳巴特人，据说是贝都因人的祖先。大约公元前6世纪，一个游牧部落纳巴特人从阿拉伯半岛迁移到约旦南部、巴勒斯坦的一些地区及阿拉伯半岛北部的汉志等地，并定居下来。纳巴特王国于公元前6世纪建立，存在时间长达600余年，第一任国王叫哈利斯，定都于现今的佩特拉，是当时西亚的一个重要国家。公元前1世纪是纳巴特王国的鼎盛时期，疆域包括阿拉伯半岛的汉志，西奈半岛以东、亚喀巴湾以北至死海的广大地区。目前对纳巴特社会的了解主要来自当时古希腊学者斯特雷波的作品。据记载，纳巴特由一个王室家族统治，已有一定民主，没有奴隶。多神崇拜，其中主要是太阳神杜沙拉和女神阿拉特。在纳巴特人到来之前，该地区的主要居民是伊多姆人。纳巴特人到来之后，大兴土木，修建了大量建筑物，如房屋、庙宇和坟墓。这些建筑多由坚硬的砂岩建成。尽管佩特拉四面环山，易守难攻，但纳巴特人为了抵御外敌，还是在城市四周修筑了高高的城墙。纳巴特人不仅从事畜牧业、农业，也经商、从事铜冶炼，农业和畜牧业有很大发展。由于王国处于沙漠之中，因此纳巴特人在保护和利用水资源方面积累了不少经验，修筑了很多大坝、水渠和水库。

公元前100年，阿拉塔斯二世国王时期已经制造和使用铜钱。1992年美国旧金山考古队就发掘出制作铜钱的作坊和当时制作的铜钱。纳巴特人还利用其特殊的地理位置，与外界广泛开展贸易往来，与当时的中国、印度、埃及、叙利亚和希腊贸易往来密切。交换的商品主要有香料、熏香、黄金、动物、铁、铜、糖、药品、象牙、香水、丝绸等。佩特拉则成为连接东西方的一个十字路口和地区贸易中心，商业繁荣。商路也成为纳巴特王国的摇钱树。

纳巴特的繁荣招惹了外部的注意。公元前312年，亚述曾派600骑兵、4000步兵掳掠纳巴特人。同年，塞琉古国王对佩特拉发动进攻，并缴获了许多战利品，但在回程中遭到了纳巴特人的反击，纳巴特人打退了塞琉古王国的进攻。此后，纳巴特与塞琉古王国为了争夺约旦地区进行了长达百年的战争。不过，虽然军事上的抵抗获得了成功，但希腊文化还是不可阻挡地传了进来，这在纳巴特人的建筑和艺术中得到了很好的反映。公元前1世纪，阿拉塔斯三世国王从塞琉古那里夺取了大马士革等叙利亚地区。卡兹涅就是阿拉塔斯三世修建的巨大陵墓。阿拉塔斯四世国王时代（公元前9年~公元40年）是佩特拉的鼎盛时期，当时它是中东重要的文化、贸易中心，修建有宏伟的剧场，城市人口达2.5万。公元1世纪后期，拉伯尔二世国王将纳巴特首都从佩特拉迁至现叙利亚南部的布斯拉，这一方面反映了纳巴特已非常强大，其首都已不完全依靠佩特拉的地势险要，同时也说明纳巴特人从重视商业、畜牧业变为更加重视农业。由于纳巴特人对叙利亚的占领威胁到了罗马帝国，罗马帝国十分担心。公元前65年罗马人兵临大马士革城下，要求纳巴特人撤军。公元前64年，大马士革被罗马人占领。公元前63年，罗马将军庞培派军队进攻佩特拉，纳巴特臣服罗马帝国。公元前44年，恺撒大帝去世，罗马人陷入混乱，而此时统治波斯和美索布达米亚的帕提亚王国乘机西犯。纳巴特人寻求与帕提亚人结盟一起对罗马作战。

但是，纳巴特错误估计了形势，帕提亚很快被罗马人打败，纳巴特人重新臣服罗马。后来，由于向罗马人朝贡延误，罗马的希律王两次派军队进攻纳巴特。公元前31年，罗马军队占领了纳巴特北部很大一块领土，包括通向叙利亚的商路。但是，纳巴特依然保持了一段时间的繁荣。纳巴特国王阿拉塔斯四世沿着商路又修建了大量的定居点，以进一步促进贸易繁荣。公元70年，纳巴特人与罗马人联手镇压了犹太人起义。纳巴特最后一任国王拉伯尔二世在去世前曾与罗马帝国达成一项交易，规定在他在世期间，罗马帝国不得进攻纳巴特，但他死后，罗马帝国可在纳巴特境内自由活动。

公元106年，拉伯尔二世驾崩，罗马帝国随即声称拥有对纳巴特的主权，并将纳巴特改名为阿拉伯-佩特里（Arabia Petrea）。罗马军队大举南下，灭了纳巴特，并占领了佩特拉。佩特拉变成了罗马的一个行政区。

在罗马帝国占领的近200年时间内，佩特拉出现了一个新的繁荣时期。佩特拉城依照罗马建筑风格进行重新设计、建设，如修建剧场、赛马场、哈德良凯旋门、石柱街、椭圆广场等。罗马人不仅允许纳巴特人经商，还与其合作经营，使佩特拉保持了这一地区商业中心的地位。当时的大多数佩特拉居民仍讲纳巴特土语。公元130年，罗马皇帝哈德良巡游佩特拉城，命名佩特拉为“哈德良－佩特拉”。佩特拉当时人口达2万～3万。但是，随着海上运输的兴起及商路向叙利亚的转移，佩特拉开始逐步走向衰落。公元4世纪拜占庭人统治时期，佩特拉开始衰落，大批纳巴特人离开佩特拉。公元6世纪，佩特拉经历了几次大地震，大部分地面建筑毁坏，拜占庭人也遗弃了佩特拉。

七 古罗马统治时期

公元前3世纪，希腊开始日趋衰落。公元前168年，罗马人征服马其顿，希腊成为罗马帝国的一部分。这样，罗马人来到近东。公元前64年，罗马将军庞培占领叙利亚，第二年占领耶路撒冷和约旦地区。从此，约旦地区成为罗马帝国的一部分，这种情况延续了4个世纪，直至公元324年。当时在地中海东岸有10个城市组成城邦，其中有杰拉什、安曼、乌姆凯斯和佩特拉。公元105年，纳巴特的北部（今巴勒斯坦）成为罗马帝国的一个行省。这样，继希腊化之后，约旦地区又进入罗马化时期。公元1世纪，基督教诞生后，这里又进入基督教时期。

公元395年，罗马帝国分裂为东、西两部分，即以罗马为中心的西罗马帝国和以君士坦丁堡（现伊斯坦布尔）为中心的东罗马帝国（也称拜占庭帝国）。因此，原先罗马帝国在西亚的属地成为拜占庭帝国的属地。公元324年，康斯坦丁一世定都君士坦丁堡，建立了拜占庭帝国。公元324～632年，约旦地区处于拜占庭统治之下。公元333年，康斯坦丁一世改信影响日益扩大的基督教。约旦地区的居民信奉基督教远比康斯坦丁一世要早。早在公元1世纪基督教诞生时，约旦地区就是许多基督教徒逃避迫害的避难所。拜占庭时期，约旦地区建了许多拜占庭式建筑。罗马时代的许多城市继续繁荣，人口增长。公元4世纪时，基督教已被该地区大多数居民接受，出现了许多基督教教堂和礼拜堂。这些教堂大多在罗马人居民区。教堂多为长方形，后殿为半圆形。应该说，约旦地区在罗马帝国和拜占庭时期经历了历史上少有的繁华。约旦居民为联系中国、印度、阿拉伯半岛南部与埃及、叙利亚和地中海的沙漠商道上的商人们提供食品等补给。

公元6~7世纪，约旦地区的人口出现了下降。这主要与两件事情有关：一是公元542年发生的大饥荒，原因是鼠疫在埃及、叙利亚和巴勒斯坦等地大规模流行；二是公元614年来自伊朗萨珊王国的入侵。萨珊人统治约旦地区、巴勒斯坦和叙利亚大约15年时间。萨珊帝国崛起于公元3世纪，主要统治波斯和巴比伦地区。萨珊崛起后与拜占庭帝国在近东展开了激烈争夺（公元527~628年）。公元604年萨珊帝国进攻拜占庭帝国，很快占领了叙利亚、美索布达米亚及亚美尼亚等地区，公元613年攻占大马士革，614年攻克耶路撒冷。公元610年，拜占庭皇帝希拉克略继位，实施了一系列重要改革，如把北非的总督制移植到拜占庭东方各省，建立军区制（亦称宅姆制），把土地分给军人，建立军役和封建义务合一的军事屯田制。利用宗教的精神和物质力量，对波斯人发动“圣战”。公元622年，拜占庭军队开始反攻。公元628年，拜占庭军队逼近泰西封城下，波斯王室被迫缔结城下之盟，交还小亚细亚的全部领地和“圣十字架”。公元629年，拜占庭重新收复了约旦地区等失地。公元630年，拜占庭在圣城举行了隆重的迎接“圣十字架”庆典。长达一个世纪的拜占庭—波斯战争就此结束。这一长期战争消耗了两国的大量人力与物力，拜占庭、波斯两败俱伤，为中近东新兴的阿拉伯人的扩张创造了有利条件。

第二节　中古简史

一　伊斯兰时期

就在拜占庭人和萨珊人激烈争斗的时候，阿拉伯半岛上出现了重大的历史性变化，即伊斯兰教的诞生和阿拉伯帝国的崛起。公元570年4月

20 日，伊斯兰教创始人穆罕默德出生于麦加。穆罕默德属于阿拉伯半岛古莱氏部落的核心氏族哈希姆家族，即如今约旦哈希姆王室的先祖。公元 610 年，穆罕默德声称得到天启，开始创立和传播伊斯兰教。后来，由于穆罕默德及他的信徒在麦加受到迫害，他们于 622 年迁徙至麦地那。这一迁移具有重大历史意义，是伊斯兰教历纪元的开始。630 年是约旦地区进入阿拉伯－伊斯兰时代的标志性年份。这一年穆罕默德率军攻占了麦加。阿拉伯半岛各地纷纷改信伊斯兰教。632 年 6 月 8 日，穆罕默德去世，阿布·伯克尔就任第一任哈里发（632～634 年在位），开始向外扩张。629 年，阿拉伯穆斯林军队曾对拜占庭帝国军队在约旦地区的驻地穆塔发动了两次进攻，但均未获成功。633 年，伯克尔派由阿慕尔、亚齐德和叔尔哈比勒领导的阿拉伯军队再次向该地区发起进攻，在死海附近打败了拜占庭帝国派驻巴勒斯坦的总督。634 年在加沙全部歼灭拜占庭军队。636 年 7 月，在哈立德·本·瓦立德指挥下，阿拉伯军队在雅尔穆克河畔的艾扎那代因之战中彻底击败了拜占庭人，拜占庭军队主帅西奥多拉斯战死。这一战役为进一步征服巴勒斯坦和叙利亚打通了道路。638 年阿拉伯军队占领了耶路撒冷。到 640 年，巴勒斯坦和大叙利亚地区都已在阿拉伯军队控制之下。

就在阿拉伯帝国取得节节胜利的同时，其内部矛盾也在发展。656 年，第三任哈里发奥斯曼被刺杀后，穆罕默德的堂弟和女婿阿里就任第四任哈里发，内部斗争愈演愈烈，终于爆发了穆斯林历史上的第一次内战，俗称“骆驼战役”。在叙利亚，倭马亚家族大将穆阿维叶任总督，他老谋深算，苦心经营，拥兵自重，与埃及前总督阿慕尔结盟，反对阿里。661 年阿里被暗杀，穆阿维叶就任哈里发，建立了世袭的君主制王国——倭马亚王朝，定都大马士革。这样，约旦地区又进入倭马亚王朝统治时期（661～750 年）。倭马亚王朝向东、向西发动了大规模的对外战争。至 8 世纪中叶倭马亚王朝后期，阿拉伯帝国的版图已西临大西洋，东至中亚河外地区，成为地跨亚、非、欧三大洲的庞大帝国。

由于地理上与新都大马士革接近及战略上的重要性，约旦地区相对繁荣。这时，约旦河东岸的居民开始普遍信奉伊斯兰教，也有少量犹太人、巴勒斯坦人、希腊人及阿拉伯基督教徒继续保留其原有信仰。695 年，哈里发阿卜杜勒·马利克（685~705年在位）进行货币改革，用阿拉伯第纳尔和迪尔汗取代原来通用的拜占庭金币和波斯银币。随后，又规定阿拉伯语为帝国的正式语言，政府的一切文件必须用阿拉伯文书写。阿拉伯语很快取代希腊语和亚拉姆语成为当地居民的主要语言。拜占庭时期的城堡因年久失修而荒废。倭马亚人在约旦东部沙漠地区建起了许多沙漠驿站、浴室、打猎的场所及宫殿，这些被称为"沙漠城堡"。倭马亚人的艺术与建筑风格的代表作有圆顶清真寺、阿姆拉浴室。747年，约旦发生大地震，许多建筑物被毁坏。

公元749年，反倭马亚王朝的阿拔斯人领袖艾卜·阿拔斯被拥戴为哈里发。750年，阿拔斯王朝取代倭马亚王朝，并迁都巴格达。阿拔斯王朝统治500年间（750~1258年），约旦地区由于远离帝国中心，加上商路转移，逐步走向衰落，许多沙漠城堡被废弃。不过，约旦人口继续增加，直到9世纪初。这时，阿拔斯王朝开始走向衰落，内战和纷争不断，帝国日益虚弱。

9世纪中期，约旦地区被埃及的伊赫什德王朝（935~969年）控制。969年法蒂玛王朝（909~1171年）取代伊赫什德王朝控制了约旦地区。法蒂玛王朝因伊斯兰教先知穆罕默德之女法蒂玛而得名，909年由伊斯兰教什叶派首领奥贝德拉在突尼斯建立。969年哈里发穆伊兹派部将乔海尔征服埃及，973年迁都开罗。哈里发阿齐兹执政时（975~996年）国势强盛，其版图东起叙利亚、巴勒斯坦、汉志和也门，西至摩洛哥，与巴格达的阿拔斯王朝和科尔多瓦的后倭马亚王朝，形成三足鼎立的局面。11世纪后期，倭马亚王朝衰落。1055年，中亚突厥部落塞尔柱人攻入巴格达，开始控制阿拔斯帝国，后又占领了叙利亚。1071年，约旦地区落入塞尔柱帝国之手，直至1194年。其间，约旦一些地区还被十字军占领。1171年，法蒂玛王朝大臣萨拉丁在近卫军支持下发动政变，推翻法蒂玛王朝的哈里发阿迪德，建立阿尤布王朝（1171~1250年），法蒂玛王朝灭亡。

二 十字军东征时期

12世纪初，就在阿拔斯帝国名存实亡、塞尔柱帝国沦亡之际，来自欧洲的封建主、教士等势力以收复被异教徒占领的耶路撒冷为由开始远征，对近东发动“圣战”，即历史上有名的“十字军东征”。约旦地区又一次陷入斗争的旋涡之中。十字军东侵给约旦地区人民带来了巨大灾难，严重阻碍了这一地区经济、社会的发展。

在第一次十字军东征（1096～1099 年）期间，约旦地区及耶路撒冷等地被占领，并建立了许多王国如耶路撒冷王国（领土包括约旦河东岸）等。其间，约旦地区一直是十字军在红海沿岸和地中海沿岸的重要堡垒，十字军在这里构筑了许多堡垒和港口，如霍巴克和卡拉克。也就是在十字军入侵期间，“外约旦”一词开始出现。1171 年，伊拉克库尔德人萨拉丁建立了阿尤布王朝，率领阿拉伯军队与十字军进行了长达数十年的反侵略斗争，统一了叙利亚和埃及。1187 年，萨拉丁又在加利利海的西岸希廷战役中决定性地打败了十字军，随后收回了耶路撒冷及约旦等地。阿尤布王朝统治约旦地区的时间大约有 80 年。1258 年，约旦地区又落入突厥人建立的马木留克王朝（1250～1517 年）长达 300 年的统治之下。阿尤布王朝和马木留克王朝时期，约旦地区作为交通贸易的通道再次繁荣起来。许多堡垒、城堡、旅舍得到重建，还出现了以水力作为动力的糖厂。

三　奥斯曼帝国时期

1516 年奥斯曼攻占叙利亚，约旦地区成为奥斯曼帝国的一部分，并被一分为二，南部的安曼地区和北部的豪兰地区都属于奥斯曼帝国的大马士革省管理。奥斯曼的统治直到第一次世界大战结束才宣告终结，历时 400 年。

在奥斯曼帝国长达 4 个世纪的统治期内，约旦地区因属于边远省份，不受中央重视，经济和社会发展基本上处于停滞状态。奥斯曼帝国在前往麦加朝觐的路途上修建了许多堡垒，以保护香客免遭袭击和提供水、食品，约旦境内也有很多这样的堡垒。由于奥斯曼帝国的行政管理虚弱，贝都因人依然是沙漠地区的主人，几乎不受约束。这期间，约旦地区人口出现下降，许多人不断外迁。一些城镇和村落被遗弃，农业生产下降。该地区人口下降趋势一直持续到 19 世纪后期才有所改变，当时一些巴勒斯坦人和叙利亚人为逃脱苛捐杂税和冲突来到约旦地区，另外来自高加索地区的切尔克斯人和车臣人为了逃脱沙俄的迫害也远离故土，不远千里来到奥斯曼、伊拉克、叙利亚和约旦等地。这一时期约旦地区的基础设施建设也比较缓慢，修建的多为要塞、清真寺、医院、浴室、孤儿院。值得指出的是，19 世纪初期奥斯曼修建的从大马士革经约旦地区通往麦地那的汉志铁路，是奥斯曼帝国 400 年来在约旦境内修建的最重要基础设施。汉志铁路的修建不仅方便了运输香客和货物，而且也方便了奥斯曼帝国向阿拉伯半岛快速派遣军队，镇压叛乱。

此外，奥斯曼帝国统治期间，埃及总督穆罕默德·阿里也曾一度占领约旦地区。1831 年第一次土埃战争爆发，奥斯曼帝国战败，双方于 1833 年签署了和约。奥斯曼帝国承认埃及有权继续占领巴勒斯坦、约旦地区、黎巴嫩和叙利亚等地，同时埃及承认奥斯曼帝国的宗主权。1839 年第二次土埃战争中，埃及战败，失去了对约旦等地的控制权。

与此同时，来自西欧的列强如英、法等国也开始对奥斯曼帝国虎视眈眈，与其展开了争夺中近东的斗争。1799 年，拿破仑以保护东方基督徒的权利为由入侵叙利亚和巴勒斯坦，并占领了巴勒斯坦及地中海沿岸一些地区。特别是 19 世纪中期以后，西方势力加紧对近东的渗透。除了资本输出外，基督教传教士更是大肆活动。约旦地区开始逐步成为英国的势力范围。

第三节　近代简史

一　阿拉伯大起义

19 世纪后期，随着奥斯曼帝国的衰落及西方殖民者的入侵，阿拉伯人的民族主义意识也日益觉醒，包括约旦地区在内的阿拉伯各地出现了各种形式、规模不等的民族解放运动。远在汉志（希贾兹）的麦加，自先知穆罕默德去世后，一直由先知的家族——哈希姆家族的后裔充任当地的统治者。随着奥斯曼帝国日趋瓦解，哈希姆家族的侯赛因·本·阿里开始试图恢复昔日阿拉伯帝国的辉煌，重建阿拉伯帝国，充当伊斯兰世界的领袖。1908 年 11 月，奥斯曼帝国苏丹阿卜杜·哈米德二世任命长期被囚禁在伊斯坦布尔的侯赛因·本·阿里为麦加埃米尔（Amir)，并继承谢里夫(Sharif）称号。1910 年，侯赛因从伊斯坦布尔回到麦加。次年，他正式就任麦加埃米尔。

侯赛因对受制于奥斯曼帝国早就心怀不满，希望摆脱其统治，在阿拉伯半岛和“肥沃新月”地带建立一个由他统治的独立的阿拉伯国家。他上任后，便积极自主处理汉志事务，拒绝青年土耳其党人干涉其政务。1914 年春，奥斯曼苏丹下令取消了侯赛因享有的一些特权，并秘密派人对其进行监视，这更增强了他摆脱土耳其控制的决心。从此，侯赛因开始秘密谋划发动反土事宜。奥斯曼帝国下议院中 35 名阿拉伯人议员联名致信侯赛因，要求侯赛因作为先知穆罕默德的子孙，挺身而起充当阿拉伯世界的领袖。鉴于当时世界局势的发展，侯赛因审时度势决定借助英法协约国的力量实现自己的远大梦想。1914 年 2 月，侯赛因派次子阿卜杜拉前往埃及，与英国驻埃及的高级专员商讨有关反奥斯曼帝国问题，但当时英国正寻求拉拢奥斯曼帝国进入自己的阵营，对此问题不感兴趣。但战争很快于 1914 年 6 月爆发，11 月奥斯曼帝国宣布加入同盟国阵营。这时英国方面开始被迫调整政策。新任英国驻埃及高级专员亨利·麦克马洪开始主动与侯赛因接触。

一战爆发后，阿赫迈德·杰马尔帕夏被任命为奥斯曼帝国第四军军长，执掌叙利亚、黎巴嫩、巴勒斯坦、汉志等行省的军政大权，残酷镇压阿拉伯民族主义运动。仅 1915 ~ 1916 年，就有数十人被处死，上千人被关进监狱或流放到边远地区，从而导致阿拉伯人要求独立的呼声越来越高。当时叙利亚的民族主义组织力量十分薄弱，希望与侯赛因结盟。侯赛因也想借助其力量来实现自己的愿望。1915 年 3 月，侯赛因派三子费萨尔秘密前往大马士革与“青年阿拉伯协会”等阿拉伯民族主义组织商议起义问题，这些组织劝说侯赛因与英国合作，双方还商定了与英国合作的条件，即《大马士革宪章》。该宪章主要内容是：英国承认独立的阿拉伯国家的版图（北起梅尔辛、阿达纳、马尔丁、阿马迪至伊朗边界一线，东至伊朗边界和波斯湾，南到印度洋，亚丁除外，西至红海和地中海），废除治外法权，在此基础上同意与英国签订防御同盟，向英国提供15年以上的经济开发项目优先权。1915年7月14日，侯赛因正式致函英国政府驻埃及专员亨利·麦克马洪，提出了合作的条件，称未来他建立的“谢里夫阿拉伯政府”的领土范围将包括阿拉伯半岛（亚丁除外，当时是英国的殖民地）、巴勒斯坦、黎巴嫩、叙利亚和伊拉克。

英国政府为了鼓励侯赛因参加对土作战，摆脱战争初期战场上的不利局面，也同意与侯赛因进行合作。于是，双方正式开始谈判，主要通过书信方式进行。经过初步谈判，原先对《大马士革宪章》不满的英国人迫于形势决定同意宪章中的某些条款，并要求对宪章进行修改。1915年8月30日，麦克马洪复信侯赛因，但避而不谈疆界问题。9月9日，侯赛因又致函麦克马洪，一再强调确定疆界的重要性。10月24日，麦克马洪致函侯赛因，表示英国政府支持侯赛因战后在英国指定的边界内建立阿拉伯国家，但是领土范围不包括非阿拉伯领土，也不得损害英国盟友法国的利益。这些地区包括梅尔辛、亚历山大勒塔，以及叙利亚的大马士革、霍姆斯、哈马和阿勒颇以西部分。若侯赛因接受这一修正，麦克马洪将全权代表英国政府保证：英国准备承认并支持疆界内所有地区的阿拉伯人的独立；保证圣地免受外来侵略。同时，麦克马洪要求侯赛因对巴格达和巴士拉两省做出特殊的行政安排，实际上是由英国占领。在以后的通信中，侯赛因同意不把梅尔辛和阿达纳列入疆界之内，同意英国在巴格达和巴士拉两省有特殊地位，但强调绝不放弃叙利亚西部和黎巴嫩的一寸土地。同年11月，英国通知侯赛因，希望他和英国合作，英国将为他提供保护和援助。这就是著名的《侯赛因—麦克马洪信件》。

1915年12月，侯赛因决定领导和发动阿拉伯民族大起义。1916年6月10日，阿拉伯大起义正式爆发。6月16日，起义军攻克吉达，7月9日攻占麦加。10月，侯赛因宣布成立阿拉伯王国，自立为国王。11月22日，占领塔伊夫。到11月底，起义军已经控制阿拉伯半岛大部分地区。1917年1月，英法意三国联合致函侯赛因，宣称只接受侯赛因为汉志国王。侯赛因继续挥师西下，向红海沿岸进发。1917年7月，费萨尔亲王占领亚喀巴城，包围马安，并向叙利亚的豪兰和德鲁兹山区推进。12月，英国远征军抵达巴勒斯坦。1918年9月30日，费萨尔领兵攻入大马士革，成立了以他为首的阿拉伯政府，结束了奥斯曼帝国长达4个世纪的统治。1919年7月，叙利亚总人民大会要求盟国承认包括巴勒斯坦在内的叙利亚独立，以费萨尔为国王。依照侯赛因当时的设计，阿拉伯国家将包括三部分：包括巴勒斯坦、黎巴嫩和约旦在内的大叙利亚国，伊拉克国和汉志国。1920年3月7日，叙利亚国民大会宣布叙利亚独立，立费萨尔为国王。同时，伊拉克也宣布独立，以阿卜杜拉为国王。英、法两国拒不承认。同年4月，战胜国在意大利的圣雷莫举行会议，讨论对土和约问题。会议原则承认“肥沃新月”地带的阿拉伯国家可以获得独立，但把叙利亚（包括黎巴嫩）划归法国委任统治，把伊拉克和巴勒斯坦划归英国委任统治。7月，法军向大马士革推进，叙利亚国防大臣优素福·阿兹美组织志愿军，在距大马士革30千米的麦塞隆进行殊死抵抗，终因寡不敌众，优素福·阿兹美及志愿军全体将士战死。25日，法军占领大马士革。费萨尔国王被迫撤出叙利亚。阿拉伯人刚刚获得的民族独立，就这样被帝国主义扼杀了。

阿拉伯大起义有力地配合了英军对土作战，将土军吸引在约旦河西岸，同时也显示了阿拉伯民族团结的力量，表明阿拉伯民族解放运动已发展到一个新的阶段。起义期间，英国也为阿卜杜拉和费萨尔领导的阿拉伯军队提供了一定数量的武器和援助，同时英国还派来了军事顾问。这些军事顾问中，以T.E.劳伦斯最为有名，在历史上被称为“阿拉伯的劳伦斯”。

二 外约旦酋长国建立

1918年10月30日，奥斯曼帝国签署停战协定。根据协定，奥斯曼帝国放弃在巴勒斯坦、黎巴嫩、叙利亚、伊拉克、汉志、阿西尔及也门的统治。这样，奥斯曼帝国对阿拉伯人长达400年的统治结束。根据协议，奥斯曼军队撤出麦地那、马安地区，阿拉伯全境获得解放。但是就在侯赛因要求落实《侯赛因—麦克马洪信件》之际，英国改变了态度。其实，早在1916年3月，英国政府派东方问题专家M. 赛克斯、法国政府派前驻贝鲁特总领事G. 皮科与沙俄政府代表在伦敦秘密会谈，商讨分割奥斯曼帝国事宜。1916年5月16日，三方签订了《赛克斯—皮科协定》（又称《小亚细亚协议》），规定英法俄三方相互承认各自在奥斯曼帝国境内的势力范围，并对奥斯曼帝国进行了瓜分。根据协定，黎巴嫩和叙利亚西部沿海地区（包括西利西亚），由法国直接占有；伊拉克中部和南部及巴勒斯坦的海法和阿克两港，由英国直接占有；巴勒斯坦由英、法、俄等国进行国际共管；在叙利亚东部和摩苏尔（合称"甲区"）及伊拉克北部和外约旦（Transjordan，约旦河东岸地区）（合称"乙区"）建立一个独立的阿拉伯国家或独立的阿拉伯邦联国家；"甲区"和"乙区"分别划为法国和英国的势力范围。这一协定是在《侯赛因—麦克马洪信件》签署后半年之际出炉的，它明显违背了之前英国与侯赛因达成的协议精神，也充分说明英国本无意让所谓的阿拉伯国家独立。根据这一协定，未来的阿拉伯国版图更小，且多为荒无人烟的沙漠和贫瘠的地区。1918年9月30日，英法两国又在伦敦签署了占领东部阿拉伯的协定。协定规定，黎巴嫩和西叙利亚由法国管理，东叙利亚（包括大马士革）和外约旦由埃米尔费萨尔管理，包括巴勒斯坦在内的其他地区由英国管理。

在1919年巴黎和会上，战胜国决定在被占阿拉伯领土实行委任统治制度，直至托管地有能力实现自治为止。在1920年4月的圣雷莫会议上，协约国进一步确定了瓜分原则。1920年8月，奥斯曼帝国政府与协约国签署了和约，即《色佛尔条约》，其中规定：奥斯曼帝国放弃对巴勒斯坦、美索布达米亚、叙利亚和阿拉伯半岛的一切权利；承认汉志和亚美尼亚独立；伊拉克和巴勒斯坦划为英国委任统治地；叙利亚和黎巴嫩划为法国委任统治地；奥斯曼帝国在欧洲的大部领土主要由意大利和希腊瓜分；黑海海峡由国际共管；奥斯曼帝国武装力量被限制在5万人以内，其财政经济接受战胜国的监督。费萨尔亲王参加了巴黎和会，他提出的整个阿拉伯世界实现独立的要求遭到了拒绝。这样，包括约旦在内的巴勒斯坦地区成为英国的委任统治地。在外约旦，英国人将之分成三个部分加以行政管理：北部阿杰隆地区，行政中心设在伊尔比德；中部贝尔卡，行政中心设在萨勒特；南部地区由摩押阿拉伯政府统治，行政中心为卡拉克。另外，将马安地区和塔布克合并到侯赛因的汉志酋长国。这样，侯赛因最初希望建立阿拉伯帝国的梦想成为泡影。1920 年 7 月，法军占领大马士革，宣布废黜叙利亚费萨尔国王。随后，英军开进外约旦。英国驻巴勒斯坦高级专员罗伯特·塞缪尔掌管外约旦的一切事务。

1920 年 11 月，谢里夫侯赛因命次子阿卜杜拉率大约 2000 人的军队从麦加出发，前往叙利亚，试图收复失地，恢复费萨尔的领地。11 月 11 日，阿卜杜拉宣布将原本属于他的伊拉克国王王位让给费萨尔。[①] 1920 年 11 月 21 日，阿卜杜拉率领军队乘小火车从麦加到达马安。12 月，阿卜杜拉发表宣言，宣称要对法国发起进攻，恢复被法国推翻的叙利亚国。但由于实力悬殊，且法国已稳固控制叙利亚，阿卜杜拉决定停止进军，而在安曼建立一个阿拉伯政府。1921 年 3 月，阿卜杜拉的军队北上，占领了安曼及外约旦的北部。在这一形势下，同年 3 月英国殖民大臣温斯顿·丘吉尔在开罗举行高级会议，讨论中东政策，会议提出沿约旦河—亚喀巴一线对巴勒斯坦进行进一步的分割，该线以东部分为外约旦，在那里建立行政上独立运作的外约旦酋长国，建议由阿卜杜拉出任外约旦埃米尔，但仍需接受巴勒斯坦的英国高级专员领导。3 月 27 日，丘吉尔邀请阿卜杜拉在耶路撒冷举行会晤，双方达成了一个为期 6 个月的试验性协议，阿卜杜拉承诺放弃进攻叙利亚和巴勒斯坦，接受英国的委任统治。

作为回报，英国同意由阿卜杜拉在外约旦成立行政上独立的酋长国，并每年给予一笔财政援助，同时负有维持治安之责。这一协议为外约旦正式从巴勒斯坦分离出来单独存在奠定了基础。

1921 年 4 月 11 日，阿卜杜拉在安曼成立了以流亡在外约旦的叙利亚民族主义领袖拉希德·塔利阿为首的外约旦历史上首届中央政府，当时称“外约旦顾问委员会”。同年 8 月，又改名为“外约旦协商委员会”，委员

① 1921 年 8 月，费萨尔前往伊拉克就任伊拉克国王，伊拉克宣布独立。哈希姆家族对伊拉克的统治直至 1958 年才结束，1958 年 7 月 14 日伊拉克发生政变，伊拉克国王费萨尔二世及其全家被杀。

会共有 8 名成员。1922 年，国际联盟通过了对巴勒斯坦的委任统治书。3 月 4 日，宣布成立以阿卜杜拉为首的外约旦酋长国。1923 年 5 月 25 日，英国驻巴勒斯坦高级专员赫伯特·塞缪尔发表声明称，英国准备承认外约旦的独立存在，条件是英国可以通过双方政府缔结的协议继续履行对这一地区的国际义务。同日，阿卜杜拉宣布外约旦“独立”。这样，外约旦成为英国委任统治下的一个半独立的埃米尔国。

与此同时，内志的伊本·沙特家族正日益崛起，并立志于统一阿拉伯半岛。哈希姆家族与沙特家族在半岛展开了激烈竞争，并多次发生激烈冲突。1924 年，内志军队发动对汉志的进攻，8 月占领塔伊夫，10 月谢里夫侯赛因·本·阿里被迫让位给长子阿里。同月，麦加被占领。1925 年 12 月，麦地那陷落。12 月 19 日，侯赛因宣布退位，逃往伊拉克。23 日，吉达被占领，汉志酋长国灭亡。失去汉志对哈希姆家族来说是一个沉痛打击，不仅失去了一直作为哈希姆家族核心统治区的汉志（希贾兹），而且丢失了已统治 1000 多年的麦加，统治的区域由原先的外约旦、汉志和伊拉克地区缩小到伊拉克和外约旦。在汉志酋长国灭亡之前，阿里决定将亚喀巴和马安交还给阿卜杜拉的外约旦管辖。1925 年 6 月，外约旦占领了这两个地区，但阿卜杜勒·阿齐兹（伊本·沙特）拒绝承认，为日后两国矛盾埋下了隐患。

外约旦酋长国建立后，英国驻巴勒斯坦高级专员继续监督外约旦的自治。英国人基本上控制了外约旦的政治和经济。外交上，对外事务由英国专员掌管；经济上，王室的费用由英国政府资助，王国财政来自英国的财政援助，即年度补贴。1921 年，一名叫 F. G. 皮克的英国军官受英国驻巴勒斯坦委任统治当局委托，开始组建一支阿拉伯预备军。这支军队很快就参加了镇压土匪及抵抗沙特阿拉伯瓦哈比人袭击的战斗。1923 年，外约旦警察和预备军合并为“阿拉伯军团”（Arab Legion），成为一支常备军，直接受英国军官指挥，阿卜杜拉国王只是名义上的约旦军队最高统帅。阿拉伯军团的士兵主要是贝都因人，只有几百人的规模。1923 ~ 1939 年，一直由皮克任军团司令，皮克之后为英国军官 J. B. 格拉布（J. B. Glubb）。此外，1926 年英国还组建了外约旦边防军（TJFF），边防军主要由英国从当地招募，属于英国军队的一部分，直接受英国驻巴勒斯坦专员领导，主要使命是保卫边境，它的成立相当程度上削弱了阿拉伯军团的作用。在英国的帮助下，一个本土的公务员队伍也逐步建立起来，但政府规模很小。阿卜杜拉直接控制着一个中央行政委员会，它主要由部族谢赫（长老）组成。1926 年，英国为阿卜杜拉政府委派了高级司法顾问。当地道路、交通、教育及其他公共服务设施建设方面获得稳步发展，但速度落后于英国直接统治的巴勒斯坦。1921 年，外约旦只有 30 万~40 万居民，其中 20% 居住在 4 个城镇，每个城镇有 1 万~3 万人。人口主体是乡村地区的农民、游牧民（贝都因人）和半游牧的部落民。部族骚乱和抢劫是困扰阿卜杜拉的一个治安难题。1926 年，穆萨谷地地区爆发了大规模的部族冲突。1930 年，在英国的帮助下，外约旦采取军事行动，狠狠打击了袭击骚扰行为。

为了使英国对外约旦的统治进一步合法化，平息外约旦人对英国殖民统治日益增长的不满情绪，1928 年 2 月 20 日，英国政府与外约旦在耶路撒冷签订了为期 20 年的《英约协定》。协定共 21 条，主要内容是：外约旦承认英国驻约旦高级专员（由驻巴勒斯坦高级专员兼任）派往安曼的驻扎官代表英国政府；外约旦的内政和外交，都必须经英国政府批准或按英国委任统治当局的指示行事；英国有权在外约旦驻军，并可根据防务需要征召、组织和控制一支武装力量，其费用应由外约旦负担。协定生效后，外约旦继续负担 1/6 的边防军军费；未经英国同意，埃米尔不得征召、保有武装力量；埃米尔同意为英军的活动提供一切水路交通和通信便利；埃米尔根据英国建议，宣布部分或全部地区戒严，在此期间，行政权力全部转交给英国军官；外约旦领土不得割让、租借或受其他外国势力的控制；英国政府同意向外约旦提供赠款和借款。与 1921 年阿卜杜拉和丘吉尔达成的协议相比，《英约协定》虽然使外约旦获得了一些权力，英国对外约旦的控制有所放松，但两者并无根本不同，英国仍控制着外约旦的国防、外交、财政和交通等重大事务。

此外，双方还同意于 1928 年颁布组织法，并于 1929 年成立立法委员会，以取代旧的行政委员会。1928 年 4 月，英国公布《外约旦基本法》，即外约旦宪法草案。随后，英国在外约旦成立了制宪会议，也叫立法委员会，主要发挥咨询作用。1929 年 2 月，外约旦举行首次立法委员会选举，组成了由 21 名议员组成的首届议会，其中 7 人由任命产生。1934 年 6 月 2 日，阿卜杜拉亲赴伦敦与英国政府谈判修改《英约协定》，双方签署了补充议定书。英国同意外约旦向其他阿拉伯国家派驻领事。1939 年阿卜杜拉再次派首相陶菲克·阿卜杜·胡达与英国政府谈判修改《英约协定》和基本法等问题。经过据理力争，英国政府终于同意将外约旦协商委员会改名为内阁，直接对埃米尔负责，也称部长理事会。1939 年 8 月，外约旦新内阁组成，陶菲克·阿卜杜·胡达任首相，并设立了内政部、国防部、财政部、商业部、农业部和交通部等部门。因此，两次世界大战期间是外约旦政权逐步巩固和体系化的重要时期。

三　约旦独立

1939 年第二次世界大战爆发后，阿卜杜拉审时度势，决定加入同盟国，以换取英国同意外约旦的独立。

1939 年 9 月 3 日，二战爆发后第三天，阿卜杜拉亲自打电报给英王，表示约旦坚定地站在英国一边。9 月 10 日，阿卜杜拉又公开发表声明，表示约旦支持英国。二战期间，外约旦作为英国的忠实盟友，在中近东战场上发挥了重要作用。1941 年 4 月，外约旦的阿拉伯军团与英军一道粉碎了亲纳粹的拉希德·阿里·盖拉尼在伊拉克发动的政变，又打败了叙利亚的法国维希政权，阿拉伯军团还驻扎在巴勒斯坦、伊拉克和埃及，保护英国在该地区的殖民利益。这样，约旦成为战时英国在中东的最重要军事基地和盟友。二战结束后，阿卜杜拉亲自率首相、外交大臣等组成的外约旦代表团前往伦敦举行谈判，要求允许外约旦独立。经过艰苦谈判，英国决定放弃对外约旦的委任统治。1946 年 3 月 22 日，英国与外约旦在伦敦签署了一个为期 2 年的《英约同盟条约》和一个军事附件。根据条约，英国结束对外约旦的委任统治地位，承认外约旦独立。作为交换，外约旦有义务在其境内为英国提供军事基地，允许英国驻军。英国继续给予外约旦财政补贴和支持阿拉伯军团。1946 年 5 月 15 日，外约旦内阁发表声明，宣布约旦成为一个完全独立的国家，实行君主立宪制，拥戴阿卜杜拉为国王。5月22日，外约旦议会召开特别会议，正式提名埃米尔阿卜杜拉任外约旦王国国王，并将国名“外约旦埃米尔王国”改为“外约旦哈希姆王国”。5月25日上午，阿卜杜拉宣布了议会这一决议，正式登基。这一日也成为约旦的国庆日。1947年11月，一部新宪法取代了1928年的《外约旦基本法》。

第四节 现代简史

一 局势动荡的20世纪50年代

外约旦获得独立后，民族意识逐步增强，民众要求参与政治的热情高涨，要求彻底结束英国在约旦的影响。

外约旦虽然于1946年5月宣布独立，但实际上并未彻底摆脱英国的控制。1948年3月15日，英国与外约旦政府在安曼签订了为期20年的《英约同盟条约》，代替1946年的条约。该条约承认英国放弃对外约旦的宗主权，不过仍保留了军事、外交等方面的许多特权。条约明确规定英国对约旦负有防务责任。如缔约一方参加战争或者受到敌对行为的威胁时，应邀请另一方把必要的武装部队开进它的领土或者它所管辖的领土。英、约成立常设的联合防务委员会，负责制订战略计划和协调双方的防务问题。条约规定英国有使用安曼机场和马弗拉克机场的权利，并可驻扎英国空军部队。英国负有提供武器弹药和作战物资、训练约旦军队的责任。此外，条约还规定英国协助保护和修建约旦机场、港口、通信设施及交通线，驻扎在外约旦的英军享有外交豁免权。条约还规定两国互相提供最惠国待遇。也正因为英约特殊关系，阿卜杜拉提出加入联合国的申请被苏联否决，苏联称外约旦还未摆脱英国的殖民控制，并非一个完全独立的主权国家。

与此同时，新生的约旦还面临着一场新的危机，即巴以冲突。历史上，巴勒斯坦与约旦原属一家，外约旦大部分地区是古巴勒斯坦的一部分。只是第一次世界大战后，外约旦才与巴勒斯坦暂时分离，但并未完全脱离。历史上，犹太人也是巴勒斯坦的最早居民之一。公元135年，犹太人发动反罗马帝国统治的起义失败后，或被屠杀，或被驱逐出巴勒斯坦，从此流落到世界各地。1917年11月2日，英国外交大臣贝尔福致函英国犹太复国主义联盟副主席罗斯柴尔德，宣布“英王陛下政府赞成在巴勒斯坦为犹太人建立一个犹太民族之家，并将为之实现尽最大努力”。这就是著名的《贝尔福宣言》，它对犹太复国主义运动和20世纪的中东历史产生了深远影响。第一次世界大战后，英国在获得巴勒斯坦的委任统治权后在巴继续推行“扶犹抑阿”政策。1920年9月，托管当局批准了分批向巴移民的方案，决定第一年允许1.65万名犹太人移居巴勒斯坦。此后，犹太复国主义者不顾阿拉伯人的强烈反对，通过各种手段和途径，不断组织犹太人向巴勒斯坦移民。二战前及战争期间，希特勒德国奉行灭犹政策，大批屠杀犹太人，进一步加快了犹太复国主义的发展以及犹太人向巴勒斯坦移民的步伐。犹太人向巴勒斯坦地区大量移民，大大激化了同当地阿拉伯人的矛盾。

阿拉伯人开始组织起来阻止犹太人向巴勒斯坦移民，双方不断发生冲突，特别是1936~1939年间冲突达到一个高潮。二战期间，英国出于战略考虑及阿拉伯人的激烈反对，开始限制犹太人移民巴勒斯坦。1939年5月17日，英国政府单方面发表关于巴勒斯坦问题的白皮书，规定巴勒斯坦将在10年内获得独立，5年内移居巴勒斯坦的犹太人数目不超过7.5万人，之后不再发给移民证。1942年11月，美国国会通过决议，谴责英国1939年的白皮书，认为保护巴勒斯坦的犹太人是美国道义上的责任。1944年1月，美国众议院宣布将采取适当措施，以便使犹太人最终能把巴勒斯坦建成一个自由民主的犹太联邦。

1945年8月，美国总统杜鲁门致信英国首相艾德礼，要求英国放弃1939年的白皮书，立即接受10万犹太移民。经历了二战重创的英国已日薄西山，决定从全球收缩，放弃对巴勒斯坦的托管。1946年4月，英国被迫同意立即发放10万份犹太移民入境卡。1947年2月18日，英国外交大臣欧内斯特·贝文通知下议院，政府决定将巴勒斯坦问题提交联合国。

1947 年 4 月，英国政府正式将巴勒斯坦问题提交联合国讨论。同年 5 月 15 日，联合国大会特别会议成立了联合国关于巴勒斯坦问题特别委员会（UNSCOP），由 11 个成员国代表组成。该委员会于 8 月 31 日向联合国提交报告称，委员会大多数成员支持依照地理将巴勒斯坦分割成阿拉伯和犹太两个国家，耶路撒冷享有特别的国际地位。该计划得到了美国和苏联的支持。1947 年 11 月 29 日，联合国大会以 33 票赞成、13 票反对、10 票弃权（包括英国）通过了巴勒斯坦未来治理问题（即巴勒斯坦分治）的第 181 号决议。决议规定，英国结束对巴勒斯坦的委任统治，在巴勒斯坦成立阿拉伯和犹太两个国家。阿拉伯国家领土面积为 1.15 万平方千米，犹太国领土面积为 1.49 万平方千米。耶路撒冷由联合国管理。决议通过后，犹太复国主义大会宣布原则上接受分治。1948 年 5 月 15 日，英国宣布结束对巴勒斯坦的委任统治。同日，以色列国在耶路撒冷宣布建立。当日，美国政府宣布承认以色列。3 天后，苏联也宣布承认以色列。

巴勒斯坦分治遭到了巴勒斯坦阿拉伯人和阿拉伯国家的坚决反对。依照当时的人口统计，巴勒斯坦的阿拉伯人口为 113.2 万，犹太人约为 60 万，但犹太人得到了比阿拉伯人更多的领土。虽然根据最初与英国达成的协定，外约旦无权干涉巴勒斯坦事务，但外约旦国王阿卜杜拉对犹太复国主义运动深感忧虑，多次公开表示反对英国政府的政策，警告这将成为这一地区的一个灾难。随着冲突的加剧，外约旦成为巴勒斯坦人的避难所。许多失去土地或逃难的巴勒斯坦人来到外约旦。联合国分治决议通过后，1947 年 12 月 8 日，包括外约旦在内的阿拉伯联盟（以下简称阿盟）在开罗举行理事会会议，公开拒绝分治方案，并宣布阿拉伯各国将采取一切必要手段阻止该决议的实施，并准备为此而战。会议还决定成立阿拉伯志愿军。1948 年 4 月，阿盟在外约旦首都安曼召开会议，决定派阿拉伯军队前往巴勒斯坦，防止巴勒斯坦分治，同时决定由阿卜杜拉出任阿拉伯军队总司令。随后，阿盟在开罗会议上决定援助外约旦军队 250 万第纳尔。1948 年 5 月 15 日，就在英国宣布结束对巴勒斯坦的委任统治、以色列宣布建国的当天，由埃及、外约旦、伊拉克、叙利亚、黎巴嫩和沙特阿拉伯组成的阿拉伯联合军团相继开入巴勒斯坦。阿盟宣称，出兵是为了解放巴勒斯坦，反对巴勒斯坦分治。战争初期，除了约旦的阿拉伯军团外，其他多是缺乏作战经验、指挥能力差的阿拉伯军队。阿拉伯军团主要驻扎在杰里科对面的约旦河东岸，5月15日越过约旦河，很快占领了东耶路撒冷及其郊外的阵地。阿拉伯军团还在耶路撒冷城西北部形成攻击态势，钳制了以色列向耶路撒冷城的供应线。阿卜杜拉特别强调，阿拉伯军团必须占领和控制耶路撒冷老城，因为那里是穆斯林圣地。此外，阿拉伯军团在南部占领了希伯伦，在北部占领了撒马里亚。5月29日，安理会成立了停火协调委员会。在联合国调停下，交战双方停火4周，随即战火又起，形势开始向有利于以色列的方面转变。6月，阿卜杜拉国王先后赴埃及、沙特阿拉伯和伊拉克等国协调立场。7月，停火结束，以色列发动反攻。7月15日，第二次停火。1949年1月由埃及首先发起停战谈判。2月24日，埃及首先与以色列达成停火协议。3月23日，黎巴嫩与以色列达成停火协议。4月3日，外约旦与以色列签署停火协议。7月20日，叙利亚与以色列签署停火协议。伊拉克没有签署停火协议，但在将阵地移交给外约旦军队后便撤出了军队。

在第一次阿以战争中，外约旦和埃及在阿拉伯国家阵营中发挥了组织和指挥作用。与之后的历次阿以战争相比，约旦的这一次介入程度最深。在这场战争中，除阿卜杜拉任阿拉伯军团总司令之外，约旦还派出了4500人的部队，仅次于埃及（1万人）。在战争中，约旦的阿拉伯军团发挥了重要作用，占领了属于拟议中的巴勒斯坦国的大部分阿拉伯领土，即如今的约旦河西岸。阿拉伯军团在耶路撒冷保卫战中也发挥了重要作用，并付出了死亡370人、伤近千人的巨大代价。除了约旦军队之外，许多约旦人还参加了阿拉伯志愿军作战。阿卜杜拉之所以积极参加战争，一个很重要的原因就是希望借此实现他的“大约旦”计划。

战后，根据约以停战协议，约旦控制了约旦河西岸大部分地区如耶路撒冷、伯利恒、杰里科、拉马拉、纳布卢斯、杰宁等。不过，停战协议规定，停火线与未来的领土划分无关。1949年12月1日，2000多名巴勒斯坦人在杰里科举行会议，做出巴勒斯坦与外约旦合并的决议，拥戴阿卜杜拉为国王。12月13日，外约旦议会通过了这一决议。1950年4月20日，外约旦选举产生由约旦河东西两岸议员组成的新的众议院。随后又组成同样的参议院。4 月 22 日，新内阁产生，其中包括 3 名巴勒斯坦籍大臣。4 月 24 日，约旦参众两院一致通过约旦河两岸统一的决议案。统一后国名为“约旦哈希姆王国”，阿卜杜拉为国王，实行君主立宪制。约旦新政府宣布给予巴勒斯坦人约旦国籍，享有与约旦人同等的权利与义务。伊拉克政府随即对新王国予以承认。4 月 27 日，英国政府也宣布承认约旦新政府。美国承认约旦对约旦河西岸的行政管理权，但坚持该地区的最终地位应由未来协议确定。阿卜杜拉的行为在阿拉伯世界和巴勒斯坦内部也招致了一些批评。直到 1950 年 6 月，阿盟才有保留地同意约旦将约旦河西岸合并。阿卜杜拉是最早接受巴勒斯坦分治决议的阿拉伯领导人。早在战前他就与以色列有过秘密接触，并在会谈中表示愿意接受联合国的分治决议，准备将分治后的巴勒斯坦国合并到外约旦。合并前，外约旦原有人口 464680 人，合并后，新增了约旦河西岸的 437050 人，此外还有战时进入外约旦的西岸难民 465450 人。人口激增给外约旦政府带来了新的考验。

20 世纪 50 年代是中东历史上的动荡期，约旦也是如此。这一时期约旦主要发生了几件大事。其中最重大的事件就是阿卜杜拉国王遭到暗杀。1951 年 7 月 20 日，阿卜杜拉国王在耶路撒冷阿克萨清真寺参加礼拜五聚礼活动时被一名巴勒斯坦青年暗杀身亡。阿卜杜拉遇害与一些巴勒斯坦激进分子反对外约旦并吞约旦河西岸，以及阿卜杜拉对以色列的温和政策直接相关。阿卜杜拉时代从此结束。阿卜杜拉去世后，王室继承权斗争激烈。阿卜杜拉的长子、王储塔拉勒·本·阿卜杜拉正在瑞士治病，因此暂时由阿卜杜拉的次子纳伊夫摄政。纳伊夫四处活动，企图继承王位。最后，还是塔拉勒派取得胜利。9 月 5 日，约旦议会发表声明，拥戴王储塔拉勒为约旦哈希姆王国国王。1951 年 9 月 6 日，从瑞士治病回国的塔拉勒正式加冕。9 月 9 日，塔拉勒任命其长子侯赛因·本·塔拉勒为王储。

塔拉勒上台后采取了一系列内外政策措施，其中最重要的是为约旦制定了一部新的带有自由主义色彩的宪法。新宪法于 1952 年 1 月 1 日正式实施。宪法规定，约旦属于阿拉伯世界的一部分，实行君主立宪制，一切权力来自人民。规定立法权属议会和国王，大大扩大了议会的权力。在对外政策方面，塔拉勒倾向于发展与美国的关系，同时加强发展与阿拉伯国家的关系，加入了其父曾拒绝参加的“阿拉伯集体安全条约”。在短暂任期内，他访问了沙特阿拉伯、叙利亚、埃及及一些欧洲国家。塔拉勒时期，约旦与英国关系逐步冷淡，与美国关系开始密切。1951 年 3 月，根据杜鲁门总统的“四点计划”，约旦与美国签署了经济援助协定。

由于健康状况不佳，1952 年 5 月塔拉勒被送往巴黎治病。后经医生诊断，其身体不再适合担任国王。8 月 11 日，约旦国民议会以绝对多数通过了废黜塔拉勒、立其长子侯赛因为国王的决议。根据宪法，侯赛因王储须年满 18 周岁才能就任国王一职。因此，中间出现了一段摄政时期。

1953 年 5 月 2 日，侯赛因正式加冕即位，约旦开始进入长达 40 多年的侯赛因时代。侯赛因上台初期，面临严峻的内外形势。内部，政局不稳，纳赛尔分子、左翼分子及激进反皇派蠢蠢欲动，都对政权稳定构成威胁。侯赛因多次面临暗杀、政变威胁，险遭不测。侯赛因加冕后，他要求新任命的首相法齐·穆尔基实施一系列扩大自由的改革，其中包括言论自由和媒体自由。

1954 年，侯赛因国王下令修改宪法，增加了一些民主条款，要求政府对议会负责，政府需要向议会提交执政纲领并获得议会信任投票后方能正式就职。这一时期，受巴以冲突、纳赛尔主义和苏联影响，约旦国内亲埃及和亲苏势力增强，并渗透到政府高层及阿拉伯军团的高级军官中间。他们反对侯赛因与英国保持密切关系，反对侯赛因加入反苏联的西方阵营，导致国内出现不稳局势，不时出现骚乱。1955 年 12 月 15 日，侯赛因国王任命亲西方的哈扎·马贾利出任首相，马贾利上台后不久便宣称将加入亲西方的“巴格达条约组织”，为此遭到强烈反对，内阁分裂，4 名大臣辞职，国内连续发生骚乱。约旦各地举行罢工和示威游行，反对“巴格达条约组织”。在此情况下，约旦政府被迫出动军队维持秩序。马贾利政府只维持了 7 天即被迫下台。12 月 21 日，易卜拉欣·哈希姆上台组阁，但也维持了不到 20 天。1956 年 1 月 9 日，萨米尔·里法伊组成新内阁，宣布不加入“巴格达条约组织”。有关加入“巴格达条约组织”引起的动乱才逐渐平息。

1956年下半年，约旦首次举行多党制议会选举，包括约旦共产党和阿拉伯复兴社会党等在内的激进组织成员进入新内阁。1956年10月21日，侯赛因国王任命苏莱曼·纳布西组阁。由于首相苏莱曼·纳布西和陆军参谋长纳瓦尔都是亲苏联和埃及的纳赛尔分子，因此导致侯赛因与政府、军方在一系列重大政策上出现严重对立。纳布西执行一条亲苏联和埃及的政策路线，并插手军队，罢免亲国王的军官。由于国内骚乱不止及对王族政权的威胁，1957年4月初，侯赛因被迫下令实施《戒严法》，下令议会停止一切活动，解散所有政党，解散内阁，并逮捕了许多大臣和议员，对政府和军队进行清洗。约旦局势骤然紧张，左派组织了大规模的示威抗议，内战一触即发。4月24日，侯赛因下令逮捕纳布西。同日，组阁不到10天的卡里迪政府垮台。4月27日，左派组织全国指导委员会被解散。次日，侯赛因宣布反对与苏联建交。30日，侯赛因表示，"解散纳布西内阁是为防止共产主义扩张，粉碎在群众中渗透破坏而采取的措施"。在贝都因人军队和美、英的直接支持下，约旦局势得以恢复稳定。

1959年初，侯赛因再次粉碎了军队总参谋长萨迪克的武装政变。同年5月，侯赛因再次任命哈扎·马贾利为首相。1960年8月，哈扎·马贾利被安装在他办公桌上的一颗定时炸弹炸死。约旦国内局势再度紧张起来。贝都因人军队立即开进安曼帮助维持秩序。侯赛因又任命保守的巴哈贾特·塔尔霍尼为首相，以稳住人心。1961年6月，侯赛因解除了巴哈贾特·塔尔霍尼的职务，任命瓦斯菲·塔勒组阁，以改善与埃及的关系。

同时，约旦虽已宣布独立，但并未彻底摆脱英国的控制，实现真正的独立，尤其是军队还掌握在英国人手中。这在约旦民众和阿拉伯世界引起了诸多不利于侯赛因的议论，不利于约旦国内稳定。在阿拉伯民族独立运动及约旦人民运动的双重推动下，侯赛因于1956年1月宣布约旦拒绝参加任何军事集团，3月2日解除了英国人J. B. 格拉布的约旦陆军参谋长和阿拉伯军团司令的职务，格拉布等主要英国军官被赶出约旦。同年7月，阿拉伯军团改名为约旦阿拉伯军。11月27日，约旦政府在议会宣布，约旦政府决定废除1948年《英约同盟条约》和与英国的军事联盟，要求一切英国军队从约旦领土上撤出，并取消英国的军事基地。1957年3

月 13 日，约旦政府宣布废除《英约同盟条约》，要求英军 6 个月内撤出。7 月，英军被迫撤出约旦。侯赛因采取的这一有力行动很大程度上也受到了埃及将苏伊士运河国有化行动的鼓舞。这一措施使侯赛因赢得了民众的支持，对稳定国内局势发挥了重要作用。从此，约旦走上了真正独立发展的道路。不过，约旦与英国仍保持密切的关系。当 1957 年面临严峻内部威胁时，侯赛因紧急寻求英国支持，接受英国的经济和军事援助。

与此同时，美国与约旦关系开始进入新时期，约美关系日益密切。1957 年 1 月 5 日，美国总统艾森豪威尔发表美国政府中东政策咨文，要求国会授予他使用武装部队来“保护中东国家的独立”，并在 1958 年和 1959 年两个财政年度向有关国家提供 2 亿美元援助。随后，黎巴嫩、利比亚、伊朗、伊拉克、土耳其和沙特阿拉伯等国先后宣布接受“艾森豪威尔主义”。

虽然侯赛因没有特别请求美国在艾森豪威尔主义原则下提供援助，但美国还是向约旦提供了大量援助。侯赛因对纳布西采取行动后，美宣布支持侯赛因，并急调第六舰队前往东地中海。1957 年 4 月 26 日，美国国务院宣布支持约旦独立。4 月 29 日，美国宣布给予约旦 1000 万美元的经济援助。美还紧急向约旦空运石油。白宫公开宣布，艾森豪威尔总统和杜勒斯国务卿都认为“约旦的独立和完整至关重要”。6 月，美又宣布给予约旦 2000 万美元援助（其中 1000 万美元为军事援助）。之后，美国对其不断扩大经济发展援助，同时开始提供军事援助。

针对日益增大的激进的泛阿拉伯民族主义，以及纳赛尔的阿拉伯社会主义、阿拉伯复兴社会主义的威胁，侯赛因也在积极寻找地区盟友，改善关系。1952 年埃及发生政变，纳赛尔上台后，纳赛尔主义在阿拉伯世界大受欢迎，约旦河两岸的亲埃及势力不断增长。为此，埃约关系开始日趋冷淡。1956 年苏伊士运河战争期间，约旦支持埃及。战争爆发后不久，约旦继叙利亚、沙特阿拉伯之后宣布与法国断交，禁止法国商品入境，邀请叙利亚、沙特阿拉伯和伊拉克三国军队入境。随后，对英国在约旦的军事基地采取了限制行动，收回了阿拉伯军团的指挥权，关闭了英国资本控制的伊拉克石油公司的输油管道。这一时期，在美苏争霸背景下，中东国家基本分成两大阵营：一方是伊拉克、伊朗、土耳其及巴基斯坦等国组成的“巴格达条约组织”（1955 年成立），另一方是埃及、叙利亚、沙特阿拉伯和也门组成的“南层联盟”。两派都积极拉拢约旦，防止它加入另外一个集团。英、美积极动员约旦加入“巴格达条约组织”。1955 年 11 月 16 日，约旦政府提出申请加入“巴格达条约组织”，国内为此发生动乱。侯赛因国王最后被迫让步，保证不会加入“巴格达条约组织”。1956 年 3 月，埃及、叙利亚和沙特阿拉伯在开罗举行会议，发表声明称绝不参加任何军事集团，表示“若约旦受到外国的压力，三国将给予一切可能的援助”。1957 年 1 月，在开罗举行的阿拉伯首脑会议上，约旦与埃及、沙特阿拉伯、叙利亚签署了《阿拉伯团结协定》，规定 3 国 10 年内每年向约旦提供 3580 万美元（约 1250 万英镑）的财政援助，以取代英国取消的“补贴”。但最后，沙特阿拉伯只提供了其承诺的一半援助，埃及和叙利亚则分文未出。在随后发生的约旦内部政治危机中，侯赛因认为埃及从中扮演了不光彩的角色，约埃关系恶化。1957 年 6 月，侯赛因下令驱逐埃及驻约旦使馆武官，关闭埃及驻耶路撒冷总领事馆。随后，埃及宣布召回驻约旦大使，并将约旦驻埃及大使驱逐出境。

1948 年第一次阿以战争后，伊拉克一直支持约旦，两国关系密切。1955 年伊拉克加入了“巴格达条约组织”，依靠西方抵御苏联社会主义的影响和激进阿拉伯民族主义在中东的发展。1958 年 2 月 1 日，埃及与叙利亚宣布合并成立阿拉伯联合共和国（简称“阿联”），这被约旦、伊拉克等保守君主国视为巨大威胁。约旦和伊拉克很快进行结盟谈判。1958 年 2 月 14 日，侯赛因和伊拉克国王、侯赛因的堂弟费萨尔二世在安曼签订协定，宣布由约旦与伊拉克两个哈希姆王国依照联邦形式建立“阿拉伯联邦”（Arab Federation）。费萨尔出任国家元首，侯赛因出任副元首。但是，联邦没维持多久。同年 7 月 14 日，伊拉克爆发革命，以卡塞姆为首的伊拉克自由军官组织发动政变，推翻了费萨尔王朝，建立了伊拉克共和国。卡塞姆上台后，立即宣布退出阿拉伯联邦和“巴格达条约组织”。伊拉克革命后，侯赛因立即宣布就任阿拉伯联邦新国王和约伊联邦军队总司令。同时，约旦向美、英政府求助，称受到了来自阿联军队的进攻威胁。7月16日，英国内阁讨论约旦局势，决定进行干涉。7月17日，英国伞兵部队2200人从塞浦路斯军事基地抵达安曼机场。与此同时，美国也派出部队（1万人）进驻黎巴嫩贝鲁特地区。侯赛因还向联合国控告阿联干涉约旦内政。安理会为此举行会议，讨论约旦危机。经过大国紧张斡旋，约旦局势日趋稳定。8月2日，侯赛因宣布解散约旦和伊拉克的阿拉伯联邦。11月20日，英国从约旦撤军。

二　20世纪六七十年代的初步发展

在经历了20世纪50年代的动荡之后，60年代约旦基本保持了国内政局稳定。经济获得较大发展，国民经济的一些支柱产业开始建立起来，如磷酸盐矿业、碳酸钾矿业及水泥工业等获得快速发展。政府在安曼东部的扎尔卡兴建了一座炼油厂。交通方面，开始建设连接全国各地的铁路网。建筑业繁荣，并创造了大量就业机会。旅游业开始兴旺，耶路撒冷、伯利恒及约旦河东岸等地吸引了世界各地的游客。社会领域，开始在全国范围内建立新的统一的教育体系。1962年侯赛因国王下令在安曼郊区兴建了约旦历史上的第一所大学——约旦大学。这一时期，约旦国家意识开始逐步形成，并出现了一个新兴的受过良好教育的中产阶级。

这一时期，约旦在阿拉伯世界依然相当孤立，特别是与埃及、叙利亚、伊拉克的关系没有好转。侯赛因除了要戒备国内反政府的亲纳赛尔派活动外，对埃及等推行激进阿拉伯民族主义政策和充当阿拉伯世界的“老大”等行为十分不满，认为威胁到了约旦的安全。关于阿拉伯民族主义，1962年1月侯赛因在一个场合谈到，“阿拉伯民族主义只有实现完全平等才能生存下去……阿拉伯人在所有重要问题上团结起来、在所有事务上组织起来，以及消除我们彼此之间的摩擦，这是我们的权利。阿拉伯联盟在这方面有巨大的潜能。这是阿拉伯民族主义形成的基础。在阿拉伯统一的要求上不存在分歧。所以，不要在一个已被接受的原则上进行争论，而是要让我们就政治计划进行辩论。让所有这些通过几个积极的受人尊敬的阿盟成员来进行，应消除任何一个成员国在其中占支配地位的危险”。侯赛因认为，无论是纳赛尔的民族主义还是阿拉伯复兴社会党的阿拉伯民族主义，其目的都是为了控制另外一方。20 世纪 60 年代以约旦、沙特阿拉伯为一方，埃及等国为另一方，双方还在也门内战中互相支持一派。约旦、沙特阿拉伯是也门保皇派的主要支持者。

1963 年，以色列宣布将引约旦河水到内盖夫沙漠进行灌溉，引起约以矛盾激化。1964 年，开罗阿拉伯首脑会议决定改变约旦河上游河水的流向，使其流向黎巴嫩和叙利亚，而不是太巴列湖，以阻止以色列引水计划的实施。同时，为防止以色列军队做出反应，决定由约旦、埃及、叙利亚和黎巴嫩等国各派军队组成阿拉伯联军，由埃及国防部长阿密尔任总司令。

与此同时，巴勒斯坦武装力量逐步崛起。1963 年 9 月，阿拉伯联盟理事会决定成立巴勒斯坦解放组织（以下简称“巴解组织”）。1964 年 5 月，巴勒斯坦各派在耶路撒冷举行巴勒斯坦第一次国民大会，通过了《巴勒斯坦民族宪章》，选举艾哈迈德·苏凯里为巴解组织执行委员会主席。宪章规定，建立巴解组织的目标是解放巴勒斯坦。巴解组织总部设在安曼。1964 年阿拉伯首脑会议欢迎巴解组织及其领导的巴勒斯坦解放军成立。巴解组织成立后，巴勒斯坦人的反以活动进入一个新阶段，巴勒斯坦武装组织迅速发展壮大起来。1965 年 1 月 1 日，亚西尔·阿拉法特领导的法塔赫军事组织“暴风部队”打响了武装反以斗争的第一枪。从此，巴勒斯坦武装力量以约旦、黎巴嫩为基地开始频繁袭击以色列目标。为此，以色列对约旦进行报复，不时轰炸约旦境内目标，约以摩擦与冲突不断增多。1966 年 11 月 13 日，以色列一军车遭到巴勒斯坦武装组织袭击，以色列对约旦河西岸边境的萨姆村发动大规模袭击，以军包围了村庄，踏平了房屋，赶往救援的约旦军队被以军击溃。这是苏伊士运河战后以色列对阿拉伯国家发动的最大一次军事行动。此事件在约旦及阿拉伯世界引起很大反响。约旦国内反对派及许多阿拉伯国家批评约旦政府软弱，没有对以色列进行有力回击，约旦政府应对萨姆村悲剧负责。侯赛因承受很大压力，被迫采取了一系列加强边境保卫的措施，并对巴勒斯坦武装组织的活动进行限制。到了 1967 年春，形势变得更加紧张。1967 年 4 月，以色列与叙利亚发生冲突，以方态度强硬，意欲发动进攻，阿拉伯国家站在叙利亚一边，积极备战。5月16日，纳赛尔要求联合国紧急部队从西奈半岛撤出。5月22日，纳赛尔又宣布关闭位于红海和亚喀巴湾之间的蒂朗海峡。5月24日，沙特阿拉伯决定派2万军人进入约旦并进驻亚喀巴湾。在此情况下，侯赛因决定与埃及结盟，建议与埃及签订共同防御协定。5月30日，侯赛因访问埃及，与纳赛尔举行会谈，随后签署了《共同防御协定》。协定规定，一旦战争爆发，约旦军队将归阿拉伯联军总司令埃及人里亚德将军指挥。随后，伊拉克也加入该协定。6月3日，埃及与伊拉克大批军队开进约旦。

1967年6月5日，第三次阿以战争爆发。以色列军队在首先对埃及发动大规模空袭后，随即对约旦和叙利亚发动空袭。约旦空军及驻扎在约旦机场的阿拉伯联军战斗机遭到毁灭性打击。随后，以军出动地面部队，很快占领了加沙地带和约旦河西岸全境，杰宁、纳布卢斯和耶路撒冷东区等重要城市都落入以军手里，约旦军队退回到约旦河东岸。停火后，以色列宣布东、西耶路撒冷为其不可分割的首都。对此，侯赛因表示强烈抗议，并访问埃及等8个国家，寻求支持。经侯赛因提议，阿拉伯国家于1967年8月底在苏丹首都喀土穆举行首脑会议，会议通过决议，由阿拉伯各国向埃及、约旦和叙利亚提供经济资助，帮助恢复经济，渡过难关；停止也门内战；不承认以色列对东耶路撒冷的侵占；对以色列执行“三不”政策，即不承认、不直接谈判、不缔结和约。第三次阿以战争对约旦造成巨大打击，约旦失去了对约旦河西岸的控制权，领土大大缩小。被占领的约旦河西岸经济占约旦国民生产总值的38%。约旦70%的农业用地集中在约旦河西岸，60%～65%的水果和蔬菜来自西岸。以农业为主的约旦经济遭到毁灭性打击。此外，约旦近一半的工业设施也在西岸。耶路撒冷、伯利恒等宗教圣地被以色列控制，约旦失去了巨额的旅游收入。军事上，约旦空军遭到毁灭性打击。约旦官兵阵亡与失踪610人，受伤700多人，被俘400人。不仅如此，战争还给约旦带来了诸多新问题。

约旦还接纳了30万巴勒斯坦难民，导致在约旦的巴勒斯坦人口急剧增长。而且，原先在约旦河西岸的巴勒斯坦抵抗组织主力撤到了约旦境内，他们在约旦的力量和影响不断增大，几乎成为“国中之国”。拥有重武器的巴勒斯坦游击队对约旦的主权和安全构成了日益严峻的威胁，并与约旦政府不断发生冲突。侯赛因国王本来就对建立巴解组织不满，担心最终导致巴勒斯坦从约旦分裂出去。此外，他也担心巴勒斯坦武装对以色列的袭击活动会招致以色列的军事报复，从而危及约旦的安全。但侯赛因不能直接反对巴勒斯坦民族解放事业及巴解组织，因此他要求巴解组织必须与约旦政府合作，其武装组织要处于约旦军队的控制之下。但这一点事实上很难做到。

1966 年，侯赛因曾被迫下令关闭巴解组织在安曼的总部，并要求其主席苏凯里前往加沙，引起巴解组织、埃及等的不满。1968 年 3 月，法塔赫在卡拉马战役中歼灭以军 400 多人，此后巴解组织发展更为迅猛，以约旦为基地对以色列的袭击行动不断升级。为此，约旦不断遭到以色列的猛烈报复。1968 年 11 月，约旦军队对安曼郊区的两个巴勒斯坦难民营中的巴勒斯坦武装组织发动袭击，导致 28 名巴勒斯坦武装人员和 4 名约旦士兵死亡。1970 年 2 月，约旦政府下令，禁止在市区携带或使用武器。这实际上限制了巴勒斯坦武装人员的行动。双方矛盾进一步激化。6 月，双方开始发生公开的武装冲突。6 月 27 日，阿拉伯国家代表团访问安曼，对侯赛因与巴解组织进行调解。7 月 10 日，双方达成协议，约旦政府承认巴勒斯坦抵抗运动，接受其在约旦境内的合法存在；巴勒斯坦抵抗运动同意从城市中撤出，并在市区某些特定地点不携带武器。但随即双方关系又出现恶化。1970 年 9 月 6 日，一架国际民航客机被巴解组织成员劫持到约旦安曼机场，约旦的国际形象严重受损，这迫使约旦政府采取行动。9 月 16 日，侯赛因解散阿卜杜勒·莫奈姆·里法伊政府，下令成立穆罕默德·达乌德领导的军政府。17 日，侯赛因下令约旦军队向安曼、扎尔卡等地的巴解组织武装发动全面进攻，巴解组织游击队损失惨重。阿拉伯各国纷纷做出反应，谴责约旦政府。利比亚、叙利亚和伊拉克等国要求组建阿拉伯联军前往约旦，对约旦作战，遭到阿联（埃及）总统纳赛尔反对。叙利亚派出一支坦克部队占领了约旦北部的阵地，支援巴勒斯坦游击队。9 月 27 日，经纳赛尔等阿拉伯国家首脑劝解，侯赛因与阿拉法特达成协议：约旦军队和巴勒斯坦游击队都从安曼撤退，巴解组织可在约旦领土上从事抵抗运动，但须尊重约旦主权。不过，双方依然冲突不断，直到1971年7月约旦军队决定性地打败了巴解组织游击队，多数巴解组织游击队转移到黎巴嫩为止。约旦与叙利亚、埃及等阿拉伯国家的外交关系为此中断。这期间，约旦政局动荡，政府更迭频繁。从1969年3月到1971年11月，共更换了9届政府。

20世纪70年代中期以后，安全与稳定逐步成为约旦人的共识，政局逐步恢复稳定。经济和社会也随之快速发展。约旦实行经济开放和贸易自由化政策，鼓励私人投资，吸引外资，大力开发磷酸盐矿和钾盐矿。多个行业获得快速发展，尤其是建筑业、服务业和金融业。1972年起，旅游业开始恢复，死海、安曼、亚喀巴、佩特拉等地成为主要旅游地区。1973年起执行1973~1976年三年发展计划。完成后又先后实施了1976~1980年、1981~1985年两个五年发展计划。约旦经济快速发展与20世纪70年代中东油价大幅度攀升以及约旦侨民汇款激增有很大关系。据统计，约旦在海湾劳工达40万人，他们带来了巨额的汇款。黎巴嫩内战也使贝鲁特的金融、保险等公司纷纷迁往安曼。在1978年阿拉伯首脑会议上，7个产油国一致同意每年向约旦提供12.5亿美元援助。其间，约旦民众的政治意识也在不断提高。

三　约旦与约旦河西岸脱离

为收回巴勒斯坦被占领土，约旦做了一系列外交努力，并对以色列的政策进行了不小调整，愿意承认以色列，并与之谈判。在1967年9月联大举行会议期间，侯赛因国王接受电视采访时表示，约旦准备承认以色列在和平与安全条件下的生存权利，并称阿联总统纳赛尔准备允许以色列船只在苏伊士运河和亚喀巴湾自由通航。1967年11月22日，安理会通过了第242号决议，强调以色列应撤出其于最近冲突中所占领的领土，尊重并承认该地区每一个国家在安全及公认的疆界内和平生存的权利。这一决议与侯赛因的提议不谋而合，因此约旦表示愿意接受第242号决议为谈判的基础。1969年3月，侯赛因访问华盛顿，在与美国总统尼克松会谈中提出了以第242号决议为基础的“六点阿拉伯和平计划”。1970年，侯赛因在接受西方记者采访时表示，在以色列从约旦河西岸撤走后，他愿意接受“巴勒斯坦国际化”的方案，并且可以把约旦改名为“约旦和巴勒斯坦王国”，让巴勒斯坦游击队在政府中“分享权力”，并称“我们可以向建立联邦或邦联的方向前进”。1970 年 6 月 19 日，美国国务卿罗杰斯提出了所谓的“政治解决中东问题的新方案”，即“罗杰斯计划”。方案提出：以色列与埃及根据安理会第 242 号决议，讨论以军撤出 1967 年所占领的领土和双方相互承认主权、领土完整和政治独立等问题。埃及与约旦先后宣布接受该计划，但巴解组织、叙利亚等激烈反对该计划。1972 年 3 月，侯赛因提出了建立“阿拉伯联合王国”的设想。主要内容是：约旦河东西两岸依照联邦制建立阿拉伯联合王国，首都设在安曼，由侯赛因出任国王和武装部队总司令；两岸分别拥有自己的政府和议会，但外交和国防属于中央政府。中央政府由两岸代表共同组成。这一建议提出后即遭到阿拉伯舆论的广泛批评，也遭到一些阿拉伯国家政府的强烈反对。

因此，在巴勒斯坦问题上，约旦承受了巨大的压力。在 1973 年“十月战争”爆发前的一个月，侯赛因曾与埃及、叙利亚的首脑在开罗举行会谈，就协调三国军队及各自作战任务达成一致。会后，埃及和叙利亚分别恢复了与约旦中断近三年的外交关系。战争爆发后，约旦并未直接参战，仅派一个旅援助叙利亚。

在 1974 年 10 月举行的第 7 届拉巴特阿拉伯国家首脑会议上，约旦与巴解组织关系问题成为重要议题。会议通过决议，强调阿拉法特领导的巴解组织是巴勒斯坦人民的唯一合法代表。约旦虽不满这一决议，但最终表示接受，并表示将毫无保留地支持巴解组织，承认它是巴勒斯坦人民的唯一合法代表。这实际上宣告收回巴勒斯坦被占领土的责任开始从侯赛因那里转移到巴解组织手里。

自 1950 年约旦河东西两岸合并后，约旦众议院议员由东西两岸选举产生，双方各占 30 个席位。此后，由于约旦河西岸被以色列占领，加上 1974 年拉巴特阿拉伯首脑会议承认巴解组织为巴勒斯坦人民的唯一合法代表，众议院选举面临宪法上和实际操作上的困难。因此，拉巴特首脑会议后，侯赛因下令解散了众议院，只保留了参议院。1974 年 1 月、1976

年2月和1984年1月，约旦先后三次通过宪法修正案，授权国王可无限期推迟众议院选举。1978年4月，侯赛因下令成立“全国协商委员会”，暂时替代众议院。其主要职能是“发表意见，提出建议，审议政府制定的一切立法和法律，讨论国家的总的政策”，委员会共有60名成员，由国王从约旦社会各阶层中选择任命。1978～1984年，共成立了三届“全国协商委员会”。1984年1月，根据王室饬令，最后一届协商委员会解散。1984年底，由1967年4月选举产生的第9届众议院议员被重新召回在安曼举行特别会议，在补选了已去世或不能出席的来自约旦河西岸地区的议员之后，第10届众议院产生。在142名议员中，两岸各占71席。1985年2月11日，侯赛因与阿拉法特会晤并就“联合行动方案”达成协议。1988年7月28日，侯赛因国王宣布取消1986年7月提出的在约旦河西岸地区实施的一项总额为13亿美元的五年经济发展计划。7月30日，侯赛因突然下令解散众议院，结束了西岸代表在议会中的代表席位。7月31日，他又宣布约旦中断与约旦河西岸的行政管理、法律和经济联系。8月6日，约旦又宣布取消政府中的被占领土事务部。但为了保持耶路撒冷东区及阿克萨清真寺的伊斯兰特性，那里的宗教事务仍由约旦宗教基金部和伊斯兰宗教大法官负责处理。约旦政府继续负责维修阿克萨清真寺及其附属建筑，继续承担耶路撒冷宗教基金会、约旦河西岸宗教法庭及各清真寺所属院校的费用。这一决定标志着约旦与巴勒斯坦关系进入新的历史时期。1988年11月15日，巴勒斯坦国宣布成立，约旦立即予以承认。1989年1月7日，约旦同意巴解组织驻约旦办事处升格为大使馆。

四 1989年大选与国民宪章

约旦河西岸脱离约旦后，约旦对全国选区重新进行了划分，只包括东岸选区。此前，约旦议会已于1986年3月通过了新的选举法，规定不分男女，年满19岁的约旦公民都有选举权。1989年11月8日，约旦成功地举行了自1967年以来的首次大选。约旦妇女在1974年取得公民权后第一次参加了议会选举。大约有640名候选人（包括12名妇女）角逐众议院的80个席位。虽然还未恢复政党活动，候选人多以独立身份参加竞选，但实际上选举过程中还是形成了各个意识形态营垒分明的选举阵营。选举结果是，穆斯林获68席，基督教徒为9席，吉尔吉斯人3席。约旦第11届众议院诞生。11月22日，侯赛因又重新任命了40名参议员组成参议院。1990年11月，阿卜杜勒·拉提夫·阿比亚特当选众议院议长，艾哈迈德·鲁齐出任参议院议长。1991年1月，新的内阁组成，由穆达尔·巴德兰出任首相兼国防大臣。此后，约旦又先后于1993年、1997年和2003年举行了三次大选。约旦河东、西两岸的分离同时也意味着约旦进入一个新的历史发展阶段。

针对国内经济困难，政治冲突不断的情况，侯赛因国王采取了一系列重大改革措施。政治上，推动民主化。1991年6月9日，侯赛因正式宣布解除长达33年的党禁，恢复政党活动，实行政党多元化。1992年7月5日，议会从法律上正式完成了政党活动合法化的手续。曾被禁止的约旦共产党等政党重新宣布开展活动，一些新的政党也纷纷涌现。

1990年4月9日，侯赛因国王任命了一个由60人组成的皇家委员会，负责起草国民宪章，对政党活动进行规范，作为政党活动的指针。委员会成员多为各政治组织的代表。几个月内，委员会拿出了国民宪章草案。1991年6月，由2000人参加的约旦名人大会通过了这一宪章。《国民宪章》为行政与立法机构、决策部门与政治组织、知识精英之间进行建设性对话制定了总的指导原则，涉及各自的权力、权利和责任等问题。它规定，政党可以在宪法框架内及不受外国控制下自由活动，强调约旦文化的多元主义。《国民宪章》相当于约旦的第二宪法，与宪法一道对约旦的一些基本问题作了原则规定。

在扩大言论自由、尊重人权及多元化等方面，约旦政府也采取了一些措施。议会通过了新的新闻和出版法。在人权方面，1989年侯赛因下令暂时冻结实行自1967年以来一直实行的《戒严法》，1992年4月正式下令取消紧急状态治理。同时，约旦政府还鼓励国际和地区人权组织在约旦活动，批准和签署了一系列国家人权公约。约旦政治气候日益开放，政治多元化逐步形成，政党活动日趋活跃。

约旦一系列政治、经济改革的推行，活跃了政治和社会气氛，但也带来一些问题，比如宗教激进主义重新抬头。另外，由于物价飞涨，1989年约旦一些地区还出现了骚乱和示威等。

五　海湾战争及其影响

1990年8月2日，伊拉克入侵科威特，给中东地区带来重大冲击。约旦与伊拉克关系密切，除了地理上相邻，历史上伊拉克也是哈希姆王国之一。两伊战争（1980～1988年）期间，约旦就是伊拉克的主要支持者，曾派5000名志愿军赴伊参战。海湾战争前，伊拉克是约旦的最大贸易伙伴，也是约旦的主要经济援助国之一。约旦亚喀巴港60%的转口贸易来自伊拉克，所需燃料的99%和原油的90%均来自伊拉克。海湾危机发生后，约旦同情伊拉克，既反对伊拉克并吞科威特，也反对以美国为主的盟军攻打伊拉克，主张通过外交手段解决危机。约旦一些组织还在安曼成立"阿拉伯人民力量大会"，声援伊拉克，建议科威特割让领土给伊拉克换取伊拉克撤军。约旦政府还组织民间团体为伊拉克捐赠医药、食品。

除伊拉克和科威特之外，约旦是海湾危机和海湾战争的第三大受害者。政治上，约旦由于站在伊拉克一边，不仅与美国关系变冷，而且与科威特、沙特阿拉伯等海湾国家及叙利亚等阿拉伯国家关系恶化甚至中断。经济上，这些国家对约旦的经济援助也随之停止（每年约10亿美元），并驱逐约旦劳工。40万约旦劳工回国，近百万难民涌入约旦境内（其中有30万人后来成为永久难民），加重了约旦的经济和社会负担，失业率陡升至30%，侨汇收入锐减（每年约10亿美元）。约旦也失去了最大贸易伙伴——伊拉克及其经济援助。危机期间，约旦贸易和收入减少约30亿美元。在这种情况下，约旦国内政局出现不稳，宗教激进势力影响力上升。

为摆脱经济危机、改善对外关系，侯赛因审时度势采取了一系列政策措施。政治上，继续推行政治多元化和民主化政策，同时严厉打击宗教极端分子的反政府活动。经济上，加快经济改革与调整，放宽投资限制，扩大经济开放步伐，大力吸引外资，增加出口，设立出口加工工业区，积极谋求加入世界贸易组织，扩大就业机会。对外关系上，主动与美国等西方国家修好，改善与埃及、叙利亚及沙特阿拉伯、科威特等海湾国家的关系，争取援助。积极参加和平进程，实现约以和平。通过几年的努力，约旦各方面形势重新开始好转。

六 中东和平进程与约以和平

1991年海湾战争结束后，中东地区格局发生重大变化，阿拉伯世界严重分裂，阿以力量对比进一步失衡。政治谈判被提上议事日程。在美苏等有关各方推动下，马德里中东国际和平会议于1991年10月举行，约旦和巴勒斯坦组成联合代表团与叙利亚、黎巴嫩一起参加了会议，并与以色列代表进行了直接谈判。1993年9月13日，巴以在长期秘密谈判后，在华盛顿签署《临时自治安排宣言》。1994年5月4日，巴以又签署了关于实施加沙—杰里科自治原则宣言的最后实施协议。在此背景下，约旦与以色列于1993年9月14日签署了一项《和平框架协议》，并于1994年7月25日在白宫玫瑰花园签署了《华盛顿宣言》。同年10月26日，约旦首相马贾利与以色列总理拉宾在约以南部边界阿拉伯河谷签署了《约以和平条约》，从而正式结束了两国长达46年的战争状态。11月27日，约以宣布建立大使级外交关系。约旦成为继埃及之后与以色列建交的第二个阿拉伯国家。1995年2月9日，约旦收回了被以色列占领的约380平方千米领土。约以实现和平后，两国关系迅速发展，经济、科技等合作日益扩大，约旦成为阿拉伯国家中与以色列关系最密切的国家。约以和平的实现对约旦经济、社会的发展起了巨大推动作用，约旦开始集中精力搞经济建设。

第五节 当代简史

一 侯赛因国王逝世

1998年下半年，患晚期淋巴癌的侯赛因国王前往美国明尼苏达州罗切斯特的梅奥医院治疗。1999年1月19日，侯赛因国王突然中断治疗返回约旦。1月26日，侯赛因下令罢黜其弟哈桑的王储职位，改任自己的长子阿卜杜拉亲王为王储。随后，侯赛因返回美国继续治疗，后因病情严重恶化于2月4日再次回国。2月6日，约旦新闻大臣居德宣布，由于侯赛因国王病情严重，无法理政，内阁根据王室意志和宪法的有关规定，决定由阿卜杜拉王储担任代理国王。2月7日，侯赛因在安曼侯赛因医学城医院逝世，享年63岁。当天下午，阿卜杜拉就任约旦国王。

侯赛因是约旦的卓越领导人和阿拉伯世界的杰出政治家，为约旦的繁荣和中东和平事业贡献了毕生精力。侯赛因不仅深受约旦人民的爱戴，而且赢得了国际社会的广泛尊敬，享有很高声誉。他是战后摆脱殖民统治的第一代中东领导人，身处中东最混乱的年代，一生经历了至少12次暗杀和7次企图推翻他的叛变阴谋。侯赛因执政47年，在阿拉伯世界领导人中没有人能与之匹敌。侯赛因还是中东和平的先驱者之一。1994年，侯赛因以极大的勇气和决心与敌国以色列达成和平协议，实现了约以和平，使约旦成为继埃及之后第二个与以色列实现和平的阿拉伯国家，从而使约旦进入一个和平建设时期。在中东和平进程历史上，侯赛因和埃及总统萨达特、巴勒斯坦领袖阿拉法特并驾齐驱，是勇敢向以色列伸出橄榄枝的三位阿拉伯领袖。侯赛因的一生，为争取约旦的民族独立和国家领土完整、约旦国民经济发展、巴勒斯坦人民的斗争事业做出了很大贡献。侯赛因去世后，来自世界各国的40多名政要专程赴安曼参加其葬礼，许多政府派出了特使。参加葬礼的贵宾包括联合国秘书长安南，美国总统克林顿及夫人希拉里，美国前总统卡特、福特和布什，俄罗斯总统叶利钦，英国首相布莱尔，日本首相小渊惠三，法国总统希拉克及夫人，埃及总统穆巴拉克，巴勒斯坦民族权力机构主席阿拉法特，以色列总统魏茨曼和总理内塔尼亚胡，叙利亚总统阿萨德，沙特王储阿卜杜拉，阿盟秘书长马吉德等。巴勒斯坦民族权力机构高度评价侯赛因生前对中东和平进程所作出的巨大贡献和对巴勒斯坦事业的支持，称侯赛因国王是“一位伟大的政治家和英明果敢的领袖”。

二 阿卜杜拉继位

侯赛因去世当日，其长子阿卜杜拉·本·侯赛因正式宣誓继任国王，即阿卜杜拉二世。随后，阿卜杜拉二世根据侯赛因国王遗愿，任命同父异母弟弟哈姆扎·本·侯赛因亲王为王储。

根据约旦王室传统，王位继承多采用长子继承制，但国王也可将王位传给其兄弟。1962年侯赛因曾立长子阿卜杜拉为王储，但其后因考虑到阿卜杜拉年幼及政局动荡，又于1965年改立其弟哈桑为王储。1999年1月，侯赛因在去世之前下令罢黜出任王储已34年的弟弟哈桑亲王的王储职位，从而为长子阿卜杜拉继位铺平了道路。阿卜杜拉与其叔叔哈桑亲王相比，具有几大优势。第一，阿卜杜拉的军人背景。阿卜杜拉长期在军队服役，并拥有军队实权，任约旦精锐的特种部队司令，有一定号召力，而哈桑从未在军中任过职。第二，阿卜杜拉的妻子拉尼娅具有巴勒斯坦背景。由于历史上的原因，约旦国民中60%以上都是巴勒斯坦人，因此赢得巴勒斯坦人的支持尤为关键。第三，阿卜杜拉与美国、英国、海湾国家及以色列都保持密切的关系。阿卜杜拉长期在英、美接受教育，思想西化，比较开放。同时，他与海湾一些国家的年青一代的亲王们关系密切，走动频繁。阿联酋在侯赛因逝世后主动将该国部分政府存款存入约旦银行，以保证约旦银行正常运转，帮了阿卜杜拉一个大忙。

阿卜杜拉二世上台之初主要面临四大挑战。第一，处理好与哈桑亲王及家族内部的矛盾与纷争，确保哈希姆王室内部的团结。约旦王室内部存在着尖锐矛盾。其中既有个人权位之争，也有政策与政治倾向的分歧。第二，如何摆平国内的复杂矛盾。1991年6月，侯赛因国王宣布解除长达33年的党禁，党派如雨后春笋般出现。其中，以穆斯林兄弟会为代表的宗教势力在约旦很有影响。该势力发展迅猛，经常提出诸如物价补贴、解决失业等拉拢人心的口号，深受民众欢迎，并成为王权的一大威胁。该组织对约以实现和平非常不满，并经常为此抨击侯赛因。20世纪90年代初，以穆斯林兄弟会为核心组成的伊斯兰行动阵线参加了首次大选，成为最大的反对党，经常借机闹事。比如1998年组织民众抗议政府取消食品补贴；阿卜杜拉刚被宣布为王储，穆斯林兄弟会就提出解散议会和举行大选的要求。此外，在约旦500多万人口中，巴勒斯坦裔占了60%以上，他们大多来自巴勒斯坦，与巴勒斯坦有着割不断的血肉联系，许多人还有亲属在巴勒斯坦。他们对约旦抢在巴勒斯坦之前与以色列签署和平条约心存不满，希望约旦能像过去一样支持巴勒斯坦。第三，经济严重困难。阿卜杜拉二世刚接手的是个烂摊子：1998 年经济增长率为零，财政赤字不断扩大，通货膨胀率上升，失业率高达 30%，欠外债近 70 亿美元。第四，外交挑战。约旦由于与以色列、巴勒斯坦和伊拉克是近邻，处于中东地区各种政治力量组合抗衡的风口浪尖上，其国内稳定及政策趋向牵动整个中东地区。因此，阿卜杜拉二世的外交动向为各方所关注。几十年来，侯赛因巧妙运用约旦的战略位置，加上自己的智慧、胆识和高超的外交技巧，在中东和平进程、中东地区乃至世界都发挥了特殊作用和影响，为其树立了和平缔造者之声誉。侯赛因以小国之君，周旋于大国及矛盾重重的周围诸国之中，既为约旦谋取了利益，也获得了美国、以色列及多数阿拉伯国家的认同。阿卜杜拉二世年轻，没有多少外交经验，能否应付复杂的周边国际环境等，让人疑虑。

阿卜杜拉二世上台后所做的第一件事就是牢牢控制政权，消除内部矛盾，争取最大程度的支持，稳定政局。阿卜杜拉二世在宣誓就任国王后发表的电视讲话中，号召全体约旦人“像一个大家庭那样团结在一起”。他整顿王室，加强自己派系，搞权力平衡，以巩固自己在王室的权力基础和地位。在手法上他恩威并施，对原王储哈桑只给予象征性权力，以“更多发挥咨询作用”，允许其继续担任约旦最高科技委员会主席，主要从事科技、文教等方面的国内外活动。立同父异母弟弟哈姆扎亲王为王储，争取努尔王后一派的支持。有意培养胞弟费萨尔亲王，加强自身力量，多次在自己出国时让费萨尔担任摄政王。阿卜杜拉二世还在各种场合一再表示他与哈桑、努尔王后及其他王室成员之间并不存在矛盾。他在接受当地报纸采访时强调，王室成员之间并不存在像外界所描绘的“裂痕”，他对皇叔哈桑和母后努尔都非常支持，他们也很支持自己。阿卜杜拉二世表示，约旦王室“将永远是一个团结的大家庭，坚定地为国家和社会服务”。

加强对军队和情报机构的控制也是阿卜杜拉二世巩固自身地位的一个重要做法。为了确保军队的效忠，阿卜杜拉二世多次对军队高层进行大规模改组，撤换了参谋长联席会议主席、陆军参谋长等大批高级将领，同时重点提拔了一批年轻军官，以确立其对军队的绝对领导。同时，阿卜杜拉二世还对情报、警察机构进行改组，将亲信安插进去，并解除了情报总局局长巴提希的职务，让他退休。

为保持政局稳定，1999 年 3 月，阿卜杜拉二世任命在政界具有重要影响的拉瓦比德为首相，以确保政权的平稳过渡，同时将内阁中亲哈桑的官员或降级或除名。由于约旦反对派众多，阿卜杜拉二世上任后十分注意平衡社会各派的利益，加强协调与对话。对反对派采取一手硬一手软政策。一方面，阿卜杜拉二世注意吸收反对派的意见和建议，加强与其对话和合作，接受了穆斯林兄弟会等反对派提出的修改选举制度及增加众议员席位的建议。2000 年 6 月，内阁吸收了 9 名巴勒斯坦裔人员（创历史之最）、3 名民族主义分子和 3 名伊斯兰分子，并担任要职，其中有 2 人为穆斯林兄弟会成员。另一方面，对反对派的反对活动和宗教极端组织毫不手软。1999 年 8 月，阿卜杜拉二世关闭了哈马斯驻约旦办事处，逮捕并驱逐了 4 名哈马斯领导人。2002 年 6 月，穆斯林兄弟会 3 名学者被政府以“安全原因”从大学解聘。约旦国家安全法庭还指控 13 名伊斯兰分子阴谋制造恐怖活动，私藏炸药。此外，阿卜杜拉二世还下令逮捕了数十名涉嫌与“基地”组织等有联系的恐怖分子。

为进一步稳定政局，阿卜杜拉二世于 2003 年 10 月 25 日任命费萨尔·法耶兹为首相兼国防大臣，组成新一届内阁。2004 年 11 月，阿卜杜拉二世宣布罢黜哈姆扎王储职位。

三　阿卜杜拉新政

长期接受西方教育的阿卜杜拉二世对约旦一穷二白的国情非常了解，具有很强的忧患意识和责任感，决意将约旦建设成为中东的现代化国家。阿卜杜拉二世十分强调对约旦经济、社会的改造，推出了一系列大胆的改革措施。2001 年 11 月，约旦政府推出了为期三年的“经济与社会改革计划”（SETP）。2005 年 2 月，阿卜杜拉二世倡议并成立了“国家议程指导委员会”，负责制定未来十年（2007～2017 年）约旦改革与发展议程。该议程主要聚焦于三个方面：政府与政治；基本权利和自由；服务业、基础设施与经济部门。议程提出了一系列发展目标：到 2012 年，实现全体约旦人医疗保险全覆盖；到 2017 年，将失业率由 12.5% 降到 6.8%，将约旦贫困人口比重由 14.2% 削减到 10%；未来十年年均 GDP 增长 7.2%，将人均 GDP 由 1532 第纳尔增加到 2540 第纳尔；到 2015 年消除法律法规中针对妇女的各种歧视；到 2017 年将公共赤字由 11.8% 转变为盈余 1.8%；到 2017 年，将公共债务由 GDP 的 91% 削减到 36%；进行税收改革，以促进平等与公平；增加科研投入，到 2017 年，使其占 GDP 的比重由 0.34% 提高到 1.5%；建立清晰的各政府部门绩效指标体系。

年轻的国王深谙其父“外交立国”政策的精髓。他提出了“约旦第一”的思想，始终将约旦国家利益放在第一位，同时积极开展地区及全面外交。几年来，阿卜杜拉二世凭借自己的智慧、胆识和高超的外交技巧，以“推动和平进程，开展全方位外交”为重点，在中东和平进程、伊拉克问题及反恐等问题上发挥了特殊作用和影响，为其赢得了世界声誉。

对美关系排在了阿卜杜拉二世外交的首位。侯赛因国王执政后期，约美关系已有很大好转。1996 年美国宣布约旦为其“非北约盟国”，1997 年初克林顿总统宣布约旦为美国“准盟国”。之后，美国为约旦提供了大量经济和军事援助。阿卜杜拉二世继续奉行亲美政策，积极争取美国的政治、军事和经济支持。阿卜杜拉二世上台后不久就向来访的美国国务卿奥尔布赖特保证：“将和我们的美国朋友合奏同一支曲子。”阿卜杜拉二世协助克林顿政府大力促进中东和平，利用约旦与以色列建交的特殊优势在巴以之间发挥渠道作用，在 2000 年巴以最终地位谈判关键时期马不停蹄地在巴、以、美、埃等国间来往穿梭。阿卜杜拉二世是“9·11”事件后访美的第一位阿拉伯国家领导人，表示将为美国打击国际恐怖主义提供全面支持，也是唯一一个支持美国打击塔利班政权并出兵阿富汗的阿拉伯国家领导人。约旦虽反对美国打击伊拉克，推翻萨达姆政权，但积极参与伊拉克战后重建，帮助伊拉克早日恢复、发展和稳定。在巴以问题上，约旦不满美国一味偏袒以色列，为此多次督促美国加大对巴以问题的干涉力度。对小布什总统提出的“大中东”民主改革计划及建立美国—中东自由贸易区的倡议，约旦也予以支持。每年阿卜杜拉二世均数次访美，与美国高层往来密切，与小布什、鲍威尔等私交甚笃。作为奖励，美国不断增加对约旦的经济和军事援助，与约旦签署了自由贸易协议，扩大约旦对美国出口。目前美约每年贸易额达 10 亿多美元，美国是约旦最大贸易伙伴。

阿卜杜拉二世在同西方国家保持密切关系的同时，大力改善同海湾各国的关系，并恢复了与科威特的大使级外交关系。侯赛因国王执政期间，约旦由于在海湾战争期间支持伊拉克及单方面与以色列签署和约，遭到了许多阿拉伯国家的孤立，与叙利亚、沙特阿拉伯、科威特等国关系长期冷淡。阿卜杜拉二世上任不久，就对海湾多国的年轻领导人进行了拜访。1999 年 9 月，他访问科威特之后，约旦与科威特关系迅速转暖；约旦与沙特阿拉伯、阿联酋和巴林等海湾国家的关系也上了新台阶。他还派拉吉卜首相出访伊拉克，同伊拉克继续保持较密切关系。2000 年 6 月，阿卜杜拉二世参加了叙利亚总统阿萨德的葬礼，大大推动了约叙关系。在巴勒斯坦问题上，对于美以提出的耶路撒冷主权划分方案，约旦予以坚决反对，并要求在解决关系约旦切身利益的巴勒斯坦难民回归和水资源分配等问题时充分考虑其立场。巴以爆发新一轮严重流血冲突以来，约旦一直坚定地站在维护巴勒斯坦利益的立场上，谴责以色列的暴力行径，并在有关各方间频繁斡旋。

阿卜杜拉二世外交的另一特色是经济外交。阿卜杜拉二世上任之初，许多国家表示，将对约旦实行经济和技术支持，一些国家先后削减了约旦外债，重新安排了部分到期债务，并把部分债务转为对约旦的投资，其总额达 10 亿美元。约旦还与国际货币基金组织、世界银行达成数亿美元的援助计划。为减轻债务负担，阿卜杜拉二世积极与巴黎俱乐部和伦敦俱乐部等债务国进行协商。2002 年 7 月，巴黎俱乐部同意重新安排约旦已到期的 41 亿美元的债务，将偿还期推迟到 2007 年。这是巴黎俱乐部自 1989 年以来第 6 次重新安排约旦的债务。

阿卜杜拉二世还善于向国际社会推销自己，展现约旦的新形象。他频繁出现在西方媒体上，是阿拉伯世界出镜率最高的领导人之一，也是最受西方记者欢迎的阿拉伯年轻领导人。2002 年 7 月，英国《泰晤士报》刊登一篇文章，对阿卜杜拉二世大加褒奖，称几乎很少有像阿卜杜拉二世这样的阿拉伯国家领导人能够面对西方记者侃侃而谈，那样的坦率、轻松和充满信心。2000 年 9 月巴以爆发大规模流血冲突及“9·11”事件发生后，中东局势更加复杂，美国打击阿富汗之后又将矛头对准了伊拉克，可以说中东局势犹如“山雨欲来风满楼”。这给年轻的阿卜杜拉二世带来了上任以来的最大挑战。

在巴以冲突问题上，约旦处境微妙。在冲突愈演愈烈的背景下，一方面，阿卜杜拉二世因继续坚持保持与以色列的良好关系并不断扩大与以色列经济合作而在国内外受到很大压力。迫于压力，他宣布撤回驻以大使，多次谴责沙龙政府借反恐镇压巴勒斯坦人，企图围困、排挤阿拉法特，致使和平进程严重倒退。另一方面，阿卜杜拉二世也谴责针对以色列平民的自杀恐怖袭击，与美国、埃及一道参与巴勒斯坦安全改革，限制在约旦的巴勒斯坦激进分子的活动。阿卜杜拉二世强调政治解决是和平的唯一途径，并积极进行斡旋，还联合埃及提出新和平建议。2001 年 12 月，阿卜杜拉二世主持召开国家安全委员会会议，着重讨论了巴勒斯坦地区的最新事态发展。阿卜杜拉二世表示，约旦将进一步加强与国际社会的接触和磋商，并主张通过对话和其他和平途径解决巴以争端。强调约旦坚定地站在巴勒斯坦人民一边，支持以阿拉法特为主席的巴勒斯坦民族权力机构。2002 年 3 月，阿卜杜拉二世在会见美国副总统切尼时表示，美国应发挥重要作用以结束巴以之间的暴力对抗，促使中东和平进程重新步入正确轨道，并确保联合国安理会有关决议能够得到实施，同时尊重巴勒斯坦人的合法权益，其中包括在自己的土地上建立独立国家的权利。2004 年 11 月阿拉法特去世后，约旦明确支持以阿巴斯为首的巴勒斯坦新领导层，更加积极地帮助巴勒斯坦稳定内部局势，进行安全机构改革，希望以此为契机，重启和谈；同时要求以色列全面落实和平“路线图”计划，并表示愿意为以军从加沙撤离提供协助。

在伊拉克问题上，阿卜杜拉二世强调应尊重伊主权与领土完整，呼吁尽快解除对伊制裁。2000 年 9 月，约旦卫生部长塔利克率代表团闯飞巴格达，开了各国纷纷闯飞的先例。同年，约旦首相和伊拉克外长实现互访，这是海湾战争后访伊的约旦最高官员，也是第一位阿拉伯政府首脑访伊。2003 年春伊拉克战争爆发前，伊拉克已成为约旦的最大贸易伙伴。约旦每年从伊拉克进口约 9 亿美元，伊拉克是约旦第一大进口国和第二大出口国。此外，伊拉克每年还无偿向约旦提供 500 万桶石油以及以半价向约旦出售 500 万桶石油。因此，约旦反对美国打击伊拉克，推翻萨达姆政权，既担心自身经济利益受损，又担心引起地区和国内局势动荡，刺激恐怖主义再度蔓延。阿卜杜拉二世多次强调，约旦反对对伊拉克动武，他表示进攻伊拉克不仅是伊拉克人民的灾难，更是整个地区的灾难，势必将威胁这一地区的安全和稳定。美国发动的伊拉克战争给约旦造成了 20 多亿美元的经济损失。

巴以冲突和美国“倒萨”战争也对约旦国内政治稳定构成了巨大威胁。由于约旦巴勒斯坦人众多，2001 年“9·11”后国内民众普遍反美和反以，再加上经济上与伊拉克的密切关系，阿卜杜拉二世处境尤为艰难。2002 年 8 月，包括伊斯兰行动阵线在内的约旦 14 个反对党联名发表声明，要求政府停止与美国进行联合军事演习，反对支持美对伊动武，认为政府在美国威胁入侵伊拉克的时候与美军进行军事演习是不可接受的。10 月，约旦境内发生袭击美国外交官并导致死亡事件，随后政府军与极端组织发生多起冲突。事实上，对于美国“倒萨”，阿卜杜拉二世选择余地很小。对阿卜杜拉二世来说，约旦无论在政治、经济和军事上都更需要美国，站在美国人一边是其战略选择。伊拉克战争爆发后，美国在约旦境内部署了爱国者导弹，帮助约旦进行防御，以防萨达姆报复。约旦还在阿拉伯国家中率先驱逐了伊拉克外交官。战后，约旦又积极参与伊拉克重建，参加伊拉克周边国家外长会议，帮助伊拉克早日恢复安全与稳定，承认并支持伊拉克临时管理委员会，增加对伊拉克援助，并对伊进行人员培训。约旦还利用伊拉克战后经济重建机会，使约旦成为最重要的人员和物资的中转站，从伊拉克重建中获益颇多。此外，除了争取到美国增加对约援助外，约旦还从美国获得了 7 亿美元的额外经济援助。

2002 年 7 月，阿卜杜拉二世在“财富论坛”上发表演讲称，“我很自豪地宣布，约旦在开创中东新事业方面取得了很大成功，我们在民主实践方面发挥了先锋模范作用，建立了坚实的法律、责任和司法机构，与邻居实现了和平，推动了经济改革，向私人资本和管理打开了大门。2002 年我们经济增长率将超过 5%，对外债务由两年前占 GDP（国内生产总值）的 120% 下降到现在的约 73%”。这可以说是阿卜杜拉二世新政政绩的真实写照。不过，尽管阿卜杜拉二世“新政”取得了不小成绩，但毕竟约旦国小，资源少，周边及地区环境错综复杂、变幻莫测，这给阿卜杜拉二世带来了诸多挑战。

尤其是 2011 年“阿拉伯之春”的爆发，以及伊拉克、叙利亚等地区国家陷入动荡，阿卜杜拉二世国王面临新的前所未有的严峻挑战，突出表现在以下几个方面。第一，政治上改革压力增大，国内政局动荡，抗议与冲突不断，要求限制王权的呼声增高。发端于突尼斯的抗议活动在整个阿拉伯地区蔓延扩散，并波及约旦，约旦也爆发了要求王室削减权力、扩大民主的抗议活动。2011 年 1 月，约旦反对派政党开始举行抗议示威活动，要求进行彻底的经济和政治改革。从 2011 年以来，约旦民众示威游行活动频繁，呼吁政府进行改革、解散议会、修改选举法，并多次引发流血冲突。以穆斯林兄弟会为代表的反对派政党活跃，地区主义、部族主义抬头，反对王室特权，要求君主立宪，甚至废除王室的呼声增大。第二，地区动荡严重影响经济发展，约旦经济面临更大困境。经济增长率持续下滑，物价上涨，失业问题严重。2009 年约旦经济增长率为 5.5%，但 2010 年以来不断下降，2010 年为 2.3%，2011 年为 2.6%，2012 年为 2.7%，2013 年为 2.8%。官方登记的失业率高达 12%，但实际数字可能更高。对外贸易严重不平衡，外债飙升。第三，叙利亚和伊拉克局势不断恶化，尤其是近百万叙利亚难民涌入约旦境内，给约旦带来经济、社会和安全方面的诸多难题。第四，地区安全环境日益脆弱。地区重大安全危机不断，巴以和平进程中断，传统地区秩序开始坍塌，尤其是传统盟友穆巴拉克政权垮台、叙利亚大规模内战爆发、政治伊斯兰的兴起，以及“基地”组织、“伊斯兰国”等恐怖主义的扩张，都给约旦带来严重的政治和安全危机。

在此背景下，阿卜杜拉二世国王推出了一系列举措，加大改革力度，加速政治改革，如更换内阁，惩治腐败，开展全国对话，修改宪法、政党法和选举法，提前举行议会选举等。2011 年 2 月，国王下令解散萨米尔·里法伊领导的政府，指派前首相马鲁夫·巴希特出任首相并组建内阁，要求其“采取可行、快速、切实的措施，实施真正的政治改革……确保所有约旦人过上安全、体面的生活”。2011 年 3 月 14 日，国王下令成立由 52 名政治人士组成的“全国对话委员会”，负责在三个月内起草新的选举法、政党法。8 月，阿卜杜拉二世接受了改革方案文本。修改后的宪法方案涉及 42 处改动。根据这一方案，首相将由议会投票选举产生，不再由国王指定。方案取消了国王无限期推迟选举的权力，规定议会解散 4 个月内必须举行选举。这一方案同时限制了政府在议会休会期间制定、颁布法律的权力。2011 年 5 月，政府通过了新修订的公共集会法。根据新法律，任何公共集会或示威不再需要政府部门批准，组织者只需提前 48 小时通知政府，以便政府采取必要的安全和组织措施。2011 年 6 月，阿卜杜拉二世在电视演讲中表示支持改革，承诺将进行更多改革。在选举制度方面，他强调，未来的选举过程应当“公平和透明”，应鼓励所有政党积极参与议会选举。下届议会选举将实行比例代表制，在议会选举中获得多数席位的党派将负责组建内阁。除议会选举外，地方政府选举也将依照新的法律进行，以保证地方政府更好地代表民众意愿和利益，更加公正有效地为民众服务。在经济改革方面，强调经济改革是全面改革的首要方面，其中最重要的是税制改革、提高竞争力、优化投资环境和保障年轻人的就业机会。在治理腐败方面，表示正在“坚定不移地打击各种形式的腐败”，但也绝不容忍借反腐败之名诬陷他人的行为。2012 年阿卜杜拉二世下令成立国家廉洁委员会。2013 年 1 月 23 日，约旦依照新的选举法顺利举行了新一届国民议会选举，随后组成了恩苏尔领导的内阁。

由于阿卜杜拉二世国王能够顺应形势和时代的变化，及时做出政策调整和改革，因此在地区形势急剧动荡的大环境下，约旦总体上保持了国内稳定，度过了危机。约旦也成为地区国家中成功应对“阿拉伯之春”的为数不多的典型之一。根据一家阿拉伯国家智库编撰的“阿拉伯国家民主指数”，约旦在民主化改革方面名列前茅，2008 年得分排名第二，2009 年排名第一，2010 年排名第四，2012 年排名第二，2014 年排名第二。在

2010 年“自由之家”发布的世界自由度报告中，约旦被列入“不自由”国家类别，但在中东非洲 18 个国家中排名第五。

第六节　著名历史人物

一　谢里夫侯赛因·本·阿里

谢里夫侯赛因·本·阿里（Sharif Hussein bn Ali，1853～1931 年），麦加埃米尔，阿拉伯汉志国王，是哈希姆家族统治麦加、麦地那和汉志的最后一位谢里夫。1853 年出生。1893～1908 年被奥斯曼帝国苏丹召至伊斯坦布尔监视居住。1908 年 11 月 1 日，奥斯曼帝国苏丹哈米德二世任命侯赛因为麦加埃米尔，并继承谢里夫称号。1910 年侯赛因被允许返回麦加就职。1914 年第一次世界大战爆发后，侯赛因在阿拉伯民族主义者支持下，与英、法等协约国结盟，于 1916 年 6 月发动著名的阿拉伯大起义，以推翻奥斯曼土耳其对阿拉伯人的统治，建立一个独立的阿拉伯王国。1916 年 10 月，侯赛因宣布成立阿拉伯王国，并自任国王，但英、法等拒绝承认，只承认他是汉志国王。战后，由于英、法等战胜国从中作梗，侯赛因的阿拉伯王国未能按其预想的建立起来，但哈希姆家族控制了现今约旦大部、叙利亚、伊拉克和阿拉伯半岛的大部地区。1924 年 3 月，侯赛因在安曼宣布为哈里发，从而招致阿拉伯半岛沙特家族的反对。随后，沙特家族军队大举进攻汉志。10 月 3 日，侯赛因被迫让位给长子阿里，前往亚喀巴。12 月，麦加、吉达先后陷落，汉志王国灭亡。1925 年 5 月，英国政府要求侯赛因离开亚喀巴。6 月 22 日，侯赛因被迫离开亚喀巴，流亡塞浦路斯。1930 年侯赛因获准回安曼治病。1931 年 6 月 4 日，侯赛因病逝于安曼，葬于耶路撒冷谢里夫禁地广场。侯赛因生有 4 个儿子，依次为：阿里、阿卜杜拉、费萨尔和宰德。

二　阿卜杜拉·本·侯赛因国王

阿卜杜拉·本·侯赛因国王（Abdullah bn Hussein，1880～1951 年），

又称阿卜杜拉一世，约旦哈希姆王国开国君主，谢里夫侯赛因·本·阿里的次子。1880 年出生。年幼时随父居住伊斯坦布尔。1910 年随父亲返回麦加。之后，积极与父亲筹备阿拉伯大起义事宜。1916 年起义爆发后，阿卜杜拉率军队与奥斯曼土耳其军队英勇作战。战后，阿卜杜拉还率军队征讨沙特家族，但失败。1920 年 3 月，伊拉克民族主义者宣布拥戴阿卜杜拉为伊拉克国王。同年 7 月，奉父命率部队前往大马士革，援助遭法军围攻的弟弟费萨尔（时为叙利亚国王），但受阻于约旦境内。1921 年 3 月，阿卜杜拉与英国政府达成协议，就任外约旦酋长国的埃米尔。1923 年 5 月 25 日，阿卜杜拉宣布外约旦酋长国“独立”。此后，在阿卜杜拉的不懈努力下，1946 年 3 月 22 日，英国宣布废除对外约旦的委任统治，外约旦获得独立。5 月 25 日，外约旦议会举行特别会议，正式宣布外约旦独立，拥戴阿卜杜拉为国王。在 1948 年第一次中东战争中，阿卜杜拉任阿拉伯联军总司令，指挥对以作战，并占领了约旦河西岸及耶路撒冷旧城。1950 年 4 月，约旦宣布外约旦与巴勒斯坦合并，成立约旦哈希姆王国。阿卜杜拉此举遭到巴勒斯坦激进分子的强烈反对。1951 年 7 月 20 日，阿卜杜拉在耶路撒冷阿克萨清真寺参加礼拜五聚礼时被一名巴勒斯坦激进分子暗杀。阿卜杜拉生有两子，长子塔拉勒，次子纳伊夫。

三 塔拉勒·本·阿卜杜拉国王

塔拉勒·本·阿卜杜拉国王（Talal bn Abdullah，1909～1972 年），阿卜杜拉·本·侯赛因国王之长子，约旦哈希姆王国第二代君主。1909 年出生。先后在英国桑赫斯特皇家军事学院和伊拉克军事学院学习。1947 年 3 月 17 日被册封为王储。1951 年 7 月，阿卜杜拉一世国王被暗杀，正在瑞士治病的塔拉勒匆忙回国，并于 9 月 5 日即位。由于健康原因，于 1952 年 8 月 11 日退位。在不到一年任期内，塔拉勒在推进民主化、改善对外关系等方面取得了显著成绩，颁布了 1952 年宪法，签署了《阿拉伯集体安全条约》，与美国签订了经济协定。塔拉勒国王长期患病，退位后隐居于土耳其伊斯坦布尔附近的一座别墅，直至 1972 年去世。塔拉勒国王与王后宰因共生有三个儿子：长子侯赛因，次子穆罕默德，三子哈桑。

四　侯赛因·本·塔拉勒国王

侯赛因·本·塔拉勒国王（Hussein bn Talal，1935～1999年），塔拉勒国王之长子，约旦哈希姆王国第三代君主。1935年11月14日出生。少年时期在安曼的伊斯兰小学学习。1949年进入埃及亚历山大维多利亚学院学习。1951年到英国哈罗公学学习。1951年7月20日，其祖父阿卜杜拉一世在耶路撒冷遭暗杀时，侯赛因也在场，因子弹打在其胸前佩戴的勋章上而幸免于难。1951年9月9日，被立为王储。1952年8月11日，塔拉勒国王退位后，侯赛因即位。同年侯赛因再次前往英国桑赫斯特皇家军事学院深造。1953年5月，侯赛因正式就任国王，举行加冕仪式。侯赛因在位47年，是中东地区统治时间最长的一位君主。其间，他多次遭暗杀。侯赛因是一位颇具争议的领导人。1970年他下令镇压巴勒斯坦游击队，遭到阿拉伯世界的普遍谴责。在1990～1991年海湾危机和海湾战争期间，侯赛因同情和支持伊拉克，再次受到阿拉伯国家和西方的批评。1999年在逝世前几天，他下令废黜弟弟哈桑的王储职位，改立其长子阿卜杜拉为王储，震动王室。在巴以问题及与西方关系问题上，侯赛因一直持温和立场，是中东和平的主要缔造者之一，亲自主持实现了约以和平，并力促巴以和谈。晚年，侯赛因健康状况恶化，曾多次赴美国的梅奥医院就医。侯赛因热爱运动和驾驶飞机。曾先后娶4位妻子：第一任妻子迪娜，是侯赛因的远房堂姐；1961年侯赛因与英国女子加德娜结婚；1972年侯赛因和巴勒斯坦人阿丽娅成婚，1977年2月，阿丽娅王后乘坐的直升机出事，不幸身故；1978年，侯赛因与美籍黎巴嫩女子努尔结婚。侯赛因共有五子六女。1999年2月7日，侯赛因病逝于安曼，终年63岁。

五　宰因·萨拉夫王后

宰因·萨拉夫王后（1916～1994年），塔拉勒·本·阿卜杜拉国王之妻，侯赛因国王之母。1916年8月2日出生于埃及。1934年嫁塔拉勒国王。生有三子一女：侯赛因国王、穆罕默德亲王、哈桑亲王、巴斯玛公主。宰因王后在20世纪50年代初的约旦政治中发挥了重大作用。1951～

1953 年，她实际摄政，辅佐侯赛因国王登基执政。她还直接参加了 1952 年约旦宪法的起草。宰因王后非常关心妇女、儿童和难民等社会公益事业，努力提高妇女地位，坚持宪法应赋予妇女与男人同样的权利。1944 年她亲手建立了约旦第一个妇女联合会。1948 年第一次阿以战争导致大量巴勒斯坦难民涌入外约旦，她亲自领导了难民救济和安置行动。宰因王后于 1994 年 4 月 26 日去世，享年 78 岁。

第三章

政　治

约旦宪法规定，约旦哈希姆王国是世袭的君主立宪制国家，国王是国家元首，实行行政、立法和司法三权分立原则。

第一节　国体与政体

一　国体

约旦1952年宪法第一章第一条规定，约旦哈希姆王国是一个具有独立主权的阿拉伯国家，约旦人民属于阿拉伯民族的一部分。其政治体制是议会制的世袭君主制。

二　政体

约旦是世袭的君主立宪制国家，国王是国家最高元首、陆海空三军最高统帅，掌握国家最高权力。实行行政、立法和司法三权分立制度。内阁（也称大臣会议）是最高行政执行机构；国民议会是立法机构，分参议院和众议院两院；司法独立，司法权由各类、各级法院行使。

三　宪法

1928年4月，在埃米尔阿卜杜拉领导下，外约旦制定了《外约旦基本法》，规定在外约旦建立协商会议。次年2月，外约旦举行了历史上第一次立法委员会选举。1946年5月25日，外约旦废除英国委任托管获得独立后，对该组织法进行了修改。1947 年 11 月 28 日，外约旦议会通过了新的宪法，即 1947 年宪法。1951 年塔拉勒国王上台后，又着手对 1947 年宪法进行修订。1952 年 1 月 1 日，新宪法正式颁布实行。之后，约旦虽多次对 1952 年宪法进行修订，但并未作根本修改，1952 年宪法一直沿用至今。

宪法对国家的基本职能、国家权力分配、公民的权利与义务、宪法的解释与修订等都做了明确规定。宪法规定，约旦是一个实行议会制的世袭君主国，约旦政府机构实行行政、立法和司法三权分立原则。保证约旦公民享有言论、信仰、结社、参加学术活动、组织政党、参加议会和市政选举等权利。

1952 年宪法共 9 章 131 条。第一章“国家和政府体系”，规定约旦哈希姆王国是一个有独立主权的阿拉伯国家，是世袭的君主立宪国，以伊斯兰教为国教，阿拉伯语为官方语言。对首都、国旗和国歌也做了特别规定。第二章“约旦人的权利和义务”，对约旦公民的权利和义务做了明确规定，规定法律面前人人平等，个人自由受法律保护。第三章“权力：总条款”，对国王及行政、立法和司法机构所享有的权力分别做了规定。规定立法权属于国王和议会，行政权赋予国王，司法权由各类法庭行使。第四章“行政权力”，对国王及其特权、内阁的权力进行了规定。第五章“立法权与国民议会”，对国民议会的法律地位和作用做了详细规定。第六章“司法”，规定司法独立，民事法庭和宗教法庭的法官应由王室任命。第七章“财政事务”，确立了税收法定等原则。第八章为“总则”。第九章为“法律的实施和上诉”。

自 1952 年颁布实施至今，约旦宪法经过了多次修改、增删。1954 年增添了有关对内阁和大臣进行信任投票的内容。1958 年再次做了多处修改，如关于国王对外宣战和缔结和约等权力、内阁组成、成立特别仲裁法庭等。1960 年 1 月，议会通过了关于国王有权延长众议院任期的宪法修正案。1965 年对王位继承原则做了修改，明确了长子继承制，但强调必要时国王可选择其一个兄弟为继承人。1973 年增添了有关参议员和众议员空缺时进行补选的规定。1974 年 1 月、1976 年 2 月和 1984 年 1 月，议会先后三次通过宪法修正案，授权国王可无限期推迟选举，并在内阁认为必要修改宪法时，有权召开议会特别会议。1974 年第 7 届阿拉伯国家首脑会议通过有关巴勒斯坦问题的决议，确认巴解组织是巴勒斯坦人民的唯一合法代表之后，约旦国民议会通过了侯赛因国王提出的宪法修正案，规定约旦河西岸的人将不参加新的议会选举。约旦内阁也进行改组，组成了不包括约旦河西岸巴勒斯坦人在内的新内阁。1984 年又对宪法中有关举行大选的规定做了修订。

1990 年 4 月，侯赛因国王下令成立了一个由 60 人组成的皇家委员会，授权其起草《国民宪章》，用以指导公共政治活动。1991 年 6 月，约旦全国名人会议通过了该宪章。它明确阐述了政党开展活动的条件，强调公共政治生活必须反映约旦的多元文化，要在法制和政治多元化基础上进行国家管理，强调要建立法治国家，法律至上，使约旦成为一个现代意义上的民主国家。宪章第一章为“总则和目标”，第二章为“约旦在法律和政治多元基础上进行国家管理”，第三章为“约旦的国家安全”，第四章为“经济”，第五章为“社会”，第六章为“文化、教育、科学和信息”，第七章为“约旦与巴勒斯坦的关系”，第八章为“约旦与阿拉伯、伊斯兰和国际社会的关系”。总之，《国民宪章》几乎囊括了约旦政治、外交、经济和社会的各个方面，因此它也被称为约旦的第二宪法。

2011 年，在“阿拉伯之春”的冲击下，约旦国内爆发街头抗议活动，阿卜杜拉二世国王被迫宣布修宪，扩大议会和政府的权力，约束王权，其中最关键的是将国王直接任命首相的权力修改为由议会提名，再由国王任命。2011 年 3 月 14 日，约旦下令成立由 52 名政治人士组成的全国对话委员会（NDC），参议院议长马斯里担任主席。该委员会成员包括多名反对派人士，如 3 名穆斯林兄弟会成员；共产党、全国运动党、人民团结党、伊斯兰中心党、约旦团结阵线、全国制宪党均有 1 名成员。还有部分成员来自专业团体、退休军官界、教师界、妇女界、新闻界、学者圈等，有一定的代表性。该委员会负责在三个月内起草新的选举法、政党法。2011 年 4 月 26 日，阿卜杜拉二世国王下令成立由 10 人组成的皇家委员会，要求其对现行宪法进行评估，并做出有利于约旦当前和未来的任何内容修订。

2011年9月24日，众议院以98票支持，1票反对，21人缺席的绝对多数批准了宪法修正案草案。9月28日，参议院通过该草案。草案对宪法1/3的条款进行了修订，限制了国王的权力，如推迟选举、解散众议院、重新任命首相和看守内阁、成立宪法法院，负责监督现行法律和体制是否符合宪法规定，并享有宪法解释权，规定参加议员选举的年龄为30岁、成立独立选举委员会监督议会选举、政府部长也必须出庭接受调查。2011年9月30日，阿卜杜拉二世国王批准了宪法修正案。2011年10月，第一个宪法法庭成立。2012年10月，新的选举法通过。

第二节　国家机构

约旦国家机构主要包括国王、议会、内阁和法院。国王拥有最高权力。内阁由大臣会议组成，代理国王行使国家最高行政和管理权力。议会实行两院制，分参、众两院。法院为司法机构，分民事法庭、特别法庭和宗教法庭三类。

一　国王与哈希姆王室

国王是国家元首。根据约旦宪法第三章等有关条款的规定，国王主要拥有以下权力和特权：批准、颁布法律；担任陆海空军总司令；批准宪法修正案；宣战、缔结和约；批准条约、协议；发布命令举行众议院选举；召集国民议会会议，举行就职典礼，推迟国民议会会议，中止国民议会会议；解散国民议会；解散参议院或取消某个参议员的议员资格；任命、罢免首相，接受其辞职；任命大臣，根据首相建议罢免大臣或接受其辞职；任命参议员，从参议员中选择任命参议长，接受参议员的辞职；任命和罢免法官、省长及安曼市长；下令印制钱币；依照特别法律，有权实行大赦或发布减刑令，决定死刑之判决；等等。

2011年“阿拉伯之春”爆发后，不少约旦人要求提前举行议会选举，并给予新议会更多权力。一小部分人士则主张建立英国式君主立宪制，让国王放弃所有权力，只担任象征性的国家元首。此外，还有要求实行共和制的声音。阿卜杜拉二世国王被迫采取适度让权的改革措施，将政府的提名权力移交给议会。2011 年 6 月，阿卜杜拉二世国王表示，约旦下届议会选举将实行比例代表制，由议会选举中获得多数席位的党派负责组建内阁，首相不再由国王提名并任命。这是约旦持续示威游行以来约旦国王做出的最大让步。2013 年 3 月，约旦首次以国王和议会协商方式推选恩苏尔为首相。2014 年 8 月，首相恩苏尔表示，政府将提出两个新的宪法修正案，以推动政治改革和增强民主实践。第一个修正案是赋予国王专享的任命军队参谋长联席会议主席和情报总局（GID）局长的权力，不需要目前实行的首相提名制。依照当前宪法规定，国王需根据内阁的提名任命参谋长联席会议主席和情报总局局长。第二个修正案为提高独立的选举委员会（IEC）监察和管理所有全国性选举的地位，包括非议会选举。

国王实行世袭制。宪法规定，王位必须传于阿卜杜拉·本·侯赛因的直系男性子孙。1965 年宪法修正案规定实行长子继承制，但同时也规定，国王也可以选择其兄弟作为继承人。如国王没有男性后裔，则应传位给其最年长的兄弟。2004 年阿卜杜拉二世国王罢黜了其弟弟哈姆扎亲王的王储职位。2009 年阿卜杜拉二世国王宣布任命其长子侯赛因·本·阿卜杜拉为王储。

自 1921 年起，约旦总共有四任国王：阿卜杜拉·本·侯赛因（1921 年 5 月至 1951 年 7 月）；塔拉勒·本·阿卜杜拉（1951 年 9 月至 1952 年 8 月）；侯赛因·本·塔拉勒（1952 年 8 月至 1999 年 2 月）；阿卜杜拉·本·侯赛因二世（1999 年 2 月至今）。

王室在约旦国家决策和管理中发挥关键作用，除了国王、王后、王储等王室重要成员外，王室还设有宫廷办公室、王室典礼局及宫廷总管、宫廷大臣等机构和职位。宫廷办公室是国王与中央政府、议会、武装部队和安全部队之间联系的一个必要的政治和行政机构，同时也是联系国王和约旦人民的重要桥梁。宫廷总管直接受国王监督，是国王、中央政府和其他机构之间的联系纽带。宫廷总管与首相在职务上平级，但实质上其权力要高于首相。宫廷总管经常出任首相、议长等重要职务。宫廷办公室下设多个机构，涉及政治、经济、社会、教育和军事等各种事务，成员包括典礼局局长、国王侍从长、国王各事务（如政治事务、外交、经济、部族与文化、媒体、伊斯兰事务等）顾问、司库等。此外，王室内一般还设有王后办公室、王储办公室。约旦国家安全委员会也属于王室机构。目前约旦王室的主要机构有：宫廷办公室、拉尼娅王后办公室、努尔王太后办公室、王储办公室、穆罕默德·本·塔拉勒亲王办公室、哈桑·本·塔拉勒亲王办公室、萨尔瓦诗·侯赛因公主办公室、费萨尔·本·侯赛因亲王办公室、阿里·本·侯赛因亲王办公室、哈娅公主办公室。各办公室规模不一，王后和王储办公室较大。

约旦王室属于哈希姆家族（the Hashemites），是中东乃至整个伊斯兰世界最为古老、显赫的高贵家族，是伊斯兰教先知和创始人穆罕默德的后裔，有“圣裔”、伊斯兰和中东“第一王室”之称。哈希姆这一称谓来自古代麦加古莱氏部落著名首领哈希姆。哈希姆是部落酋长库拉什的第六代后裔。而库拉什是先知伊斯玛仪的后代，伊斯玛仪又是先知易卜拉欣（又名亚伯拉罕）之子。哈希姆本名阿慕尔，阿慕尔曾在一次百年难遇的大旱之中毅然决定开仓济民，使人们得以躲过这次大劫难，因此部落民众赠予他“哈希姆”这一封号。哈希姆在阿拉伯语中的意思是“掰开面饼的人”。公元497年，哈希姆生了个儿子，取名“谢拜”（意为“白发子”）。哈希姆死后，谢拜被过继给哈希姆的长兄穆塔里布抚养，因人们以为他是穆塔里布的奴仆，又有了阿卜杜的名字，遂形成全名：阿卜杜·穆塔里布·本·哈希姆·本·阿卜杜·麦纳夫。544年，阿卜杜·穆塔里布的第十个儿子阿卜杜拉（又名“宰比赫”，意为“刀下子”）出生。570年，阿卜杜拉的妻子阿米娜产下了日后的伊斯兰教创始人——穆罕默德·本·阿卜杜拉·本·阿卜杜·穆塔里布·本·哈希姆。7世纪，穆罕默德创立了伊斯兰教，随着阿拉伯帝国的建立，伊斯兰教很快风靡整个中东。穆罕默德使阿拉伯民族“从蒙昧时代跨入了文明时代”，因此他也被全世界的穆斯林尊为先知，他所出身的家族也成了圣族，如今的约旦哈希姆王室正是穆罕默德的嫡系传人。由于穆罕默德没有儿子，哈希姆家族是穆罕默德的女儿法蒂玛与女婿阿里的嫡系后代，阿里也是后来的四大哈里发之一。阿里和法蒂玛有两个儿子：哈桑和侯赛因。大儿子哈桑的直系后代称“谢里夫”，侯赛因的后代称“赛义德”。约旦哈希姆王族来自谢里夫血统。967～1201年，谢里夫家族一直统治着希贾兹（汉志）地区。1201～1925年，一直由哈希姆家族统治麦加圣城。1916年，谢里夫侯赛因·本·阿里领导了反对奥斯曼统治的阿拉伯大起义。二战后，侯赛因的次子阿卜杜拉成为外约旦酋长国的埃米尔。阿卜杜拉为约旦建立了一系列制度框架，制定了约旦第一部宪法，首次举行了议会选举，并通过与英国人谈判最终使约旦获得了完全独立，从而为约旦奠定了现代国家的基础，使其开始从一个部族和游牧社会向现代社会转型。1951年7月，阿卜杜拉被暗杀身亡后，其长子塔拉勒继位。塔拉勒由于身体不好，只在位很短一段时间。1952年8月，塔拉勒被罢黜。1953年5月，塔拉勒的长子侯赛因在年满18岁后正式加冕为国王。1999年2月，侯赛因国王因病去世，由其长子阿卜杜拉继任。

由于“圣族”后裔的特殊背景和身份，如今的约旦哈希姆王国在阿拉伯和伊斯兰世界仍具有很高地位，这也是约旦在国际舞台上十分活跃的重要原因之一。根据其家族谱系，如今的阿卜杜拉二世国王是穆罕默德的第39代传人，是哈希姆的第42代传人。

二 政府

约旦实行议会内阁制。依照原先的法律规定，国王是国家元首，也是约旦哈希姆王国的行政首脑。宪法第26条规定，行政权赋予国王，国王通过任命首相及内阁大臣来体现行政权威，行使其行政权力。国王先任命首相，再由首相去组织内阁，内阁大臣须由国王任命。然后，首相及其内阁在众议院通过信任投票后正式上任。若未能在众议院通过信任投票，首相及其内阁必须辞职。众议院亦可单独否决某个大臣的任命。内阁组成后须在一个月内向议会提交执政纲领并获得通过才可上任。但是，2011年约旦修宪后，国王权力受到限制，议会和政府权力扩大；首相由议会提名，再由国王任命组阁。

首相与内阁需向国王宣誓后才能就职。誓词是:“我向全能的真主发誓将忠于国王，维护宪法，报效国家，并认真履行赋予我的职责。”

与立法、司法部门相比，行政机构掌握了国家大部分权力。约旦所有内阁事务的行政管理权赋予首相及内阁。内阁设立的部门有：行政发展部，设有国家培训学院；农业部，下设国家农业研究和技术、通信传递中心、农业市场组织、农业信托公司；伊斯兰事务和宗教基金、圣地部，下设天课基金局、宗教基金局；环境部；信息与通信技术部，下设邮政储蓄基金会；文化部；国防部，下设约旦武装部队、皇家地理中心、约旦退伍军人经济社会组织；外交部，下设阿拉伯和中东事务司、美欧事务司、亚非和澳大利亚事务司、国际关系和国际组织司、协议司、领事司、法律事务司、信息新闻和公共关系办公室、国际经济局；教育与科学研究部；能源与矿产部，下设自然资源管理局；财政部，下设安曼证券交易所、预算司、海关司、FTA 司、普通供应司、所得税司、约旦投资司、普通营业税司、土地和调查司；卫生部，下设食品与药品局；工业与贸易部，下设约旦投资委员会、工业城市司、约旦出口发展和商业司、标准与度量学院、约旦公务消费者司；信息部，下设约旦通讯社（佩特拉通讯社）、广播与电视司、新闻与出版司；内政部，下设公共安全司、公民身份和护照司、民防局；司法部，设有约旦司法学院；劳工部，下设职业培训司、社会保障司；市政和农村事务部，下设城市和乡村发展银行；计划部，下设统计司；公共建设工程和住房部，下设住房和城市发展司、政府招标司；社会发展部，下设高级发展咨询委员会、社区教育高等委员会、家庭和社会保障司、社区发展司、计划和评估司、公共关系司、行政和财政局、住房事务局、地区社会发展司、全国救援基金会等；旅游与古迹遗产部，下设项目司、旅游景点和公园开发司、旅游研究和投资司、行政发展与培训局、对外关系局；交通部，下设约旦皇家航空公司，汉志铁路、亚喀巴铁路公司，港口局，民航局；水资源与灌溉部，下设约旦河谷管理局、水资源管理局。

此外，内阁还设有下列机构：中央银行、审计局、公务员局、大安曼市、发展与就业基金委员会、最高法官部（内设孤儿基金管理与开发司)、情报总局（设有反腐败局)、约旦合作公司、立法和舆论局、侯赛因体育城（包括支持青年和体育活动全国基金会)、技术与职业培训委员会、高级理事会（如青年高级理事会、信息高级理事会）及其他各种委员会和中心。

内阁组成一般具有非党派属性。自1921年4月11日成立以叙利亚民族主义领袖拉希德·塔利阿为首相的第一届政府至2005年4月，政府频繁更迭，换了86届政府，平均大约一年一换。从1946年5月25日约旦独立至2005年4月，政府更迭68次，频率几乎为世界之最。

截至2014年10月，阿卜杜拉二世任内已更换了13届政府。尤其是2011年后，受地区及国内局势动荡的影响，内阁更迭频繁。政府更迭大致情况如下。

1998年8月10日，侯赛因国王曾任命法伊·塔拉瓦奈组阁。1999年2月阿卜杜拉二世就任国王后，于当年3月4日解散了塔拉瓦奈政府，任命阿卜杜勒·鲁乌夫·拉瓦比德组阁。2000年1月，拉瓦比德内阁改组，更换了24名内阁大臣中的7名。2000年6月18日，拉瓦比德政府被解散。阿卜杜拉二世任命阿里·艾布·拉吉卜成立新内阁。拉吉卜内阁维持了三年多时间，其间政府几次改组。2001年6月，拉吉卜领导的内阁首次进行重大改组，任命了11位新的内阁大臣，拉吉卜首相兼任国防大臣，外交大臣哈提卜和内政大臣哈里法特留任，农业、宗教事务、水利、旅游、体育、卫生等11个大臣的职务全部由新人担任。这次内阁改组旨在继续贯彻阿卜杜拉二世国王制订的政治和经济改革计划，同时努力提高政府的办事效率，更好地为经济建设服务。2001年10月，拉吉卜再次对内阁进行改组，任命3位新的内阁大臣，取消新闻部和青年体育部，进一步推动社会政治和经济改革。经过这次改组，35岁的巴希尔出任贸易、工业和商业大臣，37岁的阿瓦达拉出任计划大臣，穆赫辛出任劳工大臣。新内阁共由26人组成。拉吉卜继续兼任国防大臣，外交大臣哈提卜、内政大臣哈里法特、财政大臣马尔图等重要大臣留任，被取消的新闻部和青年体育部由新成立的新闻最高委员会和青年体育最高委员会取代。2002年1月，拉吉卜对内阁进行第三次重大改组。新内阁由27人组成。在新内阁中，拉吉卜继续兼任国防大臣，约旦驻美国大使马尔旺·穆沙接替哈提卜出任外交大臣，马贾利接替哈里法特出任内政大臣。新内阁不再设置副首相，但内阁成员增加了外交事务国务大臣、首相府事务大臣等职位。除外交和内政大臣换人外，原国务大臣兼政府发言人卡拉卜等4位大臣离开内阁。2002年9月，拉吉卜第四次对内阁进行改组，并任命6名新大臣。原司法大臣法里斯·纳布勒西被任命为副首相兼司法大臣，重新任命了高教与科研、卫生、农业、国民经济和社会发展等5个部的大臣，外交、内政和司法等重要部门的人事未作变动。

2003年10月25日，阿卜杜拉二世下令解散拉吉卜内阁，任命费萨尔·法耶兹为新首相。2004年10月24日，法耶兹改组内阁，新内阁由原来的20人增加到27人，其中包括1名女性在内的10人为首次入阁。恢复了文化部，新设立了公共部门发展部，并对原有的一些部门进行了调整。原外交大臣马阿谢尔被任命为副首相、首相府国务大臣。约旦驻埃及大使哈尼·穆尔基被任命为外交大臣。这是法耶兹自担任首相以来首次对内阁成员进行调整，其目的是明确分工、提高办事效率并进一步推行约旦的社会发展改革计划。

2005年4月7日，阿卜杜拉二世国王突然下令解散法耶兹内阁，任命阿德南·巴德兰组阁。新内阁成员由26人组成，巴德兰对外交、财政、内政、司法等13个主要部门的大臣进行了更换，其余部门由上届内阁成员留任。希沙姆·塔勒被任命为副首相兼政治发展和议会事务大臣，法鲁克·格斯拉维被任命为外交大臣。巴德兰表示，新一届政府将继续推动政治、经济改革计划，并加快经济改革和国家建设的步伐，以提高国民的人均收入和改善人民的生活水平为宗旨。同时，新一届政府强调，将继续加强与阿拉伯国家全方位的合作，并向巴勒斯坦和伊拉克人民提供帮助和支持。7月3日，巴德兰首相对内阁进行了改组，新任命了8位大臣。新内阁从原来的26人增加到29人，其中财政、文化、司法等8个部门的大臣进行了更换，其余大臣留任。这是他担任首相以来首次对内阁成员进行调整，目的是进一步明确政府各职能部门的工作，提高办事效益，推动国家的政治、经济改革计划，并加快经济改革和国家基本建设的步伐。

2005 年 11 月 19 日安曼发生震惊世界的连环爆炸之后，11 月 24 日，阿卜杜拉二世国王紧急任命国家安全顾问马鲁夫·巴希特为新首相，命令他组建新内阁，拟订反恐综合战略，在意识形态、文化、政治和安全方面多管齐下，向恐怖主义全面开战。

2007 年 11 月 20 日，约旦举行众议院选举。11 月 22 日，巴希特首相向国王阿卜杜拉二世提交了内阁总辞呈。11 月 25 日，以纳迪尔·扎哈比为首相的约旦新政府向约旦国王阿卜杜拉二世宣誓就职。新政府包括 27 名大臣，其中女性 4 人，有 14 人曾经担任过大臣职务，其中 8 人来自上届政府。另外 13 人是首次担任大臣职务。这是约旦历史上第 92 届政府，也是阿卜杜拉二世国王自 1999 年登基以来任命的第 8 届政府。新政府的首要任务是发展经济，改善民生，摆脱国家目前面临的经济困难。

2009 年 11 月 23 日，阿卜杜拉二世国王发布敕令，宣布于次日解散国民议会众议院，提前两年举行大选。这是阿卜杜拉二世自 1999 年登基以来第二次解散国民议会。12 月 9 日，纳迪尔·扎哈比首相提出辞职，阿卜杜拉二世任命前内阁大臣、约旦迪拜资金总裁萨米尔·里法伊为新首相，授权其组建新一届政府。阿卜杜拉二世表示，希望新一届内阁能够团结一致，以更加自信和透明的方式，坚决果断地解决民众的关切，并要求新政府确保下一轮议会选举在 2010 年第四季度举行，以“帮助约旦继续民主和政治改革的步伐”。

2011 年 2 月 1 日，在民众街头抗议下，首相萨米尔·里法伊辞职，阿卜杜拉二世国王批准解散政府，任命马鲁夫·巴希特为新首相并授权其组建新政府。2 月 9 日，巴希特政府组成，3 月 3 日获得议会投票支持。内阁由 27 名部长组成，其中 5 名部长来自上届政府，2 名女性部长，13 人首次出任部长。伊斯兰行动阵线拒绝了加入内阁的邀请。新政府强调，将改善人民生活条件，创造更多就业，争取提供 2.1 万个就业机会。同时宣布一系列政治改革计划，包括扩大自由，对选举、政党以及集会等法律进行修订，控制公共开支，打击腐败，防止滥用资金。5 月，司法大臣和卫生大臣辞职。7 月，7 名大臣辞职。7 月 2 日，国王同意内阁调整，以安抚谴责腐败和要求改革的示威者。巴希特首相宣布改组内阁，新任命了

11名内阁大臣。在新任命的11名内阁大臣中，副首相陶菲克·赫雷尚兼任议会事务大臣、原公共事务改革大臣兼政治发展大臣职务由两名大臣分任，并新增经济事务国务大臣职位。巴希特上台后推行包括修改宪法、制定选举法和政党法、减免税收及扩大就业等一系列改革措施，国王阿卜杜拉二世也多次公开表明改革决心，并承诺今后将放弃任命首相的权力，通过民选产生内阁，但并未给出具体时间表。然而，反对派对这一系列改革措施和承诺并不满意，仍不断举行抗议活动，要求巴希特辞职，并进行全面而彻底的政治和经济改革。2011年10月16日，70名众议院议员在一份致国王的请愿书上签字，要求罢免首相，理由是他拖延改革，在给予约旦公民更多的政治发言权问题上犹豫不决。巴希特次日即向国王递交了辞呈。

2011年10月24日，奥恩·哈苏奈被任命为首相，并负责组建内阁。2012年4月26日，奥恩·哈苏奈首相向国王阿卜杜拉二世递交辞呈。阿卜杜拉二世任命前首相法耶兹·塔拉瓦奈为首相并命其组阁。阿卜杜拉二世指出，新政府的首要任务是继续在政治、经济和社会领域深化改革，为在2012年底前举行议会选举铺平道路。阿卜杜拉二世国王说，新政府将是一个过渡政府，主要任务是完成和建立确保政治改革和举行议会选举所需要的法律。这些法律主要涉及成立政党、成立宪法法院和举行选举等。他强调立法和行政机关加强合作与协调的重要性，要求加快组成一个独立的委员会，以保证公平和透明的选举。阿卜杜拉二世国王还指出，政府应加强与私营部门的合作，吸引阿拉伯国家和其他国家的直接投资，并将消除贫困作为经济和发展政策的重点。他还强调了反腐败的重要性，指出在约旦没有任何人可以凌驾于法律之上。

2012年10月4日，约旦国王阿卜杜拉二世下令解散政府和众议院，并提前举行新一届议会选举。10月10日，塔拉瓦奈首相辞职，阿卜杜拉·恩苏尔被任命为新首相。10月11日，约旦国王阿卜杜拉二世批准首相恩苏尔提交的内阁成员名单，新内阁宣誓就职。本届内阁是现任国王登基以来的第12届政府。新内阁人数由上届的30人削减至20人，外交大臣等16人留任，多位大臣负责事务范围出现调整。在经贸领域，财政大臣、计划与国际合作大臣均留任。本届内阁还取消了妇女事务部。国王督促阿卜杜拉·恩苏尔立即着手筹备议会选举工作，敦促恩苏尔率领前参议院和众议院的成员，在约旦面临的历史性挑战时期，加快国家的民主转型。

2013 年 1 月 23 日，约旦举行议会选举。议会选举结束后，恩苏尔向阿卜杜拉二世递交辞呈，称继续担任首相恐违反宪法。阿卜杜拉二世当时并未接受恩苏尔的辞呈，表示将同议会磋商后再行决定。2013 年 3 月 9 日，阿卜杜拉二世发布皇家法令，接受恩苏尔看守政府辞职，同时任命恩苏尔为新一届政府首相并委托其组建新内阁。3 月 30 日，新政府宣誓就职。本届新内阁由 19 名成员组成，有 9 名为新内阁成员，其中包括 1 名女性。除首相恩苏尔继续担任国防大臣外，上届内阁中的外交、工贸、公企发展及劳工等 4 名大臣继续留任，另外还有 5 名成员曾在政府中担任大臣职务。本届政府还对部分部委进行整合。恩苏尔承诺，新政府将继续在政治、经济、社会等各领域进行改革，提高政府工作透明度，实施问责制，加大打击腐败的力度。政府将继续推进经济和金融界的改革，杜绝各种形式的公款挥霍，控制公共开支，削减预算赤字。

2013 年 8 月 21 日，恩苏尔对内阁进行调整，新内阁人数由原来的 18 人增至 26 人。本次内阁改组有 5 名大臣出阁，13 名大臣继续留任，并新任命 13 名内阁大臣。在此次内阁改组中，内政、外交、财政等 13 名大臣留任，其中 5 名大臣由原来担任的双职调整为单职。出阁的 5 名大臣包括宗教、能源、教育、卫生环境和文化大臣。新任命 13 名大臣中的两名女性分别担任文化大臣和交通大臣。新政府主要包括首相兼国防大臣阿卜杜拉·恩苏尔（Abdullah Ensour），高教与科研大臣艾敏·马哈茂德（Amin Mahoud），外交与侨务大臣纳赛尔·朱达（Nasser Judeh），内政大臣侯赛因·马贾利（Hussein Majali），工业、贸易与供给大臣哈提姆·哈拉瓦尼（Hatem Al – Halawani），财政大臣乌梅亚·图甘（Umayya Toukan），公共部门发展大臣哈利法·哈瓦莱德（Khleif Al – Khawaldeh），劳工大臣兼旅游与古迹大臣尼戴勒·卡塔明（Nidal Al Qatamin），计划与国际合作大臣易卜拉欣·赛义夫（Ibrahim Saif），新闻事务大臣穆罕默德·穆曼尼（Mohammad Momani），社会发展大臣瑞姆·艾布·哈桑（Reem Abu

Hassan，女），能源与矿产大臣穆罕默德·哈米德（Mohammad Hamed），卫生大臣阿里·赫亚萨特（ali Hiasat），宗教基金与伊斯兰事务大臣哈耶勒·达沃德（Hayel Dawood），文化大臣拉娜·玛姆卡（Lana Mamkegh，女），交通大臣丽娜·莎比卜（Lina Shbeeb，女），通信与信息技术大臣阿扎姆·赛雷德（Azzam Sleit）。

以下是自1977年4月中约建交以来约旦的历任首相：

阿卜杜勒·萨拉姆·马贾利（1997年3月19日~1998年2月17日）

阿卜杜勒·萨拉姆·马贾利（1998年2月17日~8月20日）

法伊·塔拉瓦奈（1998年8月20日~1999年3月4日）

阿卜杜勒·鲁乌夫·拉瓦比德（1999年3月4日~2000年6月18日）

阿里·艾布·拉吉卜（2000年6月19日~2003年10月）

费萨尔·法耶兹（2003年10月25日~2005年4月7日）

阿德南·巴德兰（2005年4月7日~2005年11月）

马鲁夫·巴希特（2005年11月~2007年11月）

纳迪尔·扎哈比（2007年11月~2009年12月）

萨米尔·里法伊（2009年12月~2011年2月）

马鲁夫·巴希特（2011年2月~2011年10月）

奥恩·哈苏奈（2011年10月24日~2012年4月）

法耶兹·塔拉瓦奈（2012年4月~2012年10月）

阿卜杜拉·恩苏尔（2012年10月~2013年1月）

阿卜杜拉·恩苏尔（2013年1月~2013年3月）

阿卜杜拉·恩苏尔（2013年3月~）

三　公务员队伍

约旦公务员分为高级、一级、二级、三级、四级五个类别，每级又按照年资、表现等标准划分为不同等级。此外还有合同雇员。2007年工资改革将一级和二级公务员合并，将四级升为三级，三级升为二级。

1998年约旦中央政府部门的公务员人数为8234人。截至2003年9月

30 日，约旦全国共有公务员 137216 人，其中高级为 94 人，占 0.07%；一级为 985 人，占 0.7%；二级为 61000 人，占 44.46%；三级为 34826 人，占 25.4%；四级为 37615 人，占 27.41%。2013 年各级政府机构及军队人员占总就业人口的 26.2%。从教育水平看，绝大多数受过高等教育。从部门人员分布看，教育部门为 70179 人，占近一半；卫生部门为 20695 人，居第二位；其他部门雇员约占 1/3。

四 省与地方机构

约旦分 12 个省级行政区，每个省下又有若干次级行政区。各省最高行政长官为省长，由国王通过内政部任命。各省政府在地方上执行内阁的决策。它们可以说是中央政府的延伸，要受内政部监督。与省长由国王任命不同，市长由选举产生（唯一的例外是安曼市，该市市长直接由国王任命）。市长负责城镇的日常事务，对市长工作不满可上诉到市政、农村和环境部。

第三节 立法与司法

一 立法

约旦宪法第 25 条规定，立法权赋予国民议会和国王。国民议会实行两院制，由参议院和众议院组成。

1947 年宪法确定了两院制议会制度，众议院由选举产生，参议院一半议员由国王任命。参、众两院的议员名额分别为 20 名和 40 名。参议员每届任期为 8 年，众议员任期为 4 年。参议院每 4 年选举其中一半议员。依照宪法，议长由国王从议员中挑选任命，任期一年，连任需再次获得任命。宪法起初没有赋予议会立法权，而是将立法权交给了行政当局。议会的主要职能是通过行政当局提交的法案。在政治上，宪法允许议会讨论任何与公共行政管理有关的问题与事务。议会也有权就此提出问题并进行辩论。此外，议会也有权讨论、批准国际条约或协议。但宪法未赋予议会对内阁进行信任投票的权力。后来，参议院扩大到30人；众议院扩大到60人，其中约旦河东、西两岸各30名。参议员由国王任命，任期4年，议长任期2年。众议员任期4年，由普选产生。1950年4月，在官方宣布约旦河两岸统一后，约旦举行了议会选举，组建了由两岸议员组成的新议会。1967年约旦举行大选，产生第9届议会。1974年，约旦承认巴解组织是巴勒斯坦人民的唯一合法代表后，约旦河西岸议员的代表权问题也随之产生，为此侯赛因国王下令解散众议院。1978年4月，约旦成立“全国协商会议”，共有60名成员，职能是“发表意见，提出建议，审议政府制定的一切立法和法律，讨论国家的总政策”。“全国协商会议”在形式和职能上类似于众议院。1984年1月5日，侯赛因国王又下令解散“全国协商会议”，恢复了众议院。1986年4月，约旦议会通过众议院选举法，5月17日正式颁布。法律分9章，75条。规定首相及内阁负责实施该法。1988年7月，约旦宣布断绝与约旦河西岸的法律和行政关系，侯赛因国王再次下令解散众议院。1989年7月，约旦修改众议院选举法，约旦河西岸不再纳入选举，并对各选区的席位人数进行了重新分配，规定安曼省为6个选区，共计21个席位，其中2个为基督徒席位，2个为切尔克斯人和车臣妇女席位。伊尔比德省5个选区，18个席位，其中2个为基督徒席位。巴尔卡省，6个席位。卡拉克省，9个席位，其中2个为基督徒席位。马安省，5个席位。扎尔卡省，6个席位，其中1个为切尔克斯人或车臣妇女席位。马弗拉克省，3个席位。塔菲拉省，3个席位。巴迪亚省，分中、南、北三个贝都因选区，45个部族，共6个席位。1989年11月8日，约旦举行22年来的首次大选，选举产生第11届众议院。1993年8月，约旦再次修改选举法，对第46条、52条进行了修改，并确立了一人一票原则。1993年8月，议会通过了《1993年众议院选举法补充法案》，对约旦选举制度进行了调整，开始实行“一人一票”选举制，结束了“一人多票”制度。新的选举法将全国分成20个选区，每个选区分配一定的众议院议席。为了确保代表性，约旦还为少数民族保留了一定席位。在80个席位中，穆斯林和基督教徒席位分别为71席和9席；71个穆斯林席位中有6个分配给贝都因人，3个分配给切尔克斯人和车臣人。2003 年 6 月选举产生了第 14 届议会，总议席由 80 席增加到 110 席，各省分配议席情况如下：安曼 7 个选区共 23 席（含 1 名基督徒，2 名切尔克斯人和车臣人），伊尔比德 9 个选区共 16 席（含 1 名基督徒），巴尔卡 4 个选区 10 席（含 2 名基督徒），卡拉克 6 个选区 10 席（含 2 名基督徒），马安 3 个选区 4 席，扎尔卡 4 个选区 10 席（含 1 名基督徒，1 名切尔克斯人或车臣人），马弗拉克 1 个选区 4 席，塔菲拉 2 个选区 4 席，马达巴 2 个选区 4 席（含 1 名基督徒），杰拉什 1 个选区 4 席，阿杰隆 2 个选区 4 席（含 1 名基督徒），亚喀巴 1 个选区 2 席，巴迪亚 3 个选区 9 席。在 110 个席位中，专门为女性保留 6 席。1993 年 11 月 8 日，约旦首次举行多党议会选举，产生第 12 届众议院。1998 年 11 月 28 日，约旦举行大选，产生第 13 届众议院。2003 年 6 月 17 日，约旦举行了自国王阿卜杜拉二世继位以来的首次议会选举，产生第 14 届众议院。2007 年 11 月 20 日，约旦举行众议院选举，约 250 万选民从 885 位候选人中选出 110 名议员。2009 年 11 月 23 日，阿卜杜拉二世宣布提前两年解散国民议会众议院，理由是其不能正确行使立法和监督职能。这是他自 1999 年登基以来第二次解散国民议会众议院。2010 年 11 月，约旦举行第 16 届国民议会众议院选举，共有 763 位候选人参选。在 120 名当选议员中，独立参选人占绝大多数，17 人为政党成员。另外，13 位女性当选本届众议院议员。由于约旦最大的反对党伊斯兰行动阵线宣布抵制本次议会选举，除少数政党成员外，此次参选的候选人多为代表部族利益和传统家族的独立人士，大多是阿卜杜拉二世的忠实拥护者。61 名来自 18 个国家和地区的国际观察员参与监督选举全过程，这在约旦议会选举历史上尚属首次。

在“阿拉伯之春”的影响和要求改革的压力下，2011 年 12 月，约旦成立独立选举委员会（IEC）。该机构是一个独立的机构，实行财政和管理上的独立。主要任务是监督和管理议会选举以及由政府举办的其他选举。它必须在公正、机会平等、法治的基础上采取必要措施来组织自由、公平和透明的选举。2012 年 6 月，约旦修改选举法，新选举法纠正了先前选举法存在的漏洞和不正常情形，如虚拟选区问题。新选举法结束了一人一票制度，改行一人两票制：第一张选票投给本地选区候选人，第二张选票投给全国性候选人。众议院席位数由120席升至150席，并首次采取混合选举制，即除按照选区选举议员外，还允许民众不分地域选出27名议员。法律加强了女性在议会的存在，将其名额提高到15名。2013年1月23日，约旦举行第17届议会选举。18个政党参加了选举。符合资格的选民登记率为70%（约227万人），投票率达到56.7%。有1425名候选人参加竞选，其中有191名女性候选人，创历史之最。这是由独立选举委员会负责的首次议会选举。由于主要政党伊斯兰行动阵线抵制了这次选举，除少数政党成员外，此次参选的候选人多为代表部族利益和传统家族的独立人士。来自本地和国际的7000多名观察员监督了这次选举。约旦国王称，这是一次具有重大意义的选举，开启了约旦议会内阁体制的新时期，表明约旦正在寻求更广阔的改革平台和路径。

表3-1 约旦历次议会选举投票率

单位：%

年份	2003	2007	2010	2013
投票率	58.6	57.1	53	56.6

根据现行宪法，议会是约旦的立法中心。两院都可以就立法发起辩论和进行投票。由首相向众议院提交立法建议，议员可以接受、修改或拒绝。每个建议都要提交给众议院的一个特别委员会。如果众议院接受该建议，将把它交给政府部门并由之依照法案的格式进行起草工作，然后再返回给众议院讨论。众议院通过的法案，由众议院议长提交给参议院进行辩论和表决。如果表决通过，将把法案提交给国王，国王可通过王室令的形式给予批准，或拒绝批准，并附上拒绝理由将之返给议会。在这种情况下，法案返回众议院后将重新进行审议和投票。若两院一致以2/3多数通过该法案，该法案将成为议会法案，在宪法权限上高于国王的否决。被参议院否决的法案须返回众议院重新修正。两院之间的分歧可通过两院联席会议2/3多数裁决。宪法第95条也赋予了两院以法律草案形式向政府提

交法案的权力。两院都设有多个常设委员会，如立法委员会、财政委员会、行政委员会、外交委员会等。众议院各委员会的委员每两年选举一次。两院也可以成立其他常设或临时的委员会，并确定其职责。宪法规定，下列人员不得成为参议员和众议员：非约旦公民；具有外国国籍和受外国保护的；因非政治罪行而入狱超过1年以上的；精神病者和痴呆者；与国王具有某种亲缘关系的；与政府部门具有经济利益的。

参议院（也叫上院）现有75名参议员，由国王任命。任期4年，可以连任。议长任期2年，但必须获得任命后方可连任。参议员数目不得超过众议员的一半。除了须年满45周岁外，出任参议员必须具备下列条件中的任何一项：前任、现任首相和大臣；前大使和全权公使；众议院议长；少将军衔以上的退役将军；民事和宗教上诉法庭的法官和庭长；至少两次当选众议员的前众议员。参议院需与众议院同时举行会议。由于参议员均由国王任命，获得国王的信任，因此参议院在某种程度上被看作国王立法权力的扩大。在立法层次上，它与众议院享有同等地位。2011年，约旦修宪，将参议院人数由54人增加至75人。本届参议院2013年10月25日成立，共有参议员75名，其中女性6名，参议长为阿卜杜勒·拉乌夫·拉瓦比德（Abdur - Rauf S. Rawabdeh）。

众议院（下院）现有150名议员。每4年选举一次。所有成员都在大选中经过秘密投票直接选举产生。众议院每届任期4年，国王根据王室令可以下令延长其任期，时间应不少于1年，不超过2年。大选应在任期届满前4个月举行。若任期届满前未举行选举，那么其将继续履行职务，直至新议会产生。议长由议员选举产生，任期1年，可以连任。当选众议员必须年满30岁。当选众议员的合法性由众议院裁决。任何一个选民都可在其所在选区的选举结果宣布15天内向议会秘书处就当选议员的合法性提交异议。只有经众议院2/3多数裁决，才可宣布当选无效。若众议院因故被解散，那么新组成的议会不得因同一原因再次被解散。众议院议员享有参议院议员没有的一些权力，如就公共问题向政府进行质询、经众议院2/3多数同意可以形成决议弹劾大臣。被弹劾的政府大臣暂时停职，直至问题得到解决。众议院可以提交对政府（包括内阁或其中一名成员）

的不信任案。若议会以绝对多数通过不信任案，内阁须辞职；若议会对某个大臣提出不信任案，该大臣必须辞职。

2012年10月4日，约旦国王阿卜杜拉二世发布命令，宣布解散众议院，并命令举行新一届议会选举。2013年1月23日，约旦依照新选举法举行第17届议会选举。根据新选举法，本届议会150个众议院席位中，27个为政府官员席位，123个为当地社区席位，后者包括15个女性专属席位、12个游牧民席位、9个基督教徒专属席位和3个少数民族专属席位。在150名新当选的议员中，有92人是第一次当选议员，33人为前议员。有18人为女性议员。巴勒斯坦裔约旦人的议席大幅增加，由16席增加到33席。伊斯兰分子赢得18个席位。22个政党在议会拥有席位。反对派赢得约25%的席位。左翼联盟“人民”（al－Shaab）赢得1个席位。而上届议会共120席，其中设有12个女性专属席位、9个基督教徒专属席位和3个少数民族专属席位。本届众议院系约旦第17届众议院，现任众议院议长为萨阿德·苏鲁尔（Saad Hayel Al－Srur）。

两院议员在议会都享有完全的言论自由，任职期间不受逮捕。不过，众议院被赋予了对政府的弹劾权，而参议院没有这一权限。

二　司法

约旦宪法规定，约旦实行司法独立，法官只对法律负责。宪法第99条规定，法院分三类：民事法庭、宗教法庭和特别法庭。民事法庭依照法律负责有关民事和刑事案件的裁定，有权对任何人做出民事或刑事判决，包括起诉政府的案件。民事法庭包括地方法庭、初审法庭、上诉法庭、高等行政法庭和最高法庭。约旦的民法体系大致以拿破仑法典为基础。

宗教法庭包括沙里亚法庭（伊斯兰教法法庭）和其他宗教裁判所如基督教裁判所。宗教法庭分初审和上诉法庭，只负责裁决有关涉及个人法的案件如结婚、离婚、遗产继承、孩子监护等。法律规定，涉及不同宗教信仰当事人的案件，由普通法庭来裁决。

特别法院包括国家安全法院、军事法院、警察法院、重大刑事案法院、海关法院。国家安全法院的法官由军人和文职人员出任。法院可对军人和平民进行审判，其裁决的案件包括涉及国家安全的案件、贩毒等。当事人有权就裁决向高级法院上诉。宪法第102条和《刑事诉讼法》规定，被告人在接受调查和审讯期间有权选择自己的辩护律师。《刑事诉讼法》第22条规定，律师有权出席审讯，除非调查属于机密或紧急情况。《刑事诉讼法》第28条规定，被拘留者在被捕后48小时内，接受审讯前，有获得辩护律师之权利。

此外，约旦还设立了宪法法庭，专门就有关法律、组织、人员的活动是否违宪进行裁决。

根据“透明国际”（Transparency International）发布的2012年度国家腐败指数报告，在参与调查的176个国家和地区中，约旦从2010年的第50位以及2011年的第56位下降至第58位，而2010年为第49位。在中东地区，卡塔尔、阿联酋、巴林及约旦是该地区前4位清廉国家。2011年，呼应民众惩治腐败的要求，约旦反贪局共处理了714件诉讼请求。

第四节　政党与团体

一　政党简史

20世纪三四十年代约旦就已出现政党活动。20世纪50年代是约旦政党活动的活跃期。1952年4月9日，约旦政府正式允许建立政党。当时的政党主要有三类：泛伊斯兰主义政党、阿拉伯民族主义政党和社会主义性质的政党。其中主要政党有全国社会主义党（NSP）、阿拉伯复兴社会党、约旦共产党、阿拉伯制宪党、穆斯林兄弟会等。1953年制定《反共产主义法》，禁止马列主义政党在约旦组织活动。1955年颁布《政党法》。1957年由于国内政治形势严峻，阿拉伯复兴社会党等反政府组织异常活跃，约旦政局稳定面临威胁，在此种情况下侯赛因国王于同年4月颁布禁党令，下令解散一切政党。1962年12月，国王下令恢复被禁止的政党组织活动。1963年大选前，约旦再次颁布禁党令。1967年颁布《戒严法》，宣布一切政党活动非法。对非法政党活动的监督主要由秘密警察机构（穆哈巴拉特，Mukhabarat）来执行，参与非法政党活动的人员要受到逮捕。1971年9月，侯赛因国王成立“约旦民族联盟”，由侯赛因国王任主席，王储哈桑任副主席，作为一个政党活动，也是全国唯一的政党。1976年2月，该联盟解散。其间，约旦一些党派主要在境外开展活动。到1989年，在海外有数个约旦流亡政党，如阿拉伯立宪党、伊斯兰解放党和联合民主协会，据说它们在国内有秘密组织和相当多的支持者。此外，一些巴勒斯坦组织也在巴难民营进行活动。直到1988年，几个政党和巴勒斯坦组织还威胁推翻约旦政权，并袭击政府官员和政府办公大楼。整个20世纪80年代，多名驻亚洲和西欧的约旦外交官被暗杀，1988年安曼发生数起爆炸事件。

20世纪80年代末，在冷战即将结束和全球民主化浪潮下，约旦开始逐步恢复民主化进程，积极酝酿解除党禁。1989年11月，约旦举行议会选举，多个政党角逐80个席位，有647名候选人参选。穆斯林兄弟会竞争其中的26个席位，赢得了20个，与其他伊斯兰组织有联系的候选人获得了14个席位。反政府的世俗政党赢得了10个席位。1991年6月9日，侯赛因国王正式宣布解除长达33年的党禁，实行多党制。

1992年9月1日，约旦政府根据宪法第31条以及参、众两院的决定，颁布了新的《政党法》，为政党开展活动确立了基本指针。该法共28条，其中第3条对政党下了明确的定义：政党是指依照宪法和法律的规定，由一些约旦人组织的，以通过参与政治生活实现政治、经济、社会目标为宗旨，采取合法与和平方式进行活动的政治组织。第4条则强调指出，任何约旦人有权组建、参加政党。该法还规定，组建一个合法政党必须具备以下几个条件：尊重约旦宪法、政治多元化原则和国家安全；与非约旦的外国组织不得有组织、财政上的联系，不得接受外国的指示；不得在武装部队或安全部门开展组织活动；至少要有50名成员，其领导人和财产必须公开。符合上述条件的政党才可以向内政部提出许可申请。一经获得许可，即可合法开展活动。其总部、通信和联络将得到保护，免受袭击和搜查（除非有司法裁定）。根据新闻出版有关法律，政党可以出版自己的报刊。第24条规定，任何人如接受外国资金，将被处以不超过2年的监禁和/或2000第纳尔的罚款。若参加非法政党，将被处以不超过6个月的监禁和/或500第纳尔的罚款。任何人若组建军事或准军事组织，将依照刑法受到处罚。第25条规定，只有根据法庭的裁决才可以解散政党。第28条规定，由首相和内政大臣负责该法的实施。

约旦实现多党制。截至2013年3月，全国共有30个政党。党派在议会下院中占有1/5的席位。1992年9月，约旦颁布政党法，共计28款。2008年，约旦修改政党法，将政党成立的门槛由50名党员提高到250名党员，并要求其党员需来自5个及5个以上省份。由于成立政党条件苛刻以及政党环境不佳，2003年约旦有30个政党，到2011年时只剩下14个。2011年后要求修改政党法的呼声不断增高，约旦政府开始重新修订政党法。2012年5月，议会通过新修订的政党法，7月，新的政党法生效，新的政党法将申请成立政党的门槛由250名党员提高到500名。允许政党在选举中依照各自党纲开展竞选活动，政府尊重宪法赋予公民的结社权利，政府向各政党提供财政资助，各政党不得接受外国援助，需接受内政部监管，不得建立基于宗教的政党。政党建立必须遵守公民权利、平等、民主、多元主义等价值观和原则。先前法律中存在的允许政府监督政党活动、监管政党财政记录等的条款被删除。审核决定是否批准政党成立的权力不再被赋予内政部，而由内政部领导的一个政党事务委员会裁决，该委员会由内政部、司法部、议会、全国人权中心、公民组织、议会等机构的人员组成。

二 主要政党

自1992年以来，约旦内政部正式批准成立的政党共30余个，概况如下。

（1）伊斯兰行动阵线（The Islamic Action Front，IAF），1992年12月7日成立，总书记为阿卜杜勒·拉提夫·阿拉比亚（Abdul Latif Arabiyat）。该组织附属的伊斯兰学者委员会领导人为凯拉尼。该组织主要由约旦穆斯林兄弟会组成，少数伊斯兰独立人士参加，是约旦具有伊斯兰主义性质的政党。约旦历史上多次颁布禁党令，但穆斯林兄弟会作为慈善组织一直未被取缔。该组织是约旦主要反对派，也是约旦各种反政府抗议活动的主要组织者和参与者。在1993年大选中，该党获得16席，成为约旦最大反对党。2007年大选中，获得6个席位。

（2）约旦阿拉伯社会复兴党（Jordanian BaathArab Socialist Party），20世纪50年代成立，是一个泛阿拉伯民族主义政党，积极主张阿拉伯统一。后被取缔，从事地下活动。1993年1月18日，正式重建，总书记为泰塞尔·萨拉迈赫·霍姆斯（Tayssir Salameh Al Houmsi）。在1993年大选中，该党获得1个席位。之后未获得席位。

（3）约旦共产党（The Jordanian Communist Party），20世纪40年代成立。曾长期被禁，从事地下活动，1970年分裂为两派：一派以法耶格·瓦拉德为首，一派以鲁什迪·沙辛为首。1991年党禁解除后，该党重新开始公开活动。1993年1月17日重新宣布成立，总书记为穆尼尔·哈马尔奈赫博士。未获得席位。

（4）阿拉伯进步复兴党（Arab Baath Progressive Party），成立于1993年4月13日，总书记为马哈茂德·马艾塔赫。

（5）约旦民主人民统一党（The Jordanian Democratic Popular Unity Party），1993年2月9日成立，总书记为赛义德·希雅卜。在2003年在议会选举中获得18个席位，2006年该组织发生严重分裂，2007年议会选举中获得6个席位。在2010年议会选举中，该组织因抵制选举未获得席位。2013年1月议会选举，该组织再次抵制，未进入议会。该组织是穆斯林兄弟会的政治组织，是约旦最有影响力的反对派。

（6）民族行动党（The National Action Party，Haqq），1994年1月10日成立，总书记为穆罕默德·左比。

（7）未来党（Al-Mustaqbal Party），1992年12月8日成立，总书记为苏莱曼·阿拉尔。

（8）约旦阿拉伯宪章阵线党（The Jordanian Arab Constitutional Front Party），1994年1月31日成立，总书记为米尔赫穆·塔勒。

（9）约旦民主左翼党（Democratic Party of the Left），1995年9月7日

成立，总书记为穆萨·马艾塔赫。

（10）约旦阿拉伯救援者党（The Jordanian Arab Ansour Party），1995年12月11日成立，总书记为穆罕默德·马贾利。

（11）约旦进步党（The Jordanian Progressive Party），1993年2月10日成立，总书记为纳伊尔·巴拉卡特。

（12）约旦民族党（The Jordanian Nation Party），1996年6月25日成立，总书记为艾哈迈德·哈南德赫。

（13）约旦和平党（The Jordanian Peace Party），1996年6月17日成立，总书记为沙赫尔·赫莱斯。

（14）阿拉伯土地党（The Arab Land Party），1996年12月15日成立，总书记为马哈茂德·奥兰。

（15）全国宪章党（National Constitutional Party），1997年5月7日，由“誓言党”“祖国党”“觉醒党”“约旦全国联盟党”“统一阿拉伯民主党”“进步与正义党”“约旦人民运动党”“约旦人民统一党”“约旦阿拉伯人民党”9个政党合并而成。

（16）约旦自由党（Al－Ahrar Party），1994年10月20日成立，总书记为艾哈迈德·左比。

（17）约旦人民民主党（The Jordanian People Democratic Party, HASHD），1993年1月24日成立，从巴勒斯坦民主解放阵线分裂出来，领导人为阿布拉赫·阿－乌尔巴赫。

（18）阿拉伯伊斯兰民主党（The Arab Islamic Democratic Party, DUAA），1993年4月12日成立，总书记为优素福·阿布·巴克尔。

（19）全国民主公共运动党（The National Democratic Public Movement Party），1997年7月10日成立，总书记为穆罕默德·阿迈尔。

（20）约旦劳动党（Jordanian Labor Party），1998年1月25日成立，总书记为穆罕默德·哈泰巴赫。

（21）觉醒党（Reawakening Party），1993年创立，创始人和总书记为阿卜杜勒·鲁乌夫·拉瓦比德，曾任约旦首相、众议员及内阁大臣，1996年觉醒党加入宪章党，并任副总书记、政治局主席。

（22）约旦誓言党（Jordanian Pledge Party），全国宪章党的核心，该党领导人阿卜杜勒·哈迪·马贾利任全国宪章党总书记，并于1998年11月和1999年11月两度当选众议院议长。

（23）全国改革阵线（The National Front for Reform），2011年5月21日，由多个党派、工会和社团联合成立。该联盟要求进行政治改革，结束腐败。其成员主要是各反对党派如共产党、民主人民党、人民民主党、伊斯兰行动阵线、进步复兴党、复兴社会党、民主人民团结党、社会左翼党，以及妇女联盟、青年运动、工会等。

（24）约旦统一阵线（Jordanian United Front），2007年成立。领导人为阿姆加德·阿－马加利（Amjad al Majali）。主要纲领是在国王指导下捍卫国家的主权以及约旦的阿拉伯民族特性，致力于政治多元主义、正义、平等、言论自由、保障妇女权利。

（25）民族阵线党（National Front Party），2009年5月成立。主张实行全面改革，实现社会和谐。由前众议长阿卜杜·哈迪·马贾利（Abdul Hadi Majali）组建。

（26）民族潮流党（National Current Party），2009年成立。领导人为阿卜杜勒·哈迪·马加利（Abd al－Hadi al Majali）。该党强调忠诚国家、平等、现代、温和的价值观，强调通过发展治理机制来推动政治改革。将国家团结作为主要目标。

（27）约旦阿拉伯党（Jordanian Arab Party），2011年成立。阿拉伯民族主义政党。总书记为马津·里亚尔

（28）约旦国家联盟党（Jordan National Union Party），2012年成立，是一个世俗的民主政党。目标是推动民主，强调议会发挥其作用，确保权力分离原则实现，扩大自由，如言论自由、集会自由、示威自由等。在议会拥有2个席位。领导人为穆罕迈德·哈什曼（Mohammad Khashman）。

（29）强大约旦党（Stronger Jordan），2012年由罗拉·法拉·赫若布（Rola al Farra－Hroub，女）成立，并任党主席。致力于消除男女差别，强调女性也可以参与政治并领导政府。该党在议会拥有2个席位。

（30）约旦改革与复兴党（Hassad），2012年1月成立。

（31）约旦阿拉伯安萨尔党（the Jordanian Arab Ansar Party），2012年1月成立。

（32）舒拉党（Al Shura Party），2014年5月获得批准成立。

（33）伊斯兰解放党（Hizb ut – Tahrir），又称“伊扎布特”。伊斯兰极端主义政党，呼吁建立全球哈里发，消灭所有犹太人。该党被禁止开展活动。该党发言人为谢赫艾哈迈德·阿布·库杜姆。

第五节 主要王室成员与政治人物

一 阿卜杜拉二世国王

阿卜杜拉二世国王（Abdullah Ⅱ bn Hussein），1962年1月30日生于安曼，系侯赛因国王与第二任妻子托尼·加德纳所生。1962年被立为王储。其后因考虑到阿卜杜拉年幼以及政局动荡，侯赛因国王又于1965年改立其弟哈桑亲王为王储。1999年1月25日，在侯赛因病重弥留之际，哈桑王储被罢黜，阿卜杜拉重新被立为王储。同年2月7日，侯赛因去世，阿卜杜拉继任国王，6月9日正式加冕，称阿卜杜拉二世。阿卜杜拉1980年进入英国桑赫斯特皇家军事学院学习，1982年进入牛津大学学习。回国后，加入约旦武装部队，在第10旅担任过排长和连长。1985年在美国肯塔基州的福特诺克斯军校的高级军官训练班学习。1986年成为约旦武装部队第91旅坦克连连长，授上尉军衔。同时他还任职于约旦皇家空军反坦克特别部队，是“眼镜蛇”攻击机的飞行员。1987年阿卜杜拉前往美国华盛顿乔治敦大学外交学院学习中东事务，取得外交学硕士学位。此外，他还在英国步兵学校、英国指挥参谋学院学习、进修过。1993年被任命为约旦特种部队司令。1994年晋升准将。1996年后，任约旦特别行动部队司令兼特种部队司令。1998年5月，阿卜杜拉晋升少将。阿卜杜拉爱好赛车和水上运动，曾获约旦全国汽车赛冠军。喜欢搜集武器。阿卜杜拉曾九次访华（1981年7月、1982年12月、1993年12月、1999年12月、2002年1月、2004年7月、2005年12月、2007年10月、2008

年9月、2013年9月，前三次作为王子）。

1993年6月10日，阿卜杜拉与拉尼娅结婚，有两子两女，即王储侯赛因（1994年6月28日出生），伊曼公主（1996年9月27日出生）、萨尔玛公主（2000年9月26日出生）和哈希姆王子（2005年1月30日出生）。此外，阿卜杜拉二世有4个兄弟、6个姐妹。阿卜杜拉二世被誉为阿拉伯年青一代领导人的楷模，深得西方以及国际社会的赞赏。

二　拉尼娅·阿卜杜拉王后

阿卜杜拉王后出生于1970年8月31日，尊称为“约旦哈希姆王国王后陛下”。原名拉尼娅·亚辛，出身于一个巴勒斯坦家庭。年少时随父母长期在科威特居住，直到1990年伊拉克入侵科威特。后去埃及开罗美国大学攻读工商管理学。1991年获得学位后到约旦的美国花旗银行工作，后又在约旦的“苹果”电脑公司供职。1992年结识阿卜杜拉亲王。1993年6月10日，与阿卜杜拉成亲。1999年阿卜杜拉即位后，拉尼娅成为王后。拉尼娅积极辅佐丈夫，参与国事，在王宫专门成立了拉尼娅王后办公室。与深居简出、身着长袍、戴面纱的阿拉伯妇女不同的是，拉尼娅总是打扮入时，热衷各种公益事业，随丈夫在各地奔波。美国《时代》周刊曾把她作为封面人物，称其为耀眼的中东“政治女明星”。入选美国《福布斯》杂志30位全球最励志女性，在《福布斯》2010年“全球100位最具权势女性”排行榜中排名第76位。2011年《福布斯》杂志将其列为全球最有权力的100名女性之一。拉尼娅非常热心于人权、妇女与儿童权益、青年、教育、卫生、体育、环境保护和信息技术等事务。作为巴勒斯坦人后裔，拉尼娅对巴勒斯坦事务，尤其是约旦的巴勒斯坦人非常关心。2004年6月，阿卜杜拉二世授予拉尼娅王后约旦武装部队上校荣誉军衔，并任命她担任“拉尼娅·阿卜杜拉王后支援军人及其家庭社区高级委员会”主席一职。该委员会主要从事向贫困的军人家庭提供援助和财政补贴，同时也为军人的遗孀和遗孤每月发放救济款，以及提供贷款和其他社会服务。自2002年起，拉尼娅还一直担任“阿拉伯军官妻子俱乐部”的荣誉主席。致力于妇女儿童权益、教育及卫生等公共事务，她所带领的非政府组织建立了“约旦河基金”（The Jordan River Foundation），用于帮助约旦的贫困家庭和保护少年儿童权益。2008 年开始在约旦推行小微金融项目。拉尼娅王后在维护妇女儿童权益、反对恐怖主义和促进跨文化交流等国际事务中所付出的努力，使她获得了广泛赞誉和国际影响力。2006 年 9 月，拉尼娅王后当选联合国基金会董事会成员。2007 年，联合国儿童基金会（UNICEF）任命其为首位“杰出倡导者”，以表彰她长期以来对 UNICEF 的支持和在推动儿童教育事业方面的贡献。2009 年 4 月，被提名为“全球教育行动”的荣誉主席；2009 年 8 月被提名为“全球教育一个目标”的创始人和共同主席；2009 年 9 月被联合国任命为联合国女孩教育项目（UNGEI）的荣誉主席。西方媒体将拉尼娅与美国前总统夫人杰奎琳·肯尼迪、英国王妃戴安娜相提并论。

拉尼娅王后撰写并出版的书籍有：《国王的礼物》（2000 年）、《永恒之美》（2008 年）、《大山中的马哈》（2009 年）、《三明治书店》（2010 年出版，该书在美国《纽约时报》畅销书排行榜上连续两周位列首位）。为了更好地与民众交流，拉尼娅开通了个人网站并经常撰写博客，还在脸谱、推特、优酷、Instagram 等社交网络上开设了个人账号。

三 努尔·侯赛因王太后

努尔王太后 1951 年 8 月 23 日出生。侯赛因国王的第四任妻子。原名莉萨·哈拉比。父母分别是阿拉伯人和美国人。中小学时期都在美国接受教育。1974 年毕业于普林斯顿大学，获建筑和城市规划学学士学位。她是普林斯顿大学招收的第一批女学生之一。毕业后在澳大利亚、伊朗、美国和约旦等地工作。曾任约旦皇家航空公司规划和设计项目部主任。1978 年 6 月 15 日，与侯赛因国王结婚。婚后，莉萨·哈拉比改名为努尔·侯赛因，意思是“侯赛因之光”。她还皈依伊斯兰教，并开始认真学习阿拉伯语。有两子两女。长子哈姆扎曾被立为王储。努尔王后积极参与约旦的各项事务，如教育、文化、妇女和儿童福利、人权、社区发展、环境和建筑保护、公共建筑和城市发展等。在国际上，努尔王后也广泛参与各种活动，如人道主义和冲突预防、吸毒、裁军和难民问题等。1979 年，她主持成立了皇家文化与教育捐赠会（RECE）。1980年主办了首届阿拉伯儿童大会。1980年在美国成立约旦协会。1981年筹办了首届杰拉什文化艺术节。1985年发起了国家手工艺品发展项目，并建立了约旦设计与贸易中心。1985年，在侯赛因国王支持下建立了努尔侯赛因王后基金会（NHF）。1986年，发起建立了约旦和阿拉伯世界第一个儿童博物馆——遗产和科学儿童博物馆。1988年，为农村儿童成立了"生活和科学移动博物院"。1995年根据侯赛因国王的指示成立了儿童国家委员会（NTFC），并任主席，任务是监督和评估约旦儿童的生存状况。1997～2001年，主持了约旦第一个防治癌症中心——阿迈勒癌症中心（后更名为侯赛因国王癌症中心）的工作。阿卜杜拉二世继位后，努尔便成为王太后。1999年侯赛因国王基金会成立后，阿卜杜拉二世任命努尔王太后为基金会主席。努尔王太后还担任多个机构的领导职务，如努尔王后民航技术学院、皇家自然保护协会、佩特拉国家信托基金、皇家美术协会、全国商业联合会、职业妇女俱乐部、妇女体育俱乐部、约旦网球协会、约旦物理疗法协会、约旦大脑麻痹基金会等。努尔王太后还因积极参与国际事务而获得诸多国际奖项和荣誉。除阿拉伯语外会讲英语和法语。喜欢滑雪、网球、马术、园艺、阅读和摄影。出版有自传《信仰的飞跃》。

四　王储侯赛因

侯赛因·本·阿卜杜拉1994年6月28日生于安曼。侯赛因是阿卜杜拉二世国王和拉尼娅王后的长子，是穆罕默德的第42代直系子孙。为纪念已故国王侯赛因，阿卜杜拉二世国王为长子取名侯赛因。2004年11月28日，阿卜杜拉二世国王突然宣布废黜其同父异母的弟弟哈姆扎王储，其后王储职位一直空缺。2009年7月2日，阿卜杜拉二世颁布敕令，宣布其长子侯赛因为王储。侯赛因作为王储第一次参加官方活动是2009年6月代表其父亲出席纪念阿拉伯大起义和建军节的庆祝活动。之后，侯赛因多次陪父亲出访和到各地视察工作。在国王海外旅行期间，侯赛因还多次被指定为摄政，代国王行事，参与国家大政方针的研究制定。2007～2012年，侯赛因在约旦国王学院完成高中学业。目前在美国乔治顿大学学习政治学。在约旦军队拥有少尉军衔。喜欢阅读和体育，尤其喜爱足球。和他祖父、父亲一样非常爱好摩托车。阿拉伯语和英语非常流利，还可以使用希伯来语和法语交流。

五 其他王室成员

哈桑·本·塔拉勒亲王（Hassan bn Talal，1947～） 前王储。塔拉勒国王之子，侯赛因国王之弟。1947 年 3 月 20 日出生。幼时在英国哈罗公学上学。毕业后，以优异成绩考入牛津大学神学院，专攻希伯来语和伊斯兰教，1967 年获得宗教学硕士学位，后又取得博士学位。1968 年 8 月 28 日，哈桑与出身巴基斯坦显赫家族的萨尔瓦斯结婚。有三女一男：长女拉赫曼、次女塞米叶、三女柏蒂尔、儿子拉希德（1979 年 5 月出生）。1965 年 4 月，哈桑被立为王储。自那以后，一直是侯赛因国王的得力助手。每当侯赛因国王出国访问时，总由哈桑王储代理国王、处理国事。哈桑主持了约旦第一个国家发展计划（1973～1975）以及其后的多个发展计划。哈桑是出色的外交家。1981 年代表侯赛因国王出席联合国第 36 届大会并在大会上发言，建议建立一个新的人道主义国际秩序。该建议受到联合国的重视，随后联合国秘书长任命他组建联合国国际人道主义问题委员会，并担任两主席之一。哈桑还担任了许多国际组织的领导职务，是世界知识产权组织（WIPO）政策咨询委员会主席、联合国难民事务高级委员会咨询小组成员、罗马俱乐部主席、人道主义问题独立委员会两主席之一、世界不同宗教和文化研究与对话基金会的创始人和副主席、对外关系理事会国际委员会成员、联合国教科文组织下属的文化与发展委员会荣誉委员、联合国教科文组织国际宗教与文化委员会的咨询委员会委员。1999 年哈桑担任美国俄克拉何马大学和平与冲突中心主任。

哈桑博学多才，精通阿拉伯语、英语和法语，懂希伯来语，对突厥语和德语也有研究，在阿以问题和伊斯兰教等宗教研究方面有很深造诣。他先后撰写了 6 部著作，如《耶路撒冷研究》（1979 年）、《巴勒斯坦自决：对约旦河西岸和加沙地带的研究》（1981 年）、《寻求和平》（1984 年）、《创新与改变：文章精选》（2001 年）等，并为许多知名报刊撰写了大量有关宗教和国际问题的文章。哈桑积极参与约旦教育与科技工作。1970年创建约旦皇家科学院，1980年成立皇家伊斯兰文明研究会，1981年成立“阿拉伯思想论坛”，1987年筹建了约旦最高科技委员会，等等。他还创建和主持伊斯兰科学院、约旦皇家耶路撒冷事务委员会、约旦历史与考古学国际会议、哈希姆慈善救济会、约旦教育发展中心、外交研究所等。哈桑重视青年工作，1988年建立“阿拉伯青年论坛”，还专门设立奖励后进的“王储奖学金”。1987年侯赛因国王授予哈桑约旦最高荣誉——“侯赛因·本·阿里奖章”。1999年1月，哈桑被侯赛因国王突然解除王储职务，之后主要从事学术活动。2002年7月，哈桑出席在伦敦举行的伊拉克反对派大会，引起很大争议。约旦政府发表声明，称这是哈桑个人行为，不代表约旦官方立场。2012年以来任欧盟—地中海合作与发展协会的荣誉主席。2013年6月，被联合国秘书长潘基文任命为水资源及净化咨询委员会（UNSGAB）的主席。

哈姆扎亲王（Hamza bn Hussein） 前王储。阿卜杜拉二世国王同父异母弟弟，为侯赛因国王第四任妻子努尔王后所生。1980年3月29日出生于安曼。早年先在安曼接受初等教育，后前往英国哈罗公学学习，并获得了“历史学奖学金”。为此，前国王侯赛因还特意设立了“哈姆扎·侯赛因领袖奖学金”。1999年1月，哈姆扎进入英国皇家桑赫斯特军事学院学习，1999年12月毕业，获“沙特阿卜杜拉亲王奖学金”。同年2月7日，被阿卜杜拉立为王储。此后哈姆扎又相继赴英、德等国参加军事培训。2000年10月，哈姆扎返回约旦，在军队中任中尉。2001年，他在约旦—阿联酋联合维和部队任职，任约旦皇家边防旅第二营连长。同年6月，晋升为上尉。2001年9月，哈姆扎前往美国学习。任王储期间，哈姆扎曾多次摄政。曾任阿尔拜特伊斯兰思想基金会主席。哈姆扎喜欢读书，尤其是历史和传记书籍。哈姆扎酷爱互联网，经常参加国内外网络讨论。喜欢驾机、跳伞、射击、驾摩托、水上运动和篮球。1999年出任约旦篮球联合会名誉主席。2004年11月28日，阿卜杜拉二世国王下令褫夺哈姆扎王储职位。2006年他从哈佛大学毕业。2011年“阿拉伯之春”爆发后，有少数王室成员要求罢黜阿卜杜拉二世，以哈姆扎取而代之。

2003 年 8 月，哈姆扎与表妹努尔·本·阿赛姆·本·纳伊夫公主（Princess Noor bint Asem bin Nayef）成婚。2009 年 9 月离婚。育有一个女儿哈雅公主（2007 年 4 月生）。2012 年 1 月，哈姆扎与巴斯曼·巴尼·艾哈迈德结婚，分别于 2012 年和 2014 年生育两个女儿。

巴斯玛·本·塔拉勒公主 1951 年 5 月 11 日出生于安曼。塔拉勒国王之女，为宰因王后所生，侯赛因国王之妹。曾在牛津大学学习。1998 年被英国雷丁大学授予法学博士荣誉学位。2001 年 5 月，被牛津大学授予哲学博士学位。巴斯玛公主非常关心社会问题，如性别平等、儿童发展、教育、卫生、人口、环境保护等。1977 年组建拉尼娅王后社会发展基金会（QAF），即现在的约旦哈希姆人类发展基金会。1979 年，巴斯玛公主发起了约旦第一次残疾人调查活动。巴斯玛在国际上非常活跃，多次参加相关国际论坛。2000 年被联合国教科文组织授予荣誉勋章。她支持在约旦实施可持续发展计划，以解决一些被边缘化的社会群体的经济和社会发展问题。巴斯玛公主会讲流利的英语、法语和西班牙语。丈夫为瓦立德·库尔迪，育有两子两女。

阿伊莎公主 已故国王侯赛因之女，阿卜杜拉二世国王同父异母的妹妹。毕业于牛津大学。在中东地区，阿伊莎公主可以说是家喻户晓的人物。她不仅长相出众，身材窈窕，而且天资聪颖。她喜爱极具风险的跳伞。是中东地区第一位在英国皇家陆军军事学院学习的女性学员。1995 年，侯赛因国王在军队设立了一个妇女事务处，阿伊莎出任第一任处长。丈夫扎姆阿是一名实业家，育有两个男孩。

哈希姆·本·侯赛因亲王 1981 年 6 月 10 日出生。侯赛因国王与努尔王后的幼子。幼年在安曼接受小学教育，后前往美国接受中学教育。1999 年中学毕业。2000 年进入英国皇家桑赫斯特皇家军事学院学习。由于成绩优异，获得了沙特·本·阿卜杜拉奖学金。军校毕业后进入杜克大学学习，后转入美国华盛顿乔治敦大学埃德蒙德·瓦尔什外交学院学习，2005 年 8 月毕业。获约旦军队上校军衔。2006 年 4 月与沙特女子法赫达结婚，分别于 2007、2008 和 2011 年生育三个女儿。

穆娜王妃 国王阿卜杜拉二世的生母，前国王侯赛因的第二任妻子。

英国人。原名安托瓦内特·艾薇·加德纳，简称托尼·加德纳。1941年4月25日出生。早年在马来西亚吉隆坡学习，其父亲为英国军官。加德纳在拍摄电影《阿拉伯的劳伦斯》时结识侯赛因国王。1961年5月25日，与侯赛因国王结婚。婚后改名穆娜·侯赛因，并改信伊斯兰教。1962年1月30日，穆娜生下长子阿卜杜拉后被赐名穆娜王妃陛下。1971年12月21日，与侯赛因国王离婚。被允许继续保留陛下、王妃头衔，并留在约旦工作和生活。穆娜与侯赛因国王共生育四个子女：阿卜杜拉国王（1962年）、费萨尔王子（1963年）、爱莎公主（1968年）、宰恩公主（1968年，与爱莎公主是双胞胎）。创办了穆娜王妃护理奖学金基金会。1962年成立了穆娜王妃护理学院（现为穆娜王妃护理及卫生职业学院）。任约旦摄影学会名誉主席、穆塔大学护理学院名誉院长。拥有罗马尼亚格里戈尔·T. 波帕大学荣誉博士学位。

阿里亲王 1975年12月23日出生。侯赛因国王之子，是侯赛因国王与第三任妻子阿丽娅王后所生。幼时在安曼美国学校上学。后去英国和美国学习，1993年毕业于美国的索尔兹伯里学校。毕业后进入英国桑赫斯特皇家军事学院学习。曾在皇家特种部队接受训练。1999年毕业于普林斯顿大学。1999～2008年任皇家卫队特种部队司令。2008年开始任国家安全和危机管理中心领导人。约旦武装部队准将。热爱足球、电影、摔跤。约旦足联主席。西亚足球联合会创始人和主席。2011年1月以来，任亚足联副主席。会英语、切尔克斯语。是取消女子足球中戴头巾禁令的积极提倡者。2004年结婚，育有一子一女。

费萨尔·本·侯赛因亲王 侯赛因国王与穆娜王妃之子，阿卜杜拉二世国王之弟。1963年10月11日出生于安曼。早年在约旦学习，1970年赴英国圣埃德蒙学校学习。1971年前往美国马萨诸塞州学习。1978年进入华盛顿圣阿尔班斯学校就读高中，1981年毕业。1981～1985年在美国布朗大学学习电子工程。学习期间，开始学习飞行，并取得驾驶资格。在进入布朗大学就读前，费萨尔进入约旦皇家空军接受培训，随后进行了战斗机高级飞行训练。他在约旦空军任职，2001年被提拔为少将，2002年出任空军参谋长。2004年晋升中将军衔。目前任约旦武装部队副总司令。

2003 年以来，费萨尔亲王还任约旦奥委会主席，2010 年出任国际奥委会委员。在阿卜杜拉二世出国期间，费萨尔多次摄政。1987 年，费萨尔与阿丽亚·塔巴结婚，育有四个子女。2010 年与阿丽亚王妃离婚，2010 年 3 月与萨拉巴萨·曼卡班吉结婚，2013 年 9 月离婚，期间未生育。2014 年 1 月与电台主持人宰娜·卢巴德赫结婚。

爱莎·本·侯赛因公主 侯赛因国王与穆娜王妃之女，阿卜杜拉二世国王之妹。1968 年 4 月 23 日生于安曼。与宰恩公主是双胞胎姐妹。幼年在安曼的美国社团学校学习，8 岁后去美国马萨诸塞州学习。1986 年毕业于麻省的达纳高中。随后前往英国的桑赫斯特皇家军事学院学习，1987 年 4 月完成了军官培训课程，随后进入牛津大学彭布罗克学院学习当代中东历史和政治学。2010 年 6 月毕业于美国国防大学国际安全研究院，取得了战略安全研究硕士学位。1990 年与宰德萨德丁祖马结婚，有两个孩子，后离婚。

宰恩·本·侯赛因公主 侯赛因国王与穆娜王妃之女，阿卜杜拉二世国王之妹。1968 年 4 月 23 日生于安曼。与爱莎公主是双胞胎姐妹。幼年在安曼的美国学校学习，后去美国著名的韦斯托弗女子学院读书，1986 年毕业。相较爱莎公主，宰恩公主为人比较低调，对慈善事业，特别是孤儿非常热心。

伊曼·本·阿卜杜拉公主 阿卜杜拉二世国王和拉尼娅王后的长女，在四个子女中排名第二。1996 年 9 月 27 日出生于首都安曼。2014 年 6 月，毕业于安曼国际学院（IAA）。现与其哥哥侯赛因王储一同在美国乔治城大学就读。2010 年 6 月，公主曾与母亲一起官方访问过意大利并且参加了瑞典女王储维多利亚的婚礼。爱好体育。

哈雅·本·侯赛因公主 约旦国王阿卜杜拉二世同父异母的妹妹，是侯赛因国王和第三任妻子阿利娅的长女，现为迪拜王储穆罕默德的二王妃。1974 年 5 月 3 日出生于安曼。自小就被送到英国接受西方教育。11 岁被送到英国布里斯托尔的女子寄宿学校和多塞特郡的布里斯顿学校。1992 年进入英国牛津大学圣希尔达学院学习，1995 年 6 月毕业时被授予政治学、哲学和经济学荣誉学士和硕士学位。哈雅公主热心公益事业，积极从事国际人道援助工作，担任以她母亲的名字命名的聋哑人救助基金会会长的职务。由该基金会建立的残疾人救助中心，是目前阿拉伯世界最重要的残疾人医疗机构之一，免费向成人和儿童提供帮助。1994 年哈雅公主创办约旦国际体育文化协会，无偿向约旦国内运动员提供法律援助，并且担负着约旦和各国民间体育机构交流合作的任务。她是国际奥林匹克委员会的慈善大使，还是约旦以及国际上多个妇女、儿童、艺术组织的名誉会长，她在整个中东以及国际社会享有很高声望。哈雅公主兴趣广泛，喜欢骑马，13 岁即代表约旦参加国际马术比赛，还曾代表约旦参加过 2000 年悉尼奥运会，2006 年首次当选为国际马术联合会主席，并于 2010 年成功连任国际马术联合会主席。能讲流利的阿拉伯语和英语，也能用法语、西班牙语、意大利语、德语和俄语交流。爱好骑马、网球、滑水、航海、摄影。酷爱足球，凡是有约旦队参加的重要赛事，她争取每场必到。她曾代表约旦参加过 2000 年悉尼奥运会马术比赛。哈雅公主创造了约旦多个第一：13 岁首次代表约旦参加国际马术比赛，成为国家队中年龄最小的选手和第一位女选手；是迄今为止约旦唯一一位获得重型卡车驾驶执照的妇女；第一位参加马术比赛的阿拉伯妇女；第一位出现在奥运会开幕式上的阿拉伯女性国旗手；第一位参加奥运会的阿拉伯王室成员。1993 年被约旦公众评为“年度最佳运动员”。1996 年被西班牙马术联合会授予“年度马术名人奖”。2000 年国际旅游金舵协会授予其“国际金舵奖”，以表彰她 1997 年到 1999 年在德国接受马术训练期间对推广约旦旅游做出的贡献。此外，她还是联合国世界粮食计划署亲善大使（2005 ~ 2007 年）、联合国和平使者（2007 年 ~ ）、全球人道主义论坛理事会理事/创始成员（2007 ~ 2010 年）。2004 年 4 月 10 日，哈雅公主与迪拜王储谢赫·穆罕默德·本·拉希德·阿勒马克图姆在约旦王宫举行了订婚仪式。哈雅是阿勒·马克图姆亲王的第二房妻室，两人育有一子一女。

六　其他政治人物

扎伊德·里法伊（Zaid Rifai）　前首相。1936 年出生于安曼。1957 年获美国哈佛大学政治学学士学位。1958 年获美国哥伦比亚大学法律和国际关系学硕士学位。1967 年前，历任外交部政治司司长、宫廷总管助理、王宫典礼局局长。1970 年任约旦驻英国大使。20 世纪七八十年代先后 4 次出任首相。其父萨米尔·里法伊曾在 1944～1963 年 6 次出任首相。里法伊家族与王室关系密切。现任参议院议长。

阿卜杜勒·卡里姆·卡巴里蒂 1949 年出生于安曼。在伊斯兰学院完成高中学业，后在美国获得财政管理学位。在黎巴嫩贝鲁特美国大学学习地质三年。1986 年前从事投资、银行、旅游等方面的工作。1989 年 11 月进入众议院。1989 年 12 月起，出任旅游和古迹大臣、劳工大臣。1993 年 11 月再次进入众议院，1994 年 11 月至 1995 年 1 月任众议院外事委员会主席。1995 年 1 月任外交大臣。1996 年 2 月 4 日，受命组阁，成立约旦第 84 届内阁，任首相兼外交和国防大臣。

阿卜杜勒·鲁乌夫·拉瓦比德 1939 年 2 月 18 日出生于伊尔比德的塞里赫。父亲经商。1962 年毕业于约旦 AUB 大学，专业为药理学。1962～1964 年在政府机构任职，任药物巡视员。1964～1968 年任卫生部药物主管。1968～1975 年任卫生部药物和供应司司长。1976 年 6 月，出任内阁通信大臣。1977～1978 年兼任卫生大臣。1978～1979 年任卫生大臣，并进入议会。1982～1985 年出任约旦磷酸盐公司董事长，并兼任约旦化肥工业公司副董事长。其间在约旦大学进修法律。1983 年被提名为安曼市长，大力进行市容整顿。1989 年当选众议员。1989～1991 年任公共工程大臣。1993 年创立觉醒党，并任总书记。1994 年任内阁副首相。1995 年任教育大臣。1995 年，成功阻止议会通过一项试图取消约旦与国际货币基金组织和世界银行达成的协议的议案。1996 年领导觉醒党加入全国制宪党，并任副总书记。1999 年 3 月 4 日出任首相，是阿卜杜拉二世登基后任命的第一位首相，2000 年 6 月 18 日辞职。拉瓦比德是一位温和的政治家，亲西方，与美国以及海湾国家关系密切，支持约以和平。担任首相期间，对稳定约旦政治、经济发挥了重要作用。喜欢运动，尤其是游泳，是多个体育协会成员。2000 年 1 月，约旦议会成立了一个委员会，调查拉瓦比德首相纵容其子向海湾国家投资者索贿的指控。

谢里夫·扎伊德·本·沙克尔 前首相。1934 年生于安曼。20 世纪

50 年代先后在埃及亚历山大维多利亚学院、英国桑赫斯特皇家军事学院就读，后又去美国指挥参谋学院进修。为侯赛因国王的表兄。1987 年被授予元帅军衔。先后三次出任首相。

穆达尔·巴德兰 前首相。1934 年出生于杰拉什。1957 年毕业于叙利亚大马士革大学法律系。曾先后任约旦情报局局长、国王安全顾问、教育大臣，两度任王室总管。先后 4 次出任首相。

阿卜杜勒·萨拉姆·马贾利（Abdulal-Salam Majali） 前首相。1925 年出生于卡拉克省。1949 年毕业于大马士革医学院。曾先后获得英国皇家医学院、美国医学院文凭，被土耳其安卡拉哈吉比特大学授予名誉博士学位。自 1969 年以来历任卫生大臣、卫生大臣兼内阁事务国务大臣、教育大臣兼内阁事务大臣。1991 年 10 月任阿以中东和谈约旦代表团团长。先后 4 次出任首相一职。

阿里·阿布·拉吉卜 前首相。1946 年生于安曼，1967 年在美国田纳西大学获民用建筑工程学士学位。曾任工贸和供应大臣、能源和矿产大臣，当选国民议会众议员，并任众议院财经委员会主席。1999 年被任命为国王领导的经济顾问委员会委员。2000 年 6 月 18 日受命组成约旦第 85 届政府，为约旦第 33 任首相并兼任国防大臣。2003 年 10 月辞职。

费萨尔·法耶兹 1952 年出生。1978 年毕业于英国威尔士加的夫大学，获政治学学士学位。1981 年获美国波士顿大学国际关系学硕士学位。1979～1983 年任约旦驻比利时使馆领事。之后，长期在宫廷办公室工作，曾担任宫廷协议副主管、主管。2003 年 3 月，被任命为宫廷大臣。2003 年 10 月 25 日，出任首相兼国防大臣。2005 年 4 月 7 日被解职，旋即被任命为宫廷大臣。

阿德南·巴德兰 前首相。1935 年 12 月 15 日生于杰拉什。穆达尔·巴德兰之弟。是约旦著名学者、科学家。1966～1986 年，在约旦多个大学任生物学教授，是该领域著名学者，并有多部著作。20 世纪 80 年代后期曾短暂任农业大臣、教育大臣等职。20 世纪 90 年代任阿拉伯科学院院长、约旦费城大学校长。1993～1998 年任联合国教科文组织（UNESCO）副总干事。2005 年 4 月 7 日，被阿卜杜拉二世任命为首相，并兼任国防大臣。

法耶兹·塔拉瓦奈 前首相。1949 年 5 月 1 日出生。于约旦大学获得经济学本科学位。1974 年和 1980 年先后从美国南加州大学获得经济学硕士和博士学位。独立政治家。曾任约旦驻美大使、外交和贸易部长，并负责 1994 年约旦与以色列的和谈。2003 年被任命为参议员。1998 年 8 月 20 日至 1999 年 3 月 4 日、2012 年 5 月 2 日至 2012 年 10 月 11 日任约旦首相。

奥恩·哈苏奈 前首相。生于 1950 年 2 月 22 日。曾在英国剑桥大学国王学院学习，获得历史和法律的本科学位。后取得国际法硕士学位。1980~1990 年在约旦外交部从事法律事务工作。1991~1994 年作为约旦代表团法律顾问参加约以和谈。1995 年出任侯赛因国王的法律顾问，并任内阁部长级的国家法律顾问。1996~1998 年任王室首席法律顾问。1999 年和 2008 年两次被选举为国际法院法官。2000 年 2 月至 2011 年 12 月任国际法院法官。2006~2009 年任国际法院副院长。2011 年 11 月 20 日辞职。2011 年 10 月 17 日，阿卜杜拉二世国王任命其为首相。2011 年 10 月 24 日至 2012 年 4 月 26 日，出任首相。

阿卜杜拉·恩苏尔 首相兼国防大臣。1939 年 1 月 20 日生于约旦萨尔特市。于萨尔特完成高中学业。黎巴嫩贝鲁特美国大学统计学学士学位，美国底特律大学学术机构管理专业硕士学位，巴黎索邦大学人力资源规划专业博士学位。曾任计划大臣（1984 年）、教育大臣（1989 年）、外交大臣（1991 年）、工贸大臣（1993 年）、高等教育大臣（1996 年）、副首相兼副行政发展大臣（1997 年）、副首相兼新闻大臣（1998 年）等。1989 年首次进入议会，一直连任至 2001 年。曾任参议院对外关系委员会、金融事务委员会成员。曾任约旦驻世界银行、国际货币基金组织、联合国教科文组织的代表。2012 年 10 月 10 日，被任命为首相兼国防大臣。2013 年 3 月 9 日，再次被任命为首相兼国防大臣。

纳迪尔·扎哈比（Nader al－Dahabi） 前首相兼国防大臣。1946 年 10 月 7 日出生于首都安曼。1964 年毕业于安曼的侯赛因学院。1969 年在希腊空军学院获得学士学位，后来先后在英国的克兰菲尔德大学和美国亚拉巴马州的奥本大学获得硕士学位。1964 年加入约旦皇家空军，1994 年获少将军衔。1994 ~2001 年主管约旦皇家航空公司，2001 ~2003 年任交通大臣，2004 年 3 月任约旦红海港口亚喀巴经济特区行政长官。2007 年 11 月 25 日，以纳迪尔 · 扎哈比为首相的约旦新政府在首都安曼向国王阿卜杜拉二世宣誓就职。2009 年 12 月宣布辞职。

第四章

经　济

第一节　概述

约旦是发展中国家，国土面积狭小，自然资源严重匮乏，经济基础薄弱。多沙漠和山地，只有7% ~10%的土地是可耕地，而且还严重受制于水资源短缺。降水量很少，且变动很大，地下水开采日益困难。主要经济资源是磷酸盐、碳酸钾等矿产，以及旅游业、海外汇款、外部援助。能源缺乏，煤炭、水电和石油储量很少，天然气只能满足国内需求的10%，严重依赖从伊拉克等国的石油进口。人口受教育程度较高，这是约旦的一大优势，但其人口出生率高，50%以上为16岁以下人口，就业压力很大，失业率长期居高不下。此外，巴以冲突以及周边地区长期战乱不止也对约旦经济发展构成了严重威胁，约旦缺乏良好的经济发展环境。约旦经济总量在中东属于最小的国家之列。2013年约旦国内生产总值为340.8亿美元，人均GDP为6100美元。根据2010年国际货币基金组织的排名，约旦GDP在全球181个国家和地区中排第97位，人均GDP在全球183个国家和地区中排第90位。"世界经济论坛"发布的全球竞争力排名（2010 ~2011年度）显示，约旦在139个国家和地区中排名第65。在美国传统基金会2011年经济自由度指数中，约旦在179个国家和地区中排第38位。

一　经济发展简史

自20世纪70年代以来，约旦就实行经济开放和贸易自由化政策，鼓励私人投资，积极引进和吸引投资，重视侨汇和旅游收入，高度重视农业，大力发展矿业，从而使经济发展保持了一定的速度。1981 年开始实施 1981～1985 年国家五年计划，总投资达 100 亿美元，其中 61% 来自政府部门，39% 来自私人和合资部门。不过，许多重要指标并未实现，如计划年均 GDP 增长率为 11%，实际只达到 4%；计划投资年增长率为 12%，实际不到 1%；计划商品和服务贸易出口年增长率目标为 21%，实际只有 3.4%。1986～1990 年五年计划确定的目标是：GDP 年增长率达 5%，人均 GDP 年增长 1.3%；总投资 32 亿约旦第纳尔（简称第纳尔），其中政府投资 18 亿第纳尔，私人和合资 14 亿第纳尔；政府财政收入约 36% 来自国民储蓄，约 37% 为外援和侨汇，26% 为对外借贷；农业和矿业收入实际增长 46%，工业收入增长 40%，服务业增长 23%，服务业占 GDP 的比重降至 61%；计划增加 20 万个就业岗位，减少财政、贸易赤字，削减政府开支，降低收入与分配不均；等等。但 20 世纪 80 年代后期，由于国内外环境急剧变化，约旦经济形势恶化，这些既定目标未能实现。自 1987 年以来，约旦一直背负沉重的债务，人均收入降低，就业压力不断增大。1989 年 4 月，约旦与国际货币基金组织签署了为期 5 年的经济结构调整一揽子协议，以实现经济可持续发展，减少财政赤字，促进贸易平衡，稳定汇率，降低失业率。但 1990～1991 年的海湾危机以及海湾战争给约旦经济带来巨大打击。除了旅游业一落千丈外，海湾国家还因约旦支持伊拉克而开始制裁约旦，驱逐约旦劳工，中断石油供应，停止或减少援助。再加上约旦最大贸易伙伴伊拉克遭到打击以及联合国对伊的制裁，约旦经济陷入困境，失业率剧增，物价飞涨，人民生活水平明显下降，由此带来政治和社会不稳定等问题。

1991 年 10 月，约旦政府与国际货币基金组织重新签署了为期 7 年的经济调整计划，目标是实现收支平衡，降低通货膨胀率，削减公共部门开支，促进经济增长。1993 年约旦开始实行 1993～1997 年五年经济和社会计划，目标是减少政府在经济活动中的作用，鼓励私营部门发展，推进私有化，吸引以出口为导向的投资，稳定汇率，减少外债，减少政府财政补贴，削减关税，推进贸易和资本的自由化，积极参与地区和全球经济融合，解决就业和贫困两大难题。1992～1997年实际GDP年均增长率为7%，其中1992年为16.1%，1993年为5.6%，1994年为8.5%，1995年为5.9%。投资占GDP的比重由1989年的22%增加到1997年的33.1%。预算和经常项目赤字占GDP的比重分别由超过20%下降到3.6%和4.9%。通货膨胀率由1989年的25.6%下降到1992～1997年的平均3.8%。汇率也基本稳定，外汇储备由1995年的4亿美元增加到1997年底的17亿美元。但20世纪90年代后半期，约旦经济又陷入低谷。从1995年开始约旦经济增长率开始下降。1996年GDP实际增长率为0.8%，1997年为1.5%，1998年为零增长。

1999年阿卜杜拉二世上台后，振兴经济成为最优先任务，大力推进经济改革，一系列大胆的经济改革政策付诸实施。改革的主要目标：消除贫困和失业；改善财政状况，削减债务，减少财政赤字；推动经济自由化，鼓励私营中小企业发展，鼓励投资，加速外资项目的实施，大力推进私有化进程；迎接全球化挑战，积极融入新的国际经济体系，发展对外经济合作，增强与阿拉伯国家的经济联系；大力发展旅游业；促进公私经济更好地合作。

1999年4月，国际货币基金组织通过了对约旦的3年经济调整计划。根据该计划，约旦应主要进行以下几个方面的经济调整：年均GDP应达到3%～4%；财政赤字到2001年应降到占GDP的4%；改革税收制度，引进增值税；改革货币政策，维持第纳尔的稳定；到2000年最低关税应下降到30%；进行私有化和公共企业的改革。阿卜杜拉二世根据该计划，进行了一系列大刀阔斧的改革，推动了雄心勃勃的经济改革计划。1999年11月26日，阿卜杜拉二世召集160多名来自公私部门的代表在死海旅游区举行会议，讨论经济问题，促进公私合作，以实现经济可持续发展。会议出台了一份13页的文件，列举了一系列亟待解决的主要问题：制定经济自由化和现代化政策；财政改革；司法改革；公共行政体系改革；法律修订；制定教育和高等教育发展政策。会议还建议成立经济咨询委员会，以指导改革。同年12月，阿卜杜拉二世建立了由他亲自领导的公私部门参加的经济协商委员会（ECC）。ECC由20人组成，16人来自私营部门，其组成机构主要有公共改革任务小组、水资源委员会、银行委员会、信息技术委员会、旅游委员会、亚喀巴开发小组、专业医疗服务委员会、农业委员会、职业培训小组、私有化信息政策委员会、电子政务和电子商务委员会、资本市场委员会、大学引进英语和计算机技能任务小组、经济法规任务小组等。该委员会的基本职责是帮助政府实施有关社会经济、行政和教育体制的改革，为之献计献策。委员会主要处理如下事宜：提高银行在经济发展中的作用；在亚喀巴建设经济特区；进行行政改革；发展旅游业；发展职业培训和高等教育；改革学校课程，扩大计算机和英语教学；发展私人医疗服务；推行私有化战略；开展电子政务；发展资本市场；降低赤字；进行司法改革。

2000 年约旦议会批准新的立法，允许在亚喀巴设立经济特区，实行特别金融体制和零关税，计划在旅游、通信、信息技术、轻工业、交通和服务等方面吸引大量投资。随后，阿卜杜拉二世还下令成立了约旦出口发展和商业组织（JEDCO），以促进出口。2001 年 10 月，阿卜杜拉二世下令政府制定社会经济改革计划，以加速社会经济改革。2001 年 11 月，政府推出了社会经济改革计划（SETP）。该计划总的指导原则是在不破坏宏观经济稳定的同时实现社会经济的可持续发展，具体目标主要包括：推动财政、教育、立法、行政和司法改革；开发人力资源；加速私有化进程，鼓励私人投资，扩大私人部门的作用；维持货币和财政稳定；政府在教育、水资源、卫生保健和农村发展方面提高有效服务，以提高约旦人民的生活水平；在决策中建立更透明、有效、高效率和准确的机制。其内容主要有三个方面：一是公共资本投资，涉及人力资源开发和政府基本服务投资，如教育、职业和技术培训、文化活动、青年福利、卫生保健、消除贫困、水资源、农村发展以及财政、行政和司法改革；二是私人投资，涉及私有化、能源和水资源方面的大型项目、实施电子政务、亚喀巴经济特区建设等；三是创造一个机构健全的立法和监督环境。整个计划时间跨度为 2002 ~ 2004 年，预计投资 2.5 亿第纳尔，资金主要来源为私有化收入、贷款和外援。

为加大改革力度，阿卜杜拉二世还多次改组政府，任用一批学有所长的经济和技术专家。为了进一步对外开放和大力吸引外资，他下令制定和修改包括农业法、投资法、公司法、证券法、银行法、金融借贷法、审计法、私有化法、亚喀巴经济特区法、工业费用和工业设计管理条例、劳动法、通信法、电力法、邮政服务法、职业资格许可法、食品法、法院组成法、电子政务法、电子商务法、声像视听法、版权法、青少年行为法、考古法、刑法、民事诉讼法、约旦奥林匹克委员会法、体育和青年基金条例、约旦护理委员会法、公务员管理条例、毒品和药物法、药物研究法等数十项法律法规，对过时的经济政策法规做了大刀阔斧的修改，并及时出台了一系列新的法律，如电子政务、电子商务等法律。其中被列为优先修改的法律法规有：促进投资法、约旦工业财产法、自由区法、统计法、预防欺诈法、慈善机构法、信托法、公共卫生法、预防垄断和促进竞争法、展览组织法、养老金管理条例、最高法院法。

针对国有企业效益不佳的状况，阿卜杜拉二世决心加速私有化进程。他专门成立了由首相亲自挂帅的私有化委员会，下设私有化执行中心、常设委员会、特别交易委员会、技术委员会等一系列机构。议会通过了《私有化法》等法规，将约旦电信公司、亚喀巴铁路公司、约旦皇家航空公司、国家电力公司、国家运输公司、阿拉伯碳酸钾公司（APC）等公司的部分股份向国内外公开出售。

作为年青一代领导人，阿卜杜拉二世特别重视信息技术产业的发展，提出了要将约旦建设成为中东地区的信息技术和计算机软件生产和开发中心，将 IT 作为未来约旦经济的主要潜在增长点和重要部门的战略设想。2000 年 1 月，阿卜杜拉二世亲自参加瑞士达沃斯世界经济论坛，向全世界推广这一构想。根据阿卜杜拉二世的指示，政府部门与信息产业部门制订了一个战略和行动计划，用以指导约旦的信息技术产业发展。2000 年 3 月，约旦首次在死海地区举办约旦 IT 发展论坛，阿卜杜拉二世邀请全球 IT 组织首脑和知名企业参加论坛。

约旦在加强国际经济合作，融入全球经济方面迈出了很大步伐。第一是加入世界贸易组织（WTO）。约旦在 1995 年 1 月就正式提出申请加入世界贸易组织。1999 年 12 月，约旦完成了加入世界贸易组织的所有谈判。2000年4月，约旦正式成为世界贸易组织的第136个成员。第二是与美国签署自由贸易协议。2000年10月，阿卜杜拉二世与美国总统克林顿签署了《约美自由贸易协议》，这是美国与阿拉伯国家签署的第一个自由贸易协议，具有历史性意义。2001年12月，《约美自由贸易协议》生效。第三是1997年与欧盟签署了联系协议，2002年该协议正式生效，目标是建设欧盟—地中海自由贸易区。第四是与阿拉伯国家建立大阿拉伯自由贸易区，与埃及、以色列、伊拉克、叙利亚、东南非共同市场等签署了自由贸易协议。2004年2月，埃及、约旦、摩洛哥和突尼斯四国签署了自由贸易协定（阿加迪尔协定），2007年3月生效。此外，约旦在对外贸易、吸引外资等方面也都取得了很大成绩。

世纪之交，约旦经济逐步好转，经济持续增长，财政赤字减少，外国投资和对外贸易不断增加，连续保持低通货膨胀。1998年经济增长率为零，1999年经济实现了3.1%的增长，2000年达到了4.1%，2001年为4.9%，2002年为4.8%。2003年受到伊拉克战争影响，有所下降，但仍达3.3%。

但是，2009年以来，全球经济危机以及地区动荡使约旦经济受到进一步冲击，财政赤字不断扩大、公共债务节节攀升、能源支出难以控制，尤其是对外部门受影响很大，如出口、旅游业、建筑业等。2009年GDP增长率为5.5%，2010年下降到2.3%，2011年为2.6%，2012年为2.7%，2013年为2.9%。2011年和2012年约旦政府批准了两个大规模经济救援计划，增加预算支出，以改善民生。2012年5月，政府实行新的税收政策并提高汽油和电力价格，燃料价格和银行、饭店等工业和服务行业的电价显著增长，提价幅度为10%~25%。2012年6月，约旦政府表示将采用一个全面的经济改革计划，力求振兴经济，渡过难关。这些措施包括降低特定商品的补贴额、削减公共支出及修改税法以增加财政收入等。2012年8月3日，国际货币基金组织批准了一项对约旦价值20.6亿美元的备用信贷安排。根据该安排，约旦能够在36个月内获得20.6亿美元的贷款以支持国家2012~2015年的经济计划，解决面临的巨大财政困难及外部问题，实现国内经济可持续发展。2014年6月，国际货币基金组织表示，尽管面临一系列困难，但约旦中央政府赤字仍在可控范围内，外汇储备高于目标水平，一系列指标显示约旦经济正在复苏。国际货币基金组织预测，2014 年约旦通胀率将降至 2.5%，经常账户赤字（不包括赠款）将进一步收窄，GDP 增长率将从 2013 年的 2.9% 上升至 3.5%，预计 2015 年能达到 4.3%。该组织建议约旦通过改善营商环境、改革公共部门雇佣和补偿制度、加强新生劳动力培训、促进女性就业、增加在健康和教育方面的开支、减少能源补贴、提高公共机构服务质量等一系列手段促进经济发展、提高就业水平，并继续推进财政改革，改善中长期财政状况。

根据美国中央情报局数据，2013 年约旦国内生产总值为 340.8 亿美元（按官方汇率计算），在全球排名第 105 位；人均 GDP 6100 美元，在全球排名第 151 位；通货膨胀率 5.9%，经济增长率 3.3%。根据世界银行的统计数据，2013 年约旦国内生产总值为 336.8 亿美元，人均 GDP 4950 美元，经济增长率为 2.8%，通货膨胀率 5.5%。根据世界经济论坛发布的《全球经济竞争力报告 2014/2015》，约旦在 144 个国家和地区中排第 64 位，在中东仅次于阿联酋、卡塔尔、沙特、巴林、以色列、阿曼、科威特、土耳其等国，比 2013 年度排名前进了 4 位（第 68 位）。2012 年世界银行将约旦列为中上收入国家。

二　经济体制

约旦经济有一点和其他阿拉伯国家不同，就是从未对经济实行国有化、将私人企业收归国有，未搞过计划经济，基本采取的是自由市场经济。但是，政府在经济管理中仍然发挥举足轻重的作用。政府的基本职能主要包括制订经济发展计划、鼓励投资和创造良好的投资环境及提供就业机会、补贴等。

1973 年约旦政府在亚喀巴港建立了第一个小型的自由保税区，以促进国际贸易和转口贸易的发展。之后又根据 1976 年的临时法规第 39 条，成立了自由保税区管理局。自由保税区管理局属独立核算的官方机构，实行独立财政和独立管理。管理局董事会全权负责管理职能，制定总体政策和计划，董事会主席由财政大臣担任。1983 年，约旦在安曼东北 35 千米处建立了扎卡自由保税区。

1984年，约旦政府制定《鼓励投资法》，允许外资拥有49%的股份，以出口为导向的公司可拥有100%的股份，免除关税可长达9年，利润可不受限制地汇出；政府可视情况无偿提供土地和设施。

政府在亚喀巴以及靠近叙利亚的边境地区设立了出口工业区，给予了类似的优惠待遇。政府还在全国范围内设立工业区，为公司提供政府建造的工厂和设施。1974年内阁设立供应部，主要任务是保证基本必需品的供应，提供补贴，稳定物价。当时的背景是商人囤积食糖，导致食糖价格火箭式上升，引起民众特别是军人的不满。到了20世纪80年代后期，购买部分进口小麦、肉和其他基本食品，然后以补贴价格进行供应，还从约旦农民那里以高于市场的价格收购粮食。在1989年度财政预算中，有3320万第纳尔用于食品补贴。此外，政府还为燃料、水和电提供补贴。1988年政府实行进口限制，导致国内物价上涨，补贴进一步增加。1988年供应部首次对茶叶、火柴、电器、建造材料及其他商品进行补贴，或设定最高价格。为缓解就业压力，政府扩大公共部门的就业，1987年公共部门的就业人员占总就业人员的40%。

政府拥有许多大型公司的股份，如约旦航空公司、约旦电信公司、阿拉伯国际旅游公司、阿拉伯海洋运输公司、约旦水泥厂、约旦精炼厂、约旦制药厂、约旦陶器公司、阿拉伯投资公司，此外还与伊拉克等国建立了一些合资公司。不过，政府已开始对这些公司实行私有化，或减少所持股份。总体而言，约旦政府在经济中的作用呈下降趋势，主要任务转向宏观调控、创造经济发展环境等方面，补贴范围日益缩小，政府干预也在减少。

大力推进私有化是约旦经济调整与改革中的一项重要战略。约旦自20世纪80年代末90年代初开始推行私有化。私有化的目标是：提高约旦企业的竞争力，适应全球化发展；提高企业的效率和效益；增加基础设施领域的私人投资；发展当地资本市场；改善公共财政；吸引外国投资、技术；转变政府职能，将政府从繁重的经济事务中解放出来。阿卜杜拉二世上台后，高度重视私有化计划，加速私有化进程，专门成立了私有化领导机构，负责制定政策、监督和执行私有化项目，如私有化高级部长委员会（HMPC，由首相主持，是私有化决策机构，有权批准交易）、私有化执行委员会（EPU，负责指导、实施和协调私有化进程，充当政府与国际组织之间的联络人）、私有化筹划指导委员会（负责监督、监管私有化交易）、特别招标委员会、技术委员会等。截至2004年，约旦已成功地完成了58笔私有化交易，包括出售国家在约旦投资公司下属的49家公司中的股份，私有化收入达10多亿美元。2006年，约旦能源矿产资源部宣布，约旦几家国营电力公司将于2006年底前完成私有化改制。根据约旦内阁委员会的决定，约旦中央电力公司将出售51%的股份、伊尔比德电力公司出售55.4%的股份；约旦电力配送公司全部私有化，将出售100%的股份。截至2007年末，约旦私有化收入总额为8亿约旦第纳尔（约合11.3亿美元）。目前已完成的私有化项目包括：约旦水泥厂（出售收入，下同1.12亿美元）；公交公司（70万美元）；马茵温泉综合楼；约旦电信公司（6.9亿美元）；约旦水利局；机场免税店（6000万美元）；航空饮食中心（2002万美元）；约旦航空学校（580万美元）；阿萨姆拉水处理厂；阿拉伯钾盐公司（1.73亿美元）；约旦投资公司投资组合（1.51亿美元）。此外，私有化的实行还成功吸收了8亿多美元投资以及与其有关的项目，主要在电信、水利、交通和其他的私有化行业：电信5亿多美元（移动通信、马安开发和塔菲拉网络、收账系统数据通信）；公交公司3500万美元（购买新车辆）；马茵温泉3500万～5000万美元（场地开发）；约旦水利局5500万美元（世界银行贷款，用于首都网络的维护和开发）；约旦洲际饭店4700万美元（饭店扩建和现代化）；免税店/机场300万美元（扩建与现代化）；阿萨姆拉水处理厂1.69亿美元。目前正在推行的私有化项目包括：约旦航空局，邮政服务局，国家电力公司，约旦通用粮仓供应公司，约旦磷酸盐矿业公司（JPMC，政府计划保留其在该公司66%股份中的26%），民航管理局（CAA）以及努尔王后民航技术学院（QNCATC），农业销售与加工公司（AMPCO）。

约旦的私有化计划还得到了世界银行和美国国际发展署、欧盟及其他合作伙伴的支持。世界银行一直通过“私有化执行委员会”积极支持约旦政府制定的私有化战略。目前约旦已成为中东地区私有化最成功的国家之一，并获得了世界银行和欧盟的好评。

三　产业结构

从产业结构情况看，约旦历史上主要以农牧业为主，服务业和工业不发达。经过几十年的发展，约旦产业结构已发生重大变化，已从一个不发达的农牧业国发展成为一个经济较发达国家。如今，农业在国民经济中所占比重最低，由20世纪50年代的占GDP约50%降到不足3%。服务业发展迅速，目前约占GDP的2/3。工矿业得到较大发展，所占比重由建国初几乎为零到现在的20%，特别是20世纪90年代以来制造业发展更是突飞猛进。

近三十年的各产业变化情况：1984年各产业在GDP中的比重是农业7%，工业18%，服务业75%；2002年各产业在GDP中比重是服务业为71.2%，制造业为16%，建筑业为4.4%，矿业为3.3%，农业为2.3%。从劳动力分布看，农业占7.4%，工业占11.4%，商业、饭店与旅馆占10.5%，建筑业占10%，交通通信业占8.7%，其他服务业占52%。2013年，农业占GDP比重为3.2%，工业展占GDP比重为29.9%，服务业占GDP比重为67%。从就业看，农业就业人口占2.7%，工业占20%，服务业占77.4%（2007年）。

第二节　农业

约旦农业包括农作物种植、畜牧业和渔业，总体不发达，农产品不能满足国内需求，粮食（3/4）和肉类主要依靠进口。水资源匮乏是制约约旦农业发展的最大瓶颈。农业生产资料价格上涨，农业生产机制缺乏，农业技术匮乏，也是影响约旦农业发展的障碍。农业产值在GDP中所占比重持续下降。20世纪50年代约为50%，70年代初下降为15%，1985年为7.5%，1997年为6%，到2013年进一步下降到3.2%。

一 种植业

农业不发达。91%的土地是沙漠。可耕地少，约90万公顷，已耕地为50万公顷，且70%以上集中在约旦河谷。可耕地中只有7%为水浇地。由于干旱少雨，农业受气候影响很大，农业生产不能满足国内需求。2000年粮食自给率只有23%。每年所需粮食约3/4靠进口。2004年，由于约旦南部地区干旱少雨，小麦种植面积大幅度减少，小麦收成比2003年减少50%，约旦被迫动用国库资金增加小麦进口。1999年约旦小麦进口额为4190万第纳尔，2003年增至8860万第纳尔（约合1.251亿美元）。约旦小麦的主要进口国为美国、俄罗斯和乌克兰等。2007年约旦与哈萨克斯坦签订了约旦每年从哈萨克斯坦进口30万吨小麦、10万吨大麦的协定。2008年，约旦决定开始建立国家粮食储备，以应对国际粮食价格上涨。2009年9月，约旦购买5万吨俄罗斯小麦，10月购进10万吨黑海小麦。俄罗斯宣布暂时停止小麦出口后，约旦转从美国和欧洲进口小麦。2010年10月，约旦购买20万吨德国小麦。2010年，约旦政府决定拿出8600万第纳尔（1美元约合0.708第纳尔）的资金用于粮食进口补贴，其中700万第纳尔用于补贴小麦涨价。近年来，农产品价格不断攀升，给约旦带来沉重压力，也造成了社会不稳定。据统计，约旦每月小麦消费量为5万~6万吨，同时进口相同数量的大麦。每年对粮食需求的87%依靠进口，普通家庭食品花费占其总收入的近41%。2012年，约旦粮食食品进口开支31亿美元，占总进口额的14%。

2007年，约旦国王阿卜杜拉二世指出，发展农业是保障约旦经济、社会及环境发展的基本因素，国家将把发展农业列为首要任务。督促尽快实施四年前制订的推进农业发展的战略计划，强调要充分发挥私营农场的作用，要帮助农民特别是小农场主提高生产能力，消除影响农业发展的障碍，并大力开展技术研究。目前，约旦政府采取了多项措施鼓励农业发展：安排1000万约旦第纳尔的无息贷款提供给向温室栽培转型的农户，鼓励发展高产、节水的温室农业；政府承诺不会放开饲料价格，确保养殖户能够承担饲料成本，并每年支付8500万约旦第纳尔作为饲料补贴；建立基金支持牲畜养殖；政府将向小麦、大麦或者其他饲料种植户提供补贴。2009年1月，阿卜杜拉二世国王下令实施新的农业发展战略（2009～2013年），该项目计划2009年投资1.432亿第纳尔。该战略内容包括：通过相关立法；为农业发展提供环保支持；增加农业产量；保护农业和水资源；提供水资源利用效率；提高家庭食品安全；改善农村贫困问题；加强农业部门之间的协调；减低农业生产成本；加强农业科技研究与指导；支持农业贷款机构发展；鼓励建立农业组织；提高农民的能力和效益等。

主要粮食作物是大麦、小麦和玉米。1955年约旦小麦产量为2.54万吨，大麦为7.94万吨。1977年小麦产量为6.25万吨，大麦产量为1.56万吨。1983年小麦产量为13.07万吨，大麦产量为2.82万吨。2003年小麦产量为3.5万吨，大麦产量为4.6万吨。2013年小麦产量约2.85万吨，大麦产量约4万吨。

主要经济作物有橄榄、番茄、烟草、水果等。2003年橄榄产量为8.5万吨，番茄产量为36万吨，柑橘为12.8万吨。

约旦橄榄树种植已有几千年历史，盛产橄榄油。目前橄榄树种植面积约11万公顷。橄榄树达1500万棵。每年增种100万棵，其中半数树苗由政府苗圃培育。橄榄产量不太稳定，1997年为13.75万吨，1998年为13.8万吨，1999年为13.43万吨，2000年为5.97万吨，2003年约8.5万吨。气候变化、价格下降等因素造成产量的波动。约旦现有108个橄榄油加工厂，其中20家仍采用老式加工法。由于对橄榄油的需求量与日俱增，橄榄树种植面积不断扩大，橄榄油加工厂的增设、扩建和改进也迫在眉睫。橄榄油产业迅速发展，为约旦带来了大批投资，尤其引进了一些橄榄油填充机、加工机和包装机。吸引了一批有经验的国际跨国公司来约旦投资。由于国内市场狭小，开拓国际市场成为约旦橄榄油企业的重要任务，为此，2003年1月正式成立了约旦橄榄油公司。

表 4-1 2013 年约旦农作物产量

种类	种植面积（杜诺姆）	收获面积（杜诺姆）	平均产量（吨/杜诺姆）	产量（吨）
小 麦	262371.3	213785.6	0.13	28517.0
大 麦	895616.8	383818.3	0.11	40914.6
扁 豆	2833.5	2607.8	0.08	213.6
苕 子	12761.7	8044.4	0.08	641.7
鹰嘴豆	9867.5	7978.9	0.09	718.9
玉 米	7683.9	7683.9	1.85	14233.0
高 粱	10007.5	10007.5	1.85	18482.1
黍	388.2	232.9	0.15	34.9
烟 草	44.5	28.9	0.09	2.5
大 蒜	219.6	219.6	1.54	337.1
豌 豆	23232.1	19690.2	0.89	17529.4
芝 麻	7.0	7.0	0.09	0.6
三叶草	49559.7	49559.7	4.69	232408.3
苜 蓿	4.0	4.0	0.08	0.3
其 他	3399.3	3399.3	0.10	336.7
总 计	1277996.6	707068.0	—	—

表 4-2 2009~2012 年约旦动植物产品自给率

单位：%

产品	2012 年	2011 年	2010 年	2009 年
小 麦	2.2	1.8	4.3	2.0
大 麦	4.1	6.1	4.4	2.7
土 豆	75.3	82.3	83.8	80.9
橄 榄	100.5	103.1	102.4	109.2
橄榄油	106.8	104.3	106.8	82.2
西红柿	231.0	226.6	201.2	293.9
橙 子	54.7	64.1	60.9	63.7
苹 果	52.2	57.1	53.0	52.8
牛 肉	4.6	13.8	8.9	15.9
羊 肉	35.3	41.1	24.3	45.4
山羊肉	99.1	98.9	98.7	100.0
鸡 肉	83.7	86.0	87.3	90.0
鲜牛奶	100.0	100.0	100.0	100.0
鸡 蛋	97.2	105.1	115.7	108.4
鱼	4.4	3.0	4.5	4.0

根据约旦农业部的统计，约旦可耕地2000年为235.41万杜诺姆（Dunum，1杜诺姆相当于1000平方米），2001年为258.63万杜诺姆，2002年为260.59万杜诺姆，基本上呈逐年增加趋势，但幅度有限。其中，庄稼地2000年为115.58万杜诺姆，2001年为140.71万杜诺姆，2002年为138.02万杜诺姆，占可耕地的近一半。果树林地2000年为86.94万杜诺姆，2001年为87.5万杜诺姆，2002年为88.3万杜诺姆。

可耕地分灌溉耕地和非灌溉地两种，其中可灌溉地占1/3。2000年灌溉地大约为71.9万杜诺姆，2001年为75.63万杜诺姆，2002年为76.91杜诺姆。非灌溉耕地占相对大的比重，2000年为158.49万杜诺姆，2001年为183万杜诺姆，2002年为188.69万杜诺姆。

根据2013年约旦国家统计局的数据，2013年约旦果树林地合计835997.9杜诺姆，其中可灌溉地为450946.5杜诺姆，非灌溉地385051.5杜诺姆。田地为1277996.6杜诺姆，其中可灌溉地为111133.4杜诺姆，非灌溉地为1166863.2杜诺姆。蔬菜地为495438.6杜诺姆，其中可灌溉地472352.6杜诺姆，非灌溉地为23086.0杜诺姆。

二　畜牧业

约旦畜牧业历史悠久。1955年大约有山羊62.58万只，绵羊51.46万只，牛9.93万头，驴6.09万头，骆驼2.25万头，骡子6800头。20世纪80年代后期大约有牛3.5万头，绵羊100万只，山羊50万只。

红肉（指未煮前颜色是红色的肉类，尤其是指牛肉、羊肉）年产量为1万~1.5万吨，可满足国内需求量的33%。近年来，约旦畜牧业有了较大发展，但目前约旦红肉产量依然只能满足国内需求的30%。当地生产成本高于进口。在政府取消对水和饲料的补贴后，约30%的养殖户（每户不少于50头牲畜）只得转行。

奶制品业较为发达，且发展很快，已能满足当地需求，但奶粉仍需要进口。

家禽业发展很快，禽肉和蛋类已经可以满足国内需要。20世纪80年代后期禽肉产量大约是3.5万吨，蛋类大约为40万个。2003年禽肉产量已增至11.4万吨，蛋类产量增加到34亿个。但是由于屠宰场和冷冻设施欠缺，偶尔也面临供应短缺。

表4-3 主要牲畜产品产量

单位：万吨

年份	1998	2003	年份	1998	2003
红肉(牛羊肉)	2.2	0.9	禽肉	9.3	11.4
奶	17.1	25.1	蛋(亿个)	9.48	34

表4-4 牲畜存栏数

单位：千只

年份	2013	2012	2011
绵羊	2311.1	2234.0	2264.6
山羊	836.5	792.0	752.2
黄牛	69.7	68.5	67.6

三 渔业

总体而言，由于海岸线短，淡水短缺，约旦渔业不发达。

1997年渔业产量为200吨，2001年约旦国内渔业产量1060吨，进口23240吨，出口100吨。渔业产值仅占国内生产总值的0.01%。近年来，红海地区观赏渔业日益发展起来，但渔业发展也日益受到环境恶化的威胁。为了保护珊瑚礁，政府对渔业发展采取了一系列限制措施。约旦国内鱼类产量可满足5%左右的消费需求。约旦对鱼产品的需求主要通过进口来满足。2001年进口占所需的98%。1994~2001年渔业进口从11400吨增加到23200吨。出口很少，1996年为640吨，2001年为1060吨。约旦2011年的鱼类及其他海产品的进口额同比增长23.2%，为3620万第纳尔左右，2010年为2940万第纳尔。

根据约旦国家统计局发布的数据，约旦2010年鱼类总产量为616吨；2011年为703吨。养殖鱼产量2010年养殖鱼的产量为486吨，2011年为

586吨，同比增长20.6%；2011年，海洋鱼类捕捞量2010年为130吨，2011年为117吨，同比下降10%。

海洋捕鱼业规模不大，主要集中在亚喀巴港。亚喀巴港口的渔船共有64艘。2001年渔业捕捞量为170吨，其中约65%为金枪鱼，剑鱼约占12%，沙丁鱼约占11%，其他鱼类约占10%。因缺少冷冻、加工设施，大都当地消费。海洋捕捞的鱼类共有22种。约旦海岸，特别是北部和南部的大湾一带，是重要的商业鱼种饲养区，如河豚。

水产业主要是海水养殖。2002年约旦水产养殖产量为540吨，其中80吨（占15%）为淡水养殖，主要品种是鲤鱼。水产业近年来在靠近死海的约旦河谷发展很快，特别是农村地区，但由于淡水资源匮乏，环境恶化，淡水养殖不兴盛。目前，约旦拥有27家养殖场。约旦河谷渔业公司（JVF）是约旦最大的渔业公司，也是约旦最大的罗非鱼生产基地，渔场设在约旦河谷，年产700吨。该场养殖技术先进，使用太阳能技术。

第三节　工矿业

一　概况

约旦自然资源较为贫乏。矿产资源稀少。主要矿藏有磷酸盐、钾盐、铁、铜、锰、铀、重晶石、石英、石膏、大理石、页岩油等。磷酸盐储量约20亿吨，居世界前列，主要分布于安曼西北。钾盐储量达40亿吨。天然气储量2200亿立方英尺。页岩油储量400亿吨，含40亿吨可采原油，全球排名第四。氧化铀储量8000吨。

约旦矿业较为发达，制造业发展很快，多属轻工业和加工业，规模较小。20世纪50年代，约旦只有为数不多的几个小型厂矿，如磷酸盐矿、水泥厂、1家纺织厂、3家烟厂，以及陶瓷、肥皂、食品调味厂。3家烟厂工人有1500人。约旦工业真正起步于20世纪60年代，工业发展速度较快。1980年共有工厂8000家，工矿业产值为4.79亿美元，占GDP的21.8%。20世纪90年代中期以来，约旦大力发展工业，设立了各种各样的工业区，发展出口加工工业，使制造业得到飞速发展。1985 年约旦制造业共有 9300 家公司，1997 年增加到 19400 家。2003 年制造业产值占 GDP 的 16%。2003 年工矿业产值占 GDP 的 19.3%。2013 年工矿业占 GDP 比重约为 30%。2012 年工业增长 0.8%，2013 年为 2.8%。

主要工业门类有采矿、炼油、水泥、玻璃、塑料制品、卷烟、皮革、造纸、食品加工、纺织、服装、制鞋等。有 5 家大型工矿企业，分布于磷酸盐、钾盐、炼油、水泥和化肥生产领域，如约旦磷酸盐矿业公司（JPMC）、阿拉伯钾盐公司（APC）、约旦水泥公司（JCFC）。目前工矿业从业人员约 16.5 万人。

合格工业区（QIZs）已经成为约旦制造业最集中的地区，也是主要出口创汇地区。2002 年资格工业区出口达到 2.7 亿第纳尔，2003 年增加到约 4.14 亿第纳尔（约 5.84 亿美元）。

2013 年约旦磷酸盐年产量 700 万吨，年出口 435 万吨；钾盐年产量 183 万吨；化肥年产量 583 万吨；水泥年产量 195 万吨；炼油年产量 250 万吨；天然气年产量 3000 万立方英尺。

二　矿业

目前约旦的最大工业门类是采矿及其加工业。约旦磷酸盐储量 20 亿吨。死海海水可提炼钾盐储量有 40 亿吨。约旦磷酸盐矿业公司和阿拉伯钾盐公司是约旦最大的两个矿业公司。

磷酸盐是约旦最主要的自然资源，超过 60% 的地区都蕴藏着可开采的磷矿，也是约旦重要出口收入来源之一。约旦磷酸盐公司是约旦最大的生产企业，也是独家开采磷酸盐矿产的公司，年产量达 700 万吨。该公司是世界上第六大磷酸盐生产商，第二大磷酸盐出口商。2010 年磷酸盐公司总收入达 5.6 亿第纳尔（约合 7.9 亿美元），净利润达 8020 万第纳尔（约合 1.1 亿美元），总资产已达 6.6 亿第纳尔（约合 9.3 亿美元），较 2009 年增长 14.8%，股东权益也达 5.4 亿第纳尔（约合 7.6 亿美元），较 2009 年增长 14.9%。目前约旦磷酸盐矿业公司正在开采靠近沙特阿拉伯边境的约旦南部斯迪耶地区的磷酸盐矿，预计储量达 7 亿吨。该公司正在修建从斯迪耶到亚喀巴港的铁路，以输送磷酸盐。2003年约旦磷酸盐矿业公司利润大约为1400万美元。政府已对该公司进行了私有化，向加拿大等国出售股份。2007年，约旦磷酸盐矿业公司与印度化肥公司签署协议，斥资5.7亿美元在Eshidiya矿设立磷酸生产厂。磷酸盐公司将占48%的股份，印度合作伙伴拥有剩余52%的股份。该项目投产后，届时每年将生产475000吨磷酸和150万吨硫酸，年销售收入将达2.4亿美元，创造600个就业机会。

约旦钾盐储量丰富，主要蕴藏于死海之中。约旦生产的钾盐除少量供应本国市场外，绝大部分产品外销，是其最重要的出口商品之一。2009年约旦钾盐产量120万吨，位居世界第5位。对外出口量97.5万吨，创汇4.5亿美元，占当年约旦货物出口总额的8.9%。目前最大产能达250万吨。约旦是世界第八大钾盐生产商。约旦钾盐产品大部分销往亚洲国家，主要出口对象为印度、印度尼西亚、马来西亚、中国和埃及等国。印度是约旦钾盐产品的最大出口市场，占其钾盐出口总量的60%以上。约旦阿拉伯钾盐公司成立于1956年，获约旦政府授予的死海矿产独家经营权，为期100年。1983年建成投产。该企业是目前约旦从事钾盐开发、生产和销售的唯一企业，也是世界第八大钾盐生产商。该公司现有资本1.18亿美元，约旦政府所占的股份为26.88%，股东还有加拿大PCS公司、阿拉伯矿业公司、沙特伊斯兰发展银行、科威特投资局、伊拉克政府、利比亚海外投资公司等。2011年阿拉伯钾盐公司销售额达6.6亿约旦第纳尔（约合9.3亿美元），较2010年增长18%。2010年该公司为约旦政府至少带来约1.3亿约旦第纳尔（约合1.8亿美元）的财政收入。截至目前，该公司直接创造了2360个就业岗位以及超过600个间接工作岗位。在安曼证券交易所，该公司市价从2003年到2011年增长了7倍，目前达36.6亿约旦第纳尔（约合51.7亿美元）。阿拉伯钾盐公司还通过投资和国际合作开拓新产品领域，先后投资成立了约旦镁公司(JORMAG)，生产用于防火砖的氢氧化镁。阿拉伯化肥和化学品工业公司(KEMAPCO)，生产磷酸氢钙等化肥产品；约旦死海工业公司(JODICO)，生产其他死海矿物产品；Numeira公司，为约旦死海化妆品产业供应原料。国际合作方面，阿拉伯钾盐公司与美国 Almermarle 公司合资建立约旦溴公司（JBC），生产溴及其衍生品；与 4 家日本公司和约旦磷酸盐公司合资建立日本—约旦化肥公司，生产复合肥等产品，并全部返销日本。2003 年 10 月，阿拉伯钾盐公司又与一家芬兰公司合资成立了克米拉阿拉伯钾盐公司，设计年产 15 万吨硝酸钾和 7.5 万吨磷酸二钙（又称磷酸氢钙）。2011 年中国重庆五矿发布了约旦钾盐投资项目，此项目总投资概算 3 亿美元。

为提高附加值，约旦还建立了许多矿业加工厂，如化肥厂、磷酸厂、水泥厂、砖厂等。1982 年约旦在亚喀巴建立了大型磷酸盐加工厂，投资 4.5 亿美元，主要生产磷肥、磷酸。2003 年水泥产量 351.4 万吨，砖 317 万吨，化肥 63.4 万吨，化工酸 149.9 万吨。为发展矿业，约旦还吸引了许多外资前来投资，如印度、日本等国的外商。

三　工业

1. 电力工业

1977 年约旦发电量为 4.726 亿千瓦时。1980 年为 9.388 亿千瓦时。1996 年 9 月，约旦通过新的电力法。阿卜杜拉二世上台后，对电力法再次修改，大大促进了电力工业的发展。1998 年发电量为 60.8 亿千瓦时，实际消费为 61.02 亿千瓦时。2011 年约旦发电量为 146.4 亿千瓦时，进口 17.38 亿千瓦时。其中，约 99.6% 为化石能源发电，水电只约占 0.4%，风电等可再生能源发电约占 0.2%。

目前，天然气发电占约旦发电总量的 80% 左右。发电能源的 80% 依赖从埃及进口的天然气。2011 年，在约旦与埃及重新达成的天然气供应协议中，约旦不再享有之前的优惠价格。2011 年，由于不断高涨的国际油价以及从埃及进口天然气价格的上涨，约旦政府决定对电力税进行调整，平均税收上涨了 16%。为此，约旦正积极研发新能源以替代传统能源，以减轻对进口能源的依赖。2014 年上半年，约旦国家电力公司运营亏损 4000 万约旦第纳尔（约合 5650 万美元）。造成亏损的主要原因是来自埃及的天然气供应减少，燃油发电比重上升导致成本增加。由于埃及天然气井出现技术问题，2014 年以来约旦从埃及进口的天然气量仅为配额的 60% ~70%。2014 年 10 月，约旦 Al Manakher 发电站举行奠基仪式。该发电站位于安曼东部地区，总装机容量为 240 兆瓦，预计投资 3.6 亿美元，资金来源为欧洲复兴开发银行和美国海外私人投资公司（OPIC），项目由日本三井公司和美国 AES 公司采用 BOT 模式建设，建成后两公司将拥有发电站 25 年运营权。项目可望提供约旦 8% 的电力供应。该发电站是约旦政府能源多样化努力的举措之一，也是约旦公私合营模式项目的一个经典案例。

2011 年，约旦能源消费导致的二氧化碳排放量为 1855 万吨。

2. *石油化工业*

约旦石油、天然气资源并不丰富。石油储量只有 100 万桶（2013 年），日产量只有 150 多桶。美国、加拿大、澳大利亚、韩国、日本等国的 10 多家公司在约旦勘探石油。天然气储量只有 60.31 亿立方米，2011 年天然气产量 2.3 亿立方米，消费 14 亿立方米，进口 8.3 亿立方米。每天需进口石油 10 万桶。2010 年日炼油 7.2 万桶，日消费 10.7 万桶，日进口炼油 3.5 万桶。

约旦能源对外依赖严重，97% 的能源依赖进口，每年进口能源的费用约占国内生产总值的 20%。2001 年 6 月，约旦和埃及签署了一项天然气销售协议，通过阿拉伯天然气管道每天向约旦输送天然气，可满足约旦 80% 的能源需求。截至 2011 年前，埃及向约旦每天提供约 2.5 亿立方英尺天然气，其中 80% 用于电力部门发电。自 2009 年底以来，埃及向约旦出口的天然气数量不断减少，到 2014 年 4 月 20 日彻底中断，约旦电力公司不得不依靠重质燃料油和柴油来发电，由此引发的能源开支攀升到约 64.9 亿美元。约旦还积极与伊拉克合作，将在亚喀巴建设炼油厂，以解决约旦石油炼化能力不足的问题。同时，约旦也在寻求兴建连接伊拉克和约旦的油气管道。约旦制定了 2007 ~2020 年能源战略规划，寻求天然气供应途径多样化，大力发展包括天然气、页岩油、可再生能源等的多样化能源，以实现能源多样化，保证国家能源安全。

不过，约旦页岩油储量为 400 亿吨，含 40 亿吨可采原油（280 亿桶)，主要集中在阿杰隆地区。2012 年约旦宣布，为应对日益增长的市场需求，未来数年内计划投资 200 亿美元用于页岩油生产，计划年底出产第一桶页岩油。约旦矿业与能源公司已经拥有约旦页岩油 40 年的开采权。政府与爱沙尼亚、英国、荷兰以及加拿大等多个国家的公司签署合作开发页岩油资源协议。由爱沙尼亚能源公司开发的约旦首座页岩油发电厂装机容量 460 兆瓦，预计 2016 年底建成，使用页岩油进行发电，将于 2017 年开始使用页岩油进行石油生产。

3. 制造业

约旦还发展高附加值工业，如食品、制药、服装等。约旦在加工制造业附加值领域排名列阿拉伯国家第一位。

制药业是约旦新兴工业部门，目前共有 17 家制药厂家。制药业出口占约旦出口总额的 8.72%，员工 4475 人，间接就业人数逾 8000 人。2011 年约旦是阿拉伯国家中最大的药品出口国，是中东北非地区第二大药品出口国，仅次于以色列。制药业出口额仅次于采矿业，是约旦第二大出口行业，出口额占该行业总营收的 80%。1996 年出口药品价值 1.864 亿美元。1996 年约旦希克玛公司成为第一个向美国出口药品的阿拉伯公司。2003 年出口价值 1.84 亿美元。2006 年出口额是 1990 年的 4 倍，达 4.5 亿美元。

成衣制造业是约旦最主要的产业之一。目前，约旦服装工厂的劳工数量为 4.3 万，在合格工业区内就业的有 2.7 万名外籍劳工，在合格工业区内和区外就业的有 1.6 万名约旦劳工，其中女性劳工占 65%。根据国际劳工组织和约旦劳工部联合发布的一份报告，2010 年，服装业通过在约旦市场购买商品和服务对国民经济贡献达 1.77 亿约旦第纳尔（约合 2.5 亿美元），行业税收给国民经济带来 1.14 亿约旦第纳尔（约合 1.6 亿美元）的收入。2010 年，服装行业的外国劳工则在约旦花费了总收入的 1/4，达1200 万约旦第纳尔（约合 1694 万美元）。约旦服装产业当地附加值达 36.9%，在国际属领先水平。2012 年上半年约旦对美国服装出口额为 5 亿美元，同比增长 1.6%。

据悉，目前约旦制造业产值占约经济的 1/4，雇员人数超过 23.7

人，产品出口到全球120多个国家和地区，每年为约旦政府带来约8亿约旦第纳尔（合11.6亿美元）财政收入。2013年安曼制造业协会、约旦企业发展联盟和约旦贸工部共同发起了“约旦制造”运动，计划投入30万约旦第纳尔，在报纸、网络等媒体投放广告，提振约旦民众对本国制造产品的信心，并向约旦民众宣传购买国货对振兴约旦制造业、改善国内就业状况和增加政府收入等所起的积极作用，以期促进本土制造业发展。

第四节　服务业与建筑业

一　服务业

服务业是约旦发展较好的产业，目前收入占GDP的2/3。其中交通、通信部门发展较快，2000年增长率为4.4%，旅游酒店业的增长率为8.5%，水电业为3.6%，金融、保险部门的增长率为5.2%。2001年，交通、通信业的增长率为5.6%，水电业为2.3%，金融、保险部门的增长率为3.7%，贸易、旅游业的增长率为4.4%，社会服务增长率为5.9%，政府服务增长率为1.7%，非营利服务增长率为7.1%。

近年来，服务业保持较快增长，并高于工业增长。2008年增长率为5.9%，2009年为2.3%，2010年为4.2%，2011年为3.3%，2012年为4.2%，2013年为3.7%。

二　建筑业

建筑业是约旦经济的重要支柱之一，其国内现有2600多家建筑企业，从业人员约15万人，2009年行业产值占国内生产总值的4.5%。20世纪70年代，约旦人口快速增长、城市化发展以及油价飞涨，推动了约旦建筑业的发展。约旦的城镇建设加快，尤其是首都安曼市规模不断扩大。到20世纪80年代中期，建筑业开始下滑，1988~1989年经济危机时进一步下滑。1991年海湾战争爆发后，由于大约30万约旦人从海湾地区返回国内，住房需求陡增，1992～1993 年建筑业重新出现快速增长势头，1994 年增长率达 11.7%。1995 年又出现新一轮大幅度下滑，同年增长率只有 0.8%。1996 年又升至 15.8%，1997 年降为 6.4%。近年来大量工业区的兴建为建筑业发展提供了大好机会。2000 年建筑业增长率为 1.3%，2001 年建筑业增长幅度高达 11.1%。2003 年伊拉克战争爆发后，约旦建筑业持续兴旺，许多伊拉克富商前往约旦购买地产。大安曼市计划的推进也推动了建筑业的发展。根据规划，到 2025 年安曼市面积将由 700 平方千米扩大到 1700 平方千米。其他地区如扎尔卡、亚喀巴地区的都市和旅游业的发展，以及庞大交通建设项目也推动了建筑业的发展。2003 年约旦发放的建筑许可证比 2002 年增长了 11%。2004 年上半年发放建筑许可证 16094 个，而 2003 年同期为 12590 个，增长 27.8%。预计，约旦每年住房需求增加 2 万～2.5 万套。2004 年巴林的海湾金融住房公司（GFH）到约旦兜售“皇家大都市”开发项目，计划在安曼投资 10 亿美元开发房地产。2004 年约旦教育部推出一项计划，准备大量投资修建校舍。教育部现有 3000 所学校，但其中 13% 的学校校舍是租借的。2005 年 11 月，阿卜杜拉二世国王发起“阿卜杜拉二世贫困家庭住房工程”，为穷人兴建上千套住房。该项目第一期在 10 个省兴建 600 套住房，第二期兴建 1400 套住房。2007 年 6 月，阿卜杜拉二世国王与沙特国王阿卜杜拉共同为扎尔卡的城市住房项目剪彩，该项目将建设 7 万套住房，使 37 万人受益。同时，配套建设公共服务设施、商业中心、银行、清真寺、文体娱乐设施、公园等。为保障该项目实施，约旦还专门成立了阿卜杜拉国王住房发展公司。2008 年约旦政府发起“有尊严的生活，有尊严的住房”的建设项目，计划在未来五年内建造 12 万套住房，若有必要再建 10 万套。2010 年约旦基础设施与非住宅项目收入仅为 7.6 亿约旦第纳尔（约合 10.7 亿美元），较 2009 年的 36 亿约旦第纳尔（约合 50.8 亿美元）锐减近 80%，为近年最低水平。

2011 年登记在册的建筑公司有 2603 家，2012 年为 2765 家，2013 年为 2417 家。约旦建筑公司多为小型或家庭作坊式公司。约旦建筑市场上能承揽大型建筑合同的多为外国公司，本国公司大多承揽中小型项目如住房、学校和道路，或做大型项目的二级承包商。约旦建筑公司的设计师和工程师多为本地人，但建筑工人则很多为叙利亚和埃及劳工。较大的约旦建筑公司有约旦建筑承包协会、约旦工程师协会。

建筑业产值占 GDP 的比重不大。1970～1975 年稳定在 8%，到 1987 年下降为 6%，2002 年进一步下降为 4.4%。2007 年建筑业产值达到 4.775 亿第纳尔，占 GDP 的 4.25%。2010 年为 4.8%，2011 年为 4.3%，2012 年为 4.4%。2013 年为 4.4%，产值为 5.65 亿第纳尔。

第五节　交通与通信

一　交通

运输业占约旦 GDP 的比重 1997 年为 15.7%，目前约为 11%。长期以来，交通运输不发达阻碍着约旦经济的发展。直到 1948 年，约旦进出口货物运输很大程度上还依赖现今属于以色列的海法港。以色列占领海法后，约旦被迫发展亚喀巴港。20 世纪 80 年代由于两伊战争，亚喀巴港得到飞快发展，成为重要的中转站。同时，修建了通向巴格达的高速公路。20 世纪七八十年代，政府在交通运输方面投入很多资金，取得了较大成绩，但仍主要局限于安曼到亚喀巴这一南北走廊。近年来，约旦政府高度重视交通发展，倡导“要想富，先修路”的思想，以此来促进经济发展。交通（铁路)、海洋运输业是约旦积极对外开放的领域，约旦允许外国公司投资铁路和海洋运输。海运和铁路领域的投资不但享受全部免除固定资产的关税及其费用的待遇，而且享受免除 10 年期幅度为 75% 的所得税和社会服务税的优待。

公路　约旦交通运输以公路运输为主，公路运输是约旦最重要的交通方式，已基本建成沟通全国城乡的公路网，国际公路网与伊拉克、叙利亚、沙特、以色列等国相通。公路建设发展很快，已基本形成连接城乡的全国公路网络。1952 年公路里程为 4000 千米。1986 年公路总长 7080 千米，车辆总数 23.24 万辆，其中货车 4.46 万辆，小汽车 14.05 万辆。

2003年公路总长8000千米，年运输量达900多万吨。2011年，全国农村公路长2592千米，主要公路2878千米，辅助公路1733千米。

注册车辆数目，2000年为37.25万辆，2005年为90.60万辆，2011年为114.73万辆，2013年为126.38万辆。2010年，全国拥有小汽车44833辆，卡车50949辆，大巴3590辆。在过去十年间，约旦机动车数量增长了110.9%，驾驶员数量增长了76.3%。2013年公路交通事故10.79万起，造成768人死亡，1.59万人受伤。此外，公路还连接伊拉克、叙利亚、沙特阿拉伯和以色列等邻国。2000～2002年，通过约旦陆地边境的过境货物分别为372.6万吨、334.6万吨和390.5万吨。约旦高等级公路很少。国王公路非常有名，几乎所有著名历史遗迹都在这条路上。

约旦积极利用外资修建公路。2014年4月，约旦与伊拉克商讨连接两国公路网事宜，拟将约旦的亚喀巴港和伊拉克巴士拉的乌姆卡斯尔港连接起来，并寻求世界银行为该项目提供建设资金。2012年1月，沙特向约旦提供价值1.7亿约旦第纳尔（约合2.4亿美元）的援款，用于扎尔卡地区的公路建设。2014年5月，约旦和沙特阿拉伯签署了总额达2.32亿美元的协议，其中，1.55亿美元将用于重建连接扎尔卡中心城和约—沙边境奥马里交叉口的公路，5400万美元将用于建造和维护其他公路。

铁路 铁路在约旦交通中发挥作用较小。1954年铁路总长约400千米，1982年为550千米，2003年为730千米，主要为1.05米的窄轨，年客运量为3.13万人次，年货运量为378.95万吨。2011年，客运量为70.04万人次。约旦铁路主要有两个系统：一是汉志铁路，连接约旦与叙利亚、沙特阿拉伯；二是亚喀巴铁路，主要用来运输磷酸盐等矿产到亚喀巴港。根据规划，约旦计划新修铁路1300千米，其中主要是连接安曼和亚喀巴的铁路，并将马安市建成铁路枢纽。2003年，约旦政府宣布将修建长22.5千米的连接约旦磷酸盐矿业公司和亚喀巴港的铁路。此外，2010年约旦公共交通管理委员会宣布，约旦政府将继续进行安曼—扎尔卡轻轨铁路项目，并已成立负责项目基础设施和运营招标工作的特别委员会。2008年3月和2009年4月，约旦政府以未披露财务状况为由先后取消了巴基斯坦中国联合公司和西班牙科威特联合公司承建上述项目的资格。受金融危机影响，该项目目前面临一系列障碍和融资困难。

约旦一直积极谋划修建全国铁路网，但一直苦于缺乏资金，进展不大。2007年，约旦内阁审议由交通部提交的一个总体规划，该规划制订历时18个月，拟建设一个连接全国主要城市和乡镇以及约旦和周边国家的铁路网络，以方便人员和物资运输。规划一旦获准，将通过国际招标决定建设者，整个项目预计20年后完成。2009年1月，约旦政府宣布约铁路网项目进入招标阶段。该项目总投资约61亿美元，其中基础设施计划投资39.5亿美元，其余资金用于购买车厢。项目采用“建设—运营—转让”模式。2010年2月，约旦政府重启全国铁路项目，约旦国有企业负责承建相关基础设施，铁路则将交由私营公司运营。2010年约旦内阁批准开始实施全国铁路网项目，并着手准备成立约旦铁路集团。2010年6月，法国政府向约旦提供19.6亿欧元的援助，用于约旦政府即将实施的全国铁路项目的咨询服务。约旦政府2011年财政预算也为其国家铁路项目拨专款，促进该项目的开发建设。约旦国家铁路设计总长1000千米，投资约需30亿美元，建成后将连接周边阿拉伯国家。2011年约旦与中国国家开发银行就约旦国家铁路项目融资展开会谈。约旦交通部希望能够获得国家开发银行20~50年的优惠贷款。2014年，约旦宣布政府已经完成全国铁路项目的前期研究工作，将在年底前进行项目招标，项目金额24亿约旦第纳尔（约合34亿美元）。规划中的约旦全国铁路网全长1080千米，连接叙利亚、沙特阿拉伯和伊拉克等国，建成后将使地中海国家和海湾地区实现铁路互联。该铁路目前规划为运送原油等物资的货运铁路，暂无提供客运服务计划。全国铁路项目将分三段实施。第一段连接叙利亚和沙特阿拉伯，长度255千米。第二段连接约旦主要城市和港口，长度399千米。第三段连接伊拉克边境。

水运 亚喀巴港是约旦唯一海港，也是进出口贸易集散中心，拥有集装箱码头和散装码头，22个深水泊位，有固定航线29条，通往世界除西非海岸及南美西部海岸以外的200多个港口。港口距机场约11千米，有定期航班飞往安曼。1982年货物吞吐量为1167万吨，靠港船只2599艘。

1986 年货物吞吐量为 1685 万吨，靠港船只 2677 艘。1996 年货物吞吐量为 1200 万吨，靠港船只 2750 艘，运送旅客 110 万人次。2000 ~ 2002 年靠港船只分别为 2505、2673 和 2789 艘。2003 年货物吞吐量达 2200 万吨。注册为约旦国籍的船只数量 2006 年为 100 艘，2007 年为 136 艘，2008 年为 129 艘，2009 年为 156 艘，2010 年为 87 艘。

经过多年来约旦政府的扩建，港口吞吐能力大大加强。2012 年靠港船只 3083 艘，2013 年靠港船只 2885 艘。目前年均吞吐量约 2000 万吨。2009 年经亚喀巴港进口货物 589.8934 万吨，出口货物 830.2396 万吨。2010 年经亚喀巴港进口货物 879.5570 万吨，出口货物 805.5088 万吨。2011 年经亚喀巴港进口货物 1020.8427 万吨，出口货物 897.5169 万吨。

航空 近 30 年约旦航空事业发展很快。航空业特别得到了侯赛因国王和阿卜杜拉二世国王的大力支持，在机场建设、增加航线以及航空培训等方面取得了不少成绩。近年来，约旦正加紧实现航空系统的现代化，如引进先进雷达、飞机数据处理系统、航空管制系统等。约旦民航管理局（JCAA）专门负责民航事务管理。该机构下设空中交通司、飞行安全司、航空安全司、通信司、信息司、机场工程司等部门，此外还有努尔王后民航技术学院以及阿丽娅王后国际机场、安曼机场、亚喀巴国际机场等 18 个机场，包括 2 个直升机机场。目前约旦正对民航管理局进行私有化改革。1996 年，约旦三大机场客运量达 180 万人次，货运量为 6.5 万吨。2002 年约旦航空客运量为 24.42161 万人次，航班数为 31731 个，货运和邮件运输量为 8.4065 万吨。2011 年约旦航空客运量为 597.8362 万人次，航班数 77411 个，货运量为 9.0197 万吨。2002 ~ 2011 年，约旦全国航班数增加 144%，客运量增加 145%，货运量增加 10%。

约旦主要有两家航空公司：约旦皇家航空公司（RJ，约航）和国家航空公司。约旦皇家航空公司是约旦最大的航空公司，目前拥有各种型号飞机 40 架，开辟国际航线 50 条。2000 年约旦政府颁布 31 号新法，决定将约旦皇家航空公司转型为政府全部拥有的公共股份公司。之后，政府对其非核心业务进行私有化，共划出 5 个部门成立独立的公司，由新成立的约旦皇家投资公司所有。2001 年约旦皇家航空公司开始寻找合作伙伴，拟出售其49%的股份。但鉴于当时中东地区航空业的发展情况，政府冻结了其私有化进程。2007年约旦皇家航空公司进行私有化，约旦政府和约旦自然人的股份比例不低于51%。2004年该公司通过国际航空运输协会运行安全审计，是世界上首批通过该项审计的航空公司之一。2007年4月，约旦皇家航空公司加入寰宇一家航空联盟，是第一家加入全球三大航空联盟之一的中东航空公司。约旦皇家航空公司被航空公司排名网站AirlineRatings. com评为2013年度十大最安全的航空公司之一。约旦国王阿卜杜拉二世在推特上发文向约航表示祝贺，肯定了约航员工的辛勤工作和不懈努力。

约旦主要有三大机场：位于安曼的阿丽娅王后国际机场（QAIA）、安曼—马尔卡国际机场（AMIA）、亚喀巴国际机场（AIA）。

安曼—马尔卡国际机场，是约旦最早的机场，由英国人建造，是军民两用机场，也是当时约旦唯一的国际通道。最初规模很小，只有一条跑道，后不断扩建，1976年跑道由2000米延伸到3286米。最初机场附近还是农村，但随着城市发展，机场逐步被城市三面包围，成为一个位于市区的机场。20世纪90年代中期以来，安曼—马尔卡机场重新焕发生机。1996年旅客为5万人次，飞机起落7879架次，其中3276架次为商业航班。2011年客运量为30.5234万人次，航班数9423个，货运量为2580吨。

阿丽娅王后国际机场于1983年5月23日建成投入使用。该机场投入运行大大弥补了安曼—马尔卡机场的不足，也使约旦航空业得到很大提升。该机场投资1.15亿美元，有2个东西向的长3660米、宽61米的跑道，两跑道之间距离为1500米。每小时可起降50~60架次飞机。两幢各三层的候机大厅，建筑面积达3.1万平方米。机场工作人员约700人，全年每天24小时不间断运行。机场外停车场有1200个停车位。该机场2003年客运量为250万人次，货运量6.6万吨。2011年客运量为546.7726万人次，航班数63426个，货运量8.6183万吨。最繁忙航线是约旦—开罗航线，其后分别是安曼—吉达航线、安曼—贝鲁特航线、安曼—阿姆斯特丹航线、安曼—纽约航线。机场共有24条国际航线。约旦机场国际集团

（AIG）于2007年签署BOT协议，政府将获得该机场运营25年后的所有权，并将获得开始6年运营收入的54.4%，之后19年总收入的54.6%。约旦机场国际集团宣布实施阿丽娅王后国际机场扩建工程二期项目，预计耗资1亿美元，2017年完工，年客运能力将提升至1200万人次。2013年，扩建工程一期项目竣工，设计年客运能力900万人次。

侯赛因国王国际机场（亚喀巴机场）是地区重要航空港，1972年5月建成投入运行，年运送旅客从最初的每年2万人次增加到1998年的近9.3万人次。2011年客运量为20.5402万人次，航班数4562个，货运1434吨。亚喀巴机场还承担了重要的飞行训练任务。1996年该机场飞机起落为3125架次，飞行训练占近一半。约旦皇家空军、约旦皇家飞行学院等都使用该机场进行训练。

航空人才培养方面，1973年约旦在国际民航组织和联合国开发计划署帮助下成立航空培训中心，即现今努尔王后民航技术学院的前身。该学院隶属巴尔卡应用技术大学，地位相当于社区学院，学制为2年，可授予社区学院文凭。自成立以来至2003年，该学院共培养了7500名毕业生，其中有750多名为外国学员。学院邻近安曼机场，校园占地9200平方米，拥有6幢共9000平方米的大楼，配备了各种先进的培训设施，如先进的飞行模拟器和实验室等。开设的课程主要有航空通信工程、气象学、机场电子工程、航空英语、飞机飞行、航空安全、空中交通服务、航空通信、计算机技术等。1990年该学院成为国际民航组织航空培训项目的创始成员之一。1998年国际民航组织在该学院建立了中东地区航空安全培训中心。2000年3月，该学院还与荷兰马斯特里赫特管理学院（MSM）合作开设了航空管理的MBA课程。2000年10月，该学院又与美国航空服务国际公司（ASI）合作成立了约旦航空安全中心，教授航空安全、危机处理、风险管理等课程。根据政府规划，2003年4月，内阁批准对努尔王后民航技术学院进行改组和私有化，成立了指导和技术委员会。

油气管道。截至2013年，约旦拥有天然气管线473千米，输油管线49千米。2014年约旦与伊拉克达成协议，将修建连接伊拉克南部巴士拉到约旦亚喀巴港口的输油管线和天然气管线。

二 通信与信息产业

1921 年约旦设立邮政和电报部（DPT）。1951 年邮电部更名为邮政、电报和电话部（MOPTT）。1961 年约旦首次引进自动电话业务。1971 年成立电信公司。20 世纪七八十年代，约旦电信业飞速发展。1992 年内阁设立邮电部。1993 年约旦推动电话普及运动，计划每百户居民拥有电话达到 12 部。1995 年约旦通过电信法，并成立了独立的电信管理委员会（TRC），管理电信业。1997 年电信公司改组，成立约旦电信公司（JTC）。

阿卜杜拉二世上台后高度重视信息技术产业（IT）的发展，并将其列为经济发展优先目标和新的经济增长点。约旦有发展信息产业的诸多优势：人才素质高，接受高等教育人才比例高，英语人才多。阿卜杜拉二世国王个人积极推动约旦信息技术产业的发展，成立国家信息技术中心，并亲自向国内外 IT 跨国公司游说，邀请它们来约旦投资与开展合作。阿卜杜拉二世在达沃斯世界经济论坛和约旦 IT 论坛上表示，约旦现在需要做的最优先事情，也是最容易的事情就是发展信息技术。它代表着约旦的未来。约旦积极引进、培养了大量的信息技术人才，努力使约旦成为地区信息技术的一个中心。1999 年，阿卜杜拉二世国王一上台就宣布了约旦第一个信息技术五年发展战略“The REACH Initiative”。约旦大学还成立了阿卜杜拉二世信息技术学院，专门培养 IT 人才。2000 年 9 月，约旦与微软公司签署协议，约旦公共部门使用微软的软件，并开展电子政务计划。约旦将重心放在信息技术服务和软件开发上。约旦计算机协会提出了“REACH”计划，目标是推动建立一个以出口为导向的信息技术服务产业，并将其作为国家发展战略的一项重要内容。2001 年，约旦开始在全国实施建立“知识站”（IT 中心）的计划，为人们接触信息技术提供便利。截至 2014 年全国拥有 132 个“知识站”。根据 2004 年的统计，约旦在 IT 方面的投资超过了 7500 万美元，年出口达 4000 万美元。2002 年 IT 行业就业人员约 8000 人，比 2001 年增加了 33%。1999 ~ 2007 年，ICT 部门已成为约旦增长最快的部门，收入和出口年均增长达 50%，收入由 600

万美元增加到14亿美元，就业人员由1000人增加到17000人。若加入银行等相关部分，从业人员达到6万。互联网渗透率达到11.4%。2007年，约旦实施新的IT发展战略，提出了一系列发展目标：到2012年互联网使用率达到50%；IT部门收入达到30亿美元；提供3500个新的就业机会；将IT相关部门的研发费用提高到占GDP的1%。新战略决定增加IT行业的开放，加强高校的IT人才的培养。此外，近年来，约旦政府还实施了"E政府"计划，推动政府部门的信息化。2013年电信业投资金额达1.38亿约旦第纳尔。通信业每年产值约8.365亿第纳尔（约11.8亿美元），占GDP的13.5%。

目前，约旦是中东地区发展最快的通信市场之一，其IT行业也是地区最具竞争力的行业。通信业正处在高增长的阶段，涉及领域除了基本的电话服务，还有卫星通信服务、移动电话服务、传呼服务、信息网络服务。政府正大力推进通信市场的自由化。通信业是最早私有化的部门之一。1995年的电信法允许私营部门从事非固定通信线路业务。2000年约旦政府将约旦电信公司（JTC）40%的股权出售给法国电信公司和阿拉伯银行，价值5.08亿美元。之后，JTC成立了移动通信公司，成为约旦的第二个移动通信服务商。两个移动网络的竞争使得价格大大降低，用户从1999年底的近6万户增加到2003年底的135万户。约旦移动通信的主要服务商是约旦移动电话服务公司。2001年美国摩托罗拉公司与约旦移动电话服务公司签订了总额达2900万美元的全球移动通信数字无线网络扩容合同。2002年3月，约旦通过新的电信法，新法要求信息通信技术部主要负责制定信息技术、电信、邮政、广播等政策，减少不必要的行业干预。2003年电信管理委员会（TRC）发布了第三个移动电话运营执照。2004年8月，由科威特、巴林和卡塔尔的三家公司联合组成的通信公司大规模进军约旦市场。2005年固定通信线路业务放开自由竞争，约旦通信行业垄断彻底打破。过去几年，约旦境内三大电信运营商Zain、Orange和Umniah纷纷推出移动3G网络服务。2014年，约旦开始提供4G服务。2013年，电信业投资金额达1.38亿约旦第纳尔。据国际电信联盟（ITU）发布的《2012年衡量信息社会发展》报告，在信息通信技术（ICT）综合价格指数（IPB）方面，约旦在161个国家/地区中列第91位，在中东地区排第10位。报告指出，约旦的移动电话业务在中东地区很具竞争力，信息技术产业对约旦经济增长也发挥了重要作用。

约旦通信系统，国内主要是干线上的微波无线电中继传输、同轴和光纤传播。国外有33个卫星接收站：国际通信卫星机构3个，阿拉伯通信卫星机构1个，29个陆地和海洋Inmarsat终端。还有连接埃及、叙利亚的微波无线电中继，连接沙特阿拉伯的光纤电缆；已与国际海底电缆FLAG（环球光纤电缆网络）连接；参加了MEDARABTEL。国际连接大约有4000个。1999年电话网干线为565273条，2003年为622572条，其中居民干线1999年占76%，2003年上升为79%。从通信流量看，1999年当地为47.4亿次/分，国内为50.6亿次/分，国际为1.45亿次/分。2003年当地为34.87亿次/分，国内为3.56亿次/分，国际为2.37亿次/分。从收入看，1999年全部电信服务收入为2.83亿第纳尔，2003年为5.9亿第纳尔。固定电话服务收入1999年为1.93亿第纳尔，2003年为2.5亿第纳尔（约合3.53亿美元）。移动电话服务收入1999年为0.69亿第纳尔，2003年为3.26亿第纳尔（约合4.6亿美元）。2011年约旦通信产业整体收入24亿美元，相较2010年的23.5亿美元增长了2%。其中，信息产业收入7.38亿美元，同比增长1%。信息产业出口2.31亿美元，同比增长14%。从就业人员来看，通信及信息相关从业人员约1.6万人，98%为约旦人。其中女性员工比例为24%。

电话 固定电话用户，1997年为40.26万户，1999年为56.5万户，2000年为62万户，2001年为66万户，2002年为67.45万户，2003年为62.25万户。但由于近年来移动电话的蓬勃发展，固定电话用户呈减少趋势。2006年为61.4万户，2009年为50.1万户，2010年为48.5万户，2011年42.4万户，2012年40万户，2013年37.8万户。截至2014年6月底，约旦固话用户仅剩37.7万户，渗透率进一步跌至5.1%。

移动电话用户，1997年为7.5万部，1999年为11.84万部，2000年为38.9万部，2006年为434万部，2011年74.83万部，2012年898.4万部，2013年为1030万部。2014年6月，约旦移动电话保有量约1070万部，普及率达146%。2012年98.2%的家庭拥有至少一部手机，其中41.6%为智能手机。

公用电话数量，2000年为7400部，2001年为7900部，2002年为7600部。随着移动电话等个人电话的日益普及，公用电话呈减少趋势。

每百名居民固定电话普及率，1999年为11.5部，2000年为12.3部，2001年为13.1部，2002年为13.4部，2003年为11.4部。每百名居民移动电话普及率：1999年为2.41部，2000年为7.72部，2001年为16.7部，2002年为22.9部，2003年为24.2部。每个家庭拥有一部电话的比例1999年是51%，2000年56%，2001年为58%，2002年为57%，2003年为52%。

电信收费。2003年约旦对电话费标准进行了调整。规定固定电话初装费（含销售税）家庭用户为44.8第纳尔（约合63.2美元），商业用户为89.6第纳尔。月租费家庭用户为4.23第纳尔，商业用户为9.68第纳尔。资费分高峰低谷、国内外不同标准收费。2009年，约旦电信集团宣布将ADSL入网费下调20%，以提高互联网的普及率，促进约旦成为区域信息技术中心。2011年，以家庭为单位，约旦手机用户月均支出31美元，月均固定电话支出19.6美元，月均网络费用25美元，而2012年分别下降为25.4美元、18.5美元和22.2美元。

互联网服务。1994年约旦开始通过当地网络提供互联网服务。1996年3月，约旦加入"信息高速公路"国际计划，其互联网用户飞速增加。到1999年共有8家互联网提供服务商（ISPs）。1999年综合业务服务网（ISDN）为525户，2000年为891户，2001年为1826户，2002年为2285户，2003年为2593户。2012年为69473户。互联网用户：1999年为12万户，2000年为12.7万户，2001年为23.4万户，2002年为30.7万户，2004年为44.4万户。近年来，互联网用户高速发展。2009年互联网用户为164.2万户，2013年达540万户。2006年互联网普及率为13.7%，2011年为36%，2012年为47%，2013年达73%。2014年上半年，新开通或续约的互联网用户数共155.1万户，其中移动宽带用户120.9万户，占绝大多数，其次是ADSL用户（20.8万户）、Wi-Max用户（12.6万户）和有线电视网络接入用户（6600户）。约旦互联网收费在中东国家中非常高，排名第三。目前安曼等城市有很多网吧。政府也建立了一些网络中心，可免费使用。

个人电脑。2011年，61%的家庭拥有个人电脑或笔记本电脑，2012年下降为57%。主要原因是平板电脑和智能手机的增长。

电视。一个家庭至少拥有一台电视机的比例为97%，其中90%带有卫星接收设备。

三 邮政

约旦邮政服务较为发达。邮政业原由约旦邮政服务局管理。为提高邮政业效率，减少财政补贴，打破垄断，鼓励行业竞争，2002年2月约旦通过邮政服务法，决定对邮政服务局进行私有化，将其改制为由政府拥有全部股份的公共股份公司。2002年4月16日，约旦邮政公司正式注册成立。2003年1月1日，该公司恢复全面运营。在邮政领域，约旦目前只允许外国公司涉足经营邮政特快专递业务。

由于信息技术的发展，传统的邮局数量正在不断萎缩：2000年为629个，2001年为506个，2002年为476个，2011年350个，2012年为352个，2013年为352个。

邮政信箱，2000年为14.38万个，2001年为15.04万个，2002年为15.34万个。2011年为15.22万个，2012年为15.09万个，2013年为15.11万个。

邮局可提供电报服务。大多数的四星和五星级酒店也提供邮政服务。

邮政服务时间一般为：夏令时周六~周四07:00~19:00，周五07:00~13:00；冬令时：周六~周四07:00~17:00，周五07:00~13:00

约旦也有许多国际快递服务商提供快递服务，包括DHL、Fed Ex、T.T、UPS等。

第六节 财政与金融

一 财政收入与支出

从总体看，约旦的财政预算不断扩大，收入和开支都在增加，预算赤字一直居高不下。

从财政收入看，财政收入不断增加。1980 年约旦财政收入为 4.333 亿约旦第纳尔。1987 年为 5.51 亿约旦第纳尔。2001 年财政预算收入 18.37 亿第纳尔，实际收入 16.38 亿第纳尔，较上年增长 4.7%。中央财政收入相当于 GDP 的 30.5%。2002 年预算收入 18.45 亿第纳尔，实际收入 17.541 亿约旦第纳尔（约合 25 亿美元）。2003 年预算收入为 16.986 亿约旦第纳尔（约合 23.98 亿美元）。

从财政收入构成看，主要有三类：国内税收、国内非税收收入（包括邮政、电报和电话的资费、利息和利润以及其他各种收费等）和外国援助（包括外国贷款）。其中国内收入和外国援助几乎各占一半。国内收入不足部分主要靠外国援助、贷款以及发行债券弥补。在国内收入中，税收占很大比重。1980 年财政收入为 4.333 亿约旦第纳尔，其中国内收入为 2.245 亿约旦第纳尔，外国援助为 2.088 亿约旦第纳尔；国内收入中，税收为 1.7316 亿约旦第纳尔。在 1987 年财政收入中，国内税收为 3.31 亿约旦第纳尔，国内非税收收入约 2.19 亿约旦第纳尔，在外国援助为 1.340 亿约旦第纳尔，国外贷款 0.899 亿约旦第纳尔，其他收入 0.146 亿约旦第纳尔。在 2002 年财政收入中，国内税收为 10.003 亿约旦第纳尔，国内非税收收入为 6.805 亿约旦第纳尔，外国援助为 2.667 亿约旦第纳尔。在 2003 年财政收入中，国内税收为 10.832 亿约旦第纳尔（约 15.3 亿美元），国内非税收收入为 5.715 亿约旦第纳尔（约合 8 亿美元），外国援助为 6.826 亿约旦第纳尔（约合 9.64 亿美元）。

从财政支出看，1983 年中央政府财政开支为 7.053 亿约旦第纳尔，1987 年为 10.89 亿约旦第纳尔。2001 年财政预算支出 22.58 亿第纳尔，实际支出 20.76 亿第纳尔（约合 29.31 亿美元），支出相当于 GDP 的 33.9%。2002 年预算支出 22.80 亿第纳尔，实际支出 22.89 亿约旦第纳尔（约合 32.32 亿美元）。

2005～2012 年，约旦政府最终消费支出占 GDP 的 16.5%，年均增长 -13.5%，约旦对收入、利润和资本收益的税收占总税收的 12.3%。

从财政支出构成看，主要包括经常性支出和资本支出。经常性项目开支占了绝大部分。从 1987 年财政支出看，经常项目为 6.047 亿约旦第纳尔，其中国防开支为 2.09 亿约旦第纳尔，内部安全为 0.504 亿约旦第纳尔，社会服务为 1.102 亿约旦第纳尔，利息支付为 1.745 亿约旦第纳尔，经济开发为 0.181 亿约旦第纳尔，交通与通信为 0.191 亿约旦第纳尔，其他为 0.234 亿约旦第纳尔。2002 年财政开支中，经常项目开支为 18.579 亿约旦第纳尔，其中工资、薪水和津贴为 4.016 亿约旦第纳尔，利息支付为 2.514 亿约旦第纳尔，国防和安全开支为 5.513 亿约旦第纳尔；资本开支为 4.388 亿约旦第纳尔。2003 年财政开支中，经常项目开支为 20.572 亿约旦第纳尔，其中工资、薪水和津贴为 4.185 亿约旦第纳尔，利息支付为 2.703 亿约旦第纳尔，国防和安全开支为 6.293 亿约旦第纳尔；资本开支为 4.854 亿约旦第纳尔。

近年来约旦财政支出不断扩大，但收支不平衡加剧，赤字现象未能改变。2012 年度财政赤字总额为 15 亿约旦第纳尔，占 GDP 的 8.2%。2013 年 1 月，约旦内阁批准总额为 74.56 亿约旦第纳尔的 2013 年度财政预算案。其中，经常项目支出 62.10 亿约旦第纳尔，资本项目支出 12.46 亿约旦第纳尔；财政收入 61.46 亿约旦第纳尔，其中，外国援款 8.5 亿约旦第纳尔；财政赤字为 13.10 亿约旦第纳尔，占 GDP 总量的 5.4%。2013 年财政赤字为 13.6 亿美元，占 GDP 的 4.8%。2014 年政府公共支出为 114 亿美元，财政收入（不含外援）为 82.2 亿美元，同比上涨 11.6%，国外援助 16.2 亿美元。财政赤字达 15.6 亿美元，同比大幅上涨 12.8%。

二　内外债务

1980 年约旦内债为 1.9782 亿约旦第纳尔（约合 6.0654 亿美元），外债为3.4502亿约旦第纳尔（约合11.7996亿美元）。

1988年内债9.218亿约旦第纳尔，外债17.266亿约旦第纳尔。

2000年约旦内外债总额为59.58亿约旦第纳尔，占GDP的99.4%，其中外债约74亿美元。

2001年内外债总额为61.21亿约旦第纳尔（约合86.4亿美元），占GDP的97.8%，其中外债49.69亿约旦第纳尔，占GDP的79.4%；内债约11.52亿约旦第纳尔，占GDP的18.4%。

2002年内外债总额共计6.85亿约旦第纳尔（约合94.4亿美元），占GDP的98.6%，其中外债53.5亿约旦第纳尔（约合75.5亿美元），占GDP的78.9%，内债提高到13.35亿约旦第纳尔（约合18.9亿美元），占GDP的19%。

近年来约旦外债逐年增加，负担沉重。根据英国经济学家情报单位（EIU）的数据，不包括贷款在内，2008年约旦外债139.69亿美元，2009年为144.27亿美元，2010年为167.37亿美元，2011年为188.75亿美元。2013年底，约旦外债总额为220.4亿美元。截至2014年6月底，约旦公共债务存量超282亿美元，较2013年底增长5.2%。其中，对国内银行负债约165亿美元，较2013年底减少2.2亿美元。外债存量为117亿美元，比2013年上升2.5个百分点。

2013年约旦公共债务约占GDP的72.2%（美国中央情报局预测为79.1%），2012年为75.5%。

三 财政赤字

财政赤字占GDP的比重，1989年为20.8%，1990年为18.1%，1991年为17.8%，1992年为3.6%，1993年为6%，1994年为1.8%，1995年为5.7%，1996年为7.9%，1997年为7.1%，1998年为10%，2001年为6.9%，2002年为6.5%。2003年财政赤字达8.44亿约旦第纳尔（约合11.9亿美元），占GDP的12%。这是10年来的最高比例。据美国中央情报局预计，2013年财政预算赤字占GDP的11.3%。

四　主要指数

金融指数。到2001年底，约旦市场货币存量M1为21.19亿约旦第纳尔（约合29.9亿美元），M2为78.66亿约旦第纳尔（约合110亿美元）。2002年底，约旦市场货币存量M1为22.732亿约旦第纳尔，M2为79.257亿约旦第纳尔。2003年底，约旦市场货币存量M1为28.299亿约旦第纳尔，M2为92.426亿约旦第纳尔。1994~2014年，约旦M2伙伴供应平均128.7626亿约旦第纳尔，2014年7月达最高点，为291.809约旦亿第纳尔。

根据约旦中央银行统计，截至2013年4月，约旦货币供应情况是，货币供给M1为78.859亿第纳尔，同比增长7.1%。货币供给M2为257.927亿第纳尔，同比增长5.2%。流通中的现金量为36.601亿第纳尔，同比增长6.6%。央行净储备97.271亿美元，同比增长10.9%。银行业总资产408.945亿第纳尔，同比增长7%。银行业信贷总额182.308亿第纳尔，同比增长8.7%。银行业外币信贷额24.631亿第纳尔，同比增长34%。银行业存款总额262.063亿第纳尔，同比增长-5.6%。银行业外币存款额69.533亿第纳尔，同比增长22.3%。

股市指数。以1991年12月收盘为1000点计算，2002年底约1700点，2003年底为2625点。近年来股市表现不佳，指数不断下跌。2008年下跌63.32%，2009年下跌8.15%，2010年下跌6.31%，2011年下跌15.94%，2012年下跌1.88%，2013年止跌回升，增长5.53%。2014年10月30日收盘为2106.13点。

五　金融体系与银行

约旦银行和金融系统比较发达、开放，在该地区处于领先水平。安曼是中东地区的金融中心之一。2012年国际货币基金组织在中东金融发展报告中指出，约旦金融业与海湾、黎巴嫩的金融业在中东处于“高度发达”的水平。

约旦银行体系由中央银行监管。20世纪80年代后期，约旦开始一系列金融改革，以提高效率，改善结构，推进银行业自由化。90年代初实现利率自由化。1993 年，中央银行改革，不再作为货币政策直接调控的工具。1994 年成立约旦贷款担保公司，为中小企业以及中低收入阶层购房提供服务。1996 年中央银行大幅度改革优惠信贷政策。1996 年实施新的投资法，对国内外资本实行同等待遇，并进一步对外资开放金融部门。同年，成立约旦抵押再贷公司。1997 年 6 月，允许因贸易产生的外汇资本自由流动，并允许个人自由携带外汇进出境。1997 年 9 月，为促进外国投资者对约旦金融市场的投资，约旦取消了该领域对外国投资者的限制。1997 年新的证券法实施，进一步改善股票市场。资本项目交易实现自由化。2000 年通过银行法，规定加强监管，保护存款，削减货币市场风险，发展电子银行和电子商务，打击洗钱，简化申办银行的程序等。2001 年约旦颁布新的公共债务法，约束政府借贷。2004 年，约旦中央银行推出了一系列措施加强管理和监督，以保证金融安全。2008 年金融危机爆发后，约旦银行业表现出色。危机爆发之初，约旦政府即宣布向所有储蓄存款提供全额担保。央行要求银行资本充足率保持在 12% 以上，高于国际通行的 8% 的标准。2009 年约旦 15 家本土银行均保持盈利，其中 4 家银行的信贷规模不降反升。

约旦中央银行对外汇管制有三点规定：本地、外国银行的银行票据、纸币、硬币、黄金可自由进出；所有支付（有形或无形）或资本的移动无限制执行；所有具有营业资格的银行都允许为常住居民或非常住居民开立各种货币账户并且开户人具有全权提取权。

银行　2000 年约旦有 21 家银行，其中 9 家当地商业银行，2 家伊斯兰银行，5 家外国银行，5 家专业信贷机构（负责农业、住房、农村和城市发展、工业）。银行业资产总额 142 亿第纳尔，约占 GDP 的 215%。从业人员 11000 人。约旦银行业高度集中，三家大银行资产占总资产的 90%，其中阿拉伯银行集团占了 60%，其次为住房银行。目前在约旦经营的主要银行有 25 家：约旦银行（PLC）、约旦国民银行（J. B）、安曼投资银行、城市银行、工业开发银行（IDB）、约旦投资与信贷银行、储蓄与投资联合银行、贸易与金融住房银行（HBTF）、出口与金融银行、伊斯兰银行、国际伊斯兰阿拉伯银行、阿拉伯银行集团、阿拉伯约旦投资银行（AJIB）、阿拉伯土地银行、阿拉伯银行集团、英国中东银行、费城投资银行、开罗安曼银行、约旦海湾银行、约旦科威特银行、中东投资银行（MEIB）、渣打银行、英国银行、美国花旗银行、中东不列颠银行。

中央银行，为约旦金融业管理机构，主管货币发行。1964 年成立。总部设在安曼，在伊尔比德和亚喀巴有分行。

阿拉伯土地银行，埃及中央银行设在约旦的分行。

开罗阿曼银行，1960 年成立，在约旦有 24 家分行。

阿拉伯银行，1930 年建立，资本约 20 亿美元。约旦最大的独立银行。目前在全球五大洲有 400 家分部和办事处。在约旦有 63 家分行。2004 年被沙特阿拉伯的沙特—奥吉尔银行收购了 5% 的股份。

约旦银行，成立于 1960 年，在约旦有 38 家分行。

约旦科威特银行，1976 年成立，在约旦有 22 家分行。

阿拉伯约旦投资银行，约旦主要私人投资银行。1978 年 2 月 2 日由利比亚阿拉伯对外银行、迪拜投资管理局、卡塔尔国民银行和沙特阿拉伯投资公司等联合投资成立。

工业开发银行，1965 年成立，旨在促进对工业部门的投资。

住房贸易与融资银行，1973 年成立。

约旦伊斯兰银行，1978 年建立，是境内最大的伊斯兰金融机构。2010 年，该银行税前利润达 4070 万约旦第纳尔。总存款额则达 23.4 亿约旦第纳尔（约合 33 亿美元）。2010 年 2 月，国际伊斯兰信用评定局将约旦伊斯兰银行的信用等级维持在 AA 级。

沙特拉吉银行，是全球最大的伊斯兰银行之一，总资产达 458.7 亿美元。2009 年进入约旦市场。2011 年 3 月，该银行在约旦开设了两家支行。

约旦迪拜伊斯兰银行，该银行资产达 1.78 亿约旦第纳尔（约合 2.5 亿美元）。2009 年进入约旦市场。2010 年 1 月，在安曼开设了第一家支行，实缴资本为 5000 万约旦第纳尔（约合 7040 万美元）。该银行在约旦发展速度迅速，2010 年 3 月，开设第二家支行。之后又开设了几家支行。2010 年 10 月，该银行将实缴资本提升到 7500 万约旦第纳尔（约合 1 亿美元）。

除了银行外，2000年约旦有27家保险公司，37家投资公司，一家公共养老金基金，76家货币兑换商。

六 信贷与证券

约旦有五大信贷机构长期从事有关农业信贷、住房、农村和城市开发、工业等业务。后又成立了约旦贷款担保公司和“约旦第二抵押金融公司”，前者主要为中小型工业企业提供贷款担保，后者于1996年成立，主要为银行提供中期和长期住房贷款保证。约旦还有76家合法货币兑换商，可以开展私人外汇兑换业务。

约旦成立了安曼证券交易所（ASE），政府颁布了《证券法》。2003年安曼证券交易所交易非常活跃，交易量比2002年上升了95.5%，达19亿约旦第纳尔（约合27亿美元）。近年来，受全球经济危机以及地区动荡的冲击，约旦证券市场受到冲击。2010年在约旦证券交易所上市的公司股票总市值缩水约10%，从2009年底的200亿约旦第纳尔降至180亿约旦第纳尔，创6年来的最低水平。安曼证券交易所还与巴林、阿联酋签署协议，合作建立一个普通股市场，专门为信息技术和新闻公司提供上市机会。

股市中，外国投资2002年占37.4%，2003年升到38.8%。截至2006年9月底，约旦证券市场投资总额达333.512亿美元，其中约旦人投资192.794亿美元，占57.81%；沙特在外国人投资约旦证券市场中排名第一，投资额达35.116亿美元，占10.53%，科威特占6.54%，黎巴嫩占3.9%。卡塔尔占3.45%。安曼证券交易所还与巴林、阿联酋签署协议，合作建立一个普通股市场，专门为信息技术和新闻公司提供上市机会。

七 货币

当地货币是约旦第纳尔（第纳尔、约第，JD），通称“jaydee”。1965年8月4日，约旦货币上开始印制“中央银行”字样。之前，1927～1950年由巴勒斯坦货币委员会印制，以巴勒斯坦镑为外约旦和巴勒斯坦的官方货币。1950～1964年由约旦货币委员会印制。外约旦独立后，1949年颁布约旦货币法案，并成立约旦货币委员会。1950年7月，约旦第纳尔成为货币单位，面额分别为50、10、5、1、0.5第纳尔，同年9月30日巴勒斯坦镑停止使用。1964年建立中央银行，并开始发行其第一套货币，面额分别为10、5、1、0.5第纳尔。1971年11月，约旦货币委员会停止运作。1974年发行第二套货币。1978年推出面额为20第纳尔的纸币。1992年发行第三套货币。2000年1月，发行面额为50第纳尔的纸币，纸币上印有阿卜杜拉二世国王的头像。2002年12月发行第四套货币。2003年2月发行面额为20和50第纳尔的纸币，前者印有侯赛因国王的头像，后者印有阿卜杜拉二世的头像。2003年3月，新版的印有谢里夫侯赛因·本·阿里头像的面额为1第纳尔的纸币面世。目前约旦第纳尔纸币面值有1、5、10、20、50五种。1第纳尔＝100皮阿斯特（peeaster）＝1000菲尔斯（fils）。菲尔斯是最常使用的货币单位。假设某种商品价格为4750菲尔斯，相当于4约旦第纳尔加上750菲尔斯，或是4.75第纳尔。

约旦铸币为铜、锌、镍合金。约旦最早的一套硬币面额分别为100、50、20、10、5、1菲尔斯。1968年发行新一套硬币，面额分别为100、50、25、10、5、1菲尔斯。1969年面额为0.25第纳尔（250菲尔斯）的一种硬币开始流通。1970年和1977年又分别推出新版的面额为0.25第纳尔的硬币。1980年为纪念先知穆罕默德从麦加迁徙到麦地那，发行了一种面额为0.5第纳尔（500菲尔斯）的硬币。1992年约旦又推出两套新硬币，一套是面额为10、5、2.5的皮阿斯特（1皮阿斯特＝10菲尔斯），另一套是面额为1、0.5的格尔什（qirsh，1格尔什＝10皮阿斯特）。1995年发行一种面额为1第纳尔（10格尔什）的硬币。2000年约旦发行一套新的硬币，面额分别为10.5皮阿斯特、1格尔什和0.5第纳尔。目前铸币有1、5、10、20、25、50、100、250菲尔斯。

在主要的银行、外币兑换处及大部分旅馆都可以兑换货币。应尽可能避免在路边的货币兑换者那里兑换货币。约旦中央银行每天发布汇率变动情况。

八 保险业

国家成立约旦社会保险委员对保险行业进行管理。目前约旦约有29家保险公司。根据有关规定，经营非人寿保险的公司资本必须在400万约第以上。目前约旦资本在1000万约第的保险公司有5家。主要保险公司有：约旦保险有限公司（1951年成立)、中东保险有限公司（1963年成立)、国家阿赫利亚保险公司（1965年成立)、联合保险有限公司（1972年成立）等。随着私有化的进行，不少他国保险公司开始进入约旦。2005年保险业占GDP的2.43%，2006年为2.52%。政府的长期目标是将其提高到GDP的10%。2013年，约旦社会保险公司（SSC）营收约9.8亿约旦第纳尔，约旦社会保险投资公司（SSIU）累计投资59.32亿约旦第纳尔。2014年，约旦社会保险公司称，约旦社保参保人数达107.4万人，占约旦劳动力人口的70%，这一比例在发展中国家名列前茅。

在约旦保险市场中，目前车辆险占42.2%，医疗险占18.6%，火灾和财产险占17%，人寿险占9.8%，海上和运输险占7.9%，其他险种为4.3%。2011年约旦新开失业险，旨在促进就业，尤其是妇女就业。根据此项保险，雇主必须提取每名员工薪水的0.075%用于此项保险项目基金。投保此类保险的员工在失业时，只要能证明其在积极寻求新就业机会，就能够获得六个月薪水的补偿。公务员和私营部门员工需要缴纳收入的1%作为保险费用，而企业主只需缴纳收入的0.5%。

九 外汇储备与汇率

1. 官方外汇储备

1980年国际储备为16.088亿美元。2008年为89.18亿美元，2009年为121.4亿美元，2010年为136.46亿美元，2011年为121.05亿美元，2012年为88.29亿美元，2013年底为118.3亿美元。

黄金储备，2000年7月为12.37吨，2011年7月底为12.75吨，2012年7月底为13.39吨，2013年7月为14.63吨，2014年7月为16.8吨。

2. 汇率

约旦货币名称为第纳尔。实行固定汇率制度，与美元挂钩。

1950年7月1日，约旦开始发行自己的货币第纳尔。1约旦第纳尔＝1英镑。1971年8月美元停止自由兑换后，约旦宣布第纳尔不再盯住英镑，改与美元挂钩。1974年7月1日约旦宣布实行有管制的浮动汇率。1995年改革将第纳尔与国际基金组织的特别提款权挂钩，但实际上仍是盯住美元。1995年11月，约旦中央银行将汇率固定为1约旦第纳尔＝1.412美元。至今无大的浮动。

约旦第纳尔对美元汇价总体呈下降趋势。1980年1第纳尔兑换3.3543美元，到1990年1第纳尔兑换1.5069美元。当前约旦汇率1第纳尔兑换1.412美元或1美元兑换0.709第纳尔。

第七节　对外经济关系

一　对外贸易

对外贸易在约旦国民经济和社会发展中起着举足轻重的作用。约旦积极发展对外贸易，大力发展出口加工工业并建立工业区，加入世界贸易组织，与外国签订自由贸易协定。2002年8月，约旦国王阿卜杜拉二世还推出一项新举措，召开“约旦大使论坛”，要求驻外使领馆将扩大与所在国的经济交往，吸引外资，鼓励来约旦旅游作为重要工作任务来抓。阿卜杜拉二世宣布将为在扩展对外经济交往方面做得最好的领事馆颁发年度特别奖。在2003年举办的第二次论坛上，阿卜杜拉二世又宣布设立一项基金，专门用于促进这一工作。2014年约旦出台“国家出口战略（2014～2019年）”。农业、工业和服务业的六个行业被确定为约旦国家出口战略优先发展行业，包括新鲜水果蔬菜、生鲜肉类和熟肉、电线电缆、管理咨询服务、建筑和工程服务。

20世纪90年代以来，约旦对外贸易有了长足发展，对外贸易额呈逐年递增趋势。约旦对外贸易规模不断扩大。2001年约旦进出口总额为

71.3亿美元。2002年对外贸易总额为77.9亿美元，其中进口50.2亿美元，出口27.7亿美元。2003年对外贸易总额为85.8亿美元，其中进口55.8亿美元，出口30亿美元，2006年约进出口贸易总额为166.04亿美元，其中进口114.47亿美元，主要进口国为沙特、中国、德国和埃及；出口51.67亿美元，主要出口国为美国、伊拉克、印度和沙特。2010年约旦对外贸易总额为157亿第纳尔（约合222亿美元），同比增长8.0%，扭转了2009年大幅下滑的趋势。其中，出口49亿约旦第纳尔（约合69亿美元），进口108亿约旦第纳尔（约合153亿美元）。2012年，约旦对外贸易总额为286.5亿美元，其中进口额为207.5亿美元，同比增长9.3%，出口额为78.98亿美元，同比下降1.5%。2013年对外贸易总额为265.24亿美元，其中出口79.14亿美元，进口186.1亿美元。2012年，约旦在世界贸易中的排名情况是：货物贸易出口排第100位，进口排第76位，商业服务出口排第70位，进口排第71位。

值得一提的是，约旦对外出口飞速增长。1954年出口额为280万约旦第纳尔（当时1第纳尔约合1英镑）。1970年约1亿美元，1975年为4亿美元，1980年为近19亿美元，1990年约20亿美元，1995年超过30亿美元，1997年超过36亿美元。服务贸易出口方面，出口量较小。1965年几乎为零。1975年约1亿美元，1980年为5亿美元，1990年10亿美元，1997年为近18亿美元。1985~1995年10年间，约旦出口增加了293%，而同期进口只增加了141%。出口占GDP的比重由1992年的23.7%增加到1997年的26%。2003年约旦出口总额增加到30亿美元，2012年增至78.98亿美元，2013年增至79.14亿美元。从进出口商品结构变化看，1954年约旦主要出口商品为水果、蔬菜、肥料、谷类等，主要进口商品为矿物燃料和食品。目前主要出口商品是磷酸盐、钾盐、药品、化肥、蔬菜、水果和服装等，主要进口商品是原油、机电产品、交通设备、药品、钢铁、服装、小麦、糖、肉类等。

2002年约旦进口商品按比重排序依次为：机械设备（12.32亿美元）；加工产品（9.62亿美元）；油料、润滑油等（7.67亿美元）；食品、活畜（6.84亿美元）；化工产品（5.61亿美元）；百货（3.47亿美元）；

原材料、非食用品（燃油除外）（1.49 亿美元）；其他商品（1.33 亿美元）；动植物油、脂肪及腊制品（8180 万美元）；饮料和烟草（5818 万美元）。2002 年出口商品按比重依次为：百货（出口额 5.57 亿美元，占出口总额的 25.7%）；化工产品（5.49 亿美元，占 25.3%）；原材料、非食用品（燃油除外）（3.56 亿美元，占 16.4%）；加工产品（2.16 亿美元，占 10%）；食品、活畜（2.13 亿美元，占 9.8%）；机械设备（1.40 亿美元，占 6.5%）；动植物油、脂肪及腊制品（9411 万美元，占 4.3%）；饮料和烟草（4266 万美元，占 2%）。到 2012 年，约旦主要进口原油、机械、交通设备、钢铁、化工产品和谷物，主要出口货物是服装、磷酸盐、钾盐、蔬菜、医药制品和化肥等。

约旦的主要贸易伙伴也发生了很大变化。1954 年约旦四大进口国为英国（占约旦进口贸易额的 15.4%）、美国（9.6%）、联邦德国（5.5%）、法国（5%）。四大出口国是黎巴嫩（占约旦出口贸易额的 42.5%）、叙利亚（24%）、伊拉克（14%）、沙特阿拉伯（2.6%）。约旦的主要贸易伙伴目前主要集中在阿拉伯国家、东南亚、东亚、欧盟和北美，而与广大的非洲、中亚、南欧和除巴西、阿根廷之外的中南美洲国家的贸易所占的份额却是微乎其微。约旦主要的贸易伙伴包括伊拉克、沙特阿拉伯、叙利亚、阿联酋、黎巴嫩、埃及、巴林、土耳其、德国、意大利、英国、法国、荷兰、比利时、西班牙、瑞士、美国、日本、韩国、中国、马来西亚、印度尼西亚、印度、巴西、阿根廷及澳大利亚等国家。1997 年约旦八大贸易伙伴依次为伊拉克、德国、美国、沙特阿拉伯、意大利、日本、印度、英国。2003 年八大贸易伙伴依次是美国（10.19 亿美元）、伊拉克（5.17 亿美元）、中国（4.9 亿美元）、沙特阿拉伯（4.5 亿美元）、德国（4.48 亿美元）、印度（2.84 亿美元）、叙利亚（2.43 亿美元）和以色列（2.24 亿美元）。2012 年约旦主要进口国排名依次是沙特（23.6%）、中国（9.4%）、美国（6.7%）、意大利（4.7%）、土耳其（4.6%）。主要出口对象国排名依次为美国（16.6%）、伊拉克（15.1%）、沙特（11%）、印度（10.5%）、印度尼西亚（4.2%）。

长期以来，约旦一直致力于实现贸易自由化，并为此进行了大量改革、削减关税。1997 年 11 月 24 日，约旦与欧盟签署了欧盟—地中海联系协议，该协议取代了 1977 年的合作协议，目标是到 2010 年成立欧盟—地中海自由贸易区，与欧盟建立一个全面的政治、贸易、经济和财政合作框架。1998 年欧洲议会批准了该协议。1999 年约旦正式批准该协议。2002 年 5 月联系协议正式生效。约旦是阿拉伯自由贸易协议（AFTA）的签字国，该协议于 1998 年 1 月 1 日生效，规定年削减关税 10%。1998 年 4 月，约旦与 7 个阿拉伯国家一道宣布将关税削减 10%。此外，约旦还与巴林、埃及、科威特、利比亚、突尼斯、阿尔及利亚、伊拉克和叙利亚签署了双边自由贸易协议。1972 年与巴林签署建立自由贸易区的协议。1992 年与利比亚签署建立自由贸易区协议。1998 年与埃及签署自由贸易协议。约旦与巴勒斯坦民族权力机构也已达成建立自由贸易区的协议。2001 年约旦、埃及、摩洛哥和突尼斯四国发表“阿加迪尔宣言”，宣布将建立四国自由贸易区。2003 年 1 月 11 日，四国正式签署建立联合自由贸易区协议。

约旦早于 1995 年 1 月就正式提出申请加入 WTO。1999 年 12 月 17 日，约旦完成了加入世界贸易组织的所有谈判。2000 年 4 月 11 日，约旦正式成为世贸组织的第 136 个成员。

2000 年 2 月，约旦同美国签订约美自由贸易协议框架协议。2000 年 10 月 24 日，阿卜杜拉二世国王与美国总统克林顿在华盛顿正式签署了《约美自由贸易协议》，这是美国与阿拉伯国家签署的第一个自由贸易协议，具有历史性意义，为约旦商品进入美国市场开辟了通道。2001 年 9 月 28 日，美国国会批准了该协议，同年 12 月 17 日该协议生效。2002 年 12 月，约美自由贸易联委会首次会议在约旦举行。据统计，1999 年约对美出口只占约旦总出口的 0.7%，2000 年为 3.3%，2001 年增至 10.1%，美国已超过伊拉克成为约旦的第一大出口国。1999 年约旦对美国出口为 3070 万美元，到 2004 年增加到近 7 亿美元。2002 年约美双边贸易额为 7.67 亿美元，美国是约旦的第二大贸易伙伴；2003 年增至 10.19 亿美元（其中约旦对美出口约 6.7 亿美元），美国成为约旦的最大贸易伙伴，也是最大进口国。服装和纺织品是约旦对美国出口的最重要商品，占了约旦对美国出口的90%。2012年约旦是美国第73大贸易伙伴。约旦对美出口10亿美元，多为服装，从美进口16亿美元，主要是飞机零配件、机械、车辆、谷物。

此外，2004年5月，约旦与新加坡签订了双边自由贸易协定。协定签署后，在10年内，97.5%源自新加坡的货品出口到约旦将免税。双方同意在服务业做出更大的开放承诺，同时探讨具体的经济合作项目。这是新加坡与中东国家签署的第一个自由贸易协定。

二　外国投资

约旦政府积极吸引外资，致力于改善投资环境，不断制定和完善投资法规，尤其是鼓励外商在约旦工业区投资办厂。从投资环境看，约旦地理位置比较优越，位于欧洲、亚洲和非洲的交汇处。约旦政局长期稳定，有较为完善的自由市场经济体制，基础设施良好，交通便利。1995年约旦政府颁布了促进投资法，其中规定，鼓励投资和享受免税的部门主要有：工业、农业、饭店、医院、海路和铁路运输、休闲和娱乐场地、会议和展览中心、由内阁批准的其他部门。法律规定了众多减免关税优惠措施，如进口的固定资产、零配件（最高不超过固定资产价值的15%），项目的扩建、开发或其现代化所需的固定资产，饭店和医院更新的家具及设备（每7年一次）给予全额关税免除。在政府规定地点的投资免除应纳税所得额25%～75%的收入和社会服务税。对国际投资者，政府给予下列保证：当地投资者和国外投资者享有同等待遇；资本、利润和收入自由汇出；项目全权经营；除了在建筑承包、商业服务和采矿等部门的所有权不能超过50%外，外国投资者可以拥有其他部门投资项目的全部产权。

政府还专门成立了投资争议和解国际中心（ICSID），受理外国投资者与约旦政府机构之间发生的争议。此外，约旦政府还通过了其他一些促进投资的法律法规，如工业区法（规定在工业区内设立的项目除了可以享有投资促进法规定的鼓励措施外，还可享有两年免税的待遇、免除房地产税），自由区法（建立在自由区内的企业可以享有12年免税，非约旦籍的雇员其薪水免征收入及社会服务税，进口商品免征关税、进口费用和销售税，出口商品免征所有税费，免征房地产税和牌照费，投资资本自由汇出等优惠），进出口法（规定出口所得全额免征所得税，除面向伊拉克和叙利亚出口外，自约旦出口的商品免除出口许可证，除从与约旦有贸易协定和议定书的国家进口外，进口到约旦的商品免除进口许可证），公司法（鼓励成立经营实体，下放公司注册登记权限，根据股票的实际市场价值安排在阿拉伯金融市场上市交易，取消资本费用，避免双重征税），所得税法（银行、金融机构和保险公司的所得税按35%的税率征收，工业、采矿、饭店和医院按15%的税率缴纳所得税，其他公司最高税率为25%），劳动法（在同一专业领域内约旦籍工人不能满足需要时，可以雇用外籍劳工，约旦劳工部签发劳动许可证），海关法（所有进入约旦的商品均须缴纳关税，根据海关法、投资促进法、政府特许或国际协定，某些商品免缴税费。双边贸易协定下的进口商品适用特定的海关税率。出口导向型项目进口的原材料全额免除关税），外汇自由化（当地和外国钞票、硬币和黄金自由流动，款项支付有形和无形化，资本运作不受限制，所有银行可以为当地居民和非居民开设账户，顾客享有完全提款权）。

约旦投资委员会（JIB，简称“约旦投资委”）成立于1995年，是约旦政府的投资促进机构，致力于推介本国投资环境，吸引外国直接投资及继续投资，推动约旦经济发展，主要任务是协调国内各机构，促进投资环境改善。目前，约旦投资委在海外有5个办事处，分别设在阿联酋、卡塔尔、科威特、中国、美国。下一步计划在沙特阿拉伯和土耳其设点。约旦投资委与西亚经济社会委员会（ESCWA）、经合组织（OECD）、美国国际开发总署（USAID）、韩国国际合作机构（KOICA）及大韩贸易投资振兴公社（KOTRA）、日本国际协力机构（JICA）等签有合作备忘录。

2004年10月，约旦首相宣布将为投资超过10万约旦第纳尔，雇用约旦人超过100人的投资者办理相当于约旦身份证的“投资者凭证”。投资者持这一凭证，有权优先要求政府机构提供帮助和贷款。11月，JIB向投资者允诺，将在14个工作日内为他们办好一切手续，比以前承诺的36个工作日大大提前。同时决定设立一站式办公模式，将所有有关的政府机构集中在一起办公，集中办理有关手续，以方便投资者。据悉，政府还有意将现有的几个促进投资机构如自由区公司、工业地产公司和约旦投资委员会合并，成立一个统一的投资委员会。2004 年，约旦政府还与美国一家咨询公司签署战略框架协议，以加强约旦政府机构的能力建设，提高效能。2008 年约旦通过《发展法》。

为促进投资，约旦政府专门划定了几个“发展区”，在区内投资将获得工业基础设施、劳动力资源以及税收等方面的优惠安排。目前主要发展区有侯赛因国王发展区（KHBTDA）、马安发展区、死海发展区、贾巴勒阿杰隆发展区、达胡克商务园。

目前，约旦投资环境良好。根据国际斯坦福研究机构提供的一份报告，约旦的商业政策为中东地区之最（77%），与黎巴嫩相当，领先于以色列和埃及。在 2014 年美国“传统基金会”发表的一份有关经济自由度的研究报告中，约旦获得较高评价，全球排名第 39 位，在中东地区排名仅次于巴林、阿联酋和卡塔尔，高于以色列、阿曼、科威特和沙特等国。过去 20 年约旦经济自由指数提高了 7 个百分点。根据国际金融公司（IFC）发布的 2005 年报告，约旦在中东国家保护投资方面排名第二，仅次于以色列；在公司管理方面，排名第四，仅次于摩洛哥、突尼斯和以色列；在实施合同法方面，排名第三。2012 年安曼被风险资本公司评为全球十佳创业城市之一。2010 年在《商业周刊》的全球最佳国家/地区排名中名列第 53 位，在 22 个阿拉伯国家中排名第三，仅次于科威特和阿联酋。

约旦与美国、德国、英国、法国、瑞士、意大利、罗马尼亚、土耳其、阿尔及利亚、突尼斯、埃及、也门、马来西亚、印度尼西亚等数十个国家签署了相互鼓励和保护投资协议。1997 年 7 月 2 日，约旦与美国签署了《关于鼓励和相互保护投资协议》。约旦议会和美国参议院分别于 1998 年和 2000 年 10 月批准了该协议。2003 年 5 月 13 日，约美相互交换了双边投资协议（BIT）的批准文本，30 日后正式生效。

近年来，约旦外来投资不断增加。1997 ~ 1998 年，外国直接投资每年 3.3 亿美元。1999 年外国在约直接投资 1.57 亿美元。2000 年外国在约直接投资 9.13 亿美元。2004 年外国在约直接投资 9.36 亿美元。2005 年外国在约直接投资 19.84 亿美元。2006 年外国在约直接投资为 35.44 亿美元。2007 年外国在约直接投资 26.22 亿美元。但 2008 年以来约旦吸引外资出现下降。2008 年，外国在约直接投资 28.26 亿美元。2009 年外国在约直接投资 24.13 亿美元。2010 年约旦吸引外来直接投资 2.50 亿美元。2011 年外来直接投资为 14.69 亿美元。2012 年外国在约投资 14 亿美元。截至 2013 年底，约旦 FDI（外国直接投资）存量达 264 亿美元，同比增长 6.3%，增速高于 2012 年，政府目标是 2014 ~ 2016 年年均增长 10%。

约旦外来投资主要来源于欧盟、美国、阿拉伯国家及其他国家和地区。

三 工业区和经济特区

为扩大吸引外资，约旦政府建立了多个工业区、自由区、合格工业区（QIZ）、经济特区。目前约旦有 13 个资格工业区，有员工 4.3 万人，其中 74% 为来自南亚和东南亚的外籍劳工。

约旦工业区公司（JIEC）依据 1980 年第 43 号法于 1980 年成立。1985 年约旦又专门通过工业区公司法案。该公司属于公私合营的股份有限公司，享有独立的财权和经营管理权，目前管理着 5 个工业区（又称工业城），其中 4 个已经建成（阿卜杜拉二世工业城/安曼、哈桑工业城/伊尔比德市、工业城/克拉克市、亚喀巴国际工业城/亚喀巴市），另一个马安工业城（中国援建）计划在两年之内建成。另外 8 个处于规划设计阶段。2013 年上半年，共 26 个新项目落户约旦工业区，投资总额 3567 万美元，分别比 2012 年同期增长 37% 和 78%，创造了 2000 个就业岗位。自 1980 年至今，工业区总投资的 58% 来自约旦本国，其次是伊拉克，约占 12%，随后是沙特阿拉伯、黎巴嫩、阿联酋、西班牙、美国等。自公司成立以来，共 593 个项目落户公司所属工业区，涉及金额累计约 30 亿美元，创造就业岗位 38300 个。其中，阿卜杜拉二世工业城吸引项目 396 个，投资总额 20.7 亿美元，商户入驻率 100%，遥遥领先于其他工业区。伊尔比德哈桑工业城位列位列第二，共吸引 122 个项目，投资总额 3.2 亿美元，商户入驻率为 82%。约旦工业部门出口到 100 多个国家和地区，出口额占全国总出口额的90%。根据1985年约旦工业区公司法，工业区内企业前两年100%免缴所得税和社会服务费，免缴建物税和土地税，免缴或减少市政府一般规费。根据1995年投资促进法，工业区内企业可免缴不同数额的所得税和社会服务费，固定资产、扩厂用之固定资产以及机械零件可以完全免除税收和规费。

约旦资格工业区（QIZ）是指美国总统克林顿于1996年11月发布的第6955号总统令中指定的在美国领土以外的飞地上建立的工业园区。QIZ内生产产品在一定条件下可以免关税、免配额出口美国。出口所得将100%免缴所得税和社会服务费；原材料、固定资产和零配件免征进口关税。资本和利润自由汇出（可兑换货币自由汇兑）。市场经济体制无所有权限制，无合伙或合资条件，QIZ内的公司可100%为外资拥有，约旦法律对本国及外国企业一视同仁。QIZ之关税减免优惠无时间限制。QIZ产品须具备的条件：必须是在美国政府指定的QIZ区域内生产的产品。整个产品都是在QIZ内生产、制造，或者在QIZ内经过加工生产出一种新的产品（即产品发生了质的变化）。QIZ产品可包含来自世界各地的原料成分，但是其附加价值中的35%必须于QIZ中加工完成。1998年3月6日，美国贸易代表划定约旦伊尔比德省内的哈桑工业区内的部分区域为资格工业园区，这是美国在海外设立的第一个资格工业园区。依照规定，约旦工业区公司在资格工业区内可以代表省政府、本地以及区域性计划委员会等单位行使各项权力，并核发下列各项执照：土地使用证、规划与区域划分、建筑执照和营业执照、建物使用证明等。截至2009年1月，约旦共有5个资格工业区，分别位于安曼、伊尔比德、扎尔卡、卡拉克、亚喀巴。资格工业区促进了对美出口，对美出口由资格工业区建立之初的1500万美元增加到2004年的10亿美元，创造了40000个就业岗位，吸引投资达2亿美元。1998~2005年，约旦由美国在中东北非的第13大贸易伙伴上升到第八大贸易伙伴。

哈桑工业区（HIE）位于安曼以北80千米处的伊尔比德省内，距伊尔比德市中心15千米，距科技大学3千米，占地面积117.8公顷。哈桑工业区是约旦工业区公司成立的第二个工业区。工业区最早成立于1991

年，1998 年被认定为资格工业区，也是世界上首个工业区，是约旦最早的工业区、最大的资格工业区。截至 2003 年，共有 22 个来自海外和阿拉伯国家的行业在此投资，开展了 80 多个项目，雇用 1.7 万人，投资总额 3.03 亿美元。工业区 2001 年出口至美国的产品价值 2.66 亿美元，2002 年升至 3.24 亿美元，2003 年出口 3.21 亿美元，其中纺织品占 3 亿美元。截至 2013 年，园区有企业 101 家，总投资 2.225 亿约旦第纳尔，就业人员 16440 人。

侯赛因·阿卜杜拉二世工业区，又称卡拉克工业区，是约旦工业区公司成立的第三个工业区，1984 年建立，1999 年被美国批准为约旦第二个资格工业区。2000 年 9 月落成。位于安曼以南 18 千米，距阿丽娅国际机场 80 千米，毗邻著名的穆塔大学。总面积为 253 公顷，是约旦最大的工业区。区内现有中小企业 358 家，园区就业人员 13042 人，总投资 10.0985 亿约旦第纳尔。该项目第一阶段 58 公顷的土地已完成了全部基础设施开发，拟将纺织、食品和以死海矿物质为原料的化学工业作为该工业区的特色行业。

杜雷尔工业园位于约旦中部杜雷尔城市中心区，是一个私人资格工业区，位于首都安曼东北约 45 千米处，两地有便捷的公路相连接。该市不仅基础设施良好，而且有充足的高素质人才。杜雷尔工业园占地面积 34.5 公顷。

盖特威园区（Gateway Park）位于约旦河谷，约旦与以色列边界地区，距安曼 90 千米，距以色列主要港口海法市 67 千米，是约旦进入地中海最近的一个资格工业区。盖特威园区的占地面积：第一阶段为 80 公顷，最后阶段为 250 公顷。

塔杰蒙特工业城（Al Tajamouat Industrial City）是民营工业区，位于大安曼地区，距离安曼市中心 20 千米、阿丽娅王后国际机场 25 千米。该工业城 7 千米外是约旦人口最稠密的地方，被称为约旦最大的劳动力蓄水池。此外，其与高收入者集中的西安曼地区（约旦的商业中心）相距也只有大约 15 千米。由于地处良好的公路网络中心位置，该工业城和约旦各地的交通都很便捷。工业城占地面积 30 公顷。

数码城（也叫高科技工业园区）位于首都安曼以北80千米处的伊尔比德省内，占地面积约400公顷，与约旦科技大学相邻，附近地区有充足的和高素质的工程、信息技术和医学领域的人才。它由约旦资格工业区投资有限公司和约旦科技大学合资建立，也是世界上第一个享有资格工业区和自由区待遇的信息技术和工业园区，其世界水平的基础设施、优异的交通便利条件和具有竞争力的劳动力价格使之成为理想的投资场所。根据规划，该城将是跨国公司从事与以下领域相关的生产和技术服务活动的投资基地：企业研究与发展、电子工业、计算机软件开发、纺织和服装工业。

主要的自由保税区。1973年约旦政府在亚喀巴港建立了第一个小型的自由保税区，以促进国际贸易和转口贸易的发展，之后又成立了自由保税区管理局。在自由保税区内投资的工业、商业、服务企业可以享受如下免税或减税优惠政策：根据企业不同性质，从其投产或投资日算起的12年内，其利润免征经营所得税；区内非约旦籍雇员，其薪水免征所得税以及社会服务费；进入自由保税区的进口原材料，如用于加工产品的再出口，不在当地市场销售，此进口商品免征一切进口费用、关税和其他税费；区内企业投资资本和利润可以自由汇出；区内工业企业免除10%的租赁税；如在区内生产的产品在当地市场销售，其成本组成中的当地原材料和制作费用免征各项税费。1983年，约旦在安曼东北35千米处建立了扎尔卡自由保税区，占地5.2平方千米。沙哈伯自由保税区，1997年建立，占地2.5平方千米，主要为阿卜杜拉二世工业区的投资者服务。安曼首都机场自由保税区，1998年建立，占地3公顷，主要为空运货物服务，主要公司包括约旦机场的免税店、约旦飞机引擎修理公司、约旦飞机维修公司、约旦航空饮食公司、约旦航空训练公司和约旦航空物流服务公司等。卡拉克自由保税区，建立于2001年，占地50公顷，主要服务阿卜杜拉二世工业区的投资者。除上述公营自由保税区外，政府还鼓励建立民营自由保税区，目前民营自由保税区主要有：约印化工公司，由印度SPIC公司、约旦磷酸盐公司、沙特阿拉伯的阿拉伯投资公司合资建立，位于沙迪达（al-Shadideh）磷酸盐矿山，占地40公顷；约旦溴公司，由约旦死海产品公司和美国一家公司合资建立，主要生产溴及其相关产品，占地15公顷，于2002年投产。

约旦媒体城位于约旦国家广播公司附近，致力于发展电视演播以及提供现代摄影、唱片及蒙太奇装备，是阿拉伯世界的电视中心之一，2002年3月开始运行；国际钻石投资公司，位于苏纳（Shuna）南部，2000年部分工厂投产；约旦氧化镁工业区，由约旦公司和阿拉伯碳酸钾公司合资建立，利用死海的盐开发死海产品，2003年投产，占地15公顷。阿卜杜拉二世国王设计和发展中心，位于扎尔卡，占地4平方千米，致力于发展制造业。

亚喀巴经济特区（ASEZA）。亚喀巴地处约旦最南端、红海亚喀巴湾最北端，是约旦唯一的出海口，是天然良港。特区占地650平方千米，包括亚喀巴市、亚喀巴国际机场、新亚喀巴工业区、3个港口和亚喀巴附近的沿海和内陆开发区。特区内将建立2个工业区（包括轻纺工业区和重化工业区），改建3个港口（包括1个客运港、1个集装箱港、1个散装货物港）、新建1个国际机场和1个旅游开发区。约旦拟将现有铁路延伸至区内的重化工业区，并准备在今后将特区与整个地中海地区的铁路网连接。整个特区将成为免（关）税区，区内无论投资者、居民还是来访者都享受免关税待遇，区内个人所得税税率为5%，服务税与零售税税率为7%。区内投资企业将享受自由区（免税进口设备和原料）和资格工业区（区内产品在一定条件下可以免关税、免配额出口美国）待遇。特区主要吸引旅游业、电信、信息产业、轻工业、交通和服务业等部门的投资。在管理上，约旦政府专门成立了由6名部长级委员组成的亚喀巴特区管理委员会，取代原先的亚喀巴地区管理机构，其规模与职能大大超过后者。过去隶属交通部的港口管理局亦归属特区委员会。2000年7月，约旦议会众议院通过了特区法草案并将草案提交参议院讨论。该特区法已于2001年1月1日付诸实施。2001年5月17日，阿卜杜拉二世正式宣布亚喀巴经济特区成立。亚喀巴地处天然良港，拥有完善的航空和陆路交通设施，其他基础设施如通信、能源和水源等较完备并有较大的开发余地。凭借特殊的优惠政策、现代化的管理系统、完善的基础设施和充足的人力资源，亚喀巴具有约旦其他工业区、自由区和资格工业区无可比拟的优势。截至2006年，该特区已吸引外资80亿美元，超过设定的2020年达到60亿美元的目标。亚喀巴国际工业区（AIIE）/资格工业区。是约旦工业公司下属的最大项目，位于亚喀巴经济特区内，占地275公顷。第一期项目占地57公顷。目前园区有企业38家，总投资1.5亿第纳尔。二期项目正在进行中。

马安工业区（MIE）距离马安市中心7千米。占地250公顷。

盖特威多功能自由区，由安曼资源公司和中东盖特威公司合资，占地50公顷。

穆瓦卡尔工业区（Al Muwaqar Industrial Estate）位于约旦连接伊拉克、沙特的高速公路边的穆瓦卡尔镇，在阿卜杜拉二世工业城以南24千米处，距亚喀巴港340千米。园区面积250公顷，第一期面积118.7公顷。主要吸引电子、医疗、食品、电力、工程、纺织、金属、木材、化工等行业的投资。

四　外援与外债

1. 国外援助及贷款

外援是约旦的经济主要资金来源之一。1982年外国财政援助和贷款分别为1.996亿第纳尔和6542万第纳尔。1983年外国财政援助和贷款分别为1.966亿第纳尔和8059万第纳尔。1984年外国财政援助和贷款分别为1.24亿第纳尔和1.285亿第纳尔。1987年外国财政援助为1.285亿第纳尔，贷款为12.09亿第纳尔。1988年外国财政援助为1.64亿第纳尔，贷款为17.27亿第纳尔。

海湾战争前，约旦外援主要来自美国等西方国家以及海湾阿拉伯国家。在海湾危机中，约旦采取同情伊拉克的立场，致使主要援助国中断了对约旦援助，约旦经济形势恶化。近年来，主要援助国恢复了对约旦的援助。1994~1996年，根据双边协议的贷款与赠款分别为2.74亿美元、4.14亿美元、3.63亿美元，来自多边的国际贷款与赠款分别为4.0亿美元、3.0亿美元和4.56亿美元。2001年约旦接受外国赠款为2.47亿第纳尔（约合3.48亿美元），占GDP的3.9%，较2000年增长2.8%，其中伊拉克赠送的原油占国外赠款总额的76.9%。2001年实际支付的国外贷款总额约为4亿美元；合同利用贷款3.33亿美元。2007年，约旦共获得各类外国援助6.8亿美元。2009年，约旦接受来自国际社会的援助总计13.7亿美元。2011年约旦累计收到援助28亿美元。援助形式包括：支持财政预算的直接现金捐赠17亿美元，其中14亿美元来自沙特阿拉伯，3亿美元来自美国和欧盟；对水资源、教育和商业发展的专项援助4亿美元；用于支持私营部门的长期低息优惠贷款4.5亿美元。此外，约旦与世界银行正在商谈2.5亿美元的发展政策贷款。据约旦统计，2002年约旦共获外援近6.54亿美元，其中赠款4.71亿美元，贷款1.84亿美元。2011年海湾合作委员会国家承诺援助约旦50亿美元。

美国是最大的援助国，1951～2013年对约旦援助达183亿美元，包括经济和军事援助。自1991年海湾危机以来，美国对约旦援助飞速增加。据约旦统计，从海湾战争结束到2004年，美对约经济和军事援助达52亿美元，其中经济援助约23亿美元。1994年约旦与以色列签署和平条约后，1994～1995年，美取消了约旦7亿美元的债务。1997年起，美国国会大幅度增加对约旦的经济援助，每年达1.5亿美元，军事援助提高到每年7500万美元的水平。由于1998年10月巴勒斯坦与以色列签署了《怀伊协议》，1999年和2000年，美国共给约旦2亿美元军事援助和1亿美元经济援助。作为《怀伊协议》的一部分，1999年，美国额外给予约旦5000万美元经济援助和5000万美元军事援助。2000年美国额外给予约旦5000万美元经济援助、1.5亿美元军事援助（《怀伊协议》规定，美国分两年向约旦提供3亿美元援助）。自1999年起，美国还以小麦贷款形式向约旦提供额外经济援助。在2002财政年度对外援助法案中，美国政府向约旦提供1.5亿美元经济援助，7500万美元军事援助。同时法案规定，鉴于约旦在支持和平与地区安全方面发挥的关键和建设性作用，政府应与国会紧密协商，继续努力向约旦提供经济和安全援助。同时，鼓励约旦政府继续进行经济改革，支持约旦武装部队现代化和加强边界安全。2003财政年度，美向约旦提供经济援助2.48亿美元，军事援助1.8亿美元。

此外，应布什总统请求，美国国会批准在2003财政年度额外向约旦提供总额为7亿美元紧急经济援助和4.06亿美元紧急军事援助，用于补偿约旦因伊拉克战争而遭受的损失。2003年5月，美国国务卿鲍威尔和约旦计划大臣签署了美向约提供7亿美元追加援助的文件。2004年美对约旦经济援助额为3.485亿美元，军事援助为2.04亿美元。2004年6月，美约签署了美国向约旦提供总额为7245万美元的两笔贷款协议，主要用于水、教育、卫生和管理部门。据约旦计划与国际合作部公布的数据，美国2010财政年度对约旦的援助总共6.6亿美元，其中3.6亿美元为经济援助，另外3亿美元为军事援助。2006年8月，约旦和美国签署四项援助协议，美国将向约旦提供2.473亿美元的经济援助，美国还同意给约旦提供5000万美元的额外援助，使援助总额达到2.973亿美元。2008年9月，美约两国政府达成协议，美国将在未来五年向约旦提供6.6亿美元的援助，其中包括3.6亿美元经济援助和3亿美元军事援助。2010年美国与约旦签署五项援助协议，共计提供援款3.6亿美元，使美国2010年向约旦提供的包括此项援款在内的援助达到7.4亿美元。2011年1月，约旦和美国政府签署协议，美国将向约旦追加经济援助1亿美元，用于支持约旦的财政预算、改善公共卫生和教育设施、促进经济社会发展的项目等。2013年，美国国会批准向约旦提供12.5亿美元的贷款担保。2013年1月，美国宣布将对约旦新增2000万美元援助，用于约旦北部社区供水项目建设，帮助解决该地区因大批难民涌入造成的水资源紧缺的状况。自2000年以来，美国向约旦水利部门累计提供5.37亿美元援助。2014年2月，美国总统奥巴马宣布，将为约旦寻求另外10亿美元的贷款担保。奥巴马还要求为约旦提供一个新的5年资金协议。

美国援助领域广泛，包括民主促进、水资源保护、教育、粮食援助等。国际共和研究所和全国民主研究所实施民主培训计划。国际开发署等部门对水资源保护和水处理等方面提供援助。1999~2006财政年度，美向约旦提供2.3852亿美元食品援助。2007~2010财政年度未提供食品援助。2011财政年度美向约旦提供1900万美元购买小麦。2012年9月，美同意向约旦提供价值1700万美元的小麦（5万吨）。2011年9月，美国与约旦签署协议，将向约旦提供约5万吨小麦，价值1900万美元。此项援助是美国政府食品援助计划的一部分。2006年约旦作为中低收入国家被美列入千年挑战账户（MCC）援助名单。2006年9月，MCC决定向约旦提供2500万美元援助。2009年MCC批准向约旦提供2.751亿美元的援助，用于解决城市用水问题。对在约旦的叙利亚难民提供援助。为应对叙利亚难民危机，截至2014年6月，美已拨款17亿美元，其中为约旦拨付2.68亿美元。2014年8月，美宣布将向约旦境内的叙利亚难民和安置难民的社区提供8400万美元的额外援助。

欧盟也是约旦的重要援助国。1989年欧共体向约旦提供130万约旦第纳尔的赠款，欧洲投资银行提供3300万欧洲货币单位的贷款。2002年欧盟援款为1.123亿美元、德国4200万美元、西班牙2500万美元。约旦从欧盟的“欧盟—地中海伙伴资助计划”（MEDA）中获得大量援助，其中第一阶段为7.12亿欧元，第二阶段（截至2004年）为2.04亿欧元。根据欧盟委员会2001年制定的国家发展战略，2002~2006年欧盟与约旦合作的主要优先事项是：扩大贸易，制度建设和地区整合；宏观经济稳定和经济改革；社会改革与人力资源开发；基础设施建设。依照2002~2004年国家指数计划（NIP），欧盟为约旦提供1.42亿欧元援助。2004年5月，欧盟确定为2005~2006年NIP提供1.1亿欧元援助，其中500万欧元用于民主、人权和廉政建设，4200万欧元用于社会发展，5500万欧元用于实施联系协议和睦邻政策，800万欧元用于知识社会发展。2004年11月，欧盟又向约旦提供3000万欧元贷款，用于消除贫困和开发落后地区。此外，欧洲投资银行（EIB）在1995~2002年向约旦提供了总额为3.632亿欧元的贷款，用于亚喀巴港口建设、安曼市水供应与废水处理、磷酸盐和钾盐矿的开发。1999~2006年，欧盟对约旦的援助超过5.92亿欧元，2007~2010年欧盟对约旦提供2.65亿欧元的援助。2010年5月，欧盟与约旦签署2011~2013年一揽子援助计划的谅解备忘录，援助总额为2.23亿欧元，一揽子援助计划中包括450万欧元用于支持约旦民主、人权、司法和媒体改革，400万欧元用于促进欧盟对约旦的贸易和投资，930万欧元用于支持国家预算中的就业、可再生能源等可持续发展项目，450万欧元用于欧盟约旦联合行动计划，等等。2011年12月，欧盟与约旦签署援助协议。根据此协议，欧盟将向约旦提供价值1.03亿欧元的援款用于约旦社会经济建设。2012年，欧盟宣布将向约旦提供一揽子援助计划。根据该计划，约旦在未来三年内将获得来自欧盟的30亿欧元援助。欧盟将在未来一年中向约旦提供12亿欧元援助。这些援助将主要用于提升约旦政府治理水平，促进约旦经济发展。2012年10月，欧盟宣布拨款1600万欧元，以帮助在约旦的叙利亚难民。2014年2月，约旦与欧盟签署价值4000万欧元的赠款协议。

此外，约旦还从日本、中国、世界银行、国际货币基金组织、国际金融公司以及阿拉伯国家获得不少援助。1989年世界银行为约旦提供了1.5亿美元的长期贷款。

2. 对外债务

长期以来，沉重的对外债务一直是约旦经济的负担，对外债务在国内生产总值中占很高比重，1990年为189.8%，1991年为173.7%，1992年为131.1%，1993年为111.3%，1994年为103.3%，1995年为96.7%，1996年为99.2%，1997年为92.5%，2002年为80.4%，2003年为76.9%。1997年约旦对外债务73.46亿美元，1998年为76.18亿美元，1999年为81.06亿美元，2000年为73.66亿美元，2001年为74.80亿美元，2002年为75.43亿美元，2003年为76亿美元。2008年约旦的对外债务由2007年52.5亿约旦第纳尔下降到36.4亿约旦第纳尔，占国内生产总值的比重由2007年末的44.8%下降到26.3%。但2009年全球经济低迷使约旦债务持续攀升。2009年外国赠款下降了54%，降至3.334亿第纳尔（约合4.71亿美元）。2010年3月，评级机构标准普尔将约旦的信用评级调降了一级，由“BBB”级调降至“BBB-”级，为最低的投资等级。2012年底约旦外债余额为196.7亿美元，2013年底外债余额为220.4亿美元。截至2014年6月底，约旦外债余额为117亿美元，比2013年底增加16亿美元，占2014年GDP的32.8%，比2013年上升2.5个百分点。2014年6月，约旦在美国发行了价值10亿美元的5年期欧洲债券，该债券年利率为1.9%。

约旦的主要债权国为巴黎俱乐部成员国，依次为日本、法国、英国和美国。鉴于约旦有限的偿还能力，西方国家以及国际货币基金组织多次对约旦债务进行重新安排，或减免，或延缓，或转为发展援助等。1988 年“伦敦俱乐部”决定将约旦于 1989～1991 年 6 月 30 日前到期的 5.75 亿美元债务延缓 11 年，并免息 6 年。1992 年“伦敦俱乐部”再次对约旦债务进行重新安排。1994 年约旦和以色列签署和平协议后，以美国为首的西方国家对约旦所欠债务进行了大幅度减免，其中美国为 9.5 亿美元。1995 年英国取消了约旦的 6500 万美元贷款。1999 年 6 月，约旦与“巴黎俱乐部”达成协议，对于 1999 年 3 月至 2002 年 4 月到期的 8 亿美元债务重新进行安排。2001 年约旦与英国达成协议，将 1.25 亿美元债务转为投资和商业计划。2002 年巴黎俱乐部决定对约旦所欠 42 亿美元债务中的 12 亿美元债务进行重新安排，其中德国 9500 万美元，法国 3.3 亿美元，英国 3.13 亿美元。2007 年 11 月，德国政府与约旦签署协议，将对约旦的债务按账面金额 50% 的比例进行减免。按照协议，约旦将从其预算中拿出 500 万欧元用于减轻贫困、卫生和教育项目，特别是德国—约旦大学项目。支付该笔款项后，德国将免除约旦 1000 万欧元的债务。2007 年，巴黎俱乐部接受约旦提议，对之前提供给约旦的 21.53 亿美元非官方援助贷款以 11% 的平均比例进行减免。至少 8 个国家参与该债务减免计划，其中法国减免 8.58 亿美元，英国 6.94 亿美元，美国 3.61 亿美元，西班牙 9200 万美元，意大利 7100 万美元，瑞士 3600 万美元，德国 3000 万美元，比利时 1100 万美元。2008 年 3 月，约旦与巴黎俱乐部国家签署了一项债务回购协议，以 11% 的贴现率，支付 21.2 亿美元，取消债务 23.9 亿美元。

五 海外汇款

海外汇款在约旦经济中占有非常重要的地位，也是外汇收入的主要来源。20 世纪 70 年代末 80 年代初，海外汇款占 GNP 的 25%。据统计，2003 年在海外约旦人大约为 45 万人，其中 20 万人的家庭在约旦。1980 年约旦侨汇收入为 6.66 亿美元，1986 年为 15 亿美元，1988 年为 9 亿美元。在海湾战争中，30 多万长期居住在海湾国家的约旦和巴勒斯坦侨民回国，使约旦侨汇收入锐减，1991 年只有 4.5 亿美元。1994 年约旦与以色列媾和后，侨汇收入有所增加。1998 年约旦海外汇款为 15.4 亿美元，2003 年达 22 亿美元（约合 15.6 亿约旦第纳尔），年均增长 8.4%。1998 年海外汇款占 GDP 的 19.5%，2003 年上升到 22.6%。这一比例是阿拉伯世界最高的。根据世界银行 2003 年发表的报告，2002 年阿拉伯世界海外汇款达 140 亿美元。在发展中国家中，约旦海外汇款排名第 9，仅次于印度（100 亿美元）、墨西哥（98 亿美元）、菲律宾（65 亿美元）、摩洛哥（34 亿美元）、埃及（29 亿美元）、土耳其（28 亿美元）、黎巴嫩（23 亿美元）、孟加拉国（21 亿美元）。汇款占约旦银行外汇存款的 40%。在非居民外汇存款中，海外汇款 1999 年占 76%，2003 年占 85%。2000～2014 年年均海外汇款为 4.6087 亿第纳尔。2013 年约旦海外汇款 36.5 亿美元，比 2012 年增长 4.4%。2014 年第一季度，约旦海外汇款 5.497 亿第纳尔，第二季度为 6.308 亿第纳尔。

还有大量汇款转向私人直接投资，推动了投资增长。海外汇款对增加居民可支配收入、国家外汇储备以及稳定汇率等发挥了重要作用。

第八节　旅游业

一　支柱产业

旅游业是约旦四大经济支柱之一，也是主要外汇来源，直接从业人员 3 万人，旅游业产值约占 GDP 的 10%。1980 年约旦旅游收入为 5.22 亿美元。1988 年约旦通过旅游法。到 1990 年海湾危机前，约旦年旅游收入升至 6 亿美元。海湾战争爆发后，旅游业受到沉重打击。1994 年约以媾和后，来自以色列和欧美的游客大幅度增加，约旦旅游业收入大幅度增长。1997 年约旦旅游收入达 7.75 亿美元，1999 年为 7.95 亿美元。2000 年以来，受巴以新一轮流血冲突和伊拉克战争的冲击，约旦旅游业收入下降，2000 年为 7.23 亿美元，2001 年为 7 亿美元，2002 年为 7.86 亿美元，2003 年为 8.15 亿美元。2004 年，约旦接待游客 558 万人次，旅游收入 13

亿美元。2005 年约旦接待游客总数达 581.7 万人次，旅游收入为 14.4 亿美元。近年来，约旦旅游业受到外部环境影响。2010 年共有 800 万人次游客，旅游收入 35 亿美元，其中 10 亿美元为医疗旅游收入。2011 年上半年约旦旅游业收入为 13 亿美元，较 2010 年同期的 16 亿美元下降了 18.75%。全年收入损失 10 亿美元，地区局势动荡是来约游客人数下降的主因。2012 年，约旦旅游业对 GDP 直接贡献约 12.22 亿约旦第纳尔，比 2010 年增长 8400 万约第。其中，在约旦过夜的境外游客约 420 万人次，同比增长 6%，共消费 30 亿第纳尔，人均每天消费 67 第纳尔，其中沙特游客 58.2 万人次，约占 14%，是该类游客最大单一来源国；不过夜境外游客 220 万人次，人均每天消费 71 第纳尔；本国过夜游客 110 万人次，消费 2.45 亿第纳尔；本国不过夜游客 290 万人次，消费 3400 万约第。2013 年，约旦共接待游客 539 万人次，同比减少 14%，其中，过夜游客 395 万人次，同比减少 5.2%，不过夜游客 144 万人次，同比减少 32.9%。来自欧洲的游客约 67 万人次，同比减少 12.5%；来自阿拉伯国家的游客达 308 万人次，其中沙特游客 108 万人次。2014 年 1～7 月来约旅游总人数达 1570 万人次，同比增长 12%，旅游收入达 180 万约第，同比增长 10%，其中在约过夜游客 230.6 万人次，同比增长 3%。

海湾国家是约旦游客主要来源地。2009 年有 480 万人次阿拉伯国家游客，其中海湾国家占一半。

搭乘约旦航空公司抵达的旅客数量，2000 年为 134.3 万人次，2001 年为 123.6 万人次，2002 年为 134.3 万人次。搭乘外国航空公司抵达约旦的旅客数目：2000 年为 100.7 万人次，2001 年为 97.3 万人次，2002 年为 98 万人次。经亚喀巴港入境人数，2000 年为 29.4 万人次，2001 年为 33 万人次，2002 年为 30.7 万人次。2013 年乘坐皇家航空公司赴约旦游客为 364.71 万人次，比 2012 年略有下降（386 万人次）。

星级宾馆数目，2000 年为 278 家，2011 年为 209 家，2012 年为 212 家，2013 年为 229 家。

星级宾馆客房数目，2000 年为 15091 间；2011 年为 17107 间，床位 31987 个；2012 年为 17449 间，床位 32427 个；2013 年为 18830 间，床位

32720个。据约旦旅馆协会统计，目前约旦全国有20多家五星级酒店，四星级酒店28家，三星级57家，二星级52家，一星级48家。其中，首都安曼有五星级酒店14家，佩特拉有五星级酒店6家，亚喀巴有四星级酒店2家，死海旅游区有五星级酒店8家。

比较有名的饭店有洲际饭店、皇冠假日酒店、四季酒店、万豪酒店、Movenpick酒店、Bristol酒店、君悦大酒店、艾美大酒店、凯宾斯基酒店、希尔顿饭店、赫雅特饭店、地标酒店、瑞吉酒店、皇家酒店、子午饭店、约旦国际饭店、千禧年饭店、假日旅馆。其中洲际饭店有客房478间，包括30间套房。赫雅特饭店有316间客房。皇冠假日饭店有279间客房。

二　旅游发展战略

约旦政府非常重视旅游业发展，1953年就设立了旅游局。1960年正式成立旅游部。目前内阁设置了旅游和古迹遗产部。20世纪五六十年代，约旦旅游业主要集中在约旦河西岸，如耶路撒冷、伯利恒等地。1967年六五战争后，由于约旦河西岸被以色列占领，约旦旅游业在相当长时间里很萧条，1972年开始恢复。政府大力发展约旦河东岸的旅游业。政府积极鼓励外国投资者在约旦投资旅游业，如宾馆、饭店、休闲娱乐场所、会议和展览中心。为此，政府制定了一系列优惠政策，如免除所得税、社会服务税和海关税。至少每7年给饭店一次附加的免税待遇，用于家具、床上用品和相关物品的更新换代。2004年3月，根据阿卜杜拉二世国王的指示，约旦旅游部制定了“2004～2010年约旦国家旅游业发展战略”（NTS）。

第五章

军　事

第一节　概况

一　建军简史

1916 年建军，每年 6 月 10 日为约旦建军节。军队以伊斯兰教义为指导思想，以“笃信真主，忠君报国”为宗旨，主要使命是保护国家主权、安全和稳定，反对任何外部或内部威胁。国王为武装部队最高统帅。约旦军队是地区最专业的军队之一，训练与装备在地区达到很高水平。目前约旦军队参谋长联席会议主席为马萨尔·穆罕迈德·扎本中将（Mashal MohammadAl Zaben），2010 年 2 月 23 日上任。

约旦武装部队（JAF）前身为谢里夫侯赛因·本·阿里领导的参加阿拉伯大起义的军队。1916 年 6 月 10 日阿拉伯大起义的日子后来成为约旦的建军节。1920 年 10 月 21 日，参加阿拉伯大起义的一支军队在阿卜杜拉·本·侯赛因亲王率领下来到约旦。1921 年阿卜杜拉成为外约旦埃米尔，当时外约旦兵力有骑兵 400 人，机动部队 150 人，常规营约 200 人，骆驼骑兵约 100 人。1923 年，阿卜杜拉以此为核心组建了阿拉伯军团。阿拉伯军团包括 1 个步兵连、1 个骑兵连、1 个机枪排、1 个通信班以及一个军乐队。军团人数不到 750 人，直接受英军上尉皮克的指挥。1930 年，阿拉伯军团扩大到 1.1 万人。1931 年，外约旦组建了一支沙漠骆驼机动部队。这支部队吸引了大量贝都因人参加。在此基础上，约旦又于

1933 年组建了第一支机械化部队，拥有 3 辆装甲车，建制为 120 人，主要任务是防止部族武装发动袭击和遏制来自外部的袭击。到第二次世界大战前夕，阿拉伯军团扩大到 1.6 万人。二战期间，阿拉伯军团在配合盟军作战方面发挥了重要作用，如保护盟军供应线、维持秩序。阿拉伯军团还直接参加了在叙利亚、伊拉克和巴勒斯坦的军事行动。战后，阿拉伯军团参加了 1946 年在伦敦组织的庆祝胜利典礼以及盟军在耶路撒冷举行的庆祝胜利典礼。战争初期，约旦又组建了一个独立连以及一个常规营，后演变为阿拉伯军团第 1 旅。1942 年组建了第 2 营，后演变为阿拉伯军团第 2 旅。阿拉伯军团在数量和装备上不断扩充。到 1948 年，阿拉伯军团共有 1 个步兵师、1 个炮兵旅、1 个迫击炮营，以及炮兵营、工程营、通信营、战地救护连。

1953 年侯赛因国王上台后，非常重视军队建设，并不遗余力地培养军队干部，提高装备水平，以实现对军队的独立控制。1956 年初，侯赛因国王解除了英国人格拉布的总参谋长职务，格拉布以及英国军官全部离开阿拉伯军团，由约旦军官填补了他们的职位，侯赛因最终实现了对阿拉伯军团的控制。1957 年，侯赛因下令组建第 4 旅，另建一个野战炮兵旅。同年，装甲旅改编为装甲师。1961 年，装甲师又改编为装甲军。这一时期，第 40 旅、第 60 旅以及皇家卫队组建起来。1963 年 5 月，侯赛因下令组建皇家特种部队。1965 年，又下令组建步兵师，使约旦军队规模进一步得到扩大。全国分西部军区和东部军区。1967 年又组建了一个新的装甲旅。1967 年“六五”战争后，约旦军队在各方面有了进一步提高，购买了大批新型火炮、步枪、机枪、坦克、装甲车、导弹和其他装备。1968 年 3 月，约旦军队在卡拉马村战役中与巴勒斯坦游击队法塔赫联合作战，歼灭以军 400 多人，打破了以色列军队不可战胜的神话。在 1973 年第四次阿以战争中，侯赛因国王下令约旦军队参战，并派第 40 装甲旅前往叙利亚前线增援，在击退以色列军队对叙利亚的进攻上发挥了重要作用。

1977 年 7 月 25 日，侯赛因为纪念即位 25 周年而建立国家军事博物馆（MNM）。同年，建造烈士纪念碑。

二　国防体制

约旦宪法规定，国王兼任陆、海、空三军统帅，拥有宣布战争、军管、缔结和约的权力。国王下设“最高国防委员会”，由国防、外交、财政、内政大臣和军队总司令等人组成，通常由国防大臣召集会议，负责制定国防政策和监督国防计划的实施。国防部是内阁中的一个部，主要负责制定国防预算、后勤保障，并与军队总司令部共同发布有关军队的行政命令，但对军队无调动和指挥权。军队总司令部是国王统率军队的办事机构，其成员有总司令、总司令助理和武装部队总监各1人。总司令代表国王处理军队日常事务。总司令部下设总参谋部，其成员有总参谋长及主管作战计划、情报、人力、行政管理等事务的副总长。此外，还设有“国防委员会”和“军官委员会”。前者负责军队的编制、装备、征兵等具体计划和建议，后者负责对军官的考察、提升和调动提出建议。武装力量由正规军和准军事部队组成。此外，王室还成立了专门的国家安全委员会，统领国家安全事务。国王阿卜杜拉·本·侯赛因兼武装力量统帅。根据现行宪法，总参谋长由内阁提名，再由国王任命。

民防体制。1999年约旦政府颁布第18号法令，实施民防法。成立民防委员会，设民防总司令一职。主要使命是：从事救火、救援和协助行动；建立空袭和灾难警报系统；确保人们在任何情况下获得避难场所；查找炸弹，确定地雷区域，培训相关排查专家；协助查找化学品和放射性物品泄漏位置；批准和发放建设碳水化合物等物品仓库的许可证；制定关于处理和储藏炸药、烟花、化学品和其他危险物品的安全规则，并建立预防和保护措施；发放有关商业、工业和旅游高层建筑的许可证；训练民防志愿者；代表约旦政府参加地区和国家有关民防会议。

军衔制度。陆军军衔等级依次为陆军元帅、上将、中将、少将、准将、上校、中校、少校、上尉、中尉、少尉、一级准尉、上士、中士、下士、一等兵、列兵。

三　国防预算

长期以来，由于地区形势险恶，周边国家战争与冲突不断，国防开支在约旦 GDP 中一直占较高比例。20 世纪 70 年代初占 35%，80 年代初下降到 20%。1982 年国防预算为 1.8 亿第纳尔，占政府财政预算的 23.5%。1987 年约旦国防开支占 GNP 的比重是 13.9%，同期中东国家的平均水平是 11%。1987 年约旦国防开支占政府总开支的 22%，低于中东国家的平均水平（32%）。1987 年人均军事开支为 285 美元，低于中东国家人均的 396 美元。1988 年约旦国防预算为 2.56 亿第纳尔（相当于 7.63 亿美元），比 10 年前高 60%，占 GNP 的 15.4%。20 世纪 90 年代以来，由于中东和平进程启动以及约旦与以色列实现和平，约旦国防开支占国内生产总值的比重进一步下降，1990 年为 9.4%，1991 年为 8%，1993～1995 年年均为 8.5%，1996 和 1997 年约为 9%。2001～2012 年军事开支为 13.496 亿美元。根据瑞典斯德哥尔摩国际和平研究所（SIPRI）出版的 2012 年全球军事开支排名，2012 年约旦军事开支为 1.382 亿美元，占 GDP 的 4.6%，在全球排名第 64 位。军事开支占 GDP 的比重，2010 年为 4.9%，2011 年为 4.6%，2012 年为 4.6%。

目前约旦军费开支负担依然较重，占 GDP 的比重约为 5%，水平与美国相当。约旦是世界上服役人口比率最高的国家之一，服军役比例为 36.4%，仅低于伊拉克、以色列、叙利亚和朝鲜。

对国力较弱的约旦来说，国防费用一直是个沉重负担。英国曾经是约旦的主要军事援助国。后来约旦开始接受美国和阿拉伯国家的军事援助。几十年来，美国对约旦的军事援助不断扩大，目前已成为约旦的最大军事援助国。

第二节　军种与兵种

正规军分约旦皇家陆军（RJLF）、皇家海军、皇家空军（RJAF）、皇家特种部队（Socom）、公共安全部队、国王特别安全部队、皇家维修军团、总情报部、公共安全局、阿卜杜拉国王设计与发展局。

约正规军总兵力约 13 万人，其中陆军 11.8 万人、空军 1.35 万人、海军 850 人。预备役 6.5 万人，治安部队 2 万人，公安部队 3 万人。

一　陆军

1982 年陆军约 6 万人，下有 4 个师、1 个独立旅以及特种部队和皇家警卫队。有各种型号坦克 600 余辆，装甲车 1070 辆，野战火炮 935 门。目前陆军兵力约 11.8 万人，在全国设四个地区级司令部，即北方司令部、南方司令部、中央司令部和东方司令部。北方司令部下辖三个旅：阿丽娅公主步兵旅、第 3 塔拉勒国王机械化旅、第 12 雅尔穆克机械化步兵旅；中央司令部下辖 2 个旅：哈希姆步兵旅和第 1 机械化皇家卫队旅；东方司令部下辖 2 个旅：第 2 皇家卫队机械化旅、第 90 阿卜杜拉一世国王机械化步兵旅；南方司令部下辖 2 个旅：宰德·本·侯赛因步兵旅、第 99 瓦斯非·阿－塔勒烈士装甲旅。

除了总司令外，还设总参谋部及总参谋长，总参谋部还设有副总参谋长、负责联合行动的参谋长、负责战略计划的参谋长、负责情报的参谋长、负责后勤的参谋长、负责人力资源的参谋长以及负责国防资源和投资管理的参谋长。

此外，还设有特种行动部队司令部、边境卫队司令部、第三皇家装甲（战略预备）和第 30 特种旅。

皇家特别卫队旅，据称是约旦规模最大、最精锐、战斗力最强的旅。阿卜杜拉二世第 3 装甲师下辖三个旅：第 40 侯赛因国王皇家装甲旅、第 60 哈桑亲王皇家装甲旅、第 91 皇家装甲旅。边界卫队下辖 4 个旅：第 1 旅在东部司令部、第 2 旅在北方司令部、第 3 旅在中央司令部、第 4 旅在南方司令部。第 30 侯赛因·本·阿里皇家特种旅，下辖指挥控制和通信连、第 15 特种营、第 16 特种营、第 20 特种营、支援连、宪兵排、卫生中心、训练中心等。

陆军装备如下。

主战坦克：1120 辆，包括 M－47/－48A5 型 78 辆，美制 M－60A1/

A3 型 288 辆，哈利德（酋长）式 274 辆，塔里克（百人队长）式 90 辆，侯赛因式（挑战者 I 型）390 辆。

轻型坦克：蝎式 19 辆。

步兵战车：BMP－2 型约 26 辆，“非洲獾”（Ratel）－20 型约 200 辆。

装甲人员输送车：M－113A1/A2 型 1400 辆，BTR－94（BTR－80）型 50 辆，“斯巴达人”（Spartan）式约 100 辆。

牵引炮：共 94 门，其中 M－102 型 105 毫米炮 36 门，莫巴特（MOBAT）式 105 毫米炮 18 门，M－114 型 155 毫米炮 18 门，M－59/M－1型 155 毫米炮 18 门，M－115 型 203 毫米炮 4 门。

自行火炮：共 399 门，其中 M－52 型 105 毫米炮 35 门，M－44 型 155 毫米炮 29 门，M－109A1/A2 型 155 毫米炮 253 门，M－110A2 型 203 毫米炮 82 门。

迫击炮：81 毫米炮 450 门，M－30 型 107 毫米炮 60 门，“布朗德”（Brandt）式 120 毫米炮 230 门。

火箭筒：LAW－80 型 94 毫米 2500 具，“阿皮拉斯”（Apilas）式 112 毫米 2300 具，RPG－26 型 73 毫米若干具。

无坐力炮：106 毫米 330 门。

高射炮：共 395 门，其中 M－163 型 20 毫米自行高射炮 139 门，ZSU－23－4 型 23 毫米自行高射炮 40 门，M－42 型 40 毫米高射炮 216 门。

反坦克导弹（发射架）：“陶”式 330 具，“龙”式 310 具，“轻标枪”式 30 具，导弹 110 枚。

地空导弹：以萨姆型导弹为主，包括 SA－7B2 型 50 部，SA－8 型 60 部，SA－13 型 92 部，SA－14 型 300 部，SA－16、SA－18 型 240 部。此外还有红眼式 250 部。

二　皇家空军

约旦皇家空军（RJAF）负责领空防御、支持陆军、战术轰炸、进行军队和军事物资的运输等。1948 年 7 月 22 日，根据阿卜杜拉国王的指示，约旦开始建立皇家空军。

当时只拥有一些直升机，主要用于训练、运送军队和通信联络。最初称阿拉伯军团空军，主要依赖来自英国皇家空军的飞行员和其他人员。1949年底，约旦派一批青年军官前往英国等国接受飞行和维修训练。1953年侯赛因国王即位后，着手加强空军，购买战斗机。侯赛因本人还试飞了所有型号的战斗机。1955年，英国向约旦出口了9架MK9型战斗轰炸机。1959年，约旦空军从英国购买了“猎鹰”式战斗机并组建了“猎鹰”战斗机中队。1967年“六五”战争时，以色列几乎炸毁了约旦所有飞机。为了恢复空军，英国和沙特阿拉伯又向约旦提供了“猎鹰”式战斗机。1969年，美国决定向约旦提供20架F-104型战斗机，并组建了战斗机中队。为避免灾难重演，约旦开始安装覆盖全国的雷达监视系统，建设战斗机的藏身机库，实施空军紧急疏散计划。1972年，约旦皇家空军进一步扩大，修建了新的机场，并装备了美国的F-5型战斗机、C-119型运输机和C-130型运输机。与此同时，空军引进了计算机系统，以提高作战能力，并将重心放在技术训练上。1973年第四次阿以战争爆发后，由于约旦没有参战，以色列未对约旦进行攻击。1974年美国开始向约旦交付F-5s型战斗机。1975年，应阿曼苏丹请求，侯赛因下令派第91伞兵营参加阿拉伯军队帮助阿曼军队打击“解放阿曼人民阵线”（PFLO）。1981~1983年，约旦从法国购买了30多架“幻影”F-1s型战斗机。1985年，约旦从美国购买2个中队的“眼镜蛇”式直升机，共20架。1988年初，约旦宣布购买20架法国“幻影”2000型战斗机，并为15架“幻影”F-1s型战斗机进行升级，合同价值13亿美元。20世纪90年代后期，约旦从美国购买了装备2个F-16型战斗机中队的战斗机。2002年3月，约旦国王对军队高层进行全面改组，并任命费萨尔亲王为约旦皇家空军司令。

空军的主要任务：防空；支持地面部队；空降行动；侦察行动；搜寻行动。

约旦有6个大型空军基地：位于阿扎拉克的穆瓦法克·萨尔提空军基地、位于贾费尔的费萨尔·本·阿卜杜拉·阿齐兹国王空军基地、位于安曼马尔卡的阿卜杜拉一世国王空军基地、位于贾巴尔－拉巴维的阿卜杜拉二世国王空军基地、位于H5的哈桑亲王空军基地、位于马法拉克的侯赛因国王空军基地。司令部设在安曼的阿卜杜拉一世国王空军基地。皇家空军还拥有皇家空军学院。

1982年约旦皇家空军共7000人，有4个战斗机中队，各种飞机100余架。2004年约旦空军约有1.5万人（包括防空部队3400人），作战飞机101架，武装直升机约20架。目前有1.35万人，有16个空军中队，45架飞机、14个黑鹰直升机营、2所训练学校。各式飞机主要有贝尔AH－1眼镜蛇战斗机、F－16战斗机、F－5教练机、CASA C－101高级教练机、T－67萤火虫运输机、C－130大力神运输机、CASA C－295运输机。其中战斗机有12架F－16A、46架F－16AM（C）、28架F－5E和F－5F、25架贝尔眼镜蛇AH－1F攻击直升机。2008年约旦从美国收到3架F－16A。2012年订购18架波音AH－6i轻型攻击直升机。

其编成和装备如下。

地面攻击/侦察机中队4个，其中3个中队装备F－5E/F型机55架，1个中队装备“幻影”F－1EJ型机15架。

战斗机中队2个，其中1个中队装备“幻影”F－1CJ/BJ型机15架，1个中队装备F－16A型机12架、F－16B型机4架。

运输机中队1个，装备有C－130H型机4架、C－212A型机2架、CN－235型机2架、TB－20型机2架、CL－604型机2架。

电子监视机2架（RU－38A型）。

皇家要员座机队1个，配备有“湾流”1V型机2架、L－1011型机1架、“空中客车”A340－211型机1架、S－70A型直升机3架。

直升机中队3个，其中攻击直升机中队2个，装备有AH－1F型机约20架；运输直升机中队1个，装备有AS－332M型机12架；UH－1H型机36架、EC－635型机9架、BO－105型机3架。

教练机中队3个，装备有“大斗犬”式机15架（飞行员基础训练用），C－101型机13架（基础和高级训练用）、休斯500D型机8架（直升机飞行员训练用）。

防空部队2个旅，3400人，主要装备有："霍克"式地空导弹发射架80部（14个连）、PAC－2型导弹连3个；空地导弹有陶式、AGM－65D"小牛"式等若干枚；空空导弹有AIM－7"麻雀"式、AIM－9"响尾蛇"式、"马特拉"R－530型、"马特拉"R－550"魔术"式等若干枚。

导弹防御系统。2003年1月，由于海湾局势日趋紧张，为防止伊拉克和以色列的导弹袭击，约旦政府决定从欧洲购买导弹防御系统。此前，约旦从俄罗斯购买了地对空导弹防御系统。2003年2月，约旦还从美国购买了3套"爱国者"（Patriot）地空导弹防御系统。

三 皇家海军

约旦皇家海军规模很小。1982年军力约有200余人，配备9艘小型巡洋舰。2004年军力约500人。2013年约为850人。拥有"侯赛因"式（Vosper 30m型）近海巡逻舰3艘、"哈希姆"式巡逻艇3艘，还有"伯特伦"（Bertram）式巡逻艇4艘和美制海上巡逻艇10艘。配有轻机枪，基本承担海岸警卫队的角色。主要任务是维护海上安全，并与移民、海关等部门合作维护亚喀巴港的安全。海军基地设在亚喀巴港。

四 准军事部队

1. 预备役部队

由大约3万名陆军和5000名空军预备役人员组成，服役期为两年。如发生危机，他们将应召入伍，承担与现役部队一样的任务。

2. 公安部队

兵力约3万人（包括公安部队旅），归内政部领导。装备有"蝎"（Scorpion）式轻型坦克、EE－11"蝰蛇"式装甲车25辆和"萨拉逊"式装甲人员输送车30辆。

3. "人民军"（民兵）

约6.5万人。1983年约旦议会通过了《人民军法》，要求年龄为16～55岁未服过兵役的男子（包括政府雇员和农民）加入人民军。非在校学生且年龄为16～45岁的妇女作为人民军的志愿兵。人民军穿戴特别制服和徽章。人民军主要参加民防和救援工作以及在发生自然灾难时参加紧急救援等。重要生产部门的职员可以免于参加人民军。每年新兵训练在军营举行，训练主要包括武器使用、爱国主义教育。对人民军的指导由常规军在中学和大学进行。人民军与常规军一起进行演习。女兵由女教官训练。伊斯兰激进分子曾反对女性服兵役以及男女混杂在一起训练，但政府予以驳斥，称妇女当年也参加了先知穆罕默德的征服战争。人民军装备有轻武器，主要为原苏联和东欧制式的，如 AK－47 攻击步枪。常规军通常配备美式 M－16 步枪作为基本步兵武器。

五　特种部队

1. 皇家特种部队

1963 年 5 月，约旦组建了一个连编制的伞兵部队。此后，以此为基础逐步建立起皇家特种部队。目前特种部队规模为 3 个旅，每个旅下辖 3 个营，每个营有 3 个连，每个连 3 个排。每个营约 500 人。特种部队成员皆为志愿军，多为贝都因人。所有成员皆须接受跳伞训练、游击战和破坏训练。特种部队装备"龙"式反坦克导弹、106 毫米无后坐力炮、迫击炮和轻型武器（M－16 步枪、M60 机枪等）。约旦特种部队还装备了一种新型双轮驱动重型越野摩托车——AB23"沙漠巡逻兵"，由美国 Rokon 公司与阿卜杜拉二世国王设计局共同开发。空中机动运输由约旦皇家空军提供，其运输机队包括：15 架云雀 3 型直升机、两架 S－76 型直升机，4 架 S－76 型、3 架 C－13O 型和 4 架 C－212 型运输机。2003 年，约旦成立特种指挥和反恐中心。

约旦特种部队受英、美特种部队影响较大，着类似美军的叶状迷彩服，大多数单兵装备来自美国，戴红褐色贝雷帽。特种部队的徽章是一把白色的刺刀，周围以象征性的黄色翅膀环绕，再绕以约旦国王的皇冠。徽章以红褐色的盾为底，戴在右袖上方。阿卜杜拉二世在就任国王前曾于 1993 年被任命为约旦皇家特种部队司令。目前司令为穆斯塔法·纳瓦斯拉赫（Mostafaalnawasrah）少将。总部设在安曼。

特种部队规模为 3 个旅，约 14000 人。三个旅分别为：阿卜杜拉二世国王皇家特种部队第37旅，下辖旅部、第71反恐营（CTB－71）、第81特种空降营（SAB－81）、第101特种部队（SFG－101）、通信连、卫生连；第28侯赛因·本·阿卜杜拉二世皇家骑兵旅，下辖旅部、第61皇家骑兵营（CSAR－61）、第91空降骑兵营（ARB－91）、第111皇家骑兵营（RRB－111）、通信连、卫生连、反坦克连、战略侦察连；第5哈希姆本阿卜杜拉二世航空旅，下辖旅部、第28航空中队（MD－530F）、第30航空中队（UH－60L/M）、第32固定翼航空中队（ATKCN－235，C－295M）、第51空降行动分队、维护队、航空支持队。此外，还设有第61特种侦察团（SRR－61），属于皇家卫队，以及军民两用连（CIMIC）、维护、卫生、公关、供应和化学等机构。

主要武器与装备：HK416－5.56毫米突击步枪、Heckler & Koch MP5－9毫米冲锋枪、Heckler & Koch UMP－9毫米冲锋枪、Heckler & Koch MP7 － 4.6x30冲锋枪、Heckler & Koch G36 － 5.56毫米突击步枪、M4 Carbine－5.56毫米突击步枪、Barrett M82A1－50 BMG狙击步枪、Barrett M95－50BMG狙击步枪、Accuracy International AS50－50 BMG狙击步枪、McMillan Tac－50 －50 BMG狙击步枪、L115A3－338 Lapua狙击步枪、Sako TRG－42 －338 Lapua狙击步枪、Sako TRG－22－308 Winchester狙击步枪、DPMS LR308 －308 Winchester狙击步枪、Benelli M4散弹枪、伯奈利M4－散弹枪、Minimi 5.56毫米轻机枪、FNMAG7.62毫米机枪、M2407.62毫米机枪、M60E37.62毫米机枪、布朗宁M2HB12.7毫米机枪、米尔科姆转轮连发式40毫米榴弹发射器、M203 40毫米榴弹发射器、Mk19－40毫米榴弹发射器、黑克勒－科赫GMG－40毫米榴弹发射器、M41ITAS反坦克导弹、FGM － 148标枪反坦克导弹、RPG－32Nashab反坦克榴弹发射器、SA－24伊格拉－S便携式防空系统、Brandt火炮、W－86火炮、M224火炮、AB－19MLRS火箭弹、Hanwha－70毫米多管火箭炮、UH－60黑鹰通用直升机、MD530F轻型多任务直升机、CASACN－235武装直升机、安东诺夫32B运输机、EC635轻型多任务直升机、HMMWV轻型多用途车、沙漠虹膜轻型多用途车、“狐”式AL－Thalab远程巡逻车（LRPV）、道奇公羊2500轻型多用途车、

LTATV 全地形车、AN/TVS－5 载人夜视仪、AN/PVS－7D 夜视镜、AN/PVS－9 夜视镜、AN/PVS－14 单筒夜视仪、AN/PVS－22 通用夜视仪、AN/PV S－23 双目夜视镜、AN/PVS－27 万能通用型夜视仪、Schmidt & Bender 3－12x50 PM Ⅱ远望瞄准镜、Schmidt & Bender5－25x56 PM Ⅱ远望瞄准镜、Leica CRF－1200 激光测距仪、Vectronix PLRF 激光测距仪等。

自 1996 年始，约旦开始举办国际特种部队装备展，每 2 年举办一次。

2. Sou 71 反恐特种部队

又名皇家反恐特战突击队，20 世纪 90 年代初从皇家特种部队中独立出来，直接受国防部和总参谋部指挥，阿卜杜拉二世国王曾任司令。现有 1 个营，约数百名队员，主要是贝都因人、切尔克斯人和车臣人。头戴羊毛头罩，穿特制的凯夫拉尔防弹服，胸前佩戴“71”标记的徽章。Sou 71 所使用的武器与其他国家的特种部队相仿，如 MP5 系列冲锋枪、Stery 特殊警用狙击枪、散弹枪等。目前正用 5.56 毫米口径突击步枪取代 MP5 系列冲锋枪。成员必须经过一系列严格的身体测试和心理测试，包括基本的军事技能、体能训练和拉练、航空学、地形学、地图阅读、医疗急救、基本通信手段、先进武器训练，反坦克行动、山地战、两栖战、白刃战（刺刀和廓尔喀刀）训练，防空训练和各种其他专门课程的学习。Sou 71 主要负责处置约旦境内的恐怖袭击事件。

除了特种部队外，还有第 14 特别宪兵队、第 30 特警部队。

第三节　军事训练和兵役制度

一　军事教育与训练

自阿拉伯军团建立起，约旦就一直重视军事教育与培训，当时还专门组建了教员队伍对军队进行教育。20 世纪 30 年代巴迪亚地区的警察局以及一些部门组建起军队的教育中心。1952 年建立军事教育部，相应设立了督学、教员和管理人员岗位。1958 年 10 月 15 日，成立军事教育处。

目前军事教育处下有19所学校，有学员9500名。

新招募的士兵一般毕业于社区军事学院。入伍后，新士兵需经过培训才能正式加入现役。新士兵必须接受为期19周的基本训练。培训后，再对新兵进行分配。社区军事学院的毕业生一般在塔拉勒军事学校接受基本训练，然后分配到部队。在部队期间，无文凭的士兵需参加并通过教育部组织的文凭考试。分配到军事单位后，士兵再接受进一步的高级军事训练，如个人武器、火炮、工程、通信等专业学习。士兵在晋升前需进入士官学校学习，主要课程内容是领导艺术以及装甲、火炮、通信、后勤等方面的知识。培训特种部队士兵的步兵学校还要教授夜间巡逻、地图辨识、破坏、格斗等课程。所有军官都需在约旦军事学院接受为期2年的学习。1987年穆塔大学开始提供4年制本科学习课程。约旦指挥和参谋学院、战争学院主要培训高级军官，学习时间为1年。

此外，约旦军官还会被派到英、美的军事院校学习、交流。约旦空军飞行员的培训过去主要在英国和美国进行，近年来已改为主要在约旦本土进行。设在阿卜杜拉一世空军基地的皇家空军学院为学员提供27个月的军事和学术教育。飞行训练包括250小时的英国“大斗犬”式教练机，然后是西班牙的C-101型教练机飞行训练。直升机飞行员训练主要使用“休斯”500型直升教练机。取得飞行员资格的飞行员要在马弗拉克空军基地进行为期5个月的F-5As型和F-5Bs型战斗机战术和武器使用训练，然后再分配到各战斗中队。空军训练处在经过长期调查研究后制订了一个为期一年的训练计划，几乎囊括了空军培训的所有专业课程。主要训练都在空军的专业学校进行，有的与陆军联合进行，有的还安排出国进修。课堂训练主要分三种：飞行培训、侯赛因空军基地培训、技术培训。

二 军事院校

穆塔大学，是约旦最重要的军事院校，主要为陆军、海岸警卫队和安全部队培养初级军官。1981年由侯赛因国王下令建立。目前有7个学院，27个系，其中有文学、工程、科学、法律、经济管理、教育、体育科学、宗教、农业、护理、医学等系。此外，还有学生事务工作部、科学研究部、高级研究部、南部研究中心、继续教育中心、计算机中心以及其他机构。拥有现代化的实验室和计算机。学校拥有阿拉伯语言和文学博士点，有大量硕士专业如阿拉伯语、英语、数学、地理、电子工程（通信）、法律和警察学等。有学生近1.6万人。穆塔大学在全国高校夜大教学中排名第一。学生毕业后一般授予少尉军衔。

皇家指挥和参谋学院，1986年1月创办。主要培训中高级军官，如上尉、少校、中校、上校、准将等。可授予军事学硕士学位。位于安曼郊区。

战争学院，主要培训高级军官。一般授予军事学硕士学位。位于安曼郊区。

皇家约旦国防学院，主要培训高级军官。

约旦皇家空军学院，主要培训空军飞行员和空军其他军官。设在阿卜杜拉一世空军基地。

另外，还有诸多专业技术学院，如塔拉勒国王军事学校、皇家军事学院、情报学校、皇家炮兵学校、皇家工程兵学校、步兵学院、皇家装甲兵学院、阿卜杜拉·本·侯赛因国王烈士步兵学校、谢里夫纳赛尔军事通信学院、通信工程学院、军事医学院、皇家防空学校、运输和补给学院、侯赛因·本·阿卜杜拉亲王维修学院、医疗救助职业学院、信息技术培训中心、语言中心、维和行动培训中心、皇家供应与交通学校、维修与驾驶学校、皇家约旦创新中心、国家救护与紧急救援教育中心、模拟培训中心、军士培训学校等。扎尔卡附近的约旦军事学院通常培训女兵。

特种部队培训方面，成立了哈希姆亲王特种行动培训学院。2009年5月19日，阿卜杜拉二世国王下令成立了阿卜杜拉二世国王特种行动培训中心（KASOTC），中心设在安曼，是约旦最大的反恐、特种行动和非常规战术、技术等培训中心。它是该地区最现代化的特种培训中心之一。该中心由阿塞夫上将负责。阿卜杜拉二世国王致力于建立一个地区性特种部队培训中心，为地区国家提供特种部队培训。截至目前，阿尔及利亚、巴林、伊拉克、科威特、黎巴嫩、利比亚、摩洛哥、阿曼、卡塔尔、沙特、阿联酋和也门等国的特种部队接受了约旦特种部队的培训。

三 兵役制度

约旦最初实行义务兵役制。1975 年约旦制定义务兵役法。1976 年 9 月，约旦开始实行义务兵和志愿兵相结合的兵役制度，服役期为两年。1982 年 7 月，侯赛因国王宣布成立人民军，凡在高中和高校就读的男女学生，以及 16 ~ 55 岁的男性公民均应参加。1994 年约旦与以色列实现和平后，约旦废除了义务兵役制，开始实行志愿兵役制。目前 17 岁男性可服兵役，服役期两年。

军官的录用主要有几个途径。一是从军事院校穆塔大学录取。要求在毕业前已在大学学习 4 年，获少尉或中尉军衔，具有军事学或其他专业学士学位。二是其他专业人才，如工程师和药剂师。他们在参加特别培训课程后方可录用。三是委任军官。这一类数量很少，多是因符合特别条件而获晋升资格的。四是由军队资助的在海外学习的约旦学生。此外，如条件合格，士兵也可晋升为军官，但条件非常苛刻，主要看其教育水平、职业技术以及综合素质。军官在招录时根据拥有的学位授予相应军衔，如具有大学学士学位的一般授予少尉。根据特别课程，这些人必须进行为期 19 天的基本训练，然后再分配到步兵部队。

军官的任命，首先根据军官委员会决定，由总参谋长提名，经国防大臣批准，最后以王室令形式发布。出任军官必须具有以下几个基本条件：拥有约旦国籍、体检合格、不低于 165 厘米（拥有学士学位的不低于 160 厘米；女性不低于 160 厘米）、品行良好、无犯罪记录、未参加任何政党、未被军队开除过、具有高中毕业以上文化水平。如非约旦国民加入军队，必须经总参谋长同意。

此外，出任军官还需具有以下资格。①学术资格。需通过军队培训学校和军事学院举办的必要课程考试，包括在一些友好国家举办的课程考试。根据需要，派军官进行研究生学历学习深造。②领导能力。对军官的考核，主要由战地指挥官或军官事务处进行。主要评估指标有：身体素质、课程与成效、分配工作完成情况、服役时间、指挥官的意见、年度报告以及与军官权利相关的其他方面。通常由战地指挥官向军官事务处提交某个军官的评估报告。之后，军官处提出书面建议，交给军官委员会进行评估，并采取合适行动。在下列情况下，将终止军官服役：自己请求退役；按期退役（服役 16 年或更长，不同级别不同年限）；超期服役（不少于 16 年）；身体不合格；被解雇；死亡；失去约旦国籍。

士兵招录有不同的程序和规定。一般由军队人事处组成一个委员会，其成员包括精神病学家，由其对要求入伍青年进行面试考核。士兵主要从社区军事学院中招录。主要社区军事学院有哈桑亲王技术学院（属于皇家空军）、医疗服务辅助岗位学院（皇家医疗机构）、阿卜杜拉·本·侯赛因亲王军事技术学院（皇家医疗机构）、谢里夫纳赛尔·本·贾米尔通信军事学院（皇家通信团）等。

士兵招录的主要评估指标有身高、体重、外貌、视力、教育水平（不得低于 10 年级）等。招募士兵的主要过程：首先通过媒体发布征兵信息；愿意参军的人员按指定时间在各接待站集合；由征兵委员会进行面试，确保有关证件以及应征者的外貌符合条件。此后，填写征兵表、体检。如体检合格，还将得到相关安全机构的批准。上述程序完成后，军方将为每个新士兵建立档案、发放身份证件和军服，然后派他们到培训中心接受培训。

第四节 军事后勤与国防科技

一 后勤服务

运输方面。军队下属皇家交通运输公司，成立于 1948 年 4 月。当时在扎尔卡建立了两个供给和燃料点，同时在亚喀巴还有一个交通和运输班。后来，随着军队的发展，交通运输规模也进一步扩大。其主要职责是：为军队提供配给、燃料和灭火装备；视需要为军队提供后勤服务；为军队提供专业化服务。要保证拥有不同负荷的车辆（重、中、轻型）以满足不同需要。在紧急情况下，可征用民用交通工具。要拥有4000吨以上物资以及4000吨燃料的运输能力，拥有一次性运输6000人的能力。

食品供应方面。为官兵提供基本能量需求，保证他们能有效地执行日常任务。食品要多样化，如包括蛋白质、碳水化合物和脂肪。采取质量控制措施，确保高营养价值。以国内产品供应为主，最大限度减少进口。自己生产某些食品如面包、饼干等。除备足战略储备外，还要维持适当的紧急配给，确保足以维持三个月的供应。

燃料方面。所有燃料和润滑油都采用国际技术标准，以满足军队车辆和设备的高水平要求。所有燃料以及大部分石油应从约旦炼油厂购买。建立有效、灵活的储备和流通体系。在全国各地建立燃料补给站。维持数量充足的燃料储备，以供紧急时使用。

计算机技术辅助方面。军队计算机处（ACD）是约旦军队的主要技术和维修支持机构之一，负责计算机方面的技术支持和维修工作，以应对军队装备技术提高所面临的挑战。该机构的分析师、程序员和工程师都是约旦技术和教育方面的高级人才。该机构除对军队人员进行计算机技术培训外，还举办军队计算机等级考试。

二　国防工业与国防科技

约旦的国防科技和国防工业比较薄弱，自主研发能力较差。主要生产一些小型武器和弹药、零配件，对一些武器装备进行改装和升级，如坦克、直升机、米格-19型战斗机和“空中骑士”式战斗机等。约旦与美国、俄罗斯、英国、南非、瑞士、澳大利亚等国在武器装备设计和生产方面开展了合作。与澳大利亚合资的飞机制造厂制造SB7L-360型“搜索者”侦察机。美国帮助约旦建立了一个可以改装M-60、“酋长”和“百人队长”式坦克的工厂。

约旦自行研制与开发的特种部队装备在国际上具有一定知名度。自1996年开始，约旦每两年主办一次的“约旦特种部队武器国际装备展”，是世界上规模较大的军事展会之一，吸引了很多海外客户。2014年5月，约旦特种作战部队武器国际装备展在安曼阿卜杜拉一世空军基地开幕，来自35个国家的374家企业展出了自己的最新技术和装备。此次武器装备展为期3天，有6个展厅，展出的除战斗机、武装直升机、坦克、水陆两栖装甲车等重型装备外，还有为特种部队特制的步枪、卫星定位系统、夜视仪、防弹钢盔、防弹衣以及可移动野战医院战车等。

阿卜杜拉二世设计与开发局（KADDB）是约旦最重要的国防科研机构。1999年8月24日，由阿卜杜拉二世国王颁布饬令建立，直接向国王负责。主要任务是为约旦军队提供独立、高质量、有效和低成本的科技服务，满足国防需求。KADDB主要从事国防研究、设计和开发，涉及领域包括工程研究、应用研究、政策和技术建议与支持、操作评估与研究、制订用户指南、产品设计与开发、装备试验和支持等。在约旦大学设有实验室。该机构的近期目标是为约旦陆军装备进行升级，尤其是装甲车辆的升级；中期目标是进一步扩大业务至通信系统、战场管理系统、空防系统、航空技术；远期目标是成为一个具有独立开发和研制能力的国防和商业机构，具有从设计、开发到生产制造的一条龙产业链条。目前该设计与开发局在约旦国内外已享有一定声誉，独立研制开发了诸多国防产品，并承担了约旦诸多武器装备升级的任务。2002年8月，该设计局还与欧洲技术和工业公司联合在亚喀巴建立了一个合资企业，主要制造海军用品。2004年5月，该局与南非机械设计局合作，在“大山猫”（Rooikat）8×8轮式装甲车基础上，研制出了一种高机动性反坦克车。该公司还成功开发出一系列新式步兵战车，如2000年推出的“鳄鱼”重型步战车。目前正在开发两种型号的AB14“鳄鱼”重型步战车。这些步战车能够搭载8名士兵和2名操作员，同时配备一门20毫米加农炮和欧洲防务公司的其他武器。2004年，该局还与约旦宇航工业公司签署协议，联合研制无人侦察机和靶机，主要包括航程50千米的便携式“约旦静眼”无人机系统、“约旦隼”无人机以及“约旦箭”靶机系统。2008年该局与俄罗斯成立合资公司。2009年该局在马弗拉克省建立自己的工业园区，预计投资5亿第纳尔，到2015年创造1.5万个就业机会。2014年，该局展示了其最新研发的“公马Ⅱ”轻型装甲车以及AC－235轻型攻击机。AC－235型直升机由美国亚利安科技系统（ATK）公司与 KADDB 合作研发。2007 年，俄罗斯与约旦达成协议，双方成立 JRESCO（约旦—俄罗斯电子系统公司），在约旦建造新一代便携式榴弹发射器哈西姆 105mmRPG－32（Hashim RPG－32），计划 2009 年开始联合生产，届时俄罗斯将把哈西姆榴弹发射器的零部件运往约旦，在当地工厂组装，然后由约旦独立进行销售。据约旦军方和政府方面权威消息人士披露，俄罗斯政府和其民营企业正合作大幅投资约旦军工领域，决定在约旦南部沙漠地区建设多个大型军工项目，主要生产先进和精确武器。这些项目完成后，约旦将成为俄罗斯的先进和精确武器生产基地。2014 年 5 月，KADDB 宣布与南非帕拉蒙特公司成立战略合资企业——阿拉伯国防工业公司（ADI）。阿拉伯国防工业公司将致力于研发和升级该地区的防御用轻型飞机和旋翼飞机。

约旦的主要军工厂有：哈桑亲王总厂，侯赛因国王总厂，哈希姆公司，约旦宇航工业公司，阿卜杜拉二世设计与开发局下属工厂，如约旦海鸟航空公司（2003 年与澳大利亚海鸟航空公司合资建立）、约旦机械公司（与南非机械设计局合资建立）等。

第五节　对外军事关系

约旦非常重视对外军事合作，涉及武装部队建制、武器装备购置、人员培训、联合演习、军事援助等各个方面。

一　武器来源

约旦武器主要来源于美国、英国、法国等西方国家，俄罗斯也占一小部分比例。根据 2014 年俄罗斯世界武器贸易分析中心公布的 2005～2012 年约旦武器和军事装备进出口统计材料，2005～2012 年，总共有 16 个国家向约旦出口和提供武器装备。约旦军事进口规模为 31.76 亿美元，其中 2009～2012 年为 17.74 亿美元，2005～2008 年为 14.02 亿美元。此间约旦采购武器装备的订单总额为 31.37 亿美元。在对约旦武器出口大国排行榜上，美国高居首位，总计16.05亿美元，占约旦武器市场的50.5%。此间美国和约旦达成的武器出口订单总额为15.75亿美元，占约旦武器市场的50.2%。俄罗斯排名第二位，总计出口4.25亿美元，占有13.38%的市场份额。此间两国达成的武器出口订单总额为5.45亿美元，占17.4%。中国排名第三，出口总计2.86亿美元，占9%。此间两国达成的武器出口订单总金额为2.7亿美元。排名第四的是荷兰，出口总计2.28亿美元（订单金额1.81亿美元）。位居第五的是比利时，出口总计2.267亿美元（订单金额2.007亿美元）。

美国　约旦的最大武器来源国，如F－16型战斗机、C－130型“大力神”运输机、M60型坦克、M113型装甲人员输送车、眼镜蛇直升机、黑鹰直升机及“陶”式反坦克导弹、“龙”式反坦克导弹等各种型号的导弹，等等。1965年约旦从美国购买大量陆军武器。1969年美国决定向约旦提供20架F－104型战斗机。1974年美国开始向约旦交付F－5S型战斗机。1977年美国向约旦出售14个改进型鹰式导弹防御系统，价值5.4亿美元。1979年美向约旦出售100辆M－60型坦克。1981年2月，美国决定向约旦出售24架眼镜蛇直升机，价值1.14亿美元。1985年，约旦皇家空军开始接受装备有“陶”式导弹的眼镜蛇AH－1F型直升机。1994年从美购买218辆M－60A型主战坦克。1995年从美购买5套爱国者导弹系统。1996年1月，约旦从美接受价值3亿美元的军火，包括16架F16A/B型战斗机（1997年提供）。此外，双方还签署了约旦购买50辆M－60A3型主战坦克的合同。1998年约旦从美购买18门M－110型自行火炮和4架UH－60型武装直升机，并签署购买48门M－109A型自行火炮的合同。1999年美向约出售M－113A型装甲人员输送车，并赠送3艘旧快艇。2000年美向约旦出售16架AH－64型武装直升机。2001年12月，约旦从美购买“轻标枪”式反坦克导弹系统，包括110枚导弹和30个发射控制器及训练设备、后勤支持等相关的装备，合同价值1200万美元，约旦成为第一个拥有“轻标枪”式导弹的中东国家。2002年，约旦向美订购了M－60A3型主战坦克50辆。2003年2月，约旦从美购买3套“爱国者”导弹防御系统。雷声公司与约旦签署了一份价值4660万美元的合同，为约旦陆军 M60 主战坦克进行升级。2004 年，洛克希德·马丁公司宣布获得 8700 万美元的合同，为约旦空军升级 17 架 F-16A/B 型战机。7 月，美国西克斯基飞机公司和美国政府签订协议，为约旦皇家空军制造 8 架 UH-60L 型黑鹰直升机。同年 11 月，美国防部宣布向约旦出售 50 套“阿姆拉姆”（AMRAAM）式先进中程空对空导弹系统，价值 3900 万美元，包括 50 枚导弹、51 部 LAU-129 型导弹发射架、训练用导弹以及相关的支持装备和培训。2005 年 2 月，美国联合防务公司获得为约旦改造 126 辆 M113 履带式装甲车的合同，合同额为 1820 万美元，内容包括将 M113A1 型装甲人员输送车升级成 M113A2Mk1 结构。近年来约旦向美购买武器项目主要有：2006 年向诺斯罗普·格鲁门公司购买国家控制指挥系统，价值 4.5 亿美元；向西科斯基公司和通用电气公司购买黑鹰直升机，价值 6000 万美元；向 BAE 公司购买装甲运兵车，价值 1.56 亿美元；2008 年，向 DRS 技术公司购买边境安全系统，价值 3.9 亿美元；2009 年向雷神公司购买 AMRAAM 导弹，价值 1.31 亿美元；向 Multiple 公司购买火箭炮系统，价值 2.2 亿美元；2010 年，约旦申请从美国购买“标枪”反坦克导弹武器系统，采购费用约 3.88 亿美元；向普惠公司购买 F-16 型发动机维修，价值 7500 万美元。

英国　约旦 4 种主战坦克有 2 个型号来自英国：“百人队长”式（塔里克）和挑战者式（侯赛因式）。1955 年约旦从英国购买 9 架鬼怪式 MK9 战斗轰炸机。1981 年约旦从英国购买 274 辆酋长式主战坦克。1986 年英国外交大臣访问约旦，双方达成一笔价值 4.05 亿美元的武器交易。1987 年，约旦从英国购买 LAW-80 型反坦克导弹以及 3 艘 95 吨级的军舰。1998 年约旦从英购买 60 枚“海上大鸥”（SeaSkua）式反舰导弹。1999 年 2 月，英国承诺向约旦提供 288 辆“挑战者”-I 型主战坦克，为纪念刚去世的侯赛因国王，该坦克被重新命名为“侯赛因-A1”坦克，后约旦又决定增购 100 辆。1999 年第一批“挑战者”I 型坦克运抵约旦。2001 年英国向约交付“蝎”式侦察用轻型坦克。2003 年 1 月，第一批 Scammell 坦克运输车运抵约旦，根据协议总共 100 辆。

2003 年 7 月，英国与约旦就“挑战者”坦克 120 毫米滑膛炮升级问题举行会谈。约旦还计划增购 100 辆“挑战者”Ⅰ型坦克。2003 年 11 月，最后一批“挑战者”Ⅰ型坦克运抵约旦。2004 年 1 月，英国驻约旦大使克里斯托·贝里特斯强调，英国将与约旦在各个领域尤其是军事领域发展合作关系。据悉，英国将与约旦在军工基础设施重建领域进行通力合作。

法国 主要提供法式战斗机。1979 年 6 月，约旦从法国购买 36 架“幻影”F－1 型战斗机，由法向约旦提供 2.9 亿法郎的信用贷款，并装备马特拉等两种空空导弹。1988 年初，约旦宣布购买 20 架法国“幻影”2000 型战斗机，并为 15 架“幻影”F－1s 型战斗机进行升级，合同价值 13 亿美元。1995 年 12 月，约旦与法国签署了购买“幻影”截击机的协议。1997 年，从法国购买 20 架 VBL 侦察机。此外，约旦还拥有法式“阿皮拉斯”（Apilas）火箭筒。

苏联与俄罗斯 1981 年 11 月，约旦从苏联购买 SA－6 型导弹系统以及 ZSU－23 型雷达制导高炮，合同价值 2 亿美元。1984 年从苏联购买了 SA－8 型导弹，以及肩扛式的 SA－7、SA－9 型等萨姆系列导弹。1985 年又购买了 SA－13 和 SA－4 型两种萨姆系列导弹。1995 年从俄罗斯进口 126 辆 BMP－2 型装甲车。2003 年初，约旦从俄罗斯购买了地对空导弹防御系统。2007 年，约旦计划购买俄罗斯研制的全套铠甲－S1（Pantsir－S1）近程防空武器系统。2012 年俄罗斯总统普京访问约旦，大力向约旦推销武器。同年俄向约旦出售 TOS－1 式 220 毫米多管火箭炮，并与约旦合作，将 TOS－1 多管火箭炮安装在 M60 型坦克上。

伊拉克 两伊战争期间，约旦于 1982 年初宣布组建一个 3000 人的雅尔穆克旅赴伊拉克与伊军并肩作战。作为回报，伊拉克将从伊朗那里缴获的大量军事装备赠给约旦，如 M－113 型装甲输送车。

以色列 1999 年 10 月，以色列国防部批准向约旦出售轻武器和弹药。这是以色列首次向阿拉伯国家出口军火。

乌克兰 2000 年约旦在安曼的特种作战部队装备展览会上订购了 50 辆乌克兰制造的 BTR－94 型 8×8 装甲人员输送车。BTR－94 型车是俄罗斯设计的 BTR－80 轮式装甲输送车的改进型。该车由乌克兰马里什叶夫工厂和莫罗佐夫设计局联合制造。

比利时 2001 年，约旦从比购买了 100 辆“斯巴达人”（Spartan）式装甲人员输送车（二手货）。

南非 1997 年从南非购买了 81 毫米迫击炮。

奥地利 1997 年从奥地利订购 22 辆 S－600 型装甲输送车。

土耳其 2001 年从土进口 2 架 CN－235 型军用运输机。

菲律宾 1997 年从菲进口 2 架 F－5 型战斗机。

二 外国军援

鉴于约旦国力和资源有限，其军队维持很大程度上要靠外部的大量援助。不同时期，军援来源也不同。在 20 世纪 80 年代之前，约旦军事装备主要来自英国和美国。在 80 年代，法国日益成为约旦战斗机的重要供应国，苏联也向约旦出售了大批防空武器。这些武器装备大多获得了提供方的出口信贷，同时得到了其他阿拉伯国家的资助。90 年代以后，美国和西方国家又成为约旦军援主力。

美国 1950 年美国开始小规模地向约旦提供军事援助，1957 年由于约旦国内形势发展以及英国停止向约旦提供军事补贴，美国一跃成为约旦主要武器来源国和军援来源。1950～1988 年，美国为约旦提供了 15 亿美元的军事援助，8.78 亿美元军事贷款，6.31 亿美元担保。1974 年，美约联合军事委员会建立。1989 年美政府建议向约旦提供 4800 万美元的军事援助，但国会只批准 1000 万美元。美还在 1989 年预算中给予约旦 180 万美元的军事训练和教育援助费用，接受约旦 452 名军官在美军事院校进行培训。1994 年约以实现和平后，美大幅度增加了对约旦的军事援助。1995 年还只有 830 万美元；1996 年，美国赋予约旦非北约盟友地位（MNNA），同年对约旦军事援助骤增到 3000 万美元，1997 年达到 1 亿美元，2003 年达到 6 亿美元，此后每年援助额稳定在 3 亿美元左右。

军援中除了武器装备外，还提供装备升级、零部件、补充弹药库存、培训等。美国向约旦派遣技术援助团，指导训练计划，开发符合约旦军队特色的训练课程。2009年以来，约旦收到美国国防装备援助价值8169万美元。美对约旦的对外军事援助（FMF）贷款主要使约旦能够购买F-16型战斗机以及中程空对空导弹（AMRAAM）、用于边界巡逻和反恐的黑鹰直升机。除了常规武器外，美国还给予约旦防扩散、反恐、排雷、缉毒等项目的援助。美国帮助约旦升级武器系统。近年来，美国为约旦70~80架F-16型战斗机升级，提供空对空中程导弹，以及黑鹰直升机。目前每年有300名约旦军事人员在美国进修。约旦是近年来接受美国对外军事教育与培训（IMET）援助的前三名国家之一。2013年财政年度，257名约旦军官参加了这一项目。该项目还资助在约旦的英语培训。美约还每年至少举行一次联合训练演习。2012年5月和2013年6月，美军参与了在约旦举行的多国军事演习。美国还支持约旦建设“阿卜杜拉二世国王特种训练中心”（KASOTC）。2005年美为该中心提供9900万美元援助。美军特种部队长期有130人左右在约旦对约旦特种部队进行培训。

在叙利亚问题上，美约开展军事合作，并向约旦提供安全援助。2012年底，美国防部派遣一支参谋和专家队伍前往约旦。2013年4月，美军向约旦派遣约400名人员组建驻约旦前沿司令部，帮助约旦保护其与叙利亚的边界。美国防部要求美军训练和装备约旦部队，以探测和阻止约叙边界化学武器转移，帮助叙利亚军队发展确认和保护化学武器安全的能力。在难民问题上，美军也提供了帮助。2013年6月，美国总统奥巴马表示，应约旦政府请求，刚刚在约旦结束联合军演的大约700名美军官兵以及“爱国者”反导系统、F-16型战机等装备及相关支持、指挥、控制和通信人员和系统一并留在约旦，直至地区安全局势出现明显改善。奥巴马说，此举意在保护约旦安全，促进地区稳定，符合美国的外交与安全利益。据悉，美约还协调在约旦境内训练叙利亚反对派武装。同月，美国参谋长联席会议主席马丁·登普西建议，为应对叙利亚内战外溢，美国应该增强对伊拉克、黎巴嫩和约旦的军事援助，包括派送军事训练人员以及加速军备出售等。

表 5-1　美国对约旦军事援助

单位：万美元

年份	军事援助	年份	军事援助
1991	2130	2003	60640
1992	2060	2004	20890
1993	950	2005	30900
1994	980	2006	31090
1995	830	2007	25410
1996	20120	2008	35120
1997	3170	2009	23810
1998	7660	2010	35380
1999	12160	2011	30310
2000	22660	2012	30370
2001	7670	2013	28843.7
2002	10200	2014	30380

注：根据《怀伊协议》，1999 年美国额外向约旦提供 5000 万美元的军事援助。2000 年美国额外向约旦提供 1.5 亿美元军事援助。2003 年除了原先 1.98 亿美元军事援助外，美政府又额外增加了 4.06 亿美元，作为对约旦在伊拉克战争中所受损失的补偿。

资料来源：美国国会研究处美对约旦军事援助报告。

英国　约旦与英国在军事上有很深的渊源，最早可追溯到阿拉伯军团的建立。侯赛因国王、阿卜杜拉二世及阿卜杜拉的三个兄弟都曾在英国桑赫斯特皇家军事学院学习。约旦高级军官多在英国培训过。英国还长期向约旦提供军事援助。从 1921 年外约旦建国起，英国就依照条约规定给予外约旦直接的军事年度补贴，直至 1957 年（最后几年英国给阿拉伯军团的补贴和费用约 3360 万美元）。1957 年后，一个英国的陆军加强旅和一个英国皇家空军中队仍然留在约旦一段时间，帮助维护约旦的政治稳定和国内安全。此后，英国的军事援助逐步缩小，但军售呈上升趋势。英国每年还接受数目不等的约旦军官在英进行培训。主要培训项目是为期 12 个月的培训课程，学员大约 70 人，主要包括皇家国防研究学院课程、皇家海军青年军官课程、桑赫斯特皇家军事学院课程、皇家空军中级军官指挥课程、排长作战课程、军事英语培训、反恐炸弹拆除、高级指挥和参谋课程、维和课程等。另外，还有一些短期或长期交流项目。2003 年 12 月，英国政府宣布将向约旦派遣 75 名警察，在当地训练伊拉克警察。两国警察在反毒品走私、反恐和家庭保护等方面也进行了紧密合作。

此外，沙特阿拉伯、法国、德国和中国也给予约旦一定数量的军事援助。2008 年约旦从中国进口 273 毫米 WM－120 型多管火箭炮。据英国《简氏防务周刊》2014 年 1 月 7 日报道，约旦武装部队发表声明称，中国将会为约旦购买中国制造的军事装备提供约 490 万美元的援助。声明还提到双方同意扩大在防务方面的合作。中国国防科学技术工业委员会与约旦武装部队在北京签署了协议。此协议还包括 2012 年双方签署的额外军事协议和 2013 年参加在安曼举行的联合反恐军事演习。据俄罗斯有关方面统计，中国目前为约旦第三大武器来源国。

三　与外国联合军事演习

约旦军队经常定期或不定期地与美国、英国和埃及等国的军队举行联合军事演习。

约旦与美军每年定期举行联合演习。2002 年 8 月，美约在亚喀巴举行为期 4 周，代号为“月光无限”的联合军事演习。参加演习的美军大多来自海军陆战队第 11 远征队，由海军的船坞登陆舰“弗农山”号（LSD－39）及两栖运输船坞舰“丹佛”号（LPD－9）负责支援。“月光无限”演习在亚喀巴以北的沙漠及红海上进行，主要进行两栖、地面及空中部队的战术作战演练，目的是提高两国的互动作战能力。

约旦军队每年与英国军队定期举行联合演习。每年 8～10 月，两个英军步兵营来约参加联合演习。此外，两国空军的第六中队也对口交流并每年举行联合演习。同时，英军还利用约旦的沙漠环境进行训练和演习。

多国联合演习。2002 年 10 月，约旦、科威特、阿曼和美国在约旦举行为期 3 周的联合军事演习。同年 11 月，约旦与美国、埃及和阿联酋在约旦南部举行常规军事演习。参加这次军事演习的还包括巴林、英国、法国和土耳其等国的部队。2012 年 5 月 7～30 日，19 个国家在约旦南部举行代号为“渴狮”的多国联合军事演习。此次军演包括战斗机群演习、机动车队与特种部队联合演习、陆军部队战地疏散及抢救伤员演习等。约旦军方称，此次军演的目的是训练军队使用各种武器来对付地面目标，以发挥军事合作的作用，提高指挥官和士兵的应战能力，通过军演加强应对空中运输和战略管理危机的能力；加强在边境地区维护流离失所者和难民安全的能力，提高搜查和救援跨国难民的能力。此次军演还包括特种部队演练如何采取特别行动，以抵御恐怖分子和叛乱分子的袭击。此次由美国牵头的多国联合军演共有来自沙特、阿联酋、巴林、卡塔尔、埃及、伊拉克、约旦、黎巴嫩、巴基斯坦、乌克兰、文莱、澳大利亚、斯洛文尼亚、英国、法国、意大利、罗马尼亚、西班牙和美国 19 个国家的 1.2 万名士兵参加。这是过去 10 年中东地区最大规模的军事演习。2013 年 6 月，19 国再次在约旦举行代号为“渴狮”的联合军事演习。美国、英国、巴林、加拿大、捷克、埃及、法国、伊拉克、意大利、黎巴嫩、巴基斯坦、波兰、卡塔尔、土耳其、阿拉伯联合酋长国、沙特阿拉伯和也门等国参加，参演官兵超过 1.5 万人。

四　与外国的军事关系

1. 与埃及的军事关系

1956 年 5 月 6 日，约旦与埃及在开罗缔结旨在共同防御以色列侵犯的军事协定，由两军参谋长签署，主要内容是：双方认为两国与以色列之间的停战线应被视为一条共同的阿拉伯防线；以色列对任何一国停战线的侵犯也被认为是对另一国的侵犯，两国军队应紧密合作以击退侵略者；双方同意成立联合军事委员会并设立联络处，以协调两国的防御计划。1967 年 5 月 30 日，两国又签订了一项共同防御协定，确定建立最高委员会和联合司令部。在同年爆发的第三次阿以战争中，埃约两国与叙利亚共同抗击了以色列的武装进攻。

2. 与海湾国家的军事关系

约旦军队与沙特阿拉伯等海湾国家军事关系密切，约旦为这些国家提供军事顾问。1970～1984 年有近 2000 名约旦军官在阿拉伯国家服务，作为对海湾国家援助约旦的一种补偿。约旦还为这些国家的武器采购、军队组建等事务提供咨询。约旦为科威特、沙特阿拉伯、也门共和国（北也门）、卡塔尔、阿曼和阿联酋等国提供教官。这些国家的许多军官在约旦穆塔军事大学和约旦参谋学院受过军事培训。1970～1984年，阿拉伯国家共有4000名军官和7000多名人员在约旦军事院校接受培训。1974年，约旦军队一个工程连被派往阿曼，进行扫雷活动，参与修建机场、道路、水电网等工程建设。到1976年该连轮换了4次。此外，1975年应阿曼请求，约旦派2个战斗机中队和一个连的特种部队前往阿曼，对付武装起义。1979年沙特阿拉伯麦加清真寺被宗教极端分子占领期间，约旦宣布派出一支部队增援沙特阿拉伯军队。约旦还与阿联酋等国联合组建维和部队，参与地区和国际维和行动。2011年巴林发生动荡后，约旦与摩洛哥协助海湾国家共同出兵巴林，协助稳定局势。

3. 与伊拉克的军事关系

2004年7月，约旦向伊拉克交付两架SB7L－360型“搜索者”侦察机，以用于保护伊拉克石油和电力设施、执行海岸和边境巡逻任务。此外，约旦还准备向伊出售16架美制“休斯”式直升机和两架C－130型运输机。

4. 积极参与维和行动及国际裁军活动

约旦军队广泛参与了联合国在世界各地的维和行动。2004年，约旦向克罗地亚派驻1名军事观察员；驻刚果（金）30人，其中有23名军事观察员；驻利比里亚130人，包括观察员7名；驻埃塞俄比亚/厄立特里亚966人，包括观察员7名；驻科特迪瓦8人，包括观察员4名；驻东帝汶720名维和人员，包括2名观察员；驻格鲁吉亚8名军事观察员；驻塞拉利昂132名维和人员，包括军事观察员10名；驻塞黑61名维和人员。当前约旦是联合国全球维和的民事警察最大提供国，军事人员第五大提供国。

约旦积极参加国际裁军活动，呼吁在中东建立无大规模杀伤性武器地区。2004年4月，约旦军方在首都安曼附近一个军事基地销毁了一批美国制造的M14型地雷。这是约旦武器库中最后一批地雷，共约9.28万颗。

第六节 警察

警察是约旦最主要的公共安全部队，负责常规的法律和秩序维护。在战争时期，警察归国防部管辖，由军队指挥。和平时期，警察归内政部管辖。传统上，警察部队由一名公安总局局长领导，他通常是一名将军。他向内政部部长负责汇报工作。通常这一职位的人选由国王亲自挑选，主要标准是有军队履历、领导才能和忠于哈希姆王室。

公安部队是由阿拉伯军团派生出来的。1956 年 7 月根据法律建立了公安部队，当时阿拉伯军团分军队和警察两个部分。1957 年 4 月至 1958 年 11 月戒严期间，警察又归军队指挥。形势好转后，1958 年 7 月，约旦又通过法律，重建了两支安全部队。20 世纪 80 年代后期，公安部队大约有 4000 人。

警察主要有三大类型：城市警察、农村警察和沙漠警察。警察总部设在安曼。1987 年内政部公安司重组，先前的 5 级结构削减为 3 级。在总部以下是 10 个地区局，其中 8 个局与各省设置相适应，另外 2 个局一个管辖安曼及其郊区，一个负责沙漠地区，为沙漠警察，主要负责缉毒和反枪支走私。根据 1987 年的计划，10 个地区局被划分为 59 个安全中心，每个中心一般负责 5～10 平方千米的区域。警察部队的职责包括维持公共秩序，保护生命和财产安全，调查犯罪活动，拘捕嫌疑犯。除了这些基本职责外，警察部队中还有专门负责海关控制、发放车辆和某些商业活动的执照、强制实施贸易禁令、查找失踪人物、保卫圣地和其他公共场所、帮助海关和移民官员履行职责的机构和人员。约旦重视警察在社会中日益增强的作用，要求加强警察与地方社区的关系，强调警察是民众寻求政府机构帮助解决社会问题的渠道。

从职能上分，警察的职责主要有三大部分：行政、司法和支持性行动。行政警察负责犯罪预防、维持安全和公共秩序。司法警察管辖犯罪活动，进行犯罪调查，审讯嫌疑犯，帮助公共检察官起诉被告嫌疑犯。支持性警察主要负责预算、计划、培训、公共事务、通信和后勤等。全国各地地方警察基本也按此分类。现代通信的发达使地区各警察局与总部的联系更方便、快捷。

警察部队中还有一支特别警察部队，主要应对恐怖活动。1988 年，约旦宣布了一项反恐计划，拨付给警察部门数百万美元经费以提高警察反恐通信设施水平。特别警察部队参与了用犬探测炸弹计划。

沙漠警察部队也得到了扩大。根据不同地点，警察分别配备手枪、步枪、木棒或轻型自动武器。在安曼和一些大城市，警察配备有摩托车、装甲车和通信设施。农村地区的警察很少配发相应装备。沙漠警察主要是骑骆驼巡逻，以现代通信设备和四轮车辆为辅助。

1976 年制定的《国家服务法》规定，新警察上岗前必须接受一些军事训练，主要由设在安曼的皇家警察学院负责培训。此外，在扎尔卡还有一个警察培训学校。培训内容主要是学习法律法规，司法制度，体能、使用轻武器和其他警察装备的训练。司法培训课程主要有犯罪调查程序、法庭业务等。1987 年约旦政府宣布警官必须具有大学学历，警员需具有高中或职业学校学历。

约旦是第一个接受妇女当警察的阿拉伯国家。1972 年，约旦在安曼开办了女子警察学院。在分配到岗位之前，她们需接受为期 4 个月的课程学习，此外还包括 1 个月的野外体能训练。女警察主要从事实验室、预算、财会、公关、发放执照、监狱管理等工作。在安曼等地还有在街头巡逻的女警察。另有不少女警察从事海关检查工作。

警察的警衔和徽章与军队相同。城市警察制服冬季为深蓝色，夏季为浅褐色，跟皇家空军制服相似。农村警察制服为草绿色。沙漠警察着传统阿拉伯服装。

第七节 情报机构

约旦情报总局（GID），阿拉伯语音译叫穆哈巴拉特（Mukhabarat），是负责维护国家安全的主要秘密机构。1964 年根据第 24 号法令建立。局长基于部长理事会的提名，由国王任命。其他重要官员也由王室根据局长的提名来任命。2005 年 11 月安曼恐怖袭击事件后，约旦国王阿卜杜拉二世接受了情报总局局长萨米·阿斯福拉递交的辞呈，并随即任命穆罕默德·塔哈比少将为新的约旦情报总局局长。2008 年 1 月 2 日，阿卜杜拉国王提名穆罕迈德·拉卡德将军为局长，罢免了穆罕默德·达哈比。2011 年 10 月 18 日，阿卜杜拉二世国王任命费萨尔·沙巴基（Feisal Al Shobaki）将军为新的局长。

GID 总部设在安曼，并在各省设立分支机构。主要职责是协调全国各情报机构的业务活动，主管对外情报与反间谍工作，保护约旦的国家安全和国家利益，打击和防范一切威胁约旦政治稳定和国家主权、威胁人民安全、阻碍约旦经济和社会发展、有损约旦国际形象的行为和活动。主要任务是：搜集和分析有关约旦以及中东问题的情报，为政府提供决策信息；打击在约旦境内从事破坏活动的非法组织，如非法政治组织和恐怖主义活动；反间谍；为保护国家安全而履行情报职责和采取行动；其他由首相通过书面命令下达的任务。此外，还负责反腐败及打击贩毒和枪支走私等活动。

约旦政府要求，情报部门必须密切追踪可能影响约旦的任何问题。工作人员必须不断提高自己的工作能力和专业水平，以适应日益严峻的挑战。情报部门应搜集各种政治、经济、社会等信息，关注安全问题，在进行分析和评估后，报告给决策者。

情报机构的中心任务是进行情报搜集和分析，并呈报给决策者。针对的主要对象是反政府组织、恐怖分子、外国间谍、贩毒分子等。长期以来，反恐怖和防止破坏活动一直是情报部门的主要任务之一。情报部门也是国家反腐败的领导机构。1996 年，情报总局成立了专业的反腐败行动局，以打击腐败和非法交易。

情报局长人选由内阁讨论决定，然后颁布王室令任命。局长一般具有少将军衔。其他级别官员由局长提名，也通过颁布王室令任命。这些人选必须拥有大学文凭，进入情报机构前必须通过安全审查。情报部门有严格的招录人员标准：拥有约旦国籍；获大学理学学士学位；无犯罪记录；有良好职业操守。此外，还需要通过许多客观测试和强化军事项目考核，包括体检合格、武器使用情况及在高强度压力下适应不同环境的工作能力。

情报人员属于军队编制，被授予军衔，实行军事化管理。但由于工作关系，一般不着军装，而穿便服。只有负责内部安全保卫的工作人员才穿军装。

情报机构的徽章由王冠、橄榄枝、一个阿拉伯伊斯兰盾牌、两把剑、鹰、蛇和勋带构成。王冠标志约旦实行君主立宪政治制度。橄榄枝象征繁荣、安宁与和平。盾牌上刻有25个阿拉伯大门，标志5月25日是约旦独立日。盾牌也象征着捍卫国家安全。鹰象征着力量、意志坚定、有能力控制目标。蛇象征隐藏起来的来自国内外的敌人。两把剑环绕盾牌之后，象征着对恐怖主义、邪恶分子和腐败使用权力。勋带上写有名言：真理必胜。

情报部门权力很大。公民出国旅行需得到情报部门批准。就任公共职位和出国学习，也必须在情报部门有良好记录。私人组织的公共集会或活动也要得到情报部门批准。实施戒严期间，情报部门还有在没有证据情况下拘留嫌疑犯等特权。但情报部门行使职权时必须遵守宪法和法律，遵守国际人权公约以及其他国际公约，如情报局所属的拘留处应参照国际标准，允许视察和探监；被拘留者的一日三餐得到保证，住处干净卫生，允许律师探望。此外，经批准，还允许国际红十字会前来视察。

约旦情报机构在反恐方面采取三管齐下的战略。立法上，2001年11月修改刑法，加强对恐怖主义的惩罚；2006年通过反恐法（2006年第55号法案），对恐怖主义以及资助恐怖主义犯罪进行了明确定义。行政上，对于联合国安理会通过的关于反恐的第1373号决议，约旦采取了一系列措施来实施该决议，并于2007年通过了反洗钱法（2007年第46号法案）。同时，还对个人身份证件进行了升级换代，以符合国家安全标准，防止造假。条约和公约上，参加了国际反恐条约，达成一系列地区和国际反恐条约。

GID被认为是中东和阿拉伯世界最专业的情报机构之一。约旦情报局的工作卓有成效，在维护约旦国家安全方面发挥了重要作用，并破获了大量重大案件。2004年还在安曼成功破获了恐怖组织阴谋制造重大化学武器袭击事件。历史上，多次使侯赛因等政要免遭暗杀。约旦前国王侯赛因曾给情报局以高度评价："我对情报局的领导以及整个情报局非常信赖。对你们的职业意识、专业水准以及你们对自己职责的坚定承诺予以完全肯定。”阿卜杜拉二世国王对情报机构也赞誉有加，称“它们拥有一双保护我们安全和保护我们公民生命与尊严的警惕双眼”。

2005 年 11 月 9 日，约旦首都安曼发生 3 家大饭店连环自杀性爆炸事件，造成 61 人死亡、300 余人受伤。这是约旦情报部门的一次重大失误，但破案比较迅速，反映了它的工作效率。2006 年 3 月，约旦情报部门挫败了一起“基地”组织恐怖分子策划袭击位于首都安曼一处大型重要炼油设施的阴谋。情报部门逮捕了 2 名伊拉克人和 1 名利比亚人，并缴获了 4 公斤烈性炸药。2006 年 5 月，约旦情报部门抓获了一名“基地”组织在伊拉克的头目扎卡维的高级助手，他涉嫌制造了数起抢劫、绑架和杀害约旦人及其他阿拉伯国家公民的恐怖犯罪活动。2012 年 10 月，约旦情报机构宣布破获未遂恐怖袭击案件，逮捕 11 名恐怖嫌疑犯，他们密谋发动恐怖袭击，目标包括首都安曼的酒店、商场等公共场所，以及西方使馆。

约旦在国际反恐方面与西方国家以及地区国家建立了良好的合作关系，确立了行业声誉。自“9·11”事件发生以来，约旦情报总局和美国联邦调查局的合作日益密切。约旦“基地”组织是美国在该地区最主要的反恐对象之一。2006 年约旦情报机构协助美国情报机构打死了“基地”组织重要头目扎卡维——约旦情报机构最早确定扎卡维藏身地。美国《洛杉矶时报》称，约旦情报总局已经超越以色列情报机构摩萨德，成为美国在中东反恐活动中的最佳盟友。

约旦多名情报局长涉嫌贪腐。2003 年国家安全法庭裁定前情报总局局长萨米·巴蒂赫欺诈罪名成立，入狱 4 年。2012 年 6 月，又一名前情报总局局长达哈比被法院以挪用公款、洗钱和滥用职权等罪名判处 13 年有期徒刑，罚款 3000 万美元。

第六章

社　会

第一节　国民生活

一　生活水平

约旦是中东最为稳定的国家之一。2010 年联合国人类发展指数（HDI）排名，约旦居于“高等”行列，在阿拉伯国家中排名第七，仅次于海湾国家和黎巴嫩。2011 年在 187 个国家和地区中排名第 95 位，2012 年和 2013 年均为第 77 名。与 2008 年相比，下降了 8 名。依照 2010 年《国际生活杂志》的生活质量指数国际排名，约旦在西亚北非排名第二，仅次于以色列。

从人均收入看，1985 年为 1832 美元。1988 年经济出现危机，1989 年为 900 美元。1991 年因海湾战争再次下降为 650 美元。1999 年人均 GDP 为 1734 美元，2002 年人均 GDP 为 1863 美元，2003 年人均 GDP 增加到 1913 美元，2013 年人均 GDP 达到 6100 美元。

约旦的绝对贫困线每年都有调整，1997 年为人均 366 约旦第纳尔，相当于 516 美元。2003 年提高到 392 约旦第纳尔，相当于 553 美元。1997 年约旦贫困率为 21.3%，2002 年下降到 14.2%。2002 年收入低于贫困线的人口为 73.32 万人。2008 年约旦绝对贫困人口占总人口的 13.3%，较 2006 年的 13% 有所增长。其中，赤贫人口约 15000 人，约占人口总数的 1.9%。2010 年贫困人口比例为 14.4%。

约旦最贫困的地区依次为马夫拉克省（31.9%）、马安省（24.2%）和塔非拉省（21.1%）。2008年约旦家庭平均食物支出较2006年下降了2.6%，其他支出则下降了8.2%；家庭平均年收入为6166约第（约合8709美元），较2006年略降0.9%。以每个家庭平均5.7人计算，目前约旦绝对贫困标准（含食物与非食物贫困线）为年收入3876约旦第纳尔（约合5475美元），月收入323约第（约合456美元），赤贫线则为月收入138.7约第（约合196美元）。

根据联合国2014年度人类发展指数报告，以多维贫困指数（MPI）分析，约旦接近多维贫困人口为4.1%，极度贫困率为0.1%。2002～2012年，低于国家贫困线人口占比为13.3%，低于国际贫困线人口（每天收入低于1.5美元）占0.12%。2003～2010年，就业人口中每天收入低于2美元的占总就业人口的2.8%。

城市化水平较高。2011年城市人口占全国人口的82.7%，2010～2015年年均增长2.17%。

二　物价水平

长期以来，约旦通货膨胀率一直保持较低水平。根据官方统计，1990年为1.62%，1997年为3%，1999年为0.6%，2000年为0.7%，2001年为1.8%，2002年为1.8%，2003年为2.3%，2004年为3.4%。

近年来，约旦物价不断攀升，通货膨胀率居高不下。2010年为5%，2011年4.4%，2012年4.8%，2013年5.9%。2012年，消费价格指数为147（以2005年=100）。2012年国内食品价格指数1.3。

三　劳动就业

2003年全国劳动力为130万人，其中至少30万人在海外工作。

2012年25岁以上人口就业率为44.3%。2003～2012年约旦不稳定就业（也称弱势就业）人口占总就业人口的9.7%。2005～2012年，童工（8～14岁）就业占1.9%。

根据官方统计，1993年失业率为18.8%，2003年为14.5%，2004年

5月为12.5%。2002年男性失业率为13.4%，女性为20.8%。2004～2013年，15岁以上人口失业率为12.2%。2008～2012年，15～24岁青年失业率为29.3%。

2013年，约旦妇女强制性带薪产假天数为70天。

2013年约旦各行业就业占总就业比重情况是：农业、林业和渔业，2%；采矿和采石业，1.01%；制造业，9.9%；电力、天然气和空调供应，0.6%；水供应、废水处理和水务管理、整治，0.2%；建筑业，6.4%；批发和零售贸易、车辆修理销售，15.7%；交通与储存，7.6%；住宿与食品活动，2.5%；信息与通信，1.6%；金融和保险，1.9%；房地产，0.6%；专业、科学和研究，2.3%；行政与支持性服务业，1.3%；公共管理与国防、强制性社会保障，26.2%；教育，12.1%；卫生与社会工作，5.0%；艺术、娱乐，0.3%；其他服务业，2.2%；家庭雇佣，0.3%；海外组织和团体活动，0.3%。

从生活消费指数看，以1980年=100，则1982年为115.7，1983年为121.5，1984年为126.2。以1999年=100，则2002年为108.1，2003年为111.9。

2005年约旦最低工资为85第纳尔，但随着物价上涨，政府面临的要求涨工资压力很大，尤其是纺织工人一直要求上调工资。2005年8月调整为95第纳尔。2006年5月，上调到110第纳尔。2007年，约旦政府决定增加军职人员和退休人员工资，原工资每月不足100第纳尔的，将增加到100第纳尔，或增加22第纳尔，增加后的工资上限不超过118第纳尔；原工资为100～150第纳尔的，将增加18约第，增加后工资上限不超过165第纳尔；原工资为150～200第纳尔的，将增加15约第，增加后工资上限不超过213第纳尔；原工资为200～250约第的，将增加13第纳尔，增加后工资上限不超过261第纳尔；原工资为250～300约第的，将增加11第纳尔，增加后工资上限不超过310第纳尔；原工资在300约第以上的，每月工资将增加10第纳尔。军队退休人员和退休公务员的继承人补助每月也将增加10～22第纳尔。2009年约旦规定最低工资标准为150第纳尔，但实施范围不包括合格工业区。

根据 BAYT. COM 举行的2010年中东工资调查，约旦工资水平在阿拉伯国家中仅次于海湾国家。约旦人年工资少于6000美元的占27%，6000～12000美元的占28%，12000～24000美元的占21%，24000～36000美元的占10%，36000～60000美元的占6%，60000～96000美元的占2%，2%收入高于96000美元。约旦统计称，97%的约旦人收入来源不止一项。

四　社会保障与社会福利

约旦政府多方面努力为穷人提供低成本住房，实施“国家住房战略”，包括改善生活条件、扶持建筑业、开发当地建筑材料、社区参与、人力资源培训、建立住房信息统计系统等方面。此外，约旦的住房政策还包括政府为房屋建设提供贴息贷款，这些贷款既为私人也为参与公共住房建设的政府机构提供。“城市开发公司”为安曼地区的穷人提供低成本的住房。政府还成立了专门的住房银行，支持房产开发。

1978年约旦颁布社会保障法。截至1988年4月，纳入约旦社会保障公司管辖范围的有近46.5万人，近7000家单位。1986年约旦社会保障、福利和住房开支占总预算的8.6%。2002年政府社会福利开支为1.913亿美元，其中国家援助基金（包括收入补贴）为4660万美元，社会生产力计划（SPP）为4240万美元，提高生产力计划（EPP）为4730万美元，直接卫生补贴790万美元，地方社区委员会支援1690万美元，开发与就业基金790万美元，农民补贴610万美元。2001年约旦颁布新的社会保障法，共77条，进一步扩大了保障范围，对退休、工伤、保险等做了进一步规定。2004年约旦公民新参加社会保障人数为1.6万人，全国参保比例为31.8%。2005年公民新参保人数达2.3万人，公民参加社会福利保障的比例上升到45%，约旦社会福利保障公司支付各类社会福利保障金约12亿第纳尔，其中支付8万离、退人员的退休金近9.91亿第纳尔；支付27.3万人的一次性保障金共计1.71亿第纳尔；支付28.5万人的工伤赔偿金计3400万第纳尔。约旦社会福利保障公司制订了一项计划，主要目标之一是继续扩大社会福利保障覆盖面，使公民参保比例能保持10%的年增长率，到2007年底普及范围力争超过60%。2006年，全国有

140 万人参加社会福利保障系统。2006 年，约旦成立社会保障协调委员会，以解决补助重复发放问题和加强对资源的有效管理。该委员会主席将由首相本人或其他代表首相的官员担任，成员包括社会发展部大臣、计划和国际合作部大臣、劳动大臣、下设协调小组负责人和 4 名由内阁从国内社会机构选出的代表。该委员会将负责制定约旦社会保障战略和政策，并对全国各相关机构的工作进行协调。根据法律，所有雇员超过 5 人的公司及其员工分别要缴纳员工月工资的 10% 和 5%，作为保障费用。政府成立社会保障公司负责资金运作。目前社会保障机构约 1.5 万家，2013 年全国参保人员约 92 万。

政府工作人员根据职业不同，每月可领取交通、出差、服装、住房、家庭人口、物价等各种补贴。工作满 20 年后，如果离职或退休，则每月可以领取最后一个月工资（基本工资加 25%，不包括各种补贴）的 75% 的退休金。2004 年 1～8 月，公务员工资和津贴总额增加了 5.8%，由 2003 年同期的 2.776 亿第纳尔增加到 2.938 亿第纳尔（约合 4.15 亿美元）。2007 年，约旦上调公务员工资，政府每年支出将增加 1.05 亿约第：一类公务员的最高档的基本工资由 61 约第增加到 74 约第；二类公务员的最高档的基本工资将由 45 约第增加到 54 约第。在基本工资之外，一类公务员的最高一级每月可有 40% 的补助，1～3 级则有 35% 的补助，4～7 级为 30%。二、三类公务员则为 25%。一、二类公务员生活费用补贴增至 115 约第，三类公务员增至 90 约第。工资改革后，1～3 类公务员的工资涨 11～54 约第。退休公务员和军人养老金每月增加 10 约第。

约旦政府补贴种类很多，数量很大，对政府是一个沉重的负担。约旦首相恩苏尔认为现行“粗放型”补贴没有造福中低收入家庭，而更多惠及富人、外国居民等群体。仅有 3.9% 的补贴用于中低收入家庭，22.3% 则用于支持高收入家庭。以能源补贴为例，国家支出约 40 亿美元用于能源补贴，占财政预算的比例为 40%，但低收入家庭每年仅消耗 6.5 亿美元能源，而富人消耗能源接近 30 亿美元。2013 年，约旦政府财政补贴开支达 31 亿美元，约占当年财政总支出的 36.4%，GDP 的 9.2%。通过向面包店定向供应优惠价格面粉，约旦政府向民众补贴2.61亿美元，其中88%用于中低收入家庭；用水补贴为4.87亿美元；厨用煤气罐补贴为5600万美元；用电补贴额为18.63亿美元，其中用于赤贫阶层、穷人、中产阶级和富人的用电补贴分别为1.48亿美元、6.43亿美元、6.3亿美元和4.39亿美元；教育补贴为9660万美元，主要用于约境内公立大学，不含贫困学生助学金；医疗补贴累计2.22亿美元，其中通过国家补助基金组织（NAF）向贫困家庭直接发放的现金补贴为1.21亿美元。约旦政府在2012年11月决定取消燃料补贴后，开始实施分三批次支付的直接财政援助系统。2013年度补贴额为3亿第纳尔。2014年1~6月，约旦政府拨出2.1亿约旦第纳尔的燃油直接现金补贴，首批燃油补贴发放金额高达8800万约第，约450万人次获益。公共和私营部门共93万户申请补贴，其中75万户符合补贴发放标准。根据当前实施的系统，约旦家庭成员六名及以下的个人，月收入低于800第纳尔或年收入低于一万第纳尔的，有权每年领取70第纳尔作为油价上涨的补偿。约旦约70%的人有资格从中获益。

1959年1月10日，约旦颁布退休法，规定年满60岁或工作满40年者可退休。1966年制定了政府雇员社会保障法，规定雇员死亡或丧失劳动能力时应付给3000第纳尔的抚恤金，配偶死亡时付给700第纳尔的抚恤金。1981年颁布旅行法，给予四类雇员一定的旅行补贴。1983年颁布健康保险法，设立健康保险基金，该法还将雇员的家庭成员纳入其中。2003年约旦男满60周岁，女满55周岁可退休。

2004~2013年，老年人养老金领取率为44.3%，其中女性为11.8%，男性为82.3%。

五　住房

近年来约旦城市化进程加快，阿卜杜拉二世国王高度重视民生工作，要求解决贫困人口的住房问题，为此政府大量投入。此外，大量外来移民、难民涌入也推动了房地产市场的发展。由于2008年金融危机，约旦房地产市场曾下跌，房价下跌了10%~15%。但2009年以来由于财产税下调和免除登记费，2011 年房价逐步回到 2006 年和 2007 年的高峰。

2013 年约旦房地产市场交易量为 30380 套，同比增长 19%，交易额约 63 亿约第，同比增长 15%，政府相关税费收入 3.54 亿约第，增长 11%。约旦人购买了其中的九成，外国人购买住房 3180 套，仅占一成，交易金额约 2.69 亿约第。2013 年所售公寓中，20084 套面积低于 150 平方米（含），约占交易总套数的 2/3。此外，据约旦土地调查局（DLS）统计，2014 年 1～10 月，约旦房地产市场累计发生 87709 宗交易，同比增长 6%，涉及总额 90 亿美元，同比增长 21%；DLS 实现房地产交易收入 4.96 亿美元，同比增长 18%，其中，总局和安曼分公司共完成 3.67 亿美元，占总收入的 74%。非约旦籍投资者共购买住房 2899 套，总额 3.62 亿美元，购买土地 1364 宗，总额 2 亿美元，两者合计 5.62 亿美元，同比增长 18%。其中，伊拉克是约旦房地产最大外籍投资来源国，共涉及 1829 宗房地产交易，交易总额 3.2 亿美元，占外籍人士投资总额的 57%；其次分别为沙特、叙利亚和阿联酋等国。

同时，土地和住房价格持续增长。由于全国范围的土地价格上涨，2013 年土地交易量下滑，当年共发生土地交易 68201 宗，同比锐减 21%。2013 年，首都安曼的土地价格大约上涨了 40%，其他地区也有 15%～20% 的上涨。

根据约旦政府规定，购买低于 150 平方米（含）的住房免收注册费，其中 120 平方米免征房产税。

2014 年 7 月，约旦最大房地产开发项目之一波尔图死海项目奠基仪式举行。该项目于 2013 年 2 月获约旦内阁批准，由中东最大的房地产开发商之一阿米尔集团负责，将在死海东岸斥资 2.5 亿美元，开发面积达 80 万平方米，预计将提供约 3000 个就业机会。项目包括四个五星级酒店、一个国际健康水疗中心、三个购物中心及医疗中心和 1.1 万套酒店式公寓，还将建设四个人工湖、大型喷泉、游乐园、15 个国际餐厅和咖啡厅、1 家电影院和 20 多个游泳池。项目建成后有望使约旦酒店接待能力增长 25%，本地及外国游客人数增加近 50 万人次。

第二节　社会组织与管理

一　社会结构

建国初期，部族是约旦的主要社会结构。大量游牧部落以及半游牧部落是其主要社会构成。但是，1948 年巴勒斯坦人大量涌入后，约旦社会结构发生了重大变化。巴勒斯坦人成为约旦人口的主体。经过多年的发展，约旦人在政治、经济、文化上逐步发展起来，巴勒斯坦人的地区有所削弱。尤其是 20 世纪 80 年代以后，约旦城市化不断发展，城市居民日益增多，以宗族、血缘为纽带的传统社会结构遭到严重冲击，部落因素日渐褪色。但是，目前贝都因部落依然在约旦社会具有广泛影响，部落身份是约旦人身份认同的重要内容。

此外，民族、宗教、移民也是约旦社会的重要区分标准。

二　主要社会组织和社会团体

合作社。2009 年约旦拥有合作社 1252 个，2010 年为 1280 个，2011 年为 1417 个，2012 年为 1462 个，2013 年为 1507 个。

合作社社员数量。2009 年为 129113 人，2010 年为 131550 人，2011 年为 132116 人，2012 年为 134750 人，2013 年为 141446 人。

慈善机构数量。2009 年为 1117 个，2010 年为 1451 个，2012 年为 1703 个。

注册工程师数量。2009 年为 81249 人，2010 年为 87222 人，2011 年为 94471 人，2012 年为 102389 人，2013 年为 110070 人。

注册医生数量。2009 年为 20765 人，2010 年为 22501 人，2011 年为 18446 人，2012 年为 25006 人，2013 年为 21266 人。

注册律师。2009 年为 8726 人，2010 年为 9022 人，2011 年为 9433 人，2012 年为 9842 人，2013 年为 9863 人。

注册女医生数量。2009 年 3203 人，2010 年为 3679 人，2011 年为

3216 人，2012 年为 4213 人，2013 年为 3877 人。

注册女律师数量。2009 年为 1808 人，2010 年为 1921 人，2011 年为 2041 人，2012 年为 1862 人，2013 年为 1718 人。

2014 年，约旦议会通过了《约旦律师协会法案修正案》，该修正案旨在建立专门的律师培训机构。

约旦工会联合会，1954 年 5 月成立，由采矿、食品、港口、运输、纺织、石化、卫生等 17 个部门工会组成。主要任务是维护职工权益，保护其经济利益和社会福利。1987 年有会员 3.3 万人，1992 年增加到 13.3 万人。约旦商会联盟（FJCC），1955 年 12 月 19 日成立。下属 15 个商会，约有 7 万名成员。主要任务是通过与政府部门以及其他机构合作，为其成员提供各种服务。

安曼商会（ACC），约旦主要的私营商业企业联合会，约旦资格最老的商会。1923 年成立，有 3.1 万个成员。

安曼工业协会（ACI），约旦主要私营工业企业联合会，1962 年成立，大约有 7500 个来自矿业、制造业、能源和信息技术的工业企业成员单位。

约旦妇女联合会，1982 年成立，是各界妇女协会和组织以及个人参加的民间机构。名誉主席为努尔王太后。

约旦红新月协会（JRC），1947 年建立，1948 年加入国际红十字会。1950 年加入国际红十字协会联盟。在全国各地设有分支。阿卜杜拉二世国王任荣誉主席，穆罕默德·哈迪德为主席。该协会主要从事人道主义活动，尤其是巴勒斯坦难民救助活动。1953 年在安曼靠近巴勒斯坦难民营附近建立了红新月协会医院，目前有 126 张床位。自 1967 年以来，该协会就与国际红十字会开展了医疗救护活动，在一些地区设立医疗诊所，两个母亲和儿童保健中心。2002 年该协会发起了反艾滋病宣传运动。该协会积极参加急救活动，是约旦唯一被授予教授急救知识并颁发急救和水下救援资格证书的单位。除医疗领域外，该协会还于 1953 年建立了职业培训中心，主要为社会下层妇女提供职业培训。目前每年有 500 名毕业生获得教育部颁发的学历文凭。该协会在安曼还开设了一个社区发展中心，帮助社会下层。

侯赛因之母慈善机构，是约旦最大、最有影响的慈善机构。该机构每年10月10日举行义卖。主席为法蒂玛·纳赛尔。

侯赛因国王基金会，1999年由阿卜杜拉二世国王下令成立，由努尔王太后主持基金会工作。该基金会是一个全国性的和国际性非营利性民间组织，致力于推动和平、民主、教育、卫生和环境等事务。

侯赛因国王国际基金会（KHFI），前身为1980年由努尔王后成立的非营利组织，总部设在华盛顿，主要任务是促进约旦与美国彼此间的了解和联系。1999年更名为侯赛因国王国际基金会。

努尔·侯赛因基金会（NHF），1985年11月由侯赛因国王颁布命令成立，以王后努尔名字命名，并由努尔王后主持。该基金会主要从事经济和社会公益事业。自1999年以来，该基金会作为侯赛因国王基金会下属一独立组织开展活动。其主要活动包括文化与艺术、妇女与企业发展、儿童与家庭卫生、整合社区发展等。1999年成立了约旦微型金融信贷公司（JMCC），主要提供小额贷款、扶植小型企业。该基金会建立了约旦国家音乐学校和约旦第一个戏剧和舞蹈学校，成立了约旦第一个儿童乐团，建立了表演艺术中心。此外，该基金会还成立了家庭卫生研究所（“儿童卫生和发展研究所”）。

约旦河基金会（JFR），1995年建立，由拉尼娅王后领导，是一个非营利性民间组织。主要任务是通过发起和支持经济、社会和文化计划促进约旦社会发展，尤其是妇女、儿童的发展。该基金会主要集中在两个领域：一是通过约旦河儿童计划保护儿童的需要和权利；二是通过社区加强计划加强社区与个人的能力。基金会不仅在约旦全国各地开展活动，而且还扩大到中东地区和国际舞台。其发起的主要计划有约旦河儿童计划、儿童安全计划、社区增强计划、农村社区群落发展计划、手工艺品收入增加计划等。2004年12月，该基金会通过了三年战略计划。同年，该基金会发起了“全国觉醒运动”，确立6月6日为儿童安全日，建立了“拉尼娅王后家庭与儿童中心”。基金会董事长为马哈·哈提卜博士。

星星基金会，是一个非政治性和宗教性的民间组织。该基金会强调促进儿童发展，进行人道主义救援，强调自身作为推动东西方交流的桥梁，以实现“多样性的统一”。2003 年 11 月，该基金会向国际医疗联合会（IMC）捐赠了 57 万美元，用于救治伊拉克儿童。

三 性别不平等问题

约旦是妇女地位较高的阿拉伯国家，在促进男女平等、提高妇女卫生保健和教育等方面取得了很大成绩。1944 年约旦第一个妇女协会“妇女团结协会”成立。次年，“妇女联盟协会”成立，并成为阿拉伯妇女联盟的成员。1949 年两个协会合并为约旦哈希姆妇女协会。1950 年青年女基督徒协会（YWCA）成立。1952 年“保护妇女权益联盟”成立。1954 年约旦妇联成立，并成为国际妇联的会员。该组织致力于扫盲，改善妇女权利。1972 年青年女穆斯林协会（YMWA）成立。1974 年约旦妇女联合会成立，该组织提倡消除文盲，促进妇女和儿童权益保护，提高政治参与意识。目前约旦最大的妇女组织是努尔王后领导的约旦妇女大联盟。约旦宰因王太后、努尔王后、拉尼娅王后以及侯赛因国王、阿卜杜拉二世为提高妇女地位、维护妇女权益做了大量工作。在 2003 年产生的约旦新一届众议院（110 席）中，有 6 名女性众议员。拥有 55 个席位的参议院中有 7 名女性参议员。2013 年 1 月，约旦举行第 17 届立法议院选举。有 191 名女性候选人参选，创历史之最。在 150 名新当选的议员中，有 18 人为女性议员。2014 年 7 月，约旦下议院通过提案，对女性职工占比超过 30%（含）的企业给予 1% 的税收优惠政策。

根据 2004 年和 2009 年“自由之家”对妇女权益的评估，约旦妇女在五个方面的得分（1 分为最低分，5 分为最高分）情况分别是：司法公正，2004 年 2.4，2009 年 2.7；自我独立、安全和个人自由，2004 年 2.4，2009 年 2.7；经济权利和平等机会，2004 年为 2.8，2009 年为 2.9；政治权利和暴力，2004 年为 2.8，2009 年为 2.9；社会和文化权利，2004 年为 2.5，2009 年为 2.9。总体上，各方面指标都出现向好发展趋势。

但由于历史和传统因素，妇女地位仍有待进一步提高，实现真正的男女平等还有很长一段路要走。约旦存在较为严重的男女性别不平衡现象。男女在教育、就业、收入、社会地位等一系列方面存在不平等。根据

《2014度联合国人类发展报告》，约旦性别不平衡指数在187个国家和地区中排名第101位，而约旦女性人类发展指数则排名第130位。2010年婴儿死亡率为0.63%。2010~2015年，15~19岁少女生育率为26.5‰。2002~2012年，女性平均受教育年限为9.4年，而男性为10.4年。女性预期受教育年限为13.5年，男性为13.1年。2006~2012年，25岁以上女性接受中等教育比例为69.5%，男性为78.5%。2011年女性人均国民收入（PPP价格）预计为2875美元，而男性为19459美元。从预期寿命看，女性高于男性，女性为75.6岁，男性为72.3岁。

总体上，女性就业率不断提高，占劳动力的比重不断提高，1979年为6.7%，1987年为9%，到2003年上升到20%。但是，女性失业率明显高于全国平均水平。失业率是全国平均失业水平的2倍。2011年女性失业率为21.7%，全国失业率平均水平为10.4%。女性失业人口中，78%受过高等教育，而失业男性中只有23%拥有大学学历。2012年15岁以上女性参加工作的比例为15.3%，而男性为66.2%。

约旦妇女政治参与率不高。1955年约旦就赋予妇女选举权，但直至1974年妇女才获得议会选举权。妇女在2003年众议院中只占5.5%，远低于到2015年达到50%的联合国"千年目标"。到2013年，女性在议会中拥有议席比例也只有12%。2003年下议院开始规定给女性配额。自2004年开始，约旦每届内阁至少保留3个部长席位给女性。此外，截至2004年，共有6000名约旦妇女嫁给巴勒斯坦人，但约旦不赋予她们的子女以约旦公民权。而法律规定，约旦男人娶外国女子，其子女可以获得约旦公民权。约旦还经常发生荣誉谋杀事件，如果女性在婚前有性行为或婚后与其他男子发生性关系，该妇女家族的人可能因其玷污了家族荣誉而杀死她，而相关犯罪分子却很少受到严惩。

四 青年人失业问题

约旦青年人占人口比重大，30岁以下人口占总人口的70%，25岁以下人口占总人口的55%，15~24岁人口占总人口的22%。青年失业率高构成社会不稳定的一个重要根源。根据官方统计，2008~2012年，15~

24岁青年失业率为29.3%。2008年和2009年，青年失业率为28%。2011年，28~29岁青年人占失业人口的61%，约为10.5万人，其中43%为男性，63%为女性。

五 社会满意度

根据2014年度联合国人类发展报告，约旦社会各领域满意度情况是：教育61%（2012年）；卫生保健质量72%（2008~2012年）；生活水准46%（2007~2013年）；工作72%（2007~2013年）；安全81%（2007~2012年）；选择自由65%（2007~2012年）；整个生活满意指数0.51（2007~2012年，0为最低，1为最高）；劳工市场满意度13%（2007~2012年）；对社区满意度74%（2007~2012年），对中央政府信任度77%（2007~2012年）。

六 移民与难民

主要指生活在约旦的来自巴勒斯坦、伊拉克和叙利亚的数百万难民以及在国外工作的约旦人。截至2013年12月底，在约旦的外国难民为1283510人，预计到2014年底为1438440人。约旦未签署1951年关于难民地位的国际公约，但是接受了百万难民。1998年约旦政府与联合国难民署签署了谅解备忘录。联合国难民署对约旦投入不断加大，2010年为6280万美元，2013年为3.676亿美元，2014年预算为4.304亿美元。

巴勒斯坦难民。巴勒斯坦人是约旦人口中的特殊群体，多为1948年和1967年阿以战争中被迫离开巴勒斯坦来到约旦的难民。一些巴勒斯坦人至今依然生活在约旦北部等地的巴勒斯坦难民营，由联合国难民救济署负责他们的卫生与教育。当前在约旦登记的巴勒斯坦难民约有150万人，且大多已拥有约旦国籍。

叙利亚难民问题。自2011年叙利亚爆发冲突以及内战后，大量叙利亚人逃难到约旦。截至2013年3月，在约旦的叙利亚难民达30万人。截至2015年4月，在联合国难民救济署登记的来自叙利亚难民已达到628634人。

伊拉克难民问题。1991 年海湾战争爆发，第一波伊拉克难民前往约旦。2003 年伊拉克战争前，约有 25 万～35 万伊拉克人生活在约旦。由于 2003 年伊拉克战争，新一波伊拉克难民大量逃亡邻国约旦，约旦成为接待伊拉克人最多的国家。约旦移民局统计，自 1991 年至 2007 年 2 月，共有 54.7 万伊拉克人进入约旦。截至 2009 年，在约旦的伊拉克人约有 70 万。2005 年底，约旦允许伊拉克人无工作许可入境，并可居留 3～6 个月。2006 年，约旦禁止 17～35 岁的单身男性伊拉克人入境，随后要求所有入境伊拉克人持有新护照。2008 年 2 月，约旦政府要求所有在约旦的伊拉克难民必须在伊拉克境内申请签证，不再允许入境前在边境申请。2008 年 8 月，约旦教育部决定解决伊拉克难民儿童的上学问题。很多逃亡约旦的伊拉克人为富人，带来大量资产。伊拉克难民大多生活在安曼。在约旦的伊拉克人中，60% 为逊尼派穆斯林，18% 为什叶派，15% 为基督徒。大量伊拉克人的存在被约旦政府视为严重的政治、经济问题，也是人道主义问题。近年来大量伊拉克人重返伊拉克。根据联合国难民署统计，2013 年 12 月，在约旦的伊拉克人约为 24730 人。

约旦劳工。自 20 世纪 60 代开始，大量约旦人开始外出打工，主要是去海湾国家。根据约旦政府的统计，1987 年约旦约有 35 万人在国外工作，其中 16.9 万人在沙特。约旦劳工大多为 20～30 岁的已婚男性。其中 30% 是大学生。一般在海外工作时间为 4.5～8 年。约旦劳工喜欢带全家一起出国。约旦劳工的汇款是政府外汇收入的重要来源。根据世界银行 2003 年发表的报告，约旦海外劳工有 45 万人，海外汇款 22 亿美元。2013 年，约旦海外汇款 36.5 亿美元，比 2012 年增长 4.4%。

在约旦外籍劳工。近年来，随着约旦工业化的发展，再加上社会较为稳定，大量外籍劳工开始进入约旦劳动力市场。目前在约旦的外籍劳工 60% 是埃及劳工，他们主要在建筑行业和农业领域工作。另外，在约旦家庭中的外籍雇员有数万人，主要来自菲律宾、斯里兰卡和印度尼西亚。据约旦劳动部统计，目前大约有 26.5 万名外来劳工拥有有效工作许可，其中 60% 是埃及劳工。另有非法劳工约 50 万人。按照有关规定，所有来约旦的外来劳工必须取得有效工作许可，否则将被驱逐出境。这些外籍劳工的存在对约旦就业问题造成很大压力。2013 年，约旦非法外来劳工的数量比 2012 年增长了两倍多。约旦扣留违反劳动法的外来劳工 2.2 万名，驱逐 2559 名外来劳工。政府宣布，为整顿国内劳务市场，今后不再引进任何外籍劳工，其中包括家庭中的外籍雇员。

第三节 医疗卫生

一 概况

独立初期，约旦医疗卫生条件非常差，缺医少药。经过几十年的发展，约旦已成为卫生条件最好的中东国家之一，有着较健全的卫生保健系统。约旦对政府职员、军人及其家属实行免费医疗制度，对企业职工实行医疗保险制度。

1939 年约旦在内政部下设立了一个卫生局，年度预算仅 1.1 万第纳尔，全国只有医生约 20 名。1950 年约旦正式成立卫生部，统一管理全国医疗卫生事业。当时只有 10% 的约旦人可得到干净的水和卫生设施。侯赛因国王时期，约旦大力发展医疗卫生事业，不断增加经费投入。1951 年约旦卫生部的预算升至 24.08 万第纳尔。到 1976 年则增至 660 万第纳尔，1981 年进一步上升为 6000 万第纳尔。2003 年约旦卫生部门的开支为 5.399 亿美元，其中政府拨款为 3.376 亿美元，占政府预算的 9.8%，私人部门投入为 2.023 亿美元，占 GDP 的 7.7%。2013 年卫生支出占 GDP 的 8.4%。目前约旦政府正在大力推行“社会经济改革计划”（PSET），提高穷人的医疗保健水平是其中的重要部分。具体目标包括：将约旦人口百分之百地纳入医疗保险中，目前已达到 75%；改造初级医院设施；提高医院管理和服务水平。目前约旦有很好的医疗设施以及世界一流的医生。不过，大多好医院和优秀医生集中在首都安曼。约旦政府希望通过提高本国的医疗水平，吸引阿拉伯国家的病人来约旦治疗。

约旦卫生事业的发展很大程度上是由于政治和社会长期稳定，以及多个经济社会发展计划和项目的实施实现的。约旦提倡全面发展观，认为贫困、文盲和卫生是必须放在一起统筹解决的三个相互关联的问题。约旦政府制定了多个卫生发展战略，其主要目标是为所有人提供充足的卫生设施，建立一个全面的卫生保健系统。

为解决政府资金不足问题，政府鼓励私人部门在城市为那些负担得起高价医疗的人提供服务，同时政府集中力量在乡村发展公共卫生服务。约旦的公共卫生开支主要集中于各地的初级卫生保健上。目前，约旦已建立了广泛的卫生保健设施，包括323个初级卫生保健中心、274个中等卫生保健中心、307个妇幼保健中心、41个综合卫生保健中心以及188个牙科诊所。

消灭传染病、流行病是约旦卫生部的一项长期而重要的任务。20世纪六七十年代，约旦政府多次在全国范围内开展消灭各种流行病运动，如天花、肺结核、霍乱、伤寒等。约旦建立了十多家肺结核医院和防治医疗站，为数十万人进行接种、治疗，使肺结核在约旦基本绝迹。

约旦大力推动儿童接受免疫接种。1996年，约旦98%的儿童接种白喉、破伤风、麻疹、结核病等多种疫苗。根据联合国儿童基金会（UNICEF）的统计，1981～1991年10年间，约旦是世界上婴儿死亡率下降最快的国家，由1981年的70‰下降到1991年的37‰。根据1996年约旦卫生部的统计，平均预期寿命1965年为50岁，1986年为64岁，1996年已提高到68岁。2003年男性平均寿命为70.6岁，女性为72.4岁。医疗水平的提高与健全医疗保健体系的建立是婴儿死亡率下降和人均寿命不断提高的主要原因。

从营养状况看，1961年约旦人均日摄入热量为2198卡路里，20世纪80年代为2968卡路里，到1992年上升到3031卡路里，增长了37.8%。而1992年发展中国家平均水平为2553卡路里。

人口出生率。2000年，育龄妇女平均生育率为3.44个孩子。人口出生率为2.624‰，死亡率为2.63‰。2013年，人口死亡率为4.8‰，人口自然增长率为2.1%。2014年，人口增长率3.86%，出生率2.523‰。2014年，妇女人均生育3.16个孩子（2014年）。

婴儿死亡率。2000年，婴儿死亡率为21.11‰。2002年，婴儿死亡率为22.1‰，5岁以下儿童死亡率为27‰。2012年，婴儿死亡率为16‰，5岁以下婴儿死亡率为19‰。2013年，婴儿死亡率为17‰，5岁以下儿童死亡率为21‰。

成人死亡率。2011年，成人死亡率女性为99‰，男性为146‰。

婴儿纯母乳喂养率。2008～2012年，0～5月婴儿的纯母乳喂养率为22.7%。

儿童营养不良。2008～2012年，营养不良率为7.7%，体重超重率为4.4%。

婴幼儿缺乏免疫。2012年，一岁儿童麻疹接种率为16%，DTP接种率为2%。

产前检查覆盖率。2008～2012年，产前检查覆盖率为98.8%。

人均寿命。2000年，人均寿命为77.36岁，其中男性为74.94岁，女性为79.93岁。2002年，平均寿命为71.5岁，其中男性70.6岁，女性72.4岁。2013年，平均寿命为74.4岁，其中男性72.7岁，女性76.7岁。2014年，人口平均寿命74.1岁，其中男性72.79岁，女性75.5岁。

饮用水源方面不断改善，实现有保证的卫生水供应方面，城市达到97.3%，农村为90.5%。

约旦青少年吸烟问题比较严重。1952年约旦颁布烟草法，鼓励农民种植烟草，由政府以高价强制性收购。据约旦卫生部门的统计数字，目前吸烟人群中，25岁以下的烟民占27%，其中19～25岁的烟民占绝大多数。2004年6月，约旦与世界卫生组织签署了控制烟草的协议，全国随即开展了一场大规模的戒烟运动。在首都安曼和其他一些城市的街头，随处可见宣传戒烟的标语，原先有关宣传烟草的广告牌也被拆除。7月4日，众议院批准废除烟草法，鼓励烟草种植户改种其他农作物。

约旦非常重视艾滋病的防治，是艾滋病发病率最低的国家之一。约旦首例艾滋病发现于1986年。1998年为174例（其中男性136人，女性38人；102人为约旦人，72人为非约旦人），2001年增加到272人（其中118人为约旦人），2002年为313人（其中129人为约旦人）。截至2003年12月，共发现334名感染者（死亡67例），其中60%以上为非约旦籍人。从年龄看，68%的感染者为20~39岁。根据统计，感染者中52%是性接触所致，22%是通过血液传播，4.2%属于毒品静脉注射传播，1.6%是通过母婴传播，其他为原因不明。卫生部成立了国家艾滋病预防和控制委员会（NCAPC），并积极进行有关艾滋病防治的宣传。2001年卫生部开设专门“热线”，提供有关艾滋病防治的咨询。

二　医院

约旦医院数量众多，主要有三种类型：卫生部系统下属医院、军队医院和私人医院。约旦医院数量增长很快。1951年约旦国立医院只有10所，1976年增加到12所。1981年共有医院35所，其中国立医院14所，私人医院21所。1984年约旦共有医院41所，2000年增加至86所，2002年达95所。1987年国立医院共有医生1702人，护士434人，助产士275人，药剂师96人，牙医110人。2003年全国95所医院中，卫生部下属27所，军队11所，私人56所，约旦大学医院1所。2011年全国有医院106所，2012年为106所，2013年为103所。

从床位分布看，卫生部下属医院占37%，军队医院占24%，私人医院占36%，约旦大学医院占3%。此外，卫生部还拥有1245个初级医疗中心，包括小型诊所和医疗卫生保健中心，主要为人们定期做检查、免疫接种等。私人诊所有519家。

约旦最著名的医院是约旦大学医学院附属医院、侯赛因国王医学城。这两家医院均建于1973年，其医疗水平在约旦以及阿拉伯世界都是首屈一指。目前约旦大学附属医院有病床550张，拥有先进的医疗设备和技术。侯赛因国王医学城坐落于安曼近郊，是约旦医疗技术水平最高、设施最先进的医院，有病床700张，可以做心脏手术、神经手术、器官移植和整形等手术。安曼的其他大型医院还有安曼的约旦医院、侯赛因国王癌症中心、伊斯兰医院、耶路撒冷医院、阿拉伯心脏和特殊外科中心、意大利医院、拉希德医院、贾巴尔安曼妇产医院、安曼外科医院、大学医院、儿童保健医院、哈立德医疗中心、谢里夫眼科中心、军医院、阿丽娅王后军医院、约旦红新月会医院、巴勒斯坦医院、巴解组织医院等三十多所。外省的大型医院有扎尔卡的扎尔卡省医院、希克梅赫医院，卡拉克的阿里亲王医院、意大利医院和卡拉克医院，亚喀巴的哈娅公主医院、亚喀巴医院和伊斯兰医院等。

约旦鼓励私人和外商投资兴办医院。由专门的医院委员会审查医院注册申请，并由该委员会递交给卫生部审批。以下机构或个人可以申请成立医院：注册医师；注册医师成立的普通公司或私人股份公司；约旦国有企业；在约旦有良好信誉的企业、社团、协会。医院中约旦籍医生人数不应少于其雇用医生总数的3/4，约旦籍工作人员不应少于其工作人员总数的1/2。经卫生大臣同意注册后，首先颁发暂时性的为期两年的营业许可，如两年后一切考核通过，则可获得长期性许可。政府给予一定的优惠政策：免除10年期所得税和社会服务税，全部免除固定资产的关税及其费用，至少每7年给医院一次附加的免税待遇，用于家具、床上用品和相关物品的更新换代。

目前约旦大城镇基本能提供完善的医疗服务。相对而言，农村医疗条件较差，医疗设施和医护人员缺乏。

三 床位数

1951年，国立医院仅有623张床位，1976年增至1360张。1984年，约旦医院共有床位3578张，1985年为3925张。1987年，医院床位数为5557张，其中国立医院为3994张，私人医院为1563张。2000年，医院床位数为8705张，2001年为8982张，2002年为9383张。2011年医院床位数为11991张，2012年为12106张，2013年为12081张。

人口与床位比例，2000年为579人/张，2001年为577人/张，2002年为568人/张，2011年为521人/张，2012年为528人/张，2013年为541人/张。

医院床位使用率，2011年为66.8%，2012年为68.3%，2013年为67.9%。

2000～2002年卫生部所属医院床位使用率，2000年为74%，2001年为73.5%，2002年为72.2%。

2000年全国共有药房1533家，2001年为1564家，2002年为1581家。2011年为1996家，2012年为2090家，2013年为2157家。

人口与药房的比例，2000年为3287人/家，2001年为3313人/家，2002年为3371人/家，2011年为3027人/家，2012年为3056人/家，2013年为3128人/家。

四 医生与病人

2000年约旦医生人数为2815人，2001年为2967人，2002年为2911人。2011年在卫生部注册医生为3973人，2012年为4241人，2013年为4476人。

每千人拥有医生人数。2003～2012年，每千人拥有医生人数为25.6人，其中2011年为29.5人，2012年为39.1人，2013年为32.6人。

牙医。1966年约旦成立全国牙医协会，到2000年全国共有牙科医生396人，2001年为431人，2002年为471人。2011年在卫生部注册牙医为730人，2012年为743人，2013年为761人。

药剂师。2000年为189人，2001年为213人，2002年为226人。在卫生部注册药剂师数量2011年为469人，2012年为483人，2013年为484人。

护士。2000年为1999人，2001年为1963人，2002年为2012人。在卫生部注册护士2011年为6017人，2012年为6302人，2013年为7027人。

助产士。2000年为845人，2001年为832人，2002年为806人。在卫生部注册助产士数量2011年为1274人，2012年为1306人，2013年为1455人。

1951年，约旦国立医院住院病人仅有9563人，1976年达62619人。2000年卫生部所属医院接待病人25.73万人，2001年为26.4万人，2002年为26.41万人。

1951年约旦国立医院外科手术病人有2876人，1976年为23220人，2000年则达74500人，2001年为76700人，2002年为76900人。

1951 年约旦国立医院接待产妇 209 人，1976 年为 11473 人，2000 年为 67300 人，2001 年为 68700 人，2002 年为 70500 人。

接待病人。2011 年为 332600 人，2012 年为 339600 人，2013 年为 347900 人。

病愈出院。2011 年为 327000 人，2012 年为 334000 人，2013 年为 341700 人。

外科手术数。2011 年为 78700 个，2012 年为 88200 个，2013 年为 86500 个。

接生婴儿数。2011 年为 72800 名，2012 年为 73400 名，2013 年为 74200 名。

五　医疗技术与教育

约旦政府除了将主要精力放在提高和扩大初级卫生体系上外，还着力建设几个大的先进医疗中心，加强医学研究。1927 年约旦就建立了现代化的化验室。1951 年开设了放射科。1957 年建立了国家血库。1958 年建立了专治恶性肿瘤的指导机构，采用化疗和放疗等先进治疗技术治疗恶性肿瘤疾病。第一例心脏移植手术是 1985 年 8 月 9 日在阿丽娅王后心脏手术和治疗中心进行的。约旦在人工体外受精技术方面也很先进，1995 年 1 月，法拉赫医院成功进行了该地区首例手术，充分反映了约旦先进的医疗技术。

约旦非常重视医护人员的培养，建立了多所医学院和护士学校，其中最著名的是约旦大学医学院。1953 年约旦建立护士学校，1966 年升格为三年制的医学院。1973 年建立医学职业学校，主要开设化验、药剂、放射、牙科等专业。1974 年约旦与国际儿童基金会合作成立了助产士学校。此外，许多大学开设医学、护理和药剂学等专业。

第七章

文　化

第一节　教育

一　概况

约旦政府非常重视教育，实施科教兴国战略，在教育方面投入很大。鉴于自然资源匮乏，约旦领导人将人力资源视为国家发展的重要驱动力。政府的每个发展计划都强调将发展教育列为优先目标。立国至今，约旦教育几乎是从无到有，飞速发展，目前已建立了一个比较全面的高质量教育体系。约旦的教育水平在中东名列前茅。根据联合国教科文组织的统计，约旦的教育质量在94个国家和地区中名列第18位，在阿拉伯世界处于第2位。根据世界银行2008年的排名，约旦与科威特为中东北非国家教育改革的先锋。根据《联合国人类发展报告》，2000年约旦人类发展指数在全球173个国家和地区中排第99位，其中教育指数为0.78。随后逐步上升，2014年上升到第77位。约旦也是阿拉伯世界文盲率最低的三个国家之一。

约旦教育思想与原则。约旦教育部指出，本国教育思想主要源于约旦宪法、阿拉伯伊斯兰文明、阿拉伯大起义精神及约旦民族经验。具体体现在以下几个方面。第一，精神层次，包含信奉真主安拉，信奉阿拉伯民族的高级思想；伊斯兰教是一个知识行为思想体系，它尊重人类，崇尚思想，督促重视知识、工作和道德；伊斯兰教是一个整体性系统，它强调良好的价值观和原则。第二，以泛阿拉伯和人类为基础的国家层次，包括哈希姆王国是一个议会制世袭王国，约旦人应忠诚于真主、祖国和国王；约旦是阿拉伯民族的一部分，约旦民族是伊斯兰和阿拉伯民族不可分割的一部分；阿拉伯语言是阿拉伯民族存在、统一和复兴的基本支柱；巴勒斯坦事业对约旦民族非常关键。第三，社会层次，包括约旦人在政治、社会和经济方面享有平等的权利和义务，区别仅仅在于他们对社会贡献的大小；尊重个人自由与尊严；教育是社会必需品，是所有人都拥有的一项权利。约旦教育主要追求七个方面的目标，即①会使用阿拉伯语表达与交流；②能够理解与本地和全球环境有关系的事实、概念和关系，并在日常生活中有效使用；③全面理解作为意识形态和沙里亚法的伊斯兰教，并身体力行其价值和趋势；④理解科技，并获取使用、生产和开发的相关技能，将该技术服务于社会；⑤在观察、研究和解决问题中，学会进行客观而正确的思考，采取科学的方法；⑥履行公民权，并承担其相应的责任；⑦在工作以及日常生活中，投资个人的潜能，以发展知识、创新、发明，培养主动精神。

教育管理体制。教育部负责学前教育、基础教育和中等教育。高等教育和科学研究部负责高等教育。

教育指导方针是：优先发展基础教育，扩大义务教育年限，加强职业教育和扫盲教育，大力发展高等教育。

1923年5月，约旦建立了第一所现代高中。1940年约旦历史上第一个教育部组建。1952年，约旦颁布第一部普通基础教育法。1962年，约旦建立第一所正规大学——约旦大学。1964年，颁布《教育法》。2009年，约旦制定并颁布《高等教育法》，重新制定并颁发《教育法》。

约旦小学和初中实行免费教育和义务教育制度。1964年将实行的7年制义务教育延长至9年，1988年又延长到10年。15岁以下少年儿童必须接受义务教育。1960年约旦入学率只有47%，1994年为71%，2006年已达98.2%。城乡入学率差别很小。政府规定，在每个乡村和社区，都至少要建立一个可容纳10名以上学生的学校。

1960年，约旦15岁以上人口识字率只有30%，到1996年上升到

85.4%，2003年达到90.1%。约旦政府的目标是到21世纪初识字率达到92%，这一目标已基本实现。2003年，约旦15岁以上人口教育情况：文盲率为9.9%，会读写的占4.7%，初等教育水平占12.2%，学前教育占18%，基础教育水平占19%，职业教育占0.9%，中等教育占17.8%，高中文凭占8.1%，学士及以上占9.4%。2013年，约旦文盲率为6.8%，其中女性为10.1%，男性为3.7%。全国人口中高中文凭以下人口占52.5%，其中女性占48.6%，男性占56.3%。全国人口中具有高中学历的人口占17.8%，其中女性占17.8%，男性占17.9%。全国人口中具有学士及以上学历人口比例占15.0%，其中女性占14.2%，男性占15.8%。

根据联合国2014年《联合国人类发展报告》，2005~2012年，约旦15岁以上人口识字率为95.9%，其中15~24岁人口识字率为99.1%；25岁以上人口中具有中等教育文凭人口比例达74.1%。2003~2012年，学前教育入学率为34%，小学入学率99%，高中入学率为89%。

2002/2003年度，约旦共有学校5376所，教师75995人，在校学生1494446人。另外还有大学21所，在校大学生157766人；2010/2011年度，约旦基础教育学校有学生135.03万人，教师7.66万人；中等学校学生（高中和中等职业学校）20.4万人，教师2万人；2011/2012年度，约旦基础教育学校有学生136.62万人，教师7.85万人；中等学校学生（高中和中等职业学校）21.38万人，教师2.14万人；2012/2013年度，约旦基础教育学校有学生139.62万人，教师7.98万人；中等学校学生（高中和中等职业学校）21.88万人，教师2.33万人。

约旦每年都有相当数量的学生公费或自费前往外国留学。1991年约有2万名学生在35个国家留学。此外，也有相当多的外国学生在约旦留学。1997/1998年度在约旦各大学学习的外国留学生达11376人。2004年外国留学生在约为7914名。2010年约旦大约有2万人前往国外留学。2013年，约旦全国人口中拥有国际学历文凭的占7.8%，其中女性为9.4%，男性为6.3%。

约旦教育当前主要面临两个问题。一是青年人口不断增多，教育体系持续扩大，教育设施和经费严重不足。约旦73%以上人口低于30岁，其中14岁及以下人口占42.2%，15~29岁的占31.4%。目前近1/3的约旦人口在校读书。二是随着就学人数的猛增，提高教育质量已成为当务之急。此外，社区学院与正轨大学之间的鸿沟也在拉大，社区学院声誉不佳。教育部门正努力缩小这一差距。1988年，约旦政府启动了为期10年的长期教育计划，投资达10亿美元，旨在提高教学质量，进行课程改革，强调学以致用、紧密联系实际。1998~2002年间，教育部又推出另一项改革计划，侧重提高教师教学能力，提高学校管理水平。2003年7月，在世界银行支持下，约旦开始大力推进以知识经济为中心的教育改革，旨在提高其青年人参与知识经济竞争的技能。该项目预计耗时十余年，分两个阶段实施，2003~2009年为第一阶段，2009~2015年为第二阶段。世界银行提供1.2亿美元的援助支持。2010年，世界银行与约旦政府签署协议，向约旦提供6000万美元优惠贷款，用于资助该国知识经济教育改革项目第二阶段。2010年，约旦政府与加拿大国际发展机构（CIDA）签署谅解备忘录，加拿大政府将为约旦提供2000万加元的援助，用于支持约旦发展知识经济的教育改革。为该项目提供资助的还有加拿大国际发展局和日本国际合作署、国际金融公司（IFC）等。此项改革得到了世界银行、联合国教科文组织的高度评价。2008年，世界银行发布《未来之路——中东北非教育改革》研究报告，对该地区各国初等、中等和高等教育状况进行了调查，以教育的门槛、效率以及质量作为评判标准，结果约旦和科威特表现最佳，而吉布提、也门、伊拉克和摩洛哥则名列最差档次。报告指出，约旦和科威特是中东北非地区教育改革的领跑者，但该地区的总体教育状况仍需大力改进。同期，约旦还实施了《高等教育国家战略（2007~2012）》。当前约旦将发展教育作为改革战略的优先事项。

二　教育经费

政府在教育方面投入很大。建国初期，教育支出就占政府支出的5%左右。1965年教育支出占GDP的2.9%，1991年为6.9%。1996年提高到占GDP的12%，而同期世界平均水平为4.3%，不发达国家为4%，工业发达国家为5.7%，阿拉伯国家为6%。1999年教育经费支出为6.656

亿美元，占财政支出的 15.9%，占 GDP 的 11.5%。2003 年教育经费支出为 8.81 亿美元，占财政支出的 17.3%，占 GDP 的 12.6%。2009 年，教育支出占财政支出的 13%，占 GDP 的 6.4%。

约旦教育投入以政府为主，同时积极依靠社会各界以及国际社会力量办学。1987 年允许私人兴办大学。现已形成了幼儿园教育以私人为主，基础和中等教育以国家为主，高等教育公私均分的格局。1991 年教育部对教育的资助占教育总投资的 73%，政府其他部门占 0.5%，私人占 11.1%，负责巴勒斯坦难民教育的联合国难民救济署占 14%。在 1999 年教育经费总开支 6.656 亿美元中，公共开支为 4.570 亿美元，私人开支为 2.086 亿美元。2003 年教育经费总开支 8.81 亿美元中，公共开支为 5.937 亿美元，私人开支为 2.873 亿美元。在约旦现有 5376 所中小学中，公立为 2963 所，私立为 2179 所，联合国难民署为 192 所，其他政府机构开办的学校为 42 所。2009 年，全国注册登记学生约 160 万，其中 3/4 在 3300 所国立学校就读，40 万学生在全国 2400 所私立学校就读。

三 基础与中等教育

约旦教育体制基本分为三种体制：学期教育，一般为 2 年；基础教育，10 年；中等教育，2 年。6～16 岁为义务教育阶段。基础教育期间可以进入公立或私立学校学习。

基础教育为 10 年一贯制义务教育，分 1 至 10 年级。约旦最早实行 7 年制义务教育，1964 年改为 9 年制义务教育，成为阿拉伯世界最早实行 9 年制义务教育的国家之一。1988 年又延长为 10 年制，同时决定取消小学毕业考试，并以学生在 8～10 年级的学习成绩以及本人志愿为依据决定他们未来接受什么样的中等教育。在首都安曼，基础教育阶段私立学校招收的学员占学生总数的 70%。

2003～2012 年，小学入学率 99%，初中升高中比例为 89%。小学辍学率只有 2.1%。

中等教育实行免费制度，但非义务教育。中等教育学制原为 3 年，20 世纪 80 年代末改为 2 年。20 世纪 60 年代开始实行分科培养，将学校分为普通高中和应用型职业学校两种，前者分文理科，学生可继续到高等学府深造；后者主要接受农工商、护理、饭店、旅游等职业课程教育，学期为2~3年，毕业时举行统一考试，决定是否取得文凭。近年来，随着经济社会的发展，新的课程不断增加，如阿拉伯语、英语、地球科学、生物学、化学、计算机科学、数学、物理学、社会科学、伊斯兰研究、会计、人口、环境等。16~18岁为中等教育阶段。学生毕业后可以申请进入大学学习。约旦中学教育质量很高，被很多国家的大学认可。学生升入大学就读的比例也不断上升，1994年为79%，2007年为85%。2007年，约旦中等教育入学率，女生为91%，男生为88%。

在2014年夏季中学文凭考试中，有57141名学生参加考试，22974名学生通过考试，通过率由2013年的56.3%下降到40%。私立学校通过率为26%。有7408名职业中学学生参加考试，通过率为35.3%。普通中学考试科目包括科学、文学、沙里亚法、信息技术、健康教育。职业中学考试科目主要涉及农业、工业、医院、教育等内容。

约旦长期执行向基础教育和中等教育倾斜政策，经费投入占整个教育经费的3/4。

1983/1984年约旦有学校3000所，在校学生856262人。在国外学习的约旦学生为49670人。1997/1998年度，约旦共有政府办的学校2787所，私人学校为1493所。初、中等教育学生人数为1346178人，其中教育部所属学校学生为951831人，私立学校为229487人，联合国难民救济署办的学校有学生143893人，其他政府部门所属学校有学生20967人。2002/2003年度，约旦共有学校5376所，学生1494446人，其中公立学校为2963所，学生1055722人；私立学校2179所，学生282108人；联合国难民署所属学校192所，学生136236人；其他政府部门所属学校42所，学生20380人。

大量外国移民进入约旦教育体系。2003年约旦决定将伊拉克难民纳入教育体系。2007年约旦允许伊拉克儿童免费就读约旦国立学校，2007/2008学年有24000人入学，2008/2009学年有26000人入学。2002/2003学年，联合国难民署在约旦建有学校192所。截至2014年10月，联合国难民署在约旦有学校172所，接受基础教育学生人数为11.5万人。四年级、八年级和十年级的学生要参加全国性质量控制考试，科目是阿拉伯语、英语、自然、数学。联合国难民署还提供一定数量的大学教育，主要在教学、阿拉伯语和英语专业方面，目前约有1200名学生。2013/2014学年计划开设地理专业。联合国难民署还为巴勒斯坦难民学生提供奖学金。据统计，目前外国留学生的数量每年以9%的速度增长。

四 高等教育

约旦规定，大学本科为四年，但牙医、药品、工程为五年，医学为六年（实习一年）。大多数高校实行英美教育体制，并与英美高校建立了合作关系，部分高校仿效德国和法国教育体制。本科生毕业一般需要126至146个学分。硕士研究生教育为1~2年，完成课程学习和毕业论文后方可毕业。一般研究生毕业需要24个课程学分和9个研究学分，或者33个课程分和1个全面考试。博士学习需要3~5年，拿到24个课程学分和24个研究学分方可毕业。

高校由高等教育与科学研究部负责管理，下设高等教育委员会、学历认证委员会。1980年，约旦颁布《高等教育法》。1982年成立高等教育委员会（HEC）。1985年，修订《高等教育法》，并将高等教育委员会更名为高等教育部。1998年，高等教育部撤销，被合并到教育部。社区学院被归并到巴尔卡应用技术大学。2001年8月，阿卜杜拉二世下令重建高等教育部，并取名为高等教育与科技部，同时修改相关法律，如约旦高等教育与科技研究临时法、约旦公立大学临时法、约旦私立大学临时法。随后，该部制定了2007~2010年战略发展计划。2009年约旦颁布《大学法》和《高等教育法》。

十多年来，约旦高等教育得到很大发展。1958年约旦建立教师之家（Dar Al - Mu'lemeen），主要任务是培养教师，学习期限为2年，被视为第一个高等教育机构。1962年创办第一所正规大学——约旦大学。1963年约旦在校大学生只有167人，1990年增至46068人。1989年，约旦创办第一所私立大学——阿-艾赫利娅达大学。阿卜杜拉二世国王上台后，约旦高等教育大发展，高等教育部重建。尤其是2005年以来创办了不少新的高校。很多外国大学开始进入约旦办学，主要采取与当地政府和高校合作形式，并采用国际教学，如雅尔穆克大学与英国桑德兰大学（University of Sunderland）、约旦科技大学与纽约理工学院、巴尔卡应用技术大学与英国哈德斯菲尔德大学（University of Huddersfield）、巴尔卡应用技术大学与美国德保罗大学（DePaul University）、雅尔穆克大学与爱尔兰都柏林大学、约旦大学与美国俄亥俄大学等。

公立大学10所：约旦大学、雅尔穆克大学、穆塔大学、约旦科技大学、哈希姆大学、拜依特大学、巴尔卡应用技术大学、侯赛因·本·塔拉勒大学、塔菲拉理工大学、德国—约旦大学。

1997/1998年度，约旦各大学注册学生人数为88267人，各社区学院注册学生人数为24657人，其中研究生5850人。2003年约旦共有大学21所，在校大学生人数达157766人。此外还有社区学院21所，学生人数26967人。2008～2013年，约旦高校学生增加了124634人。目前约旦有30多所大学，还有多所外国大学，另有54所社区学院。共有学生23.6万人，其中阿拉伯国家和其他国家学生2.8万人。据统计，约旦接受高等教育的学生占同龄人（18～23岁）的34.4%，居世界第三位。

约旦主要高校概况如下。

应用技术大学（ASU）。私立大学。1961年成立。有学生8000人，教师300人。位于安曼。

约旦大学（JU）。公立大学。约旦成立最早、规模最大的大学之一，也是约旦最高学府。1962年9月2日，约旦国王侯赛因下令创办，是当时约旦第一所四年制大学。1966～2001年，共培养毕业生101896人。2002/2003年度，在校学生为26175人，其中本科生23040人，硕士生2626人，博士生509人。其中，男生10745人，女生15430人；约旦籍学生为23477人，外国留学生为2698人。目前学校拥有约40000学生，其中本科生3万多人，研究生5800多人。有教职员工4500多人，其中教学科研人员1400多人。学校现有18个学院，78个系，12个培训和研究中心。拥有教师1014人，其中拥有博士文凭的为879人，拥有硕士文凭的为91人。从职称看，有教授302人，副教授210人，讲师64人，助教310人。教师中有964人为约旦籍，阿拉伯国家的有26人，其他国家的为24人。约旦大学是阿拉伯世界的名校，教育质量很高，为约旦培养了大量优秀毕业生，许多约旦领导人毕业于约旦大学。

银行学院（IBS）。公立大学。1971年10月由约旦中央银行建立。位于安曼。2003年开始招收研究生。

努尔王后民航技术学院（QNAC）。公立大学。1973年建立。位于安曼。

雅尔穆克大学（YU）。1976年建校。位于伊尔比德。有11个学院，49个系，包括文学院、理学院、教育学院、美术学院、经济和管理学院、法学院、工程技术学院、伊斯兰教法和伊斯兰研究院、考古和人类学学院、信息技术学院等。1999/2000年度在校学生为17800人，其中近11%为非约旦籍学生。男女生分别占48%和52%。本科学生占90%。现有学生40100人，其中本科生31000人，研究生9100人。有59个硕士专业，15个博士专业。主要专业有文学、自然科学、工程技术、沙里亚法与伊斯兰研究、教育学、法律、美术、信息技术、大众传媒、考古、旅游与酒店管理、医学、药学、体育等。有7个研究中心和1个研究所：计算机与信息中心、理论和应用物理研究中心、教育研究与发展中心、约旦研究中心、语言中心、亚喀巴海洋科学研究中心、难民研究中心，以及考古和人类学研究所。

穆塔大学。位于卡拉克。公立大学。1981年成立。有学生1.7万人。教职员工有3050人，其中教师550人。

约旦科技大学（JUST）。1986年9月1日建校，最初为雅尔穆克大学的5个系，后逐步扩大。位于伊尔比德。目前已有52个系，49个本科专业，71个研究生专业。学生数量也大幅度增加，1986/1987年度为2300人，2000/2001年度达1.1万人。此外还有来自40多个国家的留学生。目前有学生21159人，其中本科生2万人，研究生1159人。教师数量由建校时的110人增加到2004年的554人，目前为800人。

阿拉伯银行与金融大学（AABFS）。1988 年成立。私立大学。位于安曼。

费城大学。1989 年建立。坐落于距离安曼城 20 千米的郊区。主要院系有人文、科学、力学、法律、信息与通信、药剂、金融、护理。此外，学校还有夜大。2005 年就任首相一职的巴德兰在任职前为该校校长。

阿－伊斯拉大学（Al－Isra University，IU）。私立大学。1989 年建立。位于安曼。

阿－艾赫利娅达大学（Al－Ahliyya Amman University，AAU）。私立大学。1989 年建立。位于安曼。有学生 7000 人。

约旦音乐学院（JAM）。私立大学。1989 年建立。位于安曼。

安曼大学（AU）。私立大学。1990 年建立。有 6 个学院：工程学院、制药与医学院、信息技术学院、人文学院、法学院、金融和管理学院。学校多开设实用性的本科专业课程：计算机工程、电子和通信工程、计算机信息系统、生物工程、制药、医学、营养学、英语、心理学、室内装潢、设计、法律、工商管理、财会、金融和银行管理、市场营销、旅游和饭店管理、医院管理等。在阿拉伯世界和国际上被广泛承认，是阿拉伯大学协会会员。校园内有学生宿舍、清真寺、体育馆、医院、银行等其他辅助设施。

哈希姆大学。公立大学。位于扎尔卡。1991 年 6 月根据王室令建立，原名扎尔卡大学，后改为现名。主要学院有经济学院、文理学院、工程学院、信息技术学院、卫生学院、护理学院、教育学院、体育学院、研究生院。此外，1999 年还成立了拉尼娅王后旅游和遗产研究所。大学图书馆藏书为 15 万册。1996 年在校学生人数为 670 人，1999 年增加到 2346 人，2004 年达到 4615 人。目前有学生 17849 人，其中本科生 16885 人，研究生 964 人。教师 609 人。

佩特拉大学。私立大学。1991 年建立。有学生 5159 人，其中本科生 5106 人，研究生 53 人。有教师 243 人。位于安曼。

苏玛雅公主技术大学（Princess Sumaya University for Technology，PSUT）。私立大学。隶属皇家科学院，1991 年建立。主要从事信息技术、通信、电子等方面的研究与教学。位于安曼的科技城。

艾勒·贝塔大学。公立大学，1992年8月17日开始筹建，1995年3月正式建成。位于马弗拉克。2002/2003年度招收本科生3727人，研究生169人。现有学生11733人，其中男生5003人，女生6730人，有外国留学生452人。拥有本科专业23个，硕士专业15个。学校图书馆藏书16万册。

杰拉什私立大学（JPU）。私立大学。1992年成立。有文学院、护理学院、农业学院、法律教育学院、教育学院、沙立亚法学院、工程学院、信息技术学院、法学院、经济管理学院。

艾勒-宰图纳赫大学（ZUJ）。私立大学。1993年成立。目前有6个学院，18个专业。2002/2003年度在校学生为5946人，其中5366人为约旦学生。其余约600名学生来自14个阿拉伯国家。教职工约500人。目前有学生8000人，教师380人。

拜依特大学（AABU）。公立大学。1994年建立。有学生4000人。位于马弗拉克。

扎尔卡私立大学（ZPU）。1994年成立。位于扎尔卡。有学生6000人。

伊尔比德国民大学（INU）。私立大学。1994建立。有学生6000人。

巴尔卡应用技术大学（BAU）。公立大学。1997年建立。下设应用科学系、工程系、农业技术系、计划和管理系、研究生院和传统伊斯兰艺术研究所等机构。其下还有16个大学学院和社区学院，如技术工程学院、阿杰隆大学学院、安曼大学学院、伊尔比德大学学院、扎尔卡大学学院、亚喀巴大学学院、拉赫玛公主大学学院、阿丽娅公主大学学院、卡拉克学院、马安学院、皇家约旦地理中心等。现有学生46000人。位于巴尔卡省的萨尔特市。

侯赛因·本·塔拉勒大学（AHU）。1999年成立。位于马安市。它是阿卜杜拉二世上任后创办的第一所高校。设有文学院、护理学院、旅游和考古学院、教育学院、信息技术学院、科学学院、商务管理和经济学院等。

纽约理工学院（约旦分校）。2001 年建立。位于安曼。有本科学生 12880 人，研究生 5162 人，行政人员 105 人。教学质量非常高。

马达巴美国大学（American University of Madaba，AUM）。私立大学。有学生 8000 人。位于马达巴。校训为“智慧与科学”。主要学科有工程学、自然科学、健康、信息技术、艺术与设计、商业与金融、语言与交流等。

阿拉伯开放大学（AOU）。私立大学。2002 年建立。有学生 1500 名。主要从事远程教育。

德国—约旦大学（GJU）。公立大学。位于安曼。2005 年由约旦和德国政府合办。以德国大学为样本办学，主要以应用型工科为主。设商学院、语言学院、计算机和信息技术学院、医学院、应用技术学院、自然资源工程与管理学院、管理与后勤学院、建筑学院等。88% 的学生为本科生，在 7 大学院、17 个专业学习。主要招收约旦学生，也少量面向海外招生。目前有学生 3000 人，本科生中 41% 为女生，59% 为男生，研究生中 55% 为女生，45% 为男生。14% 的学生为非约旦学生，其中有 400 名德国学生。2012/2013 年度招收 750 名学生。

塔菲拉理工大学（Tafila Technical University，TTU）。公立大学。2005 年建立。前身为塔菲拉应用技术学院。位于塔菲拉。有学生 3500 人。

中东大学（MEU）。私立大学。2005 年建立。位于安曼。

贾达拉大学（Jadara University）。私立大学。2005 年建立。位于伊尔比德。

世界伊斯兰科学与教育大学（WISE）。公立大学。2008 年建立。位于安曼。

阿杰隆国民大学（ANU）。私立大学。2008 年建立。位于阿杰隆。

美国中东大学安曼分校。位于安曼。

亚喀巴理工大学。私立大学。2011 年建立。

其他大学还有红海电影艺术学院、约旦接待和旅游学院。

根据西班牙教育部的世界大学网站排名（Webometrics Rankings of

World Universities, WRWU)，约旦大学排第 1507 名，雅尔穆克大学排第 2165 名，约旦科技大学排名第 2335 名。

五 继续教育

早在 1930 年约旦就建立了第一所商业学校。从 20 世纪 60 年代起开始大力兴办职业教育，建立了一批师范、农工商、护理中等职业学校。1980 年以来，又建立了一批大专层次的社区学院，学制 2～3 年，增加了经济管理、计算机、建筑、装潢、医药等新兴专业。近年来，原有的中等职业学校中许多陆续升格为社区学院。1981 年约旦社区学院为 41 所，1982 年达 60 多所，每年毕业生约 1 万人。目前由于大学数量的增加，社区学院有所减少，2003 年为 21 所，学生 26967 名。2010 年为 54 所。在这 54 所社区学院中，有 14 所为公立，21 所私立，其余属于军队、民防部、卫生部以及联合国难民署。此外，还有 50 所职业培训中心。

成人教育包括夜大、远程教育和函授等各种形式。在发展正规教育的同时，约旦政府还采取切实措施，在成人中广泛开展扫盲教育、职业教育和继续教育，提高全民的文化教育水平。目前已形成一个由夜校、夏季学校和家庭教育为主的全国成人教育体系，成为正规教育的一个重要补充。自 20 世纪 60 年代开始，约旦政府就开始推广广播电视教学。目前包括约旦大学在内的大多数高校都开设了夜大、夏季学校、远程教育等课程。在形式上，除了面授、函授外，近年来远程教育也得到了发展，如约旦大学就开设了多门远程教育课程，学员在家里就可以进行专业学习和得到辅导。约旦大学提供的网络教育课程有英语语言与文学、阿拉伯语言与文学、西班牙语言与文学、数学、生物学、信息技术、化学工程、土木工程、计算机工程、财会、临床护理。费城大学夜大教育始于 1993/1994 年度。2003 年夏天有 1308 名夜大毕业生。2004 年该校文学、理学、法律、信息技术、金融与管理等学院注册的夜大学生为 1497 名。费城大学还实行 2+2 的远程教育模式，即学生在正式入学前可以通过远程网络进行为期两年的学习。学校还建立了一个虚拟校园供学生进行学习交流。穆塔大学的夜大教育在全国高校中排名第一。

约旦自20世纪40年代起就非常重视扫盲教育，多次开展大规模的扫盲运动，建立了各级、各类扫盲中心。目前约旦有各类扫盲机构约530所，教师约9000人。1968～1990年共有106000人接受了扫盲教育。约旦的文盲率已由20世纪60年代的60%下降到1990年的19.9%，2003年约为11%，2013年进一步下降到6.8%。

六　师资

1983/1984年度约旦有教师31476人。2002/2003年度，约旦共有教师75995人，其中公立学校教师51330人，私立学校教师19145人，联合国难民署所属学校教师4150人，其他政府机构举办学校教师1370人。2009年，教育部新批准教师资格4000人，使教师总数达到90000人。2010/2011年度，约旦基础教育学校有教师7.66万人；中等学校教师2万人；每个班级平均学生人数为25.6人；基础教育学校学生与教师之比为17.6:1，中等教育学校为10.2:1。2011/2012年度，约旦基础教育学校有教师7.85万人；中等学校教师2.14万人；每个班级平均学生人数为25.4人；基础教育学校学生与教师之比为17.4:1，中等教育学校为10.0:1。2012/2013年度，约旦基础教育学校有教师7.98万；中等学校教师2.33万；每个班级平均学生人数为25.1人；基础教育学校学生与教师之比为17.5:1，中等教育学校为9.4:1。2003～2012年，学生与教师之比为20:1。

表7－1　教师人数统计

年度	1999/2000	2001/2002	2012/2013
基础教育教师人数	47100	49700	79800
中等教育教师人数	12800	17600	23300
基础教育师生比	1:24.6	1:23.9	1:17.5
中等教育师生比	1:13.3	1:10.2	1:9.4

教师培训属于高等教育。约旦规定，所有教师必须取得学士学位。基础教育教师必须具有学士学位；中等学校教师必须具有学士学位，同时还必须在学士学位取得后获得学习期为一年的高等教育文凭；高等院校教师必须具有博士学位。约旦政府非常重视教师人才培养，除了一些大学成立教育学院外，各地还建立了许多师范院校和培训中心。1989 年，约旦共有师范学校和师资培训中心 30 个（所）。

为体现对教师的尊重，约旦规定每年 10 月 4 日为教师节。每年教师节那一天，阿卜杜拉二世国王都会向全体教师致以节日问候。

阿卜杜拉二世非常重视教育，提出了一系列教育发展战略和计划，旨在提高教学质量，改善教学条件，提高教师待遇。他对教师住房问题非常关注，并给予大力支持。皇家教师住房基金每年资助名额由 180 人增加到 1000 人，每名教师资助额度达 2 万第纳尔。此外，每年还为 1400 名教师提供免息贷款，资助其进修和购买住房。

七　教育水平性别差异

在约旦，男女在接受教育方面相差不大。高等教育方面，女性甚至超过男性。约旦是妇女教育普及程度最高的阿拉伯国家之一。

1965 年学龄前教育男生入学率为 52%，女生入学率为 23%，平均为 38%；小学男生入学率为 100%，女生入学率为 83%，平均为 92%。1985 年学龄前教育男生入学率为 80%，女生入学率为 78%，平均为 79%。小学男生入学率为 98%，女生入学率为 99%，平均为 99%；中学男女平均入学率为 37%。

1986/1987 年度，约旦共有学校 3366 所，其中男校 1017 所，女校 977 所，男女混校为 1372 所。共有学生 919645 人，其中男生 479682 人，女生 439963 人。教师人数为 39607 人，其中男教师为 15995 人，女教师为 23612 人。大学中，学生男女性别比例相差不大。1997/1998 年度，女性占大学生总数的 44.7%，占社区学院学生总数的 66.6%。2003 年，女性占大学生人数的 49.8%。

第二节 科学技术

一 地位

约旦《国民宪章》指出，科学技术在社会发展以及解决经济社会问题，增强约旦和阿拉伯国家的安全，提高社会应对各种变化的环境等方面发挥中心作用。为此，国家必须做出政治决策并积极获取、发展和利用技术，以满足约旦对技术的需求，而这一决策和意愿应建立在依赖本国机构和先进教育体制的基础之上。科学方法应支配人们的思考方式，并被用来解决问题，要大力提高约旦社会将原始材料变为知识和在各个领域进行应用的能力。应特别强调各级和各类教育机构中科学和数学的教学，注重应用。应该培育全社会的科技文化素养，这样才能与先进技术进程产生有效互动。必须创造自由的学术氛围，提供先进的科学研究资源。科学研究必须满足约旦各领域的发展需求。从总体看，约旦的科技基础比较薄弱。约旦政府清醒地意识到，由于国家小，资源贫乏，必须树立科教兴国战略，通过发展科技带动经济发展才是唯一出路。近年来，约旦政府不断加大对科学技术的投入，加强科技研究，发展科技产业。2005～2012 年，约旦研究与发展支出占 GDP 的 0.4%。

伊斯兰会议组织（OIC）的 57 个成员国，平均每百万人口拥有科研人员 500 人，而约旦达到 2000 名，属于最高行列。

约旦负责全国科技工作的最高权力机构是约旦科学技术高级委员会（HCST），隶属王室。该委员会成立于 1987 年 12 月，前王储哈桑亲王亲自担任主席，有 11 名成员，其中包括皇家军队总司令，几个重要部门的大臣和皇家科学院院长。委员会日常行政管理工作由常务秘书处处理，秘书长全权负责。除皇家科学院归属委员会领导外，该委员会还下设农业和水利、工业和矿产、能源、环保、卫生科学和医疗技术 5 个局以及一个信息技术中心。最高科技委员会的主要职责是：审议批准科技发展政策，确定优先发展领域，制订科技发展实施计划；制定科技发展战略，为科技发展创造良好的环境；支持科研机构的活动，并为其提供资金；为科研机构准备和提供人力资源；制定科研机构分类等级的标准和规定；审批科研活动，制定科研项目的财务标准和规定；管理对外科技合作。目前该委员会共确定了九大优先发展领域：人力资源开发；能源；工业和矿产；农业和水资源；生物技术；卫生科学和医疗技术；环境；信息技术；技术转让和技术评估。

二 自然科学

在自然科学方面，约旦在工程学、计算机、电子、通信、车辆、物理、医学、制药、海洋和沙漠等方面具有一定研究实力。1997 年约旦注册工程师和建筑师共有 36020 人，工程师中有 23% 为电气工程师，19% 为机械工程师。根据有关方面的统计，2003 年约旦科学家和工程师的数量超过新加坡，在 102 个国家和地区中名列第 12 位。

约旦主要科研机构有皇家科学院、阿卜杜拉二世设计与开发局（KADDB），以及分布于各大学的研究机构。

约旦皇家科学院（RSS），成立于 1970 年，有工作人员 600 人，是一个独立的非营利性非政府组织。其主要任务是：开展工业等领域的应用科学研究并提出科技和管理方面的建议；开展工业发展所需的职业教育；出版科技书籍；努力开拓与阿拉伯国家、发达国家及国际组织的合作。该科学院日常工作是科技研究与开发、咨询、培训等。下设 7 个研究中心，38 个专业实验室。7 个研究中心是：建筑研究中心（BRC）、电子服务和培训中心（ESTC）、环境研究中心（ERC）、信息技术研究中心（ITC）、机械设计和工艺中心（MDTC）、工业化学中心（ICC）、质量保证部（QAD）。该院主要专业领域有：建筑工程；医疗器械维修；环境研究；水和废水处理；辐射监测；有害物质管理；信息技术；对气体和有机物、无机物的化学分析；金属、塑料、食品原料及其产品的物理、化学及机制原理；非破坏性测试；产品质量控制和认证。1991 年该院还成立了苏玛雅公主技术大学，主要从事信息技术教育与培训，提供电子工程、计算机工程、计算机科学等学位教育。该院还在亚喀巴建立了联络中心（LCA），主要为亚喀巴经济特区服务，并建立了一个建筑材料检测实验室。约旦皇家科学院与约旦国内外有关研究机构有广泛合作关系。

伊斯兰科学院（IAS），主要从事科学技术研究工作。该研究院由伊斯兰会议组织科技委员会（COMSTECH）建议，1984 年经在卡萨布兰卡举行的第 4 届伊斯兰首脑会议批准成立。秘书处设在安曼。1986 年 10 月在安曼召开成立大会，哈桑亲王出任院长。该组织的资金来源为约旦政府拨款，也接受其他国家、组织和个人的捐赠，如土耳其、巴基斯坦、伊朗、卡塔尔、科威特、苏丹、摩洛哥、突尼斯、马来西亚以及世界银行、联合国教科文组织、伊斯兰会议组织、伊斯兰教科文组织、伊斯兰发展银行、欧佩克国际开发基金会等。

在信息技术方面，约旦走在多数阿拉伯国家的前列。雅尔穆克大学早在 1979 年 3 月就成立了计算机和信息中心，属于阿拉伯国家大学中最早开始计算机研究的机构。2002 年该大学又建立了信息技术和计算机科学学院，下辖三个系：计算机科学、计算机信息系统和管理信息系统，开设学士和硕士课程。目前约旦各大学几乎都设有计算机系和中心。约旦政府对信息技术投资巨大，大量网罗信息技术人才，同时积极推进政府和公司的电子政务、电子商务。信息技术的远程教育也不断发展。约旦正日渐成为“中东的硅谷”。阿拉伯世界网络内容的 75% 来自约旦人。

理论和应用物理研究中心，属于雅尔穆克大学。1989 年 9 月 30 日，根据约旦高等教育委员会的指示成立，专门从事物理研究，主要是磁学、超导、材料科学、环境保护中的核技术使用、计算机物理、等离子物理等。同年 10 月，与意大利的里雅斯特的理论与应用物理国际研究中心（ICTPS）签署协议，加入国际理论与应用物理研究国际网络。

约旦在医药方面也具有一定的研究水平。专家集中在各大学以及医院。此外还有一些研究中心，如癌症研究中心、约旦国家糖尿病和内分泌研究中心（NCDEID）。NCDEID 是一个集医学研究、治疗和教育为一体的科研机构，每年大约有 2.1 万名病人就诊。据统计，约旦 15% ~25% 的成年人是糖尿病患者，40 岁以上人口的糖尿病比例高达 40% ~44%，几乎居全球之冠。

在海洋研究领域，约旦加入了红海海洋和平公园合作研究、监督和管理计划（RSMMP），以促进对海洋生态的管理。约旦大学设有海洋科学站，从事海洋和渔业研究。研究主要侧重于商业鱼种、海洋生态系统（如珊瑚礁、海草床研究）和水产业，在亚喀巴开设了海洋科学站。亚喀巴海洋研究中心，附属于约旦大学和雅尔穆克大学，最早属于约旦大学，主要从事理论和应用海洋研究。1981 年约旦大学与雅尔穆克大学签署合作协议，两校成立了一个联合委员会管理该中心。该中心有海洋生命陈列馆和实验室。与法国尼斯大学、埃及苏伊士运河大学、德国埃森大学、伊拉克巴士拉大学海洋中心等建立了合作关系。此外，穆塔大学还于 2002 年成立了死海研究中心（DSSC），是中东地区第一个专业性死海研究机构，拥有一个国家级实验室。主要从事死海的物理、化学、海床、污染、医学和能源等研究。

核技术方面，2000 年约旦与国际原子能机构（IAEA）合作，在安曼南部的沙法—巴德兰地区建立了一个 27 千瓦的小型核反应堆。2001 年约旦石油和矿业大臣宣布，该反应堆将于 2002 年开始运作。这是约旦第一个核反应堆，是一个和平用途的核反应堆，供约旦各大学以及专业研究中心使用，进行科学研究。雅尔穆克大学的理论与应用物理研究中心也从事核研究。2001 年 6 月，约旦与埃及签署了核能合作协议。2007 年，约旦科技大学开始核工程课程。2009 年，约旦与韩国签署建造用于研究与培训核反应堆的合作协议。2001 年，约旦建立约旦核能委员会（JNEC）。2007 年约旦修改《核能法》，解散约旦核能委员会，另外成立约旦核能管理委员会（JNRC）和约旦原子能委员会（JAEC）。

国家能源研究中心（NERC），主要从事当地新能源和可再生能源的应用研究，如油页岩、铀、风能、太阳能、生物能、地热等。同时还从事节能研究。

水和环境研究中心（WERSC），隶属约旦大学。1982 年成立。主要从事水资源保护与开发的研究工作。可以授予学士、硕士和博士学位。

航空科技方面，约旦飞机维修公司可以维修 A340、A320、A321、

A310、B707、B727、L1011 等型号的客机。阿卜杜拉二世设计与开发局还从事无人驾驶飞机的研制工作。

三 人文社会科学

约旦在人文社会科学领域具有较强的实力，尤其在经济学、法律、教育、语言、文学、宗教、旅游、人类学、考古等方面在阿拉伯世界占有一定地位。

约旦皇家思想研究所（RIIFS），1994 年由前王储哈桑亲王建立，主要从事宗教、文化和文明等问题的研究，在伊斯兰教和基督教研究上成绩突出，在阿拉伯世界享有盛誉。首任所长为卡马尔·萨里比，是贝鲁特美国大学历史和考古系教授，现为该所名誉所长。2004 年 4 月，约旦前驻联合国大使哈桑·阿布·尼马赫接任所长，他也是一位作家。该所由哈桑亲王主持的一个董事会领导。资金来源主要是约旦政府以及私人捐助。该所还经常邀请阿拉伯国家的年轻学者前来做访问学者，并提供奖学金。该所经常发表研究报告，出版阿拉伯文和英文杂志，还定期和不定期举行国际会议、研讨会等。

阿－蒙塔达（Al Muntada），1981 年根据哈桑王储以及 25 名著名阿拉伯知识分子的建议成立，是一个独立的泛阿拉伯非政府组织。口号是“属于和开发”，即属于阿拉伯民族，开发人力、精神和物质资源。该组织经常就地区和国际的发展、文化、政策等一些重要问题进行讨论，邀请政府官员、专家、学者和非政府组织代表举行研讨，同时也从事一些现实和理论问题的研究。

地区和国际关系研究方面，主要有 5 个机构：阿－乌尔顿·贾迪德研究中心（UJRC）、约旦外交研究所、约旦研究中心（JSC）、战略研究中心（CSS）、南方研究中心。UJRC，1993 年成立，是一个专门研究约旦以及中东地区政治、社会和经济问题的研究机构。约旦研究中心，1979 年建立，侧重研究约旦政治、军事、经济和社会问题，研究报告递交政府决策层。近年来，该中心还经常就一些问题进行民意调查。每年都与约旦相关专业机构举行各种会议、研讨和报告会。战略研究中心，隶属约旦大学，1984年建立，主要从事地区冲突、国际关系和安全等方面事务研究。1989年以后开始加强对民主、政治多元化、发展、经济和环境等问题的研究。该中心主要设三个部门：公共舆论调查室、经济研究室、环境研究室。约旦外交研究所，主要从事国际关系研究，2000年该所成立了预警和防止冲突中心。南方研究中心，隶属穆塔大学，主要从事约旦南部贫困地区研究。

银行研究所，隶属中央银行，1970年建立，位于安曼郊区，在亚喀巴和伊尔比德有两个分部。主要从事银行学研究以及专业人才培训。

考古和人类学方面，主要有两个机构：一是雅尔穆克大学的考古和人类学学院以及考古研究所；二是圣方济会考古研究所，主要从事尼波山、马达巴城的考古和文化遗产保护工作。此外，哈希姆大学还有拉尼娅王后旅游与遗产研究所。

难民研究中心，1997年7月28日根据王储哈桑的指示成立，隶属雅尔穆克大学。2002年约旦还成立了国家人权法律中心。总部设在安曼，在各地均有办事处。主要任务是宣传人权思想，促进人权发展和保护，推进民主，向世界介绍、宣传约旦人权事业发展。该中心有权监督侵犯人权和公共自由方面的行为。

语言学研究中心（CPR），隶属约旦大学。1987年根据王室令建立。

第三节 文学艺术

约旦近现代文学艺术发端于20世纪二三十年代，五六十年代经历了一个繁荣期。阿卜杜拉二世与王后拉尼娅热爱艺术，大力支持和资助文化艺术发展，除加大投入、举办大型活动外，还设立专门奖项奖励杰出的约旦艺术家，如为文学、戏剧、音乐和绘画设立国家大奖。其中文学奖每两年评选一次，奖金为2.5万美元。拉尼娅王后亲自担任2002年安曼阿拉伯文化之都全国委员会主席，领导文化之都的筹建事宜和一系列活动。

1966年，约旦政府在青年部设立了文化和艺术司，以推动约旦文化艺术的发展。从20世纪90年代开始，文化部开始在全国范围内发挥更大的作用。文化部下设皇家文化中心、国家图书馆等机构。

一　文学

约旦古代、近现代文学与阿拉伯文学、巴勒斯坦文学有很深的渊源。约旦文学水平在阿拉伯世界要落后于埃及、叙利亚、黎巴嫩和伊拉克等国。诗歌成就高于小说。

约旦开国君主阿卜杜拉就是一位诗人。他大力扶持文化艺术事业发展，对推动约旦文化艺术繁荣发挥了重要作用。在他的影响下，当时约旦涌现了一大批杰出的诗人、小说家。早在1948年约旦就成立了约旦作家联合会，当时有170名成员。建国初期，约旦最主要的文学成就体现在诗歌创作上，其中最著名的诗人有三位。穆斯塔法·瓦赫比·塔勒（1899~1949年），生于伊尔比德，家境贫寒。他以笔名“阿拉尔”著称于世，代表作有诗集《亚比斯谷地的黄昏》（1954年）、诗剧《所多玛》。他的诗歌多以反映约旦人民为争取自由、独立而对英国殖民主义和约旦当局进行斗争为主题。塔勒也是一位毕生致力于巴勒斯坦民族解放事业、反对殖民统治的革命诗人，因激进言论多次被捕入狱。伊萨·易卜拉欣·纳欧里（1918~1985年），作品多以巴勒斯坦问题为题材，被认为是阿拉伯“抵抗文学”的代表人物之一。代表诗集有《我的歌》（1958年）、《我的人类兄弟》。情诗诗人胡斯里·法里兹（1907~1990年），1938年出版诗集《爱情的圣殿》，1956年出版诗集《我的祖国》。其他著名诗人还有苏卜希·艾布·乌奈伊迈（1902~1972年）、侯斯尼·宰德·凯拉尼（？~1979年）、舒克里·舍阿沙阿（1890~1962年）、穆罕默德·舍里吉（1898~1970年）等。他们的诗多为传统的格律诗。

当代比较著名的诗人有易卜拉辛·纳苏拉（1945~　）、伊兹丁·穆纳赛赖（1946~　）、杰米勒·艾布·苏拜赫（1951~　）、拉希德·伊萨（1951~　）等。新一代诗人与老一代诗人除了年龄差别外，创作上也有不同特点：形式上新一代诗人多作现代自由体诗，而老一代多作传统格律诗；内容上，新一代诗人多表现自己的情感，或曲折隐晦地反映现实，而老一代则多侧重触及现实；风格上，新一代多浪漫主义，而老一代则多现实主义。

约旦小说，尤其是长篇小说创作起步较晚，但自20世纪60年代开始结出累累硕果。早期代表作家有伊萨·易卜拉欣·纳欧里，著有短篇小说集《荆棘的道路》（1955年）、《让剑说》（1956年）、《重返战场》（1961年）、《约旦短篇小说集》（1968年），中长篇小说《战神焚烧武器》（1955年）、《新伤》（1967年）和自传体小说《黑带》（1971年）等。诗人胡斯里·法里兹在小说创作上也有一定成就。英年早逝的作家台伊希尔·苏布勒（1943~1973年）发表了自传体长篇小说《今后的你》（1969年），是约旦第一部真正现代意义上的长篇小说。约旦比较著名的当代小说家还有加里布·海勒萨等。加里布·海勒萨（1932~1989年），代表作有《苏勒塔娜》（1987年）。他也是约旦著名文艺理论家、文艺批评家和翻译家。穆尼斯·拉扎兹（1951~2002年），曾任约旦作家协会主席、文化大臣顾问，也是一位政治家，著有十多部长篇小说，代表作为《无声手枪的自白》（1986年）。伊勒亚斯·法尔库赫（1948~ ），生于安曼。长期从事文化新闻工作，1992年创建"时间出版社"，任社长。代表作有长篇小说《泡沫》（1987年），获国家鼓励奖。阿卜杜·拉赫曼·穆尼夫（1933~2004年）是一位批判现实主义作家，思想倾向阿拉伯民族主义，对危机四伏的阿拉伯世界现状感到极为痛心和不满。穆尼夫的代表作《盐之城》五部曲曾入选阿拉伯作家协会评出的20世纪百部阿拉伯文学经典。其他作品还有《树木与马尔祖克的谋杀》《拜火教徒的爱情故事》《地中海之东》《黑色土地》《一个城市的传记》等。阿拉伯文学界普遍认为，穆尼夫是20世纪后期最重要的阿拉伯作家之一。其他比较有名的作家还有法赫里·盖阿瓦尔（1945~ ）、哈希姆·艾拉伊拜（1952~ ）、杰马勒·纳吉（1954~ ）、优素福·达慕拉（1952~ ）等。

2002年，以难民身份居于澳大利亚的约旦女作家诺玛·霍莉出版了自传体作品《禁止的恋爱》，书中描写一位穆斯林女孩达利埃与一位基督徒恋爱，遭到父母反对，最后被父亲狠心杀死的爱情悲剧。该书出版后一度风靡全球，世界各地销售量达25万册。

在阿拉伯作家协会评选的20世纪105部阿拉伯最佳长篇小说中，约旦占了三部：加里布·海勒萨的《苏勒塔娜》、穆尼斯·拉扎兹的《无声手枪的自白》、伊勒亚斯·法尔库赫的《泡沫》。

二 戏剧与电影

历史上，约旦存在类似戏剧的古代表演艺术，如皮影戏等。真正意义上的约旦现代戏剧起源于西方，19世纪末由英国人传入约旦，现代戏剧的萌芽开始出现，如校园的戏剧社团、文艺沙龙中的戏剧社等。20世纪五六十年代，约旦曾掀起一股戏剧热潮，成立了约旦戏剧团等不少剧团。随后，又建立了不少戏剧协会、戏剧学校。政府还专门成立文化艺术局，建造了有400个座位的约旦大剧院。70年代初，约旦建立了约旦皇家艺术中心，内设三个剧院。努尔王后基金会建立了表演艺术中心以及约旦第一个戏剧和舞蹈学校。

约旦影视业起步晚，专业人才少，发展水平不高，远远落后于埃及等国。1951年约旦开始筹划发展电影业。几十年来，虽然拍摄技术有了很大发展，但约旦影视业一般只生产新闻片、纪录片等，很少拍摄故事片。国内影院放映的也主要是外国影片，主要来自欧美国家以及埃及等国。

由于约旦政府并不限制家庭使用小型卫星天线接收器，约旦人特别是中青年人收看欧美电视几乎成为时尚。约旦的电视台，除了正常的新闻和少量的阿拉伯连续剧外，大量时间都在播放欧美的电影、连续剧。这对约旦电影业造成很大冲击，导致大多数导演、演员转行投身电视业。

安曼电影制片人公司（AFC）是一个非营利性的文化机构，2003年成立，宗旨是促进和鼓励独立制片。该公司还举办过电影节。

三 音乐

约旦传统音乐历史悠久。乡村游吟诗人有一定特色。

1989年约旦在安曼成立音乐学院，是第一个专业的私立音乐学院。

努尔王后基金会建立了约旦国家音乐学校，它是约旦音乐教育、培训和交流的主要场所，并成立了约旦第一个儿童乐团。约旦大学设有音乐系，可授予学士学位。

约旦音乐节。2000 年 8 月，阿卜杜拉二世国王颁布饬令，决定每年举办约旦音乐节。拉尼娅王后亲自领导组委会进行筹备。

皇家军乐团。约旦最有名的乐团。通常在迎接外国元首、庆祝宗教节日以及举行全国性庆祝活动时演出，每年都参加杰拉什文化艺术节的演出。此外，约旦还建有国家管弦乐团。

著名当代音乐家有萨米尔·巴格达迪（Sameer Baghdadi）、贝都因歌手奥马尔（Omar Al－Abdallat）、戴安娜·卡拉宋（Diana Karazon）、托尼卡坦（Toni Qattan）、歌手哈尼米特瓦斯（Hani Mitwasi）、卡玛尔·巴德万（Qamar Badwan，获得 2000 年开罗音乐节的金奖）等。2003 年 8 月，约旦年轻歌手卡尔尊在黎巴嫩“未来”电视台举办的阿拉伯国家“超级歌星”模仿大赛中获得第一名。约旦国王阿卜杜拉夫妇特意致电卡尔尊，称赞她“出色的表现是约旦人民的骄傲”。

四 美术

20 世纪五六十年代，约旦各种艺术协会纷纷成立，如艺术俱乐部、雕刻和油画俱乐部。1953 年约旦艺术家协会成立。1956 年约旦雕刻家协会成立。1971 年成立约旦国家美术学院。1977 年以杜拉和阿里·胡勒为首的约旦老一辈艺术家牵头成立了约旦全国画家协会，并开始为协会建造永久性的“艺术之家”，供开会、举行研讨会和举办展览之用。1979 年约旦皇家美术协会成立，旨在推动约旦以及阿拉伯和伊斯兰世界视觉艺术的发展。

除了国家美术学院外，雅尔穆克大学于 1980 年成立了美术系，2001 年又升格为美术学院，是约旦美术人才的主要培育基地。学院主要提供四年制本科教育，开设的主要专业有设计、戏剧、音乐、造型艺术。

约旦绘画艺术主要包括雕刻艺术、陶瓷艺术、书法艺术、沙画瓶艺术。2001 年夏，约旦举办了雕刻艺术展。印象派艺术于 20 世纪二三十年代进入约旦，到 60 年代印象派画在约旦画家中已非常流行。50 年代初约旦掀起一股现代派艺术运动，以穆汉纳·杜拉和卡马勒·奥德为代表的八名业余艺术家还举办了约旦首次现代艺术展，引起轰动。

五　文化设施与活动

1. 文化中心

约旦文化中心，1983年成立，主要任务是举行各种文化活动。中心拥有一个300个座位的设施先进的礼堂，一个会议中心，一个拥有180个座位的小演出厅，一个展览中心，一个图书馆以及电视演播室、演出排练厅等。

侯赛因文化中心（HCC），位于安曼市区，投资900万约旦第纳尔。包括一个4层1万平方米的文化中心，一个可容纳600人的剧院，一个藏书为6万册的图书馆，还有一个电子图书馆。该中心每年举办200多场文化活动。

约旦国王阿卜杜拉二世文化和艺术中心，2012年开始施工，目前在建。项目包括一座1600席的音乐厅、400席的剧场以及教育中心、排练室和展馆等。由著名的扎哈·哈迪德事务所设计。

约旦文化村，建于侯赛因公园内，投资200万约旦第纳尔，面积为1万平方米。2002年建成。

约旦艺术之家，位于安曼市中心穆罕默德亲王大街，建于20世纪20年代。2002年投资35万约旦第纳尔重建，内设音乐、戏剧、手工艺等工作室。

约旦诗人之家，2000年建立，占地3500平方米。投资35万约旦第纳尔。

拉尼娅王后文化园，2002年2月建成，投资近200万约旦第纳尔，包括儿童文化中心、妇女发展中心、卫生中心、环境保护俱乐部、儿童公园。

2. 剧院和电影院

约旦剧场很多，比较有名的有约旦大剧院、约旦皇家艺术中心、努尔王后基金会表演艺术中心、皇家文化中心、文化宫剧场、彩虹剧场、协和剧场、希沙姆·亚尼斯剧场。杰拉什、佩特拉等地还有许多露天的古罗马剧场。杰拉什的主要剧场有南剧场、北剧场、艺术之光剧场、皇家文化中心、侯赛因文化中心、文化宫、儿童剧场。

约旦电影院不多，1940 年约旦只有 4 家影院，1951 年有 16 家，1960 年增加到 24 家，其中还有 6 家为露天电影院。目前全国主要影院有：约旦影院，建于 1945 年，有 1200 个座位；皇家电影院；世纪影院，2002 年建成；还有阿蒙电影院、费城电影院、哈纳塔电影院。

3. 艺术展览馆

约旦现有 17 个艺术展览馆，包括大的文化艺术中心、私人机构以及私人画廊。

约旦国家美术馆（JNGFA），在侯赛因国王和努尔王后支持下于 1980 年 2 月 19 日建立。位于安曼，属于皇家美术学会（RSOFA），主要收集和展出当代约旦和阿拉伯世界艺术家的绘画、雕刻和制陶工艺品。永久收藏品有来自 59 个国家（主要为亚非国家），800 多名艺术家的 2000 多件作品，包括油画、版画、雕塑、摄影、陶瓷作品等。博物馆经翻新装修后，2007 年获得阿卡汗建筑奖。2013 年，该馆在拉尼娅王后支持下举办了“约旦七十年当代艺术展”，195 名约旦艺术家的 200 多件作品参展。该馆星期二闭馆，门票 1 约旦第纳尔。

其他主要美术画廊有马什拉克画廊（AlMashreq）、巴拉德纳画廊（Baladna）、巴拉那美术馆（展出绘画及当代约旦珠宝设计）、达拉特·富努恩画廊（Darat AlFunun，当代阿拉伯艺术汇集的艺术中心，包含展览厅，艺术工作室，专门存放艺术类书籍的图书馆及户外剧场，收藏有水彩画和油画）、约旦洲际饭店画廊、奥法利画廊（Orfali）、达尔·安达画廊（DarAl Anda）、里瓦克·巴尔卡画廊（Riwaq AlBalqa）、罗丁画廊（Rodin）、扎拉画廊（Zara，主要展出绘画作品）、喜来登饭店的四面墙画廊（4 Walls，主要举行艺术展、音乐会及当代戏剧演出）、努尔·侯赛因基金会的约旦设计与贸易中心。

安曼市政府还在安曼西部的斯美萨尼地区推动“文化大街”建设，该大街文化娱乐场所云集，其中有画廊、展示书画摄影和手工艺品的诸多亭子。面积达 5070 平方米，投资 70 万约旦第纳尔。

4. 博物馆

约旦名胜古迹众多，因此建造了各种各样的博物馆。约旦第一个博物馆是1951年建立的国家考古博物馆。目前约旦全国各地有35个不同主题的博物馆。

约旦有四大古迹博物馆：安曼的国家考古博物馆、佩特拉的古迹博物馆、马达巴古迹博物馆和卡拉克古迹博物馆。第一个主要用来展出全国各地出土的文物，后三个则是当地古迹博物馆。

国家考古博物馆。位于约旦城堡山。1951年建立。收集展示大量从史前时期到15世纪的约旦文物，包括公元前8000～前6000年的雕像和记录约旦、叙利亚、埃及等国交往历史的碑文。古罗马时代的文物最为丰富。著名的《死海古卷》有一部分也收藏于此。开放时间：夏季8:00～19:00，冬季8:00～16:00，星期五及公众假期10:00～16:00。门票1约旦第纳尔。

其他还有1972年建立的陶瓷博物馆，专门展出各地出土的各历史时期的陶瓷器，其中最重要的是杰拉什和马达巴出土的拜占庭时期的陶瓷器。约旦大学古迹博物馆，由约旦大学和约旦旅游和古迹部共建。安曼民间艺术博物馆，由旅游和古迹部、约旦民间文化艺术协会共建，主要展出从各地收集来的民间服装和贝都因人的日常生活用品。此外，约旦还建有儿童遗产和科学博物馆、哈雅公主儿童中心、国家考古博物馆（展出约旦地区史前时期到15世纪的文物）、约旦国家民俗博物馆（主要展出服装、家具、手工艺品和乐器）、钱币博物馆、学校课本博物馆、地质博物馆、伊斯兰博物馆、约旦邮政博物馆、亚喀巴古迹博物馆、亚喀巴海洋馆、伊尔比德考古博物馆、杰拉什考古博物馆、卡拉克考古博物馆、卡拉克的马扎尔伊斯兰博物馆、马达巴考古和民俗博物馆、马达巴考古公园、佩特拉考古博物馆、萨尔特考古博物馆、乌姆凯斯考古博物馆、约旦国家历史博物馆、安曼体育城烈士纪念馆（主要展出从阿拉伯大起义至今的军队文物和图片）、政治生活博物馆。

国家博物馆，2005年根据阿卜杜拉二世国王的指示开始兴建，计划工期2年。博物馆为3层，建筑面积约为1万平方米，位于安曼市中心。拉尼娅王后亲自出任博物馆理事会主席，苏玛雅公主为副主席，理事会成员还包括国王文化顾问、旅游大臣、安曼市长、计划部秘书长等。

为了培养博物馆人才，解决相关人才紧缺问题，根据拉尼娅王后的指示，2001年约旦推出了从事博物馆研究的研究生人才培养计划。

5. 图书馆

1958年，约旦成立隶属教育部的图书馆管理局，管理局在全国建立了15个流动图书馆。当时约旦最大的图书馆是安曼的教育部教师培训中心图书馆。1957年伊尔比德市建立了约旦第一个公共图书馆。1960年，安曼建造了约旦最大的“首都政府图书馆”。目前约旦图书馆遍及城乡，分别属于政府、学校、清真寺、修道院和私人。全国城乡都建有公共图书馆。1963年约旦成立图书馆协会，1977年约旦图书馆协会有会员420个。1967年加入国际图书馆协会。

国家图书馆。来源于1975年成立的国家文献中心，1977年更名为国家文献与图书馆，后又更名为图书馆与国家档案馆部。1990年，国家文化与青年部成立三个新机构：国家图书馆、国家文献中心和皇家文化中心。1994年约旦颁布《著作缴存法》，规定国家图书馆为法定缴送本保存馆，包括印刷资料和非书资料。1996年国家图书馆与国家文献中心合并。

约旦大学图书馆。该馆藏有数十万册图书。馆内大小阅览室可同时容纳600多名学生。该图书馆还拥有先进的影印、数码存储等技术。2002/2003年该馆藏有阿拉伯语书籍312496册，外文书238383册；阿拉伯语期刊462种、35392册，外文期刊1350种、127224册；地图2907册；阿拉伯语论文24942篇；声像资料13522册；微型电影14356卷；联合国出版物33324册；世界银行出版物897册；国际货币基金组织出版物582册。

阿卜杜勒·哈米德·肖曼基金会图书馆，1986年建立，是约旦第一个完全计算机化的公共图书馆。

6. 文化艺术活动

杰拉什文化与艺术节。1980年，其是侯赛因国王根据努尔王后的建议设立的。1981年，约旦政府在著名旅游胜地杰拉什举办了第一届杰拉什文化艺术节，旨在推进约旦与阿拉伯、世界文化艺术的交流与合作，向世界推介有“中东庞贝”之称的杰拉什。此后，每年夏天约旦文化部都在此地举办国际艺术节，吸引了各地的艺术家参加。截至2014年已举办29届。

"阿拉伯文化之都"活动。在拉尼娅王后的组织领导下，约旦积极推进首都安曼的文化建设，2002 年安曼被联合国教科文组织（UNESCO）评为"阿拉伯文化之都"。为配合文化年活动，安曼市兴建了一大批文化设施，如侯赛因文化中心、约旦诗人之家、约旦艺术之家、文化大街、图书馆、信息技术中心等，举办了一系列大型文化活动，如上演戏剧《耶路撒冷永远不会倒塌》《阿米纳赫》，以及举办安曼国际戏剧节、第三届阿拉伯诗歌节、第八届阿拉伯法国电影节、扎哈儿童狂欢节、安曼钱币展、安曼第九届国际图书展、第九届音乐之夜，还举办了 22 个艺术展，出版了约旦著名诗人穆斯塔法·瓦赫比·塔勒的诗集等。

科技与文化论坛。1987 年由阿卜杜勒·哈米德·肖曼基金会创办。每周都举行演讲、报告和研讨会，参加者既包括约旦学者，也包括其他阿拉伯国家的学者。

第四节　体育

一　体育水平

约旦群众性体育比较活跃，但竞技体育水平不高，在国际比赛中很少能拿到奖牌。体育设施比较欠缺，但近年来有所改善。从 20 世纪 70 年代开始，中国无偿向约旦提供了多项体育场馆的援建项目，使约旦的体育运动硬件设施有了很大改善。2001 年，亚奥理事会宣布开展一项旨在援助体育设施缺乏的国家和地区的发展计划，约旦也是受资助国之一。

足球是约旦最受欢迎的运动。如同其他西亚国家一样，约旦对足球运动相当狂热，曾陆续举办过世界杯、奥运会和亚洲杯足球赛的预选赛等。约旦国家队在亚洲具有较高水平，经常参加国内外比赛。根据国际足联的排名，1996 年 7 月，约旦国家队在全球排名为第 152 位；2002 年 8 月为第 96 位；2004 年 8 月升为第 37 位，为历史最高排名；2005 年 4 月，排名第 48 位；2014 年 10 月降至第 74 位。约旦从未进入世界杯决赛。2004 年和 2011 年约旦国家足球队两次打入亚洲杯八强。2004 年亚洲杯足球赛在中国举行时，阿卜杜拉二世国王亲赴比赛地重庆为约旦国家队加油。约旦两次赢得阿拉伯运动会的足球冠军（1997年和1999年），三次举办西亚足球联盟杯（2000年、2007年和2010年），1988年举办阿拉伯国家足球比赛。目前约旦正在进行足球职业化改革，组建了多支俱乐部球队，并积极从中东其他国家引进球员。国家足球队主场在安曼国际体育馆。约旦国内办有超级联赛，1944年创办，目前有12支球队，联赛冠军可出征亚洲杯。安曼的阿尔费萨里队最强，曾夺过32次冠军。

篮球是约旦第二大受欢迎的运动项目。1937年篮球运动传到约旦。1957年成立约旦篮球联盟（JBF）。前王储哈姆扎曾亲自出任约旦国家篮球联盟主席。篮球联盟制订了8年发展计划以提高篮球运动水平。2001年12月，约旦推出了一个创新国家计划，寻求私人企业赞助，在全国建立篮球俱乐部，开展职业篮球联赛，以推动各地篮球事业全面发展。该计划特别强调青年人参与篮球运动，尤其是大学和各地俱乐部的项目。在哈姆扎的支持下，约旦聘请外国高水平教练，首次允许外国球员加入本国俱乐部。在2005年举行的第一届伊斯兰团结运动会上，约旦篮球队名列第八。在2009年的亚锦赛上，约旦男篮取得了历届亚锦赛的最佳战绩：第三名。其他奖项还有：2013年菲律宾马尼拉亚洲男篮锦标赛第七名；2011年中国武汉亚锦赛第一名；2010年世锦赛第二十一名；2009年意大利国际锦标赛第四名、卡塔尔国际锦标赛第二名、威廉琼斯杯第二名、中国天津亚锦赛第三名；2008年FIBA亚洲斯坦科维奇杯第一名、阿拉伯篮球杯第二名、卡塔尔友谊锦标赛第一名、威廉琼斯杯第二名、西亚篮球杯第二名；2007年威廉琼斯杯第一名、阿拉伯篮球杯第一名、泛阿拉伯运动会第二名、阿卜杜拉二世国王杯第一名；2006年卡塔尔亚运会男篮第四名、阿卜杜拉二世国王杯第三名；2005年西亚运动会男篮第二名、阿卜杜拉二世国王杯第四名；2004年阿卜杜拉二世国王杯第二名、卡塔尔国际男篮杯第二名；2002年阿卜杜拉二世国王杯第二名；1999年第9届泛阿拉伯男篮比赛第二名；1992年第7届泛阿拉伯男篮比赛第二名。

群众体育方面，约旦经常举行长跑比赛，每年都要在安曼、死海和亚喀巴举办马拉松或募捐长跑比赛。其中最有名的是死海马拉松比赛

(DSUM)，每年4月的第二个星期五举行，1993～2005年已举办12届。比赛共分50、42、21、10和4.2千米5个级别。男女按照年龄各分5组。50千米冠、亚、季军的奖金分别为1000、250和200约旦第纳尔。2002年共有27个国家的730名选手参加。2005年第12届比赛参加人数：50千米男子组为81人，女子组为16人；42千米组的男选手为92人，女选手为28人；参加21千米的男选手为232人，女选手为99人；参加10千米的男选手为345人，女选手有206人。赛事由安曼长跑协会和关爱精神病人协会联合举办。安曼募捐长跑比赛和安曼马拉松比赛由拉尼娅王后亲自组织领导，每年10月举行，分21千米和10千米两个级别。2003年分别有300名和400名选手参加。红海马拉松比赛（也叫亚喀巴马拉松比赛）由亚喀巴经济特区管理局主办，每年12月举行，分21千米和10千米两个组。2003年举办第1届，约750名选手参加。

在马术方面，约旦具有一定实力。国王侯赛因之女哈雅公主是首位参加1992年泛阿拉伯运动会的阿拉伯女性，她参加了个人马术比赛，并获得了铜牌，成为唯一一名在泛阿拉伯运动会马术比赛上获得奖牌的妇女。她也曾代表约旦参加2000年悉尼奥运会。她还获得了参加2004年雅典奥运会、2005年1月在迪拜举行的世界马术大赛、2005年3月在拉斯维加斯举办的世界马术锦标赛、2005年9月欧洲马术冠军赛的比赛资格。

约旦著名的运动员有：跆拳道运动员阿瓦特夫·阿萨夫，赛车手阿姆贾德·法拉赫、阿伊曼·杜艾斯，拳击运动员阿伊曼·纳迪，足球运队员阿梅尔·沙菲，体操运动员阿里·阿斯，游泳运动员艾哈迈德·沙特，壁球运动员巴德尔·阿卜杜·劳夫·希贾，马术运动员哈雅公主。

二　体育组织

约旦奥委会，1957年成立，1963年加入国际奥委会。费萨尔亲王任主席。资金主要来源于政府财政拨款。

约旦足球协会，成立于1949年，1958年加入国际足联（FIFA），1975年加入亚足联（AFC）。1999年3月，阿卜杜拉二世国王任命阿里·本·侯赛因亲王为约旦足球协会主席。

约旦篮球联盟，1957 年成立。

约旦排球联盟，1961 年成立。

约旦残疾人体育联盟（JSFH），1981 年成立。

约旦跆拳道联盟，1979 年成立，前王储哈桑亲王为主席。

约旦柔道联盟，1983 年成立，大约有 400 名黑带选手。

约旦空手道联盟，已获得 200 多枚奖牌，在 2004 年举行的第 10 届泛阿拉伯运动会上取得 1 枚银牌，5 枚铜牌。

约旦拳击联盟，1927 年成立。约旦选手曾获得多项国际比赛冠军。

约旦击剑联盟，1983 年成立，1949 年击剑就已传入约旦。

约旦举重联盟，1967 年成立。约旦选手在各种比赛中共获得 650 多枚奖牌。

约旦皇家围棋联盟，1973 年成立，马哈茂德·本·塔拉勒亲王为主席。

约旦桥牌联盟，1979 年成立约旦桥牌委员会，1999 年成立桥牌联盟。

约旦网球联盟，20 世纪 30 年代网球运动就已进入约旦，1959 年举行了第一届锦标赛，1980 年成立网球联盟。

约旦壁球联盟，20 世纪 70 年代壁球传入约旦，1979 年成立壁球联盟。侯赛因体育城建有壁球馆。

约旦摔跤联盟，约旦最早成立的体育协会之一。

约旦体操联盟，1980 年成立，拉赫玛公主为主席。

约旦马术联盟，得到王室的大力支持，阿丽娅和哈雅公主都是核心队员。

约旦水上运动联盟，运动项目包括游泳、赛艇和滑雪等。

约旦台球和斯诺克联盟，约旦选手经常参加阿拉伯世界和亚洲的比赛，取得不少好成绩。

此外，还有乒乓球协会、游泳联盟、武术联盟、射击联盟、手球联盟、羽毛球联盟等。

体育俱乐部有：安曼俱乐部，1976 年成立，主要为青年体育、文化活动场所；皇家汽车俱乐部（RACJ），成立于 1953 年，是一家私人俱乐部，该俱乐部经常为会员提供高质量的室内外设施和活动；Tareef 自行车俱乐部，1982 年成立；Homenetmen 俱乐部，1936 年成立。

三　国际交流

约旦曾于 1999 年举办了第 9 届泛阿拉伯运动会。在 2004 年举行的第 10 届泛阿拉伯运动会上，约旦获得 65 枚奖牌，其中包括 12 枚金牌、19 枚银牌、34 枚铜牌，在参赛国中名列第 7，仅次于埃及、阿尔及利亚、突尼斯、叙利亚、摩洛哥和沙特。其中，体操队获 3 枚金牌，2 枚银牌，2 枚铜牌；跆拳道获 5 枚金牌，2 枚银牌，6 枚铜牌；拳击获 1 枚金牌，3 枚铜牌；空手道获 1 枚银牌，3 枚铜牌；羽毛球获 3 枚银牌，2 枚铜牌。

约旦在近几届亚运会上都未能实现金牌“零”的突破。在 1998 年曼谷亚运会上，约旦获得 3 银 2 铜，在 33 个赢得奖牌的国家和地区中名列第 25 位，是约旦在亚运会上取得的最好成绩。在 2002 年釜山亚运会上，约旦只获得 2 枚铜牌，在参加亚运会的所有体育代表团中，与老挝一起并列倒数第 2 位，排名第 34 位。

1980 年约旦开始首次组团参加在莫斯科举行的奥运会，只有 4 名射击运动员参加比赛。自那以来，约旦参加了历届奥运会，仅在 1988 年汉城奥运会和 1992 年巴塞罗那奥运会上获得跆拳道比赛第三名的成绩，但那时跆拳道仅为表演项目，不属于奥运会的正式比赛项目。1984 年约旦派 5 名田径选手参加洛杉矶奥运会。1988 年派出 7 名选手参加汉城奥运会射箭、跆拳道两个项目的比赛。1992 年派 2 名田径选手参加巴塞罗那奥运会比赛。1996 年派 4 名选手参加亚特兰大奥运会游泳和田径两个项目的比赛。2000 年派 5 名选手参加悉尼奥运会田径、跆拳道和游泳三个项目的比赛。在 2004 年雅典第 28 届奥运会上，约旦派出了由 8 名运动员、8 名官员和 6 名裁判员组成的约旦体育代表团。约旦运动员参加了 100 米短跑、乒乓球、跆拳道、游泳和马术项目的角逐。2008 年约旦派出 7 名选手参加北京奥运会，参赛项目包括乒乓球、游泳、田径、跆拳道和马术等。2012 年，约旦派 9 名选手参加伦敦奥运会五个项目（田径、跆拳道、马术、游泳、摔跤）的比赛。迄今为止，约旦未在奥运会上获得正式奖牌。约旦未参加过冬季奥运会。

2005 年，在安曼举行的第 3 届阿拉伯武术锦标赛上，约旦队获得 9 枚奖牌，包括 2 枚金牌，名列奖牌榜第一。

四 体育设施

约旦最大的体育场馆是位于安曼纳奥区的奥林匹克体育中心，该中心可以开展众多室内体育运动项目，如手球、排球、篮球、室内足球。

另外，为举办 1999 年泛阿拉伯运动会，安曼新建了一个拥有 7000 个座位的多功能室内体育场及一个奥运会标准的游泳池。

第五节 新闻

一 概况

约旦共有 5 家日报，14 份周刊，270 份杂志。约旦新闻媒体在中东比较发达，也较为自由，但媒体的官方色彩比较浓厚。虽然政府对新闻媒体的审查日益放宽，但仍较为严格。2001 年通过的新闻法要求对新闻媒体进行更大范围的审查，并规定了一些惩罚措施。媒体不得采取的主要行为包括：唆使罢工和非法集会，发表不利于国王、王后和王储的攻击性言论（包括书面、口头和电子信息形式的言论），刊登传播憎恨和怨恨、煽动宗教与种族狂热、有害国家团结、破坏国家的基本价值观的内容等。新闻法遭到了来自国内外的很多批评。2010 年和 2011 年，"自由之家"（Freedom House）发布的《2011 年度新闻自由报告》，将约旦列为"不自由国家"，其在 196 个国家和地区中排第 141 位。在"无国界记者"发布的 2010 年新闻自由指数报告中，约旦得分 37 分（0 为最自由，105 为最不自由），在 178 个国家和地区中名列第 120 位，在中东北非 20 个国家中排名第 5。

在中东地区，约旦新闻业比较开放。任何国家、企业甚至个人只要履行必要的手续，都可以在其境内兴办电台、电视台或其他新闻媒体。2003 年，约旦高级新闻委员会和约旦新闻协会联合起草了新的新闻法，希望对媒体进行改革。2006 年 7 月，约旦通过《媒体和出版法》，不再允许逮捕或监禁犯有与其职业相关罪行的记者。为促进媒体发展，首都安曼还兴建了约旦媒体城。

约旦境内卫星电视收看普遍。美国的 VOA、英国的 BBC 在当地都设有电台，并且很受约旦人的欢迎。CNN 在约旦直接与约旦电视台并机播放，几乎全境都可以收看。

二　主要报刊

主要的报纸概况如下。

《宪章报》，阿文日报，1967 年创刊，日发行量约 9 万份。

《言论报》，阿文日报，1971 年创刊，日发行量约 10 万份。

《人民之声报》，阿文日报，1983 年创刊，日发行量约 5 万份。

《市场报》，阿文日报。

《今日阿拉伯人》，阿文日报。

《约旦时报》，最大的英文日报，1975 年 10 月 26 日创刊，创办人为约旦新闻联合会。读者群主要为在约旦的外籍人士，内容主要是约旦以及地区新闻，日发行量近 7000 份。该报的社交媒体排名约旦媒体第一，在阿拉伯世界排第 7 位，该报推特在阿拉伯世界排名第二，网络在阿拉伯世界排第 31 位。

主要期刊有《阿萨贝尔》《哈迪斯》《思罕》，这三份都是阿拉伯语杂志；主要英文期刊有《星报》（周刊）。一般而言，期刊要比报纸更开放、大胆，文风泼辣，敢于批判现实。

约旦报纸发行量。2009 年为 31.3 万份，2010 年为 31.3 万份，2011 年为 32.7 万份，2012 年为 34.3 万份，2013 年为 35.4 万份，2014 年为 36.4 万份。

三　通讯社

佩特拉通讯社，也叫约旦新闻社，是约旦官方通讯社。1969 年 7 月 16 日，约旦通讯社根据王室令成立，隶属新闻部；2004 年新闻部解散后独立，成为不属于政府部门的独立机构。1976 年开始用无线电发稿，每天 1 小时，后增加到每天 18 小时。1981 年，侯赛因国王颁布法令，将约旦通讯社改名为佩特拉通讯社，以宣传佩特拉。1992 年开始使用计算机接收、编辑、发布新闻稿。1994 年开始通过卫星向除南非、南美以外的世界各地发送阿、英文消息。1997 年建立了网站，在网上发布新闻，每月访问量达 700 万人次。除了每天用阿拉伯文、英文发稿外，还用法语、德语和希伯来语发稿。在贝鲁特设有分社，在开罗、大马士革、萨那、科威特、多哈、巴林、加沙、拉马拉、迪拜、吉隆坡、波恩、哥本哈根、巴黎、伦敦、莫斯科、纽约、华盛顿、东京和北京等地有常驻记者和特约记者。2010 年有雇员 260 人。通讯社内设新闻部、编辑部、互联网和信息部、经济事务部、新闻报道和调查部、工程和技术事务部、行政部。

四 广播电视

约旦电视渗透率。家庭拥有卫星电视率高达 82%，地面接收电视拥有率为 33%。

广播电台。约旦最早的电台是外约旦电台，1956 年约旦广播电台正式广播。1999 年有调幅电台 6 个，调频电台 5 个，短波电台 1 个。主要用阿拉伯语、英语、法语和希伯来语播音。主要电台有约旦哈希姆王国广播电台、萨瓦电台、东方之声、99.6 兆赫英语流行歌曲频道。

约旦哈希姆王国广播电台，是官方广播电台，1956 年开始广播。1994 年开始进行 24 小时全天广播。下设多个频道，包括阿拉伯语普通频道、英语调频、法语调频、阿拉伯语调频等。目前每天进行 21 小时英语广播，13 小时法语广播。

电视台。1968 年 4 月，约旦电视公司开始每天播出 3 个小时的黑白节目。1999 年有 8 家电视台，另外还有 42 家中转台和 1 家卫星台。1997 年全国拥有电视机 50 万台。

约旦国家电视台（JTV），1968 年 4 月成立，当时只有 1 个演播室，每天播出 3 个小时的黑白节目。1972 年成为地区第一个开设第二个频道的电视台，主要进行外语节目播出，尤其是英语；1978 年开始播出法语节目。1974 年开始启用 PAL - B 系统播出彩色节目。1975 年彩色电视节目开始覆盖全国。1978 年第二频道开始播出法语节目。1988 年开始建立 AMRA 地面卫星接收站，接收阿拉伯国家、欧洲和国际通信卫星机构的节目。1993 年 2 月，开辟约旦卫星频道，即约旦人频道，阿拉伯地区、南部欧洲、伊朗西部、土耳其以及部分非洲地区都可以收看得到。1998 年开办第三频道，主要播出议会活动以及体育节目。2001 年 1 月，第一、第二频道合并重组为第一频道，这是主要频道，以阿拉伯语播出，主要播出新闻、娱乐、纪录片、文化和教育节目。第二频道为体育频道，2001 年 1 月开播，主要播出地区和国际赛事，平均每天播出 10 小时。第三频道为电影频道，2001 年 6 月开播，白天主要播出动画片，晚上主要播出电影。电影频道与私人公司合作开办。

1985 年 9 月，约旦广播电台和电视台合并，成立约旦广播电视总局（JRTV）。

萨瓦电台（SAVA），由美国政府举办。2002 年 3 月 23 日，电台面向阿拉伯世界，以阿拉伯语每周 7 天，每天 24 小时不间断播出。主要播出音乐节目以及整点新闻。音乐节目多采用阿拉伯歌曲、英文歌曲交叉滚动播放的方式。新闻节目只占 25%，主要栏目是“此刻世界”（World Now）。萨瓦在阿拉伯语中意为“在一起”。该台是美国在中东地区公共外交的一部分，它替代了美国之音的阿拉伯语播出。电台最早在约旦、约旦河西岸、科威特、阿联酋、巴林和卡塔尔播出，后扩展到整个地区。作为姐妹节目，该台还办有电视节目，即胡拉（al hurra）电视台，意为“自由人”，2004 年 2 月 14 日开播。萨瓦和胡拉得到美国国会资助，归美国政府下属的联邦独立机构广播理事会（BBG）管理，具体运营由其资助成立的中东广播网（MBN）负责。

约旦家庭拥有电视机数，2009 年为 104.6 万台，2010 年为 108.8 万台，2011 年为 112.9 万台，2012 年为 116.8 万台，2013 年为 120.6 万台，2014 年为 124.3 万台。

第八章

外　交

第一节　外交政策原则与特点

一　外交政策与原则

约旦奉行中立、不结盟和对外开放政策，推行全方位相对平衡的外交。

约旦对外政策的基本方针和原则主要有五点。第一，和平。约旦处于中东火药桶的中心，几十年来饱受周边战火与内部动荡的威胁，维持和平是约旦生存的首要原则。第二，平衡。约旦作为弹丸小国，四邻几乎皆为大国和强国，在险恶的周边环境与复杂的地区和国际格局下维持对外关系的平衡和处理好各种矛盾关系，对约旦国家安全与发展至关重要。第三，阿拉伯和伊斯兰属性。约旦既是阿拉伯国家，同时哈希姆王室又是先知穆罕默德的嫡系子孙，因此约旦在维持与西方、以色列友好关系的同时，也必须坚持自己的阿拉伯和伊斯兰属性。第四，现实主义。几十年来，无论是在阿以问题上，还是在其他问题上，约旦一直笃信温和主义，主张务实，反对激进和极端主义。尤其是在和平进程问题上，约旦一直持现实主义态度，始终与以色列保持接触，是最早私下与以色列保持接触的阿拉伯国家。可以说，温和与现实主义原则是约旦外交政策的基石。几十年来，在战争、冲突不断和动荡的中东，约旦始终作为该地区的一支温和力量，发挥积极作用。第五，开放。约旦不仅领土狭小，而且资源匮乏，外援和旅游是主要收入来源，因此保持对外开放对约旦经济和社会发展尤为关键。

二 外交特点与实践

基于以上几个原则，约旦外交政策主要有以下几个特点。第一，致力于中东和平进程，积极推动巴以和阿以和平。第二，推行亲西方政策。第三，加强与阿拉伯和伊斯兰世界的关系。约旦及其人民是阿拉伯民族的一部分，因此外交政策致力于同阿拉伯国家建立兄弟般的友好关系、增强阿拉伯世界的团结。通过取得经济繁荣和安全，建立阿拉伯世界利益共同体。第四，中立与不结盟，实行全方位外交。

约旦虽是小国，却实现了“大外交”，在地区和国际舞台上非常活跃。主要表现如下。第一，积极支持中东和平进程，推动阿以和谈，实现地区和平，成为推动中东和平的积极力量。继埃及之后，约旦成为与以色列实现和平的第二个阿拉伯国家。约以签署和约后，约旦继续利用自己的特殊身份，在巴勒斯坦与以色列、叙利亚与以色列以及黎巴嫩与以色列的和谈中发挥了独特的斡旋作用。第二，与大国关系密切，是美国、欧盟在中东的亲密盟友。约旦不仅成为与美国签署自由贸易协议的第一个阿拉伯国家，而且也是美国在中东伊斯兰国家中唯一的“非北约盟国”。此外，约旦还加入了“欧盟—地中海伙伴关系”（NEP)，致力于建立欧盟—地中海自由贸易区。第三，与地区各国关系密切，地区影响不断扩大。无论是以色列、伊拉克、叙利亚，还是埃及、利比亚和海湾国家，约旦都与之保持密切关系。尤其是阿卜杜拉二世上台后，极大地改善了与埃及、叙利亚、利比亚、沙特阿拉伯、科威特等国的关系。第四，在国际舞台上日益活跃。目前约旦已同123个国家建立了外交关系。约旦是联合国成员国，并加入了世界银行、国际货币基金组织、世界贸易组织（WTO)、世界粮农组织（FAO)、国际原子能机构（IAEA)、世界卫生组织（WHO)、联合国人权理事会（UNHRC)、国际刑事法院（ICC）等，还是欧安组织(OSCE）等的伙伴国。从2014年1月开始，约旦开始担任任期两年的安理会非常任理事国。约旦也是阿拉伯国家联盟、伊斯兰会议组织、不结盟运动的成员国。约旦王室也重视在国际舞台上发挥积极作用，与世界各国王室建立了普遍联系。

三 在主要国际问题上的立场

1. 中东和平进程

约旦长期致力于推动中东和平进程，是中东和平进程中的重要当事方。约旦坚持认为，对话与政治途径是解决阿以问题、结束占领和建立一个独立的巴勒斯坦国的唯一途径。约旦强调应根据联合国有关决议的精神，按照马德里中东和会确定的“以土地换和平”的基本原则，结束以色列对巴勒斯坦领土的占领，最后实现其与巴勒斯坦、叙利亚、黎巴嫩以及整个阿拉伯世界的和平。约旦认为，巴勒斯坦问题是该地区的中心问题，这一问题不解决，就不能实现地区的繁荣与稳定。约旦支持沙特阿拉伯王储阿卜杜拉于2002年在贝鲁特阿拉伯首脑会议上提出的“阿拉伯和平倡议”，认为它是实现巴以和平、地区和平的基础。

在巴勒斯坦问题上，约旦强调建立独立的巴勒斯坦国是约旦外交工作的重中之重。2014年1月，约旦国王阿卜杜拉二世表示，约旦将继续支持全面、公正地解决巴勒斯坦问题，支持根据1967年6月划定的边界线、以东耶路撒冷为首都建立起独立的巴勒斯坦国。谴责以色列针对平民的杀戮行径以及实施“定点清除”军事行动。约旦欢迎以色列从加沙地带撤军，并撤除约旦河西岸的部分定居点，认为这是迈向正确方向的第一步，而不是最后一步，它不能取代美、俄、欧盟和联合国四方提出的和平“路线图”计划，并应与巴方以及埃及、约旦等国际社会进行协调，以免造成加沙局势混乱。约旦反对以色列修建“隔离墙”，认为这是非法的，并威胁到了巴勒斯坦建国、和平进程以及约旦的国家安全，应该予以拆除。约旦支持国际法庭关于“隔离墙”的裁决。约旦要求以色列停止并立即全面拆除犹太人定居点，认为定居点建设是非法行为，违反了国际法以及第四个日内瓦公约。约旦支持巴勒斯坦争取独立的民族斗争，支持巴勒斯坦民族权力机构以及以阿巴斯为首的巴新一代领导集体，强调不干预巴内部事务，认为巴内部团结对巴勒斯坦和约旦双方都有利。约旦支持四方和平“路线图”，认为尽管它存在缺陷，但仍是积极的举措，可以作为和平进程的基础框架。约旦也支持巴以双方民间代表达成的日内瓦协议，认为它与“路线图”是协调一致的。约旦认为，巴勒斯坦问题长期得不到公正解决是中东滋生恐怖主义的重要根源，呼吁国际社会阻止巴勒斯坦局势进一步恶化，恢复和平进程。在叙利亚与以色列和平进程问题上，约旦要求以色列撤出戈兰高地，支持叙以通过对话与谈判解决争端，并主动充当调解人，从中斡旋。

2. 巴勒斯坦难民问题

约旦是接受巴勒斯坦难民最多的国家。根据2001年联合国难民署的统计，约旦的巴勒斯坦难民大约为157万，其中大多数拥有约旦国籍，拥有与约旦公民同等的权利和义务。目前依然住在难民营的大约有30万人。因此，巴勒斯坦难民问题对约旦至关重要，涉及约旦的核心国家利益。这也是约旦政府积极参与中东和平进程的一个重要原因。约旦强调巴勒斯坦难民问题是巴以应该在最终地位谈判中解决的问题，但必须考虑约旦的利益和合法权益。约旦认为，虽然根据1950年的《统一法》，约巴实现了统一，在约旦的巴勒斯坦人拥有约旦的公民权，但这并不能排除、削弱巴勒斯坦难民应该具有的回归权。约旦坚持，巴勒斯坦难民具有回归和获得赔偿的合法权利。在经过谈判成功获得他们的合法权利，以及回归权和补偿问题得到解决之后，他们有权自由做出选择。1994年10月签署的《约以和平条约》有关难民的条款，规定双方都要依照国际法以及相关的国际决议努力解决难民问题。依照联合国安理会第194号决议，必须承认巴勒斯坦难民的回归权，“自愿回乡与邻居和睦相处的难民，应准予早日回乡；不愿回乡者，其财产损失应获得赔偿”。尽管1950年约旦河东西两岸合并，约旦大多数巴勒斯坦难民已取得约旦国籍，但他们的回归权和获得补偿权不容忽视；已获得约旦国籍的巴勒斯坦难民希望约旦政府能够保护他们依照国际法应享有的基本回归权和补偿权。有残疾的巴勒斯坦人依照安理会第237号决议也有权返回巴勒斯坦，该决议要求以色列为他们返回提供便利；约旦不能强迫巴勒斯坦人在不能满足他们利益或属于自己的地方居住。任何不能满足约旦及其公民权益的解决方案不会最终导致实现公正和持久的和平；约旦要求重新确定其因为接受难民而遭受的损害和损失，包括获得适当补偿；约旦接受难民能力非常不足，因此其他国家和方面应担负起责任，为难民问题的公正和永久解决做出贡献。约旦不会接受另外安排的难民和残疾人，约旦也不会赋予任何新的难民和残疾人国籍。阿卜杜拉二世强调，“巴勒斯坦难民问题不纯粹是约旦的问题，也不是约旦和巴勒斯坦的问题，而是地区国家和国际社会的法律义务。约旦的立场是众所周知的，即依照安理会第194号决议，难民回归和获得补偿是符合国际法的。难民问题已成为约旦的沉重负担，因此约旦政府不会再允许新的难民进入，并不保证他们能获得公民权”。2007年约旦首相巴希特重申，应当依照安理会第194号决议，公正地解决巴勒斯坦难民问题，保障他们回归家园的权利；同时强调，约旦主张巴勒斯坦和以色列应根据限定的时间表恢复谈判，确保按照国际有关决议达成解决方案，直至建立一个独立的巴勒斯坦国。

3. 耶路撒冷问题

约旦与其他阿拉伯、伊斯兰国家一样对耶路撒冷有着特殊的宗教感情。第一次中东战争结束后，约旦还曾控制了东耶路撒冷。在耶路撒冷问题上，约旦政府的立场是：哈希姆王室在耶路撒冷享有特殊历史地位。根据约旦和以色列于1994年签署的和平条约，约旦拥有对1967年被占领的耶路撒冷城伊斯兰教圣地的维护、管理和监督权。约旦认为，1967年被以色列占领的东耶路撒冷领土是属于阿拉伯人的，接管和并吞东耶路撒冷是违反国际法的。依照国际法，特别是联合国安理会第242号和第338号决议，以色列在1967年阿以战争中占领约旦河西岸是非法的。东耶路撒冷是约旦河西岸的一部分，因此安理会第242号和第338号决议也适用于东耶路撒冷。约旦支持巴勒斯坦人建立一个以耶路撒冷为首都的巴勒斯坦国。关于耶路撒冷的圣地，各宗教包括伊斯兰教、基督教和犹太教的权利应予以同等对待，置于各国主权考虑之上。以色列有义务与巴勒斯坦民族权力机构在适当时候就耶路撒冷地位举行谈判，反对在最终地位谈判前单方面改变该城的特征。因此，约旦认为以色列人为改变现有人口特点，以确保该城人口大多数为犹太人的行动是不能被接受的。1999年12月，阿卜杜拉二世国王提出，鉴于现实考虑，约旦建议将耶路撒冷作为巴勒斯坦和以色列两国共同的首都。2014 年 4 月，约旦首相恩苏尔强调，保护耶路撒冷伊斯兰圣地是约旦义不容辞的责任，约旦将肩负起这种责任并保护在约旦生活的巴勒斯坦人。2014 年 10～11 月，巴以围绕圣殿山爆发冲突。11 月 5 日，约旦召回驻以大使，并向联合国安理会控诉以安全部队袭击阿克萨清真寺，要求联合国“采取合法步骤和措施”，呼吁安理会采取措施让以色列对袭击负责击。约旦常驻联合国代表迪娜·卡瓦尔说：“如果允许这样的事持续下去，将引发威胁中东地区和平与安全的另一场危机。”对此，以色列外交部发言人伊曼纽尔回应说，约旦的举动是错误的，无助于缓解紧张局势。11 月 6 日，以色列总理内塔尼亚胡在与约旦国王阿卜杜拉二世通电话时重申将维持耶路撒冷宗教圣地圣殿山的现状。内塔尼亚胡向阿卜杜拉二世重申了以色列对维持约旦在圣殿山特殊地位的承诺，并与阿卜杜拉二世一同呼吁结束圣殿山近来的“一切暴力和挑衅”行为，缓和那里的紧张局势。

4. 反对恐怖主义问题

长期以来，约旦一直致力于打击一切形式的恐怖主义，并认为自己也是恐怖主义的受害者。约旦强烈谴责针对美国的“9·11”恐怖袭击事件，支持美国随后在阿富汗采取的军事行动。同时，约旦呼吁美国在军事行动中要尽量减少平民伤亡。约旦还要求任何针对恐怖主义的军事行动不应该针对阿拉伯国家。约旦认为，应通过各种可能手段打击恐怖主义以及犯罪分子，仅仅采取军事手段是不够的，还要辅之以经济、社会及其他手段，才能根除恐怖主义。约旦坚持认为，恐怖主义是一个全球现象，其原因和动机与宗教、文化无关。约旦认为，恐怖主义违背伊斯兰教教义和现代社会的文化；伊斯兰教不仅是一个宗教，也是一种生活方式，它强调宽容和对话。阿卜杜拉二世国王强调，杀死无辜者不是圣战，圣战要求尊重人的生命，尊重国际公约和宪章。伊斯兰教绝对禁止杀害平民。约旦强调需要与各种企图将恐怖主义与伊斯兰教联系起来的行为进行斗争，以及与“阿拉伯人和穆斯林应该对国际恐怖主义袭击负责”的不良动机进行斗争。约旦强调培育不同文化之间的相互尊重和理解以及追查整个地区极端主义和激进主义根源的重要性。约旦政府采取了一系列切实措施以打击恐怖主义，如修改国内立法，对刑法和海关法等法律进行修订，积极开展国际反恐合作，遵照联合国有关决议定期向联合国提交反恐报告等，并签署了7个有关反恐的国际公约。2004年9月，阿卜杜拉二世指出，约旦将继续努力根除恐怖主义和极端主义，强调国际社会应紧密合作共同打击恐怖主义，无论它是信奉伊斯兰教还是其他宗教。“那些以伊斯兰教名义从事残忍行动的人不是穆斯林。”他还呼吁大众媒体不要充当恐怖宣传的工具。2005年3月，约旦一家军事法庭审理被美国通缉的“基地”组织三号人物扎卡维试图袭击约旦驻伊拉克使馆一案，并缺席判处扎卡维15年监禁，同时判处一名被逮捕的“基地”组织成员3年监禁。法庭认定，扎卡维与一名为达巴斯的“基地”组织成员曾于2003年11月在伊拉克会面，密谋袭击约旦使馆。约旦使馆所在的大楼曾在同年8月遭到炸弹袭击，造成数十人伤亡。扎卡维被指控参与了这一爆炸袭击事件。法庭指控达巴斯监视包括约旦驻伊使馆在内的一系列约旦目标，并为扎卡维提供了使馆所在大楼的详细资料。扎卡维是“伊拉克基地圣战组织”的领导人，美军曾悬赏2500万美元通缉他。扎卡维涉嫌在约旦制造多起案件，并曾因2002年一名60岁美国外交官在安曼被杀案而被判处死刑。2005年11月9日，约旦首都安曼3家饭店发生连环自杀性爆炸事件，这一事件被证实系扎卡维领导的伊拉克“基地”组织所为。约旦国王阿卜杜拉二世发表声明强烈谴责这一暴行，表示将严厉打击恐怖主义，并呼吁国际社会在反恐斗争中加强合作。12月18日，约旦国家安全法庭对扎卡维进行缺席审判，并第二次判处他死刑。约旦积极支持国际反恐合作，并在打击“基地”组织、“伊拉克和黎凡特伊斯兰国”等恐怖组织方面与美国、以色列、欧盟、沙特、埃及等建立了密切的反恐合作，2006年与美国合作打死了恐怖分子扎卡维。

5. 关于阿拉伯改革、“阿拉伯之春”与美国的“大中东计划”

2004年6月，美国政府在八国首脑会议上正式推出了“大中东改革计划”（GMEI），在中东地区引起很大反响，并遭到多数阿拉伯国家的反对。约旦政府表示欢迎一切有助于中东民主和发展的计划，强调约旦长期致力于发展、改革和民主；但约旦政府认为，政治和经济的改变必须来自本地区内部，而不是外部强加的，改革应基于阿拉伯和伊斯兰文明以及伊斯兰宗教，符合各国的特殊国情。约旦还认为，实现本地区的稳定、和平与安全是本地区经济、社会和政治领域取得发展和进步的合适土壤和必要条件。因此，应该集中精力结束以色列对阿拉伯领土的占领，找到一条解决巴以冲突并最终建立一个巴勒斯坦国的合适途径。美国的中东改革计划必须符合阿拉伯民族的渴望和意愿。阿卜杜拉二世明确表示，“反对强加给阿拉伯人民的民主形式，更反对把阿以问题和中东民主问题割裂开来”。约旦外长马阿谢尔指出，改革在阿拉伯各国发展道路上占有显著位置，约旦主张改革应该从阿拉伯世界内部开始，并应按照各个国家的国情进行，反之将不利于改革的顺利进行。阿卜杜拉二世国王还在美国《外交政策》杂志上发表题为《改革之路》（副题为《阿拉伯世界必须借鉴东方和西方国家的经验，推行有效的改革》）的文章，就约旦和阿拉伯改革问题系统地提出了自己的主张。他首先指出，成功的变革源自内部。西方国家过去也是如此。生机勃勃的发展中国家的经验正在证明这一点。中东国家同样也将如此。他强调，阿拉伯世界面临改革的迫切需要。“虽然该地区不存在像最不发达国家中的那种令人绝望的贫困，但每 5 名阿拉伯人中就有 1 人日生活费不足 2 美元。经济增长是创造就业机会的根本，而中东地区的经济发展速度远远低于发展中国家的平均水平。”在过去 20 年中，该地区的人均收入实际在下降。选择极端道路的只是很小一部分人；多数人对中东的未来寄予希望，选择了循序渐进的变革：改进管理、推动经济增长和国家发展。这些领域的改革正在中东地区进行着。阿拉伯联盟对改革的必要性已经形成了共识，但强调改革的成功必须有三个条件：第一，不存在什么单向解决方案，真正的改变是全方位的；第二，改革需要合作；第三，改革的进程必须从国内开始，而且应包容一切方面。外部强加的改革（这种改革没有植根于其历史、社会和文化）是无法实现改革所要求完成的任务的。阿拉伯世界具备实现这项任务的良好条件。阿卜杜拉二世指出，约旦已经开始了自身的改革，包括推行选举，制定政策确保基本的政治权利和人权，如集会自由、出版自由，并给予妇女和年轻人更多援助。其他措施包括建立一个有效的政党体制，加强司法独立。在经济上，把目光投向私营企业，让它们创造就业机会，进行发明创新，自主创业。借鉴东方和西方其他国家的经验制定了发展战略，强调经济自由、良好管理，以及对教育等公共事务进行社会投资的重要性。约旦的改革获得了回报，外债减少了，出口也显著增长，过去几年经济发展开始提速。"约旦模式证明改革能取得成功。这种成功发展直接源于内部，植根于阿拉伯—伊斯兰的传统，但同时也接受全球化的理念和合作。这种发展方式能将我们这个冲突频繁的不稳定地区变成一片充满机会和希望的热土。"对"阿拉伯之春"，阿卜杜拉二世国王一方面支持顺应时代变化的地区变革，另一方面也积极进行国内政治改革，迎合民众需求，修改宪法和法律，扩大民主和自由，适度让出权力。约旦参议院议长塔希尔·马斯里还强调，阿拉伯革命从根本上改变了阿拉伯民众对反抗暴政、独裁、腐败等问题的态度。这次革命消除了民众对长期专政的恐惧心理，同时它还是解决危机、满足民众要求的重大转折点，使国家和民众就维护彼此的普遍和最高利益达成共识。

6. 关于约旦与阿拉伯和伊斯兰国家的关系

约旦《国民宪章》强调，约旦是阿拉伯、伊斯兰世界不可分割的一部分，属于阿拉伯和伊斯兰国家。因此，约旦的国家属性既是阿拉伯的，又是伊斯兰的，这也是约旦的国家信仰、文明基石、行动的价值之源。为此，约旦坚定相信，阿拉伯国家最终将实现统一，希望通过合法途径实现统一。约旦也希望实现阿拉伯和伊斯兰世界的紧密团结，为建立一个新的平衡的世界秩序做出贡献。为实现这些目标，约旦认为应遵循以下几个原则：阿拉伯祖国是阿拉伯民族的自然归属；约旦和阿拉伯国家面临的挑战以及阿拉伯祖国面临威胁的性质要求所有阿拉伯国家做出积极反应；约旦所希望的阿拉伯社会是一个实行民主原则、信仰阿拉伯统一的社会，承认阿拉伯土地上的战略资源属于整个阿拉伯民族，必须用来发展阿拉伯社会的经济和增强国家安全。约旦相信必须寻找一个统一阿拉伯社会的形式，同时在符合每个国家特点的基础上强调保护每个国家公民的利益；阿拉伯国家之间的争执必须通过各种方式得以解决，依照一个民族的阿拉伯框架在经济和社会全面发展中解决；各国必须起草泛阿拉伯的计划和政策，以解放阿拉伯领土，并将巴勒斯坦问题置于优先议程。约旦社会必须将阿拉伯文化发扬光大；必须在民族信仰、价值和共同历史基础之上建立一种明确而稳定的、紧密的约旦—阿拉伯—伊斯兰关系。约旦在各领域的对外关系必须置于平等、互相尊重和利益平衡基础之上，建立在各国对阿拉伯事业，尤其是其核心巴勒斯坦问题的态度之上。

7. 关于大规模杀伤性武器与伊朗核问题

约旦呼吁中东各国销毁所有大规模杀伤性武器，以消除该地区人民面临的战争危险并缓和目前的紧张局势。约旦希望整个中东成为无大规模杀伤性武器地区，对促进中东成为无大规模杀伤性武器地区的努力表示欢迎，但强调这一努力应针对包括以色列在内的该地区所有国家。2012 年 5 月，约旦首相塔拉瓦奈表示，约旦希望通过外交手段解决伊朗核问题。他认为，如果对伊朗发动战争，势必给该地区带来重大灾难。约旦国王阿卜杜拉二世强调，约旦主张中东地区应成为无核区，任何国家利用核能的活动应在国际原子能机构框架内进行。他警告说，武力解决伊朗核问题将会给该地区的安全与稳定带来不良后果，应采取外交途径及和平的方式解决伊朗核问题。

8. 关于民主和人权

约旦宪法对公民的权利和义务做了明确规定，强调保护公民的合法权利，法律面前人人平等，不分性别、种族、宗教和语言。近年来，约旦在人权方面取得了很大进步，尤其是在政治和妇女权益方面。1989 年举行了自由的议会选举，随后废除了《戒严法》。1990 年颁布了《国民宪章》，进一步扩大了民主和自由。约旦有皇家人权委员会、首相府设立的人权事务司、议会下设的公共自由委员会等政府人权组织，以及阿拉伯人权组织、约旦人权委员会、妇女委员会论坛等非政府人权组织。约旦政府还批准和签署了一系列国际人权公约、协议，如《经济、社会和文化权利国际公约》《公民和政治权利国际公约》《消除一切形式种族歧视国际公约》《关于防止和惩治种族屠杀的公约》《儿童权利公约》《消除对妇女一切形式歧视公约》《妇女政治权利公约》《已婚妇女国际公约》《禁止酷刑和其他残忍、不人道或有辱人格的待遇或处罚公约》《反腐败公约》《关于消除体育界的种族隔离的公约》等。约旦是第一个同意设立国际刑事法院的阿拉伯国家。约旦还与国际人权组织进行了广泛合作，参与国际人权事务，并在巴勒斯坦、伊拉克的人道主义事务上发挥了重要作用。

9. 叙利亚问题

约旦支持政治解决叙利亚危机，主张维护叙利亚的统一和领土完整，担心叙局势失控危及自身安全，言行总体谨慎，仍维持与叙政府的外交关系。2012 年 5 月，约旦首相塔拉瓦奈表示，约旦希望国际社会积极寻求和平解决叙利亚危机的途径，像叙利亚人民所期待的那样，让他们的国家远离暴力。“我们支持该地区稳定。我们不干涉别国内政，也反对别国干涉我们的事务。”阿卜杜拉二世是阿拉伯世界第一个呼吁巴沙尔下台的领导人，最初他提倡以“政治解决”的方法，而非利用暴力推翻政权。他认为叙利亚发生分裂将是地区灾难，将“使我们遭受几十年蹂躏”。约旦加入了要求巴沙尔下台的国际联盟（“叙利亚之友”），并积极向叙利亚反对派提供支持，允许美国中央情报局在其境内对叙利亚反对派武装进行培训。约旦还允许美国在约旦驻军，并部署“爱国者”地对空导弹，以防叙利亚进攻。此外，约旦还接受了约 60 万叙利亚难民，这给约旦带来了沉重的经济、社会和安全负担。为此，约旦多方寻求国际社会给予帮助。

10. 伊拉克问题

约主张维护伊主权、安全、统一，呼吁恢复伊的安全与稳定，强烈谴责伊境内针对平民的暴力活动，支持伊各派和解进程。约旦认为，伊拉克当前局势对地区稳定构成了威胁。强调伊民族和解的解决方案要排除外国的干涉，应由伊拉克内部协调达成共识。约旦国王阿卜杜拉二世强调支持伊拉克政治进程的重要性，支持伊拉克领土、主权完整和稳定，并呼吁所有伊拉克人团结一致反对任何企图搞派别冲突的阴谋。

第二节 与美国的关系

约美建交 50 多年来，两国一直保持紧密关系，其间虽曾数度发生龃龉，但无妨双方关系大局。美国视约旦为地区温和派主要盟友，中东和平的支柱之一。而约旦则借助美国维护安全，寻求经济援助，促进巴勒斯坦问题解决。约旦发展与美国的关系，有如下几个目标：寻求美国的政治支持；寻求经济和军事援助；牵制以色列，推动美国在中东发挥更加平衡的作用，如在巴勒斯坦和伊拉克问题上；使美国成为中东和平的重要一方和公正的调停者，确保和平的实现。美国对约旦的政策是增强约旦的和平、稳定与温和性，为其中东战略服务。约旦参与中东和平进程、反对恐怖主义也直接和间接地扩展了美国的利益。同样，美国通过经济和军事援助以及紧密的政治合作，也促进了约旦的繁荣和稳定。

1946 年美国与约旦建立外交关系。1949 年 1 月杜鲁门总统宣布“四点计划”，表示将向包括约旦在内的几个中东国家提供援助，以遏制共产主义。约旦政府发表声明，表示接受这一计划，在国内外引起巨大震动。1957 年 1 月 5 日，美国总统艾森豪威尔发表美国政府的中东政策咨文，即“艾森豪威尔主义”，要求国会授权他使用美国武装部队来“保护中东国家的独立”，并在 1958 年和 1959 年两个财政年度向有关国家提供 2 亿美元援助。随后，黎巴嫩、利比亚、伊朗、伊拉克、土耳其和沙特阿拉伯等国先后宣布接受“艾森豪威尔主义”。由于新上台的约旦纳布西政府实行亲苏联政策，1957 年 4 月 6 日，美国宣布停止向约旦提供 600 万美元的财政援助。之后，侯赛因国王公开宣布约旦的安全受到了共产主义的威胁，在对纳布西采取行动之后，向美国政府提出紧急经济援助请求。在侯赛因提出要求后的 24 小时内，美国政府表示支持侯赛因，并紧急调第六舰队前往东地中海。4 月 26 日，美国国务院宣布支持约旦独立。4 月 29 日，美国宣布给予约旦 1000 万美元的经济援助。美国还紧急向约旦空运石油。白宫公开宣布，艾森豪威尔总统和杜勒斯国务卿都认为“约旦的独立和完整至关重要”。6 月，美国又宣布给予约旦 2000 万美元援助（其中 1000 万美元为军事援助）。之后，美国不断扩大对约的经济发展援助，同时开始提供军事援助。1957 ~ 1968 年，美国对约旦援助共达 5.6 亿美元。1965 年约美签署大规模武器购买合同。1967 年第三次阿以战争后，约美关系受到一定影响，美国一度决定停止对约旦武器援助，但很快又恢复。1968 年美国决定向约旦出售价值 1 亿美元的武器装备。1970 年约旦政府与巴勒斯坦游击队发生冲突后，美国恢复对约旦的武器援助。1970 年 9 月至 1972 年底，美国向约旦提供援助达 1.1 亿美元。1974 年尼克松总统访问约旦，保证支持约旦，并同意建立一个约美高级委员会，对两国经济、发展、文化、社会和军事援助等事务进行统一筹划与安排。1975 年，福特总统宣布约旦部分对美国出口商品享受免税优惠。1976 年，美国向约旦提供价值 5.4 亿美元的霍克式防空导弹。1977 年 4 月，侯赛因国王访问美国。卡特总统向侯赛因保证，美国将继续支持约旦在经济和军事上的需求。1978 年埃及与以色列签署戴维营协议后，约旦对美国产生不满。1980 年美国暂停对约旦的援助。1980 年 11 月，由于约旦与叙利亚边界紧张，美国对约旦的安全表示关切，提前向约旦运送了其订购的武器。1981 年 2 月，美国决定向约旦出售 24 架“眼镜蛇”式直升机，价值 1.14 亿美元。同年 3 月，美国国务卿黑格访问约旦。11 月，侯赛因国王访美，里根总统表示维护约旦的安全和福利是美国长期关注的问题。1983 年，美国国务卿舒尔茨、中东特使哈比卜·麦克法兰访问约旦。同年 5 月和 11 月，约旦王储哈桑亲王访美。1984 年 2 月，侯赛因国王访问美国。由于约旦拒绝美国有关由约旦组织一支快速反应部队的要求，美国决定取消向约旦出售 1613 枚“毒刺”式地对空导弹的计划，两国关系受损。1985 年 5 月和 10 月，侯赛因两次访问美国。1985 年 6 月，美国参议院批准了一项到 1987 年底前向约旦提供 2.5 亿美元援助的计划，其中 1.6 亿美元为赠款。1986 年 6 月，侯赛因访问美国。同年 7 月，美国副总统布什访问约旦。1987 年 10 月，侯赛因与美国国务卿在伦敦会晤。

1990 年海湾危机发生后，由于约旦同情伊拉克，反对美国打击伊拉克，约美关系变冷，美国冻结对约旦的军、经援助，取消给约旦的 5500 万美元援助。1991 年中东和平进程启动后，美国以援助以及取消债务为诱饵，劝说约旦与以色列举行和谈，约旦参加了马德里中东和会。之后，在美国支持下，约旦开始与以色列举行双边直接谈判。1993 年 9 月 14 日，约旦与以色列在华盛顿签署关于和平谈判的框架协议，克林顿总统亲自主持仪式。随后，美宣布取消海湾战争期间对约旦实行的经济限制措施。1993财政年度，美国给予约旦3000万美元援助。1994年，美国国务卿克里斯托弗三次访问约旦，同年7月，侯赛因国王访问美国。1994年10月约旦与以色列签订和约后，美约关系有了重大进展。美国政府决定免除约旦约7亿美元的债务，并开始恢复对约旦的援助。1995年，美国减免约旦6.95亿美元的债务，并决定向约旦提供3亿美元的军事援助。1996年，侯赛因国王两次访问美国。同年10月，美国国会通过加沙和约旦河西岸自由贸易互惠法案，将美国—以色列自由贸易区扩展到约旦，在约旦建立“资格工业区”，产品用于向美国出口。11月，克林顿总统宣布约旦为美国重要的“非北约盟友”。12月，美国向约旦提供了价值1亿美元的军援，其中包括18架直升机、50辆坦克和一批军用卡车。1997年3月，侯赛因国王访问美国。同年，哈桑王储访问美国。同年4月，约美联合军事委员会工作会议在安曼举行，双方决定进一步加强两国之间的军事合作，确定了两国武装部队1997年在约旦举行陆海空联合军事演习的计划。此外，美方还原则同意向约旦方面提供更多军事援助。美方强调将按期在年底前向约旦交付16架F-16型战斗机及其他军事装备，并考虑在这批战斗机上增加新式武器。7月2日，美约签署了《关于鼓励和相互保护投资条约》。据统计，1990~1997年，美国向约旦提供了总计22亿美元的援助。1998年侯赛因两次访问美国。同年3月，美国向约旦提供的价值22亿美元的16架F-16型战斗机全部交付完毕。1999年2月，阿卜杜拉二世上台，美国政府决定向约旦提供1.447亿美元的财政援助，以缓解约旦的经济困难。

阿卜杜拉二世上台后，约美关系更加密切。阿卜杜拉二世就职初期，为表示对其的支持，美国国会追加了2.5亿美元紧急援助和3亿美元贷款。克林顿总统和三位美国前总统等前往安曼出席侯赛因国王的葬礼。8月，美国向约旦提供5000万美元经济援助，使美国对约旦年度经济援助达2.193亿美元。9月，美约达成美国向约旦提供价值2400万约旦第纳尔小麦的援助协议。美国政府海外私人投资公司（OPIC）为约旦亚喀巴铁路公司提供5500万美元贷款，用于修建铁路和铁路升级。10月，阿卜杜拉就任国王后首次访问美国，与克林顿总统就中东和平进程以及两国关系举行了会谈。克林顿强调，美国将履行1998年10月向侯赛因国王做出的3年内向约旦提供3亿美元额外援助的承诺，并同意启动与约旦的自由贸易谈判。同月，美国国防部长和商务部长访问约旦，美国与约旦签署贸易与投资框架协定（TIFA）。2000年3月，美国助理国防部长访约，商谈军事合作事宜。美国国会代表团访问约旦。4月，美国国防部长威廉·科恩访问约旦，表示美军工程公司将帮助约旦修建水管理工程，强调美国正努力实现约旦军事现代化，为此将增加对约旦的军事援助，扩大双方的军事演习和军事交流。科恩赞扬约旦参与多边军事演习以及在合作防御计划（CDI）中发挥的重要作用，并表示希望约旦考虑参加美国与以色列、土耳其举行的联合演习。6月和10月，阿卜杜拉二世国王两度访问美国。2000年6月26日，约美开始第一轮自由贸易谈判，同年8月和9月分别在安曼和华盛顿举行了第二、第三轮谈判。2000年10月24日，克林顿总统和阿卜杜拉二世在华盛顿签署了《约美自由贸易协定》。

2001年“9·11”事件发生后，阿卜杜拉二世及约旦政府立即予以强烈谴责，并支持美国在阿富汗的军事行动，甚至出兵阿富汗。9月，阿卜杜拉二世访问美国，约美自由贸易协议正式生效。2002年10月，一名美国外交官在其安曼的住所前被杀害，这是在约旦首次发生西方外交官遇刺事件。2003年2月，约旦接收了3个美制“爱国者”防空导弹营。约旦首相兼国防大臣拉吉卜称，一旦伊拉克战争爆发，数百名美军将进驻约旦操作“爱国者”防空导弹，以防止外来导弹的袭击。2003年4月，一名美国外交官在安曼一家旅馆前遭不明身份者枪击，受轻伤。5月，阿卜杜拉二世在伦敦与美国国防部长拉姆斯菲尔德就中东局势举行了会谈。5月11日，约旦政府对布什总统提出建立中东自由贸易区的建议表示欢迎，并说此举将使其他中东国家享受到约旦从《约美自由贸易协定》中获得的益处。同年6月，美国总统布什首次访问约旦，并与阿卜杜拉二世出席在亚喀巴举行的巴以首脑会晤，正式启动中东和平“路线图”计划。2004年3月，美国负责政治事务的副国务卿马克·格罗斯曼访问约旦，磋商布什政府即将推出的“大中东计划”。4月11日，阿卜杜拉二世致信布什总统，强调建立巴勒斯坦和以色列两个独立国家是实现中东和平与稳定的唯一保证。他在信中表示完全支持布什提出的以建立两个独立国家来解决巴以冲突的办法。4 月 17 日，驻守科索沃的约旦警察与美国警察因伊拉克问题发生争吵而引发枪战。在枪战中，2 名美国女警察和 1 名约旦男警察丧命，另有 111 人受伤。4 月 20 日，因约美在以色列沙龙政府的单边行动计划问题上产生分歧、以色列袭击哈马斯领导人以及阿拉伯联盟内部就突尼斯首脑会议争执不下，正在美国进行访问的阿卜杜拉二世提前回国。5 月，阿卜杜拉二世对美国进行为期 3 天的工作访问。访美期间，阿卜杜拉二世与布什总统就约美关系、巴勒斯坦局势发展等问题举行了会谈。双方均认为，巴以问题应根据联合国决议、通过谈判解决，最终实现巴以两国和平共存。阿卜杜拉二世劝说布什打开与巴勒斯坦领导人对话的渠道。布什表示将写信给巴勒斯坦自治政府总理库赖，详细阐述美国对于中东和平进程前景的设想。阿卜杜拉二世还呼吁美为建立巴自治政府提供帮助，并向其提供基本的安全保证。6 月，阿卜杜拉二世作为伊斯兰世界代表应邀参加在美国海岛举行的八国峰会，讨论大中东改革计划。7 月，美国副国务卿阿米蒂奇访约。9 月，美国中东问题特使伯恩斯访约。2005 年 4 月，美国财政部发表声明宣布，冻结约旦人比拉勒·曼苏尔·哈亚里在美国的所有资产，原因是他被指控向伊拉克的反美武装提供财政支持。5 月 3 日，阿卜杜拉二世国王在安曼会见来访的美国参议院多数党领袖弗里斯特时呼吁美国继续支持中东和平进程。阿卜杜拉二世指出，美国应根据中东和平“路线图”计划所规定的在巴以共存和建立一个独立的巴勒斯坦国的框架内，帮助巴以双方公正地解决巴勒斯坦问题。2007 年 3 月，阿卜杜拉二世国王访美，并在美国国会发表演讲。小布什政府期间，美对约旦援助不断扩大。2000 ~ 2009 年，美国累计向约旦提供 40 亿美元的援助。2006 年 8 月，约旦和美国签署了四项援助协议，美国将向约旦提供 2.473 亿美元的经济援助，援助将主要用于水、健康、教育、管理及经济等方面的发展。此外，美国还同意给约旦提供 5000 万美元的额外援助，使援助总额达到 2.973 亿美元。2006 年 10 月，约美签署“千年挑战账户协议”（MCC）。2007 年，美国向约旦提供了超过 4.6 亿美元的援助。2007 年 3 月，阿卜杜拉二世国王访美，与布什总统会谈并在美国国会发表演讲。2008 年 9 月，美国和约旦签署关于未来 5 年向约旦提供援助的非约束性的谅解备忘录（MOU），美承诺未来五年间每年对约援助 6.6 亿美元，其中包括 3.6 亿美元的经济援助和 3 亿美元的军事援助，增幅超过 40%。

奥巴马时期美约伙伴关系得以持续。埃及穆巴拉克政权垮台后，约旦对美国的重要性更加突出。2009 年 3 月，美国会成立约旦友好小组。4 月，阿卜杜拉二世国王访美。为了帮助约旦应对经济危机和叙利亚难民问题，奥巴马政府扩大了对约旦经济和军事援助。2010 年 8 月，美国与约旦签署五项援助协议，共计提供援款 3.6 亿美元。2010 年 2 月，约美签署援助协议，据此美在 2010～2013 年间每年向约提供 3.6 亿美元经援和 3 亿美元军援。根据约旦计划与国际合作部公布的数据，美国 2010 财政年度对约旦的援助总共 6.6 亿美元，其中 3.6 亿为经济援助，另外 3 亿美元为军事援助。2011 年 1 月，约美签署协议，美国将向约旦增加经济援助 1 亿美元，用于支持约旦的财政预算、改善公共卫生和教育设施、促进经济社会发展的项目以及支持约旦政府的预算收支平衡等。2011 年 9 月，美国与约旦签署协议，将向约旦提供约 5 万吨小麦，价值 1900 万美元。此项援助是美国政府食品援助计划的一部分。2012 年 1 月、7 月、9 月，阿卜杜拉二世国王三次访美。2012 年美对约援助总额达 4.77 亿美元。2013 年 3 月，美国总统奥巴马访约，表示将向约额外提供 2 亿美元财政援助以应对叙利亚危机，并提供 10 亿～20 亿美元优惠贷款。2013 年 7 月，美国决定从 2014 年起每年向约旦增加 3.4 亿美元的经济援助。根据这项决定，美国每年向约旦提供的援助数额将达到 10 亿美元。此外，2013 年 4 月，美向约派遣 200 名军事人员协助应对叙危机，6 月美向约旦派驻“爱国者”导弹营。2013 年，阿卜杜拉二世国王两次访美。2013 年 3 月，奥巴马总统访问约旦。2014 年 2 月，阿卜杜拉二世访美。2014 年 1 月，美国对约旦新增 2000 万美元援助，用于约旦北部社区供水项目建设，帮助解决该地区因大批难民涌入造成的水资源紧缺状况。自 2000 年以来，美国已向约旦水利部门累计提供 5.37 亿美元援助。2014 年 2 月，美国总统奥巴马表示将要求国会批准对约旦新的财政援助，并将为约旦寻求另外 10

亿美元的贷款担保。2013 年，美国国会批准向约旦提供 12.5 亿美元的贷款担保。此外，奥巴马还要求为约旦提供一个新的 5 年援助协议。2014 年 8 月，美国国务卿约翰·克里宣布，将向约旦境内的叙利亚难民和安置难民的社区提供 8400 万美元的额外援助。美国自 2012 财年以来对约旦的援助超过 3.88 亿美元。根据美国国会研究处的报告，1951～2013 年间美共向约旦提供约 138.3 亿美元的援助。此外，双边贸易方面，2012 年双边贸易额约 26 亿美元，其中约旦对美出口约 10 亿美元，从美进口约 16 亿美元，在美对外贸易排名中居第 73 位。2011 年美约举办第一届商务论坛，2013 年举办了第二届。

第三节　与欧盟国家的关系

约旦积极发展同欧盟，特别是英、法、德等国的关系，希望欧盟在中东地区事务中发挥积极作用，并寻求其经济援助。约旦与欧盟的贸易额占约旦对外贸易总额的 35%。

1977 年，约旦与欧共体签署了双边合作协议。1978 年，这一双边合作协议正式生效。1989 年，欧共体向约旦提供了 130 万约旦第纳尔的赠款，欧洲投资银行提供了 3300 万欧洲货币单位的贷款。1995 年，约旦等地中海国家与欧盟在西班牙巴塞罗那举行了首届外长会议，并发表了《巴塞罗那宣言》，将双方关系确定为“全面伙伴关系”，意在加强欧盟成员国与地中海南岸国家之间的区域合作，目标是在 2010 年建立欧盟—地中海自由贸易区。1997 年 11 月 24 日，约旦与欧盟签署“联系协议”，计划到 2010 年建立自由贸易区。1998 年欧洲议会批准该协议。1999 年 9 月，约旦议会批准该协议。2002 年 5 月 1 日，在欧盟 15 国都批准后该协议正式生效。该协议主要涉及三方面的伙伴关系：政治与安全、经济与金融、社会与文化。政治方面的目标是开展对话，在和平、安全、民主、人权和地区发展等方面取得进步。经济和金融领域的目标是在 12 年内建成约旦和欧盟自由贸易区。具体合作领域包括工业和农产品贸易、服务业贸易、资本转移、提高竞争力、知识产权保护、金融合作、工农业和投资合作、交通和通信、能源、科技、环境保护、教育、旅游、妇女、青年、社会发展、文化和人员合作等。双方还同意加强在移民、卫生、家庭，以及打击毒品走私、恐怖和国际犯罪等问题上的合作。2002 年 6 月，约旦—欧盟联系理事会第一次会议在卢森堡举行，随后于 2003 年 10 月和 2004 年 6 月举行了第二次、第三次会议。在第三次会议上，双方同意建立隶属理事会的人权、民主和治理委员会。2003 年欧盟推出“睦邻政策”后，约旦予以积极支持与配合，双方进行了紧密磋商，制订了共同行动计划，以推动约旦的改革与现代化。2004 年 6 月，约欧联合起草了共同行动计划，该计划分别于 2004 年 12 月和 2005 年 1 月得到欧盟委员会和约旦政府的批准。2004 年 9 月，欧盟委员会副主席洛约拉·德帕拉西奥访问约旦。洛约拉表示，欧盟对约旦在地区事务中发挥的积极作用表示赞赏，欧盟将继续与约旦在地区经济建设中保持合作，并对约旦提供帮助。2005 年 2 月，欧盟负责外交与安全政策事务的高级代表索拉纳访问约旦，阿卜杜拉二世国王在会见他时重申，约旦希望欧盟和国际社会在巴勒斯坦人民建立独立国家的问题上发挥积极作用。2006 年 10 月，约旦与欧盟签署了总值 6200 万欧元的援助合同，用于支持约政府的财政和教育改革。2007 年 12 月，阿卜杜拉二世国王访欧，并在欧洲议会发表演讲。2010 年 10 月，约旦与欧盟达成睦邻伙伴关系行动计划。欧盟计划于 2007 ~ 2010 年 4 年间向约提供总额为 2.65 亿欧元的援助。2012 年 10 月，阿卜杜拉二世国王会见到访的欧盟委员会主席巴罗佐，双方就约旦和欧盟之间加强在各个领域的合作关系以及该地区局势的最新发展，特别是叙利亚局势等问题进行了交谈。双方表示，非常愿意进一步发展在各个领域的合作和互利的关系，并强调建立在这种基础上的关系将有助于推动双边合作不断向前发展。阿卜杜拉二世强调，约旦非常重视发展与欧盟 10 年前建立的战略合作伙伴关系，并对约旦担任欧盟—地中海联盟组织联合主席表示欢迎。2014 年 10 月，阿卜杜拉二世国王会见到访的欧盟外交和安全政策高级代表阿什顿时强调，约旦支持欧盟为实现中东地区和平与稳定所做出的努力。

欧盟是约旦主要贸易伙伴和援助来源国。2007 年，约旦与欧盟签署农产品自由化协议。2008 年，约旦从欧盟进口 26 亿欧元，是约旦的最大贸易伙伴，欧盟对约旦主要出口机械（31.5%）、交通设备（21.3%）和化工产品（13%）；约旦向欧盟出口价值3亿欧元，主要是化工产品。同年，欧盟对约旦投资和援助资金达到2.65亿欧元。2009年12月，欧盟与约旦就解决贸易争端的机制达成协议，并于2011年7月1日开始生效。2010年5月，约与欧盟签署2011~2013年欧盟对约援助协议，欧盟在此期间将向约提供2.23亿欧元援助，用于约民主改革、人权、司法、发展贸易和投资等。2011年12月，双方签署2012~2014年援助协议，欧盟据此将向约政府提供1.03亿欧元援助，其中7800万欧元用于支持约财政预算，其余部分用于支持约水利、地方发展和民主改革等。2012年2月，欧盟与约旦签署7000万欧元一揽子援助计划，同年10月欧盟向约旦提供2000万欧元援助，用于支持改革，以及建立健全教育体系、独立选举委员会和司法制度。2013年，欧盟与约旦双边贸易额为33亿欧元，欧盟对约出口增加约8%，主要是机械和交通设备；约旦对欧盟出口增加5.4%，主要是化工、机械和交通设备。欧盟是约旦第二大进口来源地（17.6%），仅次于沙特（23.6%），以及第5大出口目的地（4.5%），而约旦是欧盟的第65大贸易伙伴。

一　与英国的关系

约旦与英国维持着传统的友好和密切关系。除了历史因素外，阿卜杜拉二世国王以及约旦王室成员大多曾在英国留学也是重要因素。约旦独立前是英国的委任统治地。1946年5月25日，外约旦正式宣布独立，成立外约旦哈希姆王国。约旦独立后，仍与英国保持特殊关系，长期友好，但其间也发生了一些小波折。1953年侯赛因国王上台后采取措施，彻底摆脱了英国的控制。1956年苏伊士运河危机爆发后，在阿拉伯世界反西方殖民主义的大背景下，约旦明确表示支持埃及，反对英法以三国侵略埃及。1956年3月，侯赛因解除了英国人J. B. 格拉布的约旦陆军参谋长和阿拉伯军团司令的职务，格拉布等主要英国军官被赶出约旦。同年7月，阿拉伯军团改名为约旦阿拉伯军。1956年11月27日，约旦政府废除1948年《英约同盟条约》和与英国的军事联盟，要求一切英国军队从约旦领土上撤出，取消英国的军事基地。1957 年 3 月 13 日，约旦政府正式废除《英约同盟条约》，要求英军在 6 个月内撤出。7 月，英军全部撤出约旦。不过，约旦与英国仍保持密切关系，英国仍是约旦的主要经济和军事援助国之一。1957 年，约旦内部局势动荡，侯赛因紧急向英国政府求援。1957 年英国除提供军事和经济援助外，甚至还派军队赴安曼帮助稳定政权。1984 年，英国女王伊丽莎白和菲利普亲王首次对约旦进行国事访问。1985 年 9 月，英国首相撒切尔夫人访问约旦，同意向约旦出售 2.7 亿美元的武器。1986 年，英约达成价值 4.05 亿美元的武器交易，英国还向约旦提供 53 万美元的赠款。在 1986～1990 年五年计划内，英国向约旦提供 1500 万英镑的贷款。1998 年，查尔斯亲王和爱德华亲王访问约旦。同年 2 月，侯赛因国王访问英国。

1999 年阿卜杜拉二世上台后，经常对英国进行正式或私人访问。两国王室之间也往来频繁。2000 年 5～8 月，阿卜杜拉二世三次访问英国，英国外交大臣于同年 1 月和 10 月两次访问约旦。2001 年 11 月，阿卜杜拉二世和王后拉尼娅对英国进行首次国事访问，并做客温莎城堡。同年，英国首相布莱尔访问约旦。2002 年，安德鲁亲王、英国外交大臣先后访问约旦。2003 年 5 月，阿卜杜拉二世对英国进行为期一周的工作访问，与英国首相布莱尔举行了会谈，双方就如何推动中东和平"路线图"计划的实施、促使巴以双方尽快启动和谈等问题进行了讨论。2004 年 10 月，阿卜杜拉二世夫妇访问英国。2005 年 8 月，英国与约旦签署了一项协议，根据协议，英国可以驱逐那些在英国煽动或鼓吹恐怖主义的约旦人，而约旦则保证接受这些被驱逐者，并保证他们不会遭受拷打或其他方式的虐待，或被判处死刑。经济上，英国通过双边援助计划支持约旦经济、教育改革和社会发展，是欧盟各国中约旦的最大捐赠国之一，并竭力推进欧盟与约旦的关系。英国还积极支持约旦发展与其他国际机构如国际货币基金组织、世界银行和世界贸易组织的关系。此外，1997 年英约签署了两国关于对约旦发展援助的"白皮书"，英国文化委员会每年为约旦提供 20 个研究生奖学金名额。2006 年，阿卜杜拉二世国王五次访问英国（1 月、4 月、7 月、11 月、12 月）。2008 年，阿卜杜拉二世国王访问英国。2011

年11月，阿卜杜拉二世国王访问英国。2012年5月，阿卜杜拉二世国王访问英国。2012年11月，英国首相卡梅伦访约。阿卜杜拉二世国王会见卡梅伦时双方强调应共同寻求一个解决叙利亚危机的办法，尽快结束叙利亚人民19个月来的“苦难”困境。卡梅伦强调英国将履行维护约旦安全与稳定的承诺，表示英国将为安置叙利亚难民的叙周边国家提供援助，以帮助这些国家更好地向叙利亚难民提供住房、食品、医疗和教育等服务。2013年6月，阿卜杜拉二世国王访问英国。英国宣布向约旦提供5000万英镑援助，用于叙利亚难民救助。2013年3月，英国王储查尔斯访问约旦。阿卜杜拉二世国王会见查尔斯，双方就叙利亚局势、地区和平与发展等问题交换了意见。5月，英国外交大臣黑格访问约旦。2014年9月，英国国际发展大臣访问约旦，称自叙利亚危机以来已向约旦提供2.5亿美元的援助用于救助难民。“阿拉伯之春”以来，英国政府强调支持阿卜杜拉二世国王的政治和经济改革，并为此提供援助。英通过八国集团的“多维尔伙伴计划”，以及自身的“阿拉伯伙伴计划”“冲突预防基金”等来推动约旦改革。英国还与约旦成立了双边经济对话机制，以制订共同行动计划，支持经济改革。

二　与法国的关系

约旦与法国保持良好关系。法国给予约旦大量经济和军事援助。1956年苏伊士运河危机中，约旦反对英法，支持埃及。1965年约旦与法国签署文化和技术合作协定，法国为约旦诸多发展项目如电信、能源和化肥工业等提供援助。自1977年以来，法国一直是约旦主要而稳定的经济和技术援助国，为约旦化肥工业提供了3.3亿法郎的贷款。1979年6月，侯赛因访问法国，与法签订了购买36架幻影F-1型战斗机的合同，法国宣布向约旦提供2.9亿法郎（约6850万美元）的信用贷款。1980年3月，法国宣布以优惠条件向约旦提供贷款。1980年3月，法国总统德斯坦访问约旦。1980年法国成为约旦的最大投资国，累计投资金额近7.5亿美元。1986年法国向约旦提供2631.2万美元的贷款。海湾危机后，法国向约旦提供了2.2亿法郎援助，用于平衡约旦财政收支。自1992年以来，法国每年向约旦提供8000万~9000万法郎的开发贷款。1992年约旦与法国签署旅游合作协议。1995年9月，法约签署了新的文化和技术合作协定，并成立了两国文化、科学和技术合作委员会，双方同意加深在农业、教育、语言、科技、考古、旅游、职业培训等方面的全面合作。1998年4月，两国签署了旅游合作协议，法国承诺为约旦发展旅游业提供帮助。在考古领域，法国专家参与了约旦多个古迹的发掘、维护。1998年，法约签署政府间协议，法国向约旦提供8000万法郎的贷款，用于水和卫生等项目。1999年11月，阿卜杜拉二世访问法国。同年12月，法国空军参谋长访问约旦，商谈两国空军合作、交流经验以及联合培训等事宜。2000年5月，阿卜杜拉二世访问法国。2001年，法国向约旦亚喀巴机场、阿丽娅王后机场等提供了价值1880万法郎的贷款。2003年9月，约旦外交大臣马阿谢尔访问法国。2004年3月，阿卜杜拉二世访法。在与法国总统希拉克会见时，双方讨论了“大中东计划”以及伊拉克问题。2004年6月，法国外长访问约旦。2004年9月，阿卜杜拉二世再次访问法国。2006年3月，阿卜杜拉二世国王访问法国。2008年8月，阿卜杜拉二世国王访问法国，强调约法将在双边以及多边问题上加强合作，进一步发展两国经贸关系。两国签订了一项关于和平利用核能的协议，以加强在核能领域的合作。同年，法国总统访约。2011年1月，法国外长米谢勒·阿利奥-马里访问约旦，与阿卜杜拉二世国王就中东和平等问题交换了看法。2012年阿卜杜拉二世国王访问法国。2012年8月，法国外长法比尤斯访约旦，同月法国总统奥朗德宣布，法国将很快向约旦与叙利亚边境地区派出军方医护人员，为叙利亚难民提供医疗救助。2012年底，法国驻约旦大使称，法国对约旦各领域投资超过30亿欧元。法国发展机构对约提供4亿欧元贷款安排以及1.5亿欧元额外贷款，其中1亿欧元直接用于补贴约旦国家财政。

三 与德国的关系

约旦与德国有传统的友好关系，经济关系密切，基本上双方未发生过冲突。德国支持约旦与以色列实现和平，认为这是中东和平的重大进展。政治上，双方高层互访频繁。1978年1月，联邦德国总统访约。1998年

4月，侯赛因国王访问联邦德国。1999年2月，德国总理施罗德赴安曼参加侯赛因国王的葬礼。同年5月，阿卜杜拉二世国王对德国进行正式访问。2000年5月，阿卜杜拉二世再次访德。2000年2月和10月，德国国防部长和总理先后访问约旦。2001年10月，阿卜杜拉二世访问德国。这是阿卜杜拉二世当年第二次访问德国。2002年10月，阿卜杜拉二世对德国进行国事访问。同月，德国总理施罗德访问约旦。2003年6月，德国总统约翰内斯·劳和外长菲舍尔参加在约旦举办的世界经济论坛。同年12月，德国外长菲舍尔访问约旦，德约共同呼吁国际社会作出努力，尽快将伊拉克主权交给伊拉克人民，所有外国军队撤离伊拉克。2004年1月，德国内政部部长访问约旦，同月，约旦文化与教育大臣访问德国。2月，德国议长访问约旦。3月，阿卜杜拉二世访问德国。8月，德国外长菲舍尔访问约旦。9月，约旦议长马贾利访德。10月，阿卜杜拉二世夫妇出席在柏林举办的约旦博览会，并访问德国。2005年3月，德国总理施罗德访问约旦。2006年2月，德国外长施泰因迈尔访问约旦。6月，阿卜杜拉二世国王访问德国，与德国总理安格拉·默克尔举行了会谈，双方就如何加强在贸易和投资领域的合作进行了探讨。2007年3月，德国总理默克尔访问约旦。2007年11月，阿卜杜拉二世国王访问德国，两国签署投资保护协定。2009年5月，阿卜杜拉二世国王访问德国。2010年5月，德国外交部部长韦斯特韦勒访问约旦。2011年11月，阿卜杜拉二世国王访问德国。2012年9月，约旦外交大臣纳赛尔·朱达在约旦首都安曼会见到访的德国外长韦斯特韦勒，双方强调应寻求通过政治途径解决叙利亚危机，停止流血与暴力冲突。2014年6月，约旦国王阿卜杜拉二世访问德国。

经济上，德国是约旦最主要的进口国。2002年，约旦从德国进口4.33亿欧元的商品，对德出口额为3070万欧元。德国主要出口商品为汽车、食品、化学品、机械。约旦对德国主要出口商品为服装、工业和食用盐。德国是约旦的第三大贸易伙伴（贸易额约4.72亿美元）。2003年，两国贸易额达4.48亿美元。进入21世纪后，双方贸易额继续增长，2014年双边贸易额为7.08亿欧元，2015年为8.47亿欧元。

开发合作在约德双边关系中占有重要地位。在这一框架内，德国向约旦至少提供了20亿德国马克的援助。德国与美国、日本是约旦的主要捐赠国。1980年，联邦德国给约旦的技术和资本援助、发展贷款为3350万马克（约1390万美元）。1987～1989年，联邦德国向约旦提供至少3900万美元的贷款。2002年，德国对约旦无偿援助达3900万欧元。2002年阿卜杜拉二世访德时，两国签署了价值近1亿欧元的双边协议，并对约旦欠德国的债务重新安排。2003年，德国给予约旦1500万欧元援助以及安排3500万欧元债务转换。2004年，约德举行新一轮双边开发合作政府间谈判，开发合作领域主要包括水处理、环保项目、基础设施建设和农业等，双方将水供应列为优先合作领域。2012年8月，德国经济合作与发展部长迪尔克·尼贝尔访问约旦，德国向约旦提供价值1000万欧元的紧急援助，以帮助约旦解决水资源紧缺问题，特别是在北方省份，由于大批叙利亚难民进入位于马弗拉克省的扎尔特里难民营造成的饮水问题。2013年12月，德国与约旦签署价值8550万欧元的2013～2014年度援助协议。2012～2013年，德国累计向约旦提供1.41亿美元的人道主义援助和2.1亿美元的发展项目援助。2014年10月，德国承诺向约旦提供总值1.93亿欧元的财政援助，以及开展供水、卫生设施、固体垃圾处理和可再生能源等领域的技术合作。德国开发银行和约旦水利部签署协议，德国将援约1450万欧元，用于约旦水利和节水项目。

科技文化交流方面，约旦的大学与研究机构和德国相关机构有广泛的交流。许多约旦科学家在德国取得博士学位，并与德国学者共同开展科学研究工作。尤其在考古领域，两国合作密切已有数十年历史，目前仍然有数个共同发掘和研究计划在进行之中。2004年，约旦在德国举办了大型古代约旦文化与艺术展。此外，德国还与约旦在约旦联合举办了约旦—德国大学，采用德国教育体制。

四　与意大利的关系

约旦与意大利关系友好。1965年意大利开始对约旦提供援助，签署了第一个合作协议。之后，意大利一直在卫生、水资源、废水处理、基础设施、能源、森林等多方面提供援助。20世纪80年代初，意大利对约旦援助主要集中在技术和职业培训方面。1983～1989年，意大利政府向约旦提供了4250万美元发展贷款，4000万美元商业贷款，以及2375万美元用于亚喀巴热电站一期工程建设。1991年，约意签署了为期三年（1991～1993年）的金融框架协议，意大利同意向约旦提供720亿里拉的贷款。1994～1996年，意大利向约旦提供了660亿里拉（相当于4000万美元）的贷款。1992～1997年，约旦接受了意大利价值260亿里拉的食品援助。1997年，意大利向约旦的大安曼水处理工程提供了2000万美元的援助。同年，约旦王储哈桑访问意大利。2000年1月，意大利与约旦签署了在2000～2002年关于提供援助的谅解备忘录，向约旦提供1600亿里拉（相当于8040万美元）的软贷款。根据2001年意大利对外援助计划，意大利将向约旦提供价值20亿里拉的大米援助。2002年5月，约意签署关于粮食援助资金使用与管理的谅解备忘录。目前，双方的主要合作项目包括约旦服装设计和培训中心、约旦中小型企业开发计划、杰拉什污水处理工程等。此外，约意还签署了有关投资、促进出口、避免征收双重关税、交通、旅游等的多个协议。科技文化合作方面，1975年10月，约旦与意大利签署了第一个文化合作协议。1999年9月，两国政府签署了科技文化合作协定，双方同意加强教育、科学、技术、体育、青年、社会发展、考古、艺术和文化等方面的合作。2004年9月，阿卜杜拉二世访问意大利。2005年1月，意大利外长菲尼访问约旦。2006年8月3日，约旦国王阿卜杜拉二世与意大利总理普罗迪通电话讨论黎以冲突，并一致呼吁黎以双方立即全面停火。2009年10月，约旦国王阿卜杜拉二世访问意大利。2011年2月，意大利外长弗拉蒂尼访问约旦。2012年4月，意大利总统纳波利塔诺访问约旦。纳波利塔诺表示，意大利愿加深与约旦在各领域的合作关系，并为约旦经济发展提供帮助。他赞扬约旦为实现地区和平与稳定所发挥的作用。2014年6月，意大利外长莫盖里尼访问约旦。

第四节　与苏联/俄罗斯的关系

约旦重视苏联的大国地位，侯赛因国王曾于1967年、1976年、1981

年、1982 年和 1987 年访问苏联。与此同时，冷战时期，约旦与苏联的关系也经历了不少曲折。二战后，苏联势力开始进入中东，美苏在中东争霸。20 世纪五六十年代，在对外政策上追随西方的约旦与在该地区积极支持阿拉伯民族主义和共产主义，推动反殖、反帝和反封建君主制的苏联关系对立。约旦提出加入联合国的申请遭到苏联反对，苏联称约旦是英国的殖民地。苏联及其支持的约旦国内外反政府势力一度对约旦王国构成了严重威胁。约旦国内出现了包括约旦共产党等在内的亲苏势力，它们反对侯赛因的亲西方政策，希望仿效埃及纳赛尔革命推翻哈希姆王朝的统治。1956 年 10 月，亲埃及和苏联的纳布西政府上台后，积极发展对苏关系，废除 1953 年的《反共产主义法》，同意苏联官方的塔斯社在安曼设立办事处，允许苏联以及一些东欧国家的出版物在约旦发行，并公开表示要与苏联建立外交关系。1957 年 1 月 5 日，侯赛因致议会公开信，明确认为苏联是一种新形式的殖民主义，对其势力侵入约旦表示担忧和不安，坚决要求内阁采取果断行动加以制止。不久，侯赛因下令禁止苏联《每日新闻简报》在约旦发行，禁止一切亲苏联的活动和宣传。纳布西等亲苏势力最后被镇压。1963 年 8 月 21 日，约旦与苏联建交，之后签署了一系列合作协定。1967 年“六五”战争后，约旦与苏联关系进一步好转，侯赛因国王于 1967 年 10 月访问苏联。1969 年约旦贸易与工业大臣（1 月）、约旦首相塔勒霍尼（10 月）先后访问苏联，双方签订了贸易协定和经济、技术合作协定；苏联在约旦勘探开发石油、天然气及其他矿藏。1971 年苏联在约旦设立贸易中心，并向约旦提供 500 万卢布（约 450 万美元）的贷款，资助约旦石油和矿业开发。1976 年侯赛因国王第二次访问苏联。1978 年约旦王储哈桑、参议院议长塔勒霍尼、外交大臣哈桑·易卜拉欣和军队总司令沙克尔等先后访问苏联。1981 年 5 月，侯赛因国王第三次访问苏联，与勃列日涅夫举行会谈，约旦支持苏联关于召开中东问题国际会议的主张，欢迎苏联参加中东谈判。苏联同意向约旦出售价值 2 亿美元的萨姆 -6 型防空导弹。1982 年侯赛因再次访问苏联。1985 年 2 月，侯赛因与阿拉法特达成约巴双方采取联合行动的 5 点协议，苏联表示反对。1987 年 7 月，苏联同意向约旦提供米格 -29 型战斗机、萨姆 -7 型导弹和萨姆-9型导弹。1987年12月，侯赛因国王第五次访问苏联，与苏联领导人戈尔巴乔夫会晤。1991年苏联解体后，约旦与俄罗斯的关系发展平稳。1997年，约旦王储哈桑访问俄罗斯，俄外长普里马科夫访问约旦。

1999年阿卜杜拉二世上台后，两国关系有了进一步发展，阿卜杜拉二世曾多次访问俄罗斯。2000年11月，俄罗斯外长访问约旦。2001年8月，阿卜杜拉二世率包括首相、外交大臣等的高级代表团访问俄罗斯，普京总统称阿卜杜拉二世的访问是两国关系的转折点，决定进一步发展两国关系，加强双方在政治、经济和商业领域的合作。俄罗斯表示愿意参与约旦水资源、石油、天然气和基础设施等领域的项目。2002年7月，阿卜杜拉二世访问俄罗斯。2004年9月，阿卜杜拉二世访问俄罗斯，并在莫斯科国际关系学院发表演讲。普京称赞约旦在中东地区发挥了重要作用，为地区和平做出了贡献。双方表示希望进一步发展关系，尤其是经贸关系。双方还签署协议，鼓励彼此私人部门到对方国家建立合资企业。2005年4月，俄罗斯联邦委员会（上院）国际事务委员会主席米哈伊尔·马尔格洛夫访问约旦。2007年2月，普京总统访约。这是俄罗斯总统首次访问约旦。阿卜杜拉二世和普京私人关系良好，曾亲自为到访的普京驾驶汽车。双方共签订四项双边协议，包括约旦从俄罗斯购买六架价值2500万约旦第纳尔的KA-226型直升机、在约旦设立拉达汽车装配厂、签署两国投资促进和保护协议、建立约俄商业理事会以促进双边经贸往来和经济合作等。其间，约俄商业理事会在约旦工贸大臣的主持下召开第一次会议，希望能在2006年两国贸易额1.04亿美元的基础上，增加约旦医药、服装、橄榄油和死海产品对俄的出口。2008年2月，阿卜杜拉二世国王访俄。2009年，约与俄草签一项核能合作协议，双方将在建造核电站、海水淡化，勘探、开采核原料，科研中心的建立，以及物理学科人才培养等方面展开合作。2010年3月，阿卜杜拉二世国王访俄。2011年1月，俄总统梅德韦杰夫访约。2012年6月，俄总统普京访约。2013年2月，阿卜杜拉二世国王访俄。2013年10月，经过国际招标，约旦原子能委员会（JAEC）宣布俄罗斯原子能公司负责反应堆出口的分公司Atom Stroy Export中标，成为约旦原子能机构的战略合作伙伴，负责为约旦提供

VVER－1000 的改进型 AES－92 反应堆机组并进行运行管理。合同总投资额为 100 亿美元，俄罗斯占 49.9%，约旦占 50.1%。2014 年 1 月，俄罗斯联邦原子能机构负责人谢尔盖·基里延科率团访问约旦，双方签署了核电站出口协议，计划在约旦扎尔卡省共同建设约旦首座核电站，核电站包含两个机组，装机总容量为 2000 兆瓦。2014 年 4 月，阿卜杜拉二世国王访问俄罗斯，双方就叙利亚问题、中东和平进程举行会谈。约旦国王称，此次到访莫斯科凸显了两国之间的良好关系及相互理解，同时重申俄罗斯和约旦都希望通过和平方式解决叙利亚问题，并且已做好准备就叙利亚局势进行讨论。

第五节　与以色列的关系

约旦是以色列的邻国，也是继埃及之后第二个与以色列实现和平的阿拉伯国家。在以色列建国以前，外约旦坚决反对犹太人移居巴勒斯坦。1947 年 11 月，联合国大会通过了巴勒斯坦分治的第 181 号决议，包括约旦在内的 13 个阿拉伯国家投了反对票。1948 年 5 月，以色列宣布成立后，约旦和埃及、叙利亚等阿拉伯国家一起参加了对以色列的第一次阿以战争，约旦占领了包括耶路撒冷在内的约旦河西岸 4800 平方千米的土地。之后，约旦参加了 1967 年第三次阿以战争，在那次战争中阿拉伯国家惨败，以色列不仅全部占领了约旦河西岸，还占领了西奈半岛、叙利亚的戈兰高地。在相当长的时间里，约旦与以色列保持敌对关系，直至 1994 年签署和约，实现和平。1973 年 10 月第四次阿以战争，约旦基本上未参加，只是对叙利亚军队提供了一些支持。长期以来，约旦在与以色列保持敌对关系的同时，又一直保持秘密接触，对以色列政策温和。约旦维持对约旦河西岸的影响需要以色列的配合。此外，约旦还采取措施，限制巴勒斯坦武装组织在约旦境内发动对以色列的袭击。1977 年埃及总统萨达特提出与以色列进行直接谈判后，侯赛因国王拒绝参加戴维营和谈。1982 年里根总统提出建立一个与约旦保持联系的“巴勒斯坦实体”计划，遭到了约旦和以色列的反对。1984 年 8 月，西蒙·佩雷斯就任以色列政府总理，他提出与约旦举行直接谈判，但不允许巴解组织参加。这一提议被侯赛因国王拒绝。约旦提出举行有美国、苏联和主要阿拉伯国家参加的国际和会，约旦和巴解组织联合组成代表团参加。佩雷斯同意约旦的建议，约以双方还举行秘密会议讨论相关事宜。佩雷斯反对巴解组织参加和会，但同意其他非巴解组织的巴勒斯坦代表参加。但是，很快，由于以色列沙米尔政府上台，会议不了了之。

海湾战争结束后，美国等积极筹办中东问题国际会议。为摆脱战后国际孤立状况，侯赛因决定参加中东和会。1991年10月30日至11月1日，约旦与巴勒斯坦联合组团，参加了在马德里举行的中东和平国际会议。和会结束后，11月3日，约旦与以色列开始进行直接的双边谈判。这一谈判在华盛顿持续了近两年，进展较为顺利。由于巴勒斯坦、叙利亚和黎巴嫩与以色列的谈判尚未完成，约旦并不急于签署协议。1993年9月13日，巴以在华盛顿签署巴以原则宣言即奥斯陆协议后，约旦与以色列也于次日在华盛顿签署了约以和平框架协议。协议为未来和平条约确定了大体框架，内容主要涉及安全、水资源、难民、边界与领土等问题。1993年10月，约旦王储哈桑访问美国，在白宫与克林顿总统、以色列总理佩雷斯举行会谈，三方决定成立以色列、约旦和美国三边经济委员会，委员会下设贸易、金融和银行、约旦河谷开发、民航等工作小组。1993年11月30日，该委员会在华盛顿举行第一次会议，以后转移到中东举行。1994年7月20~21日，该委员会在死海约旦一侧的斯巴饭店举行第五次会议，约旦首相马贾利和以色列外长西蒙·佩雷斯出席会议，这是两国领导人在本地区首次公开会晤。1994年7月18~19日，约以首次在本地区举行直接谈判，地点选在亚喀巴和埃拉特以北两国边境线上的艾因阿罗夫。双方同意，谈判将继续在两国边界以色列一侧和约旦一侧交替举行。1994年7月25日，侯赛因国王和以色列总理拉宾在华盛顿举行首次公开会晤，并在美国总统克林顿主持下签署了《华盛顿宣言》。宣言主要内容是：两国结束战争状态；两国同意根据联合国第242号和第338号决议寻求一个公正、持久和全面的和平；以色列将尊重约旦哈希姆王国在耶路撒冷穆斯林圣地享有的特殊地位。宣言还包括了一系列具体步骤：建立热线电话；输电电路联网；开设新的边境通道；允许第三国游客在两国间自由跨界旅游；两国警方在对付刑事犯罪特别是打击贩毒等方面开展合作；双方就经济合作、取消经济禁运、开通两国间的国际空中走廊继续进行谈判。经过谈判，1994 年 10 月 26 日，以色列总理拉宾与约旦首相阿卜杜勒·萨利姆·马贾利正式签署了《约以和平条约》，这是阿拉伯国家与以色列达成的第二个和约。约以和约共 30 款、5 个附件（涉及边界划分、水资源问题、警务合作、环境问题和过境问题）以及 6 张地图。在边界方面，主要参考历史上的委任统治边界，对边界做了小的调整，将纳哈拉伊穆/巴古拉地区和祖法尔地区的主权划归约旦，但保留以色列人私有土地的使用权。以色列人可以在上述地区不受阻碍地自由出入和行动。上述地区不受约旦海关和移民法的管辖，以色列的使用权有效期 25 年。若非终止这一安排，使用权将自动后延 25 年。安全方面，规定双方将制止一切战争或敌对行为，确保在本国境内不发生针对对方的暴力威胁，并采取必要和有效措施制止恐怖活动。双方不参加旨在以军事侵略反对他方的联盟。双方停止敌对宣传，并在各自的法律中删除一切带有偏见和敌意的条款。两国将仿效欧安会模式建立一个中东安全和合作会议，以阻止战争，促进合作。水资源方面，双方就分配约旦河和雅穆克河河水以及阿拉巴/阿拉瓦地区的地下水达成谅解。以方同意每年从其北部地区向约旦调运 5000 万立方米的水。两国合作开发现有的水资源，寻找新的水源，防止水资源污染和减少浪费。在难民问题上，双方同意在双边基础上减轻难民的痛苦，同意与埃及、巴勒斯坦人一道成立一个解决流离失所者问题的四方委员会，设立难民问题多边小组。在边境通道方面，两国将允许对方国民及其车辆自由过境并在开放的道路上自由行驶。双方给予对方船只通过自己领海（水）和进入自己港口的权利。双方开始就民航协议进行谈判。蒂朗海峡和亚喀巴湾是对世界各国开放并可自由航行和飞越的国际水道。在耶路撒冷等问题上，和约规定，双方提供出入具有宗教和历史意义地方的自由权。根据《华盛顿宣言》，以色列尊重约旦在耶路撒冷穆斯林圣地的特殊地位。在进行永久地位谈判时，以色列将特别优先考虑约旦在上述圣地的历史地位。此外，和约还指出，和约涉及的不仅是结束战争，也包含关系正常化问题。经济合作是和平的支柱之一，两国将在众多领域开展合作。《约以和平条约》批准后，1994 年 11 月 27 日，两国建立了全面外交关系，互派大使并设立使馆。1995 年 2 月 9 日，以色列从所占领的约旦领土上全部撤军，约旦收回了 340 平方千米的失地。1995 年 8 月，约旦议会通过决议，取消了对以色列实行的禁运。

此后，约旦积极发展与以色列的关系，并广泛开展合作，签署了数十项合作协议，涉及领域包括商业与贸易、交通运输、航空运输、邮政通信、水资源、农业、环保、打击犯罪、科技与文化、教育、卫生、边境问题、旅游、能源等。1995 年 10 月，约以签署了国际合作和农业协议，合作主要集中于农业和卫生领域，大约 300 名以色列人参加了这项工作，建立了一家农业合资企业。约旦和以色列还联合在死海南岸进行番茄种植试验。1996 年 1 月 18 日，约以签署了一项文化与科技关系协议。约旦派人去以色列留学、进修。在航空领域，两国达成协议，允许欧洲航班从亚喀巴机场飞往以色列的埃拉特。在旅游业合作方面，1996 ~1997 年，每年大约有 12.5 万名以色列人前往约旦旅游。1996 年约旦前往以色列旅游人数大约为 5 万人。1996 年 9 月，以色列擅自开通耶路撒冷圣殿山地下通道，遭到约旦的严厉批评，以约关系也因此恶化。1997 年 1 月，在巴以签署希伯伦协议后，约旦首相卡巴里提致函以色列总理内塔尼亚胡和外长利维表示，由于希伯伦协议的签署，约旦愿意重新同以色列对话。卡巴里提对以巴签署希伯伦协议表示祝贺，并希望双方能够恪守业已达成的协议，最终实现和平。同年 1 月，安曼国际博览会开幕，包括以色列在内的许多中东国家参加了这次博览会。这是自约以签署和平协议以来，以色列首次参加在约旦举办的国际商品博览会。2 月 26 日，约旦国王侯赛因致信以色列总理内塔尼亚胡，要求以色列重新考虑以政府在耶路撒冷哈尔霍马地区兴建新的犹太人定居点的计划。侯赛因指出，以色列政府做出兴建定居点的决定对包括以色列人民在内的整个中东地区的人民没有任何益处，并会对中东和平进程产生消极影响。侯赛因重申，东耶路撒冷是阿拉伯的被占领土，在阿以双方达成最后协议之前，耶路撒冷地位的任何改变都是非法的，也是对中东和平的威胁。3 月 11 日，以色列国防部长莫迪凯访问约旦，与约方讨论中东和平进程，特别是耶路撒冷和犹太人定居点等问题。3 月 13 日，一名约旦士兵在约以边界地区用冲锋枪向一群以色列女学生扫射，打死 7 人，打伤数人。侯赛因国王立即谴责了这一事件。3 月 16 日，侯赛因国王对以色列进行短暂访问，对被约旦士兵开枪打死的以色列学生的家属表示慰问。这是侯赛因自 1995 年 11 月参加以色列前总理拉宾的葬礼以来第一次访问以色列。1997 年 5 月，以色列总理内塔尼亚胡前往约旦亚喀巴，就解决两国分配约旦河水资源和恢复停滞的巴以和谈等问题与侯赛因举行了会谈。双方同意由双方的水资源专家举行会晤，寻求解决水资源纠纷的办法。根据两国和平条约，以色列应向约旦提供 1.5 亿立方米的淡水。以色列在向约旦提供了 5000 万立方米的淡水后表示，其余的淡水应该从海水淡化和新建水坝中获得。约方则要求以色列全面执行和平条约。双方的分歧导致约旦王储哈桑取消了同内塔尼亚胡 5 月 6 日的会晤，侯赛因国王也取消了 6 月参加在以色列工程技术学院接受名誉博士学位的访问。7 月 29 日，以色列外长利维访问约旦。8 月，哈桑王储访问以色列。

约以贸易从 1996 年 7 月开始大幅度增长。1996 年约旦从以色列进口约 900 万美元商品，出口 500 万美元。1997 年进口上升到 2000 万美元，出口增加到 1250 万美元。依照以色列海关统计，大约 15% 的以色列纺织厂在约旦进行生产，产品主要向美国出口。这些厂主要集中在伊尔比德的哈桑工业园，雇用约 2500 名约旦人。它是第一个享有免关税向美出口的约旦资格工业园，主要生产企业为纺织、珠宝和电子设备。该工业园的成功促使两国决定建立更多类似的工业区。1998 年约以两国签署在谢赫侯赛因大桥南建立另一个联合工业园的协议。

1998 年 3 ~ 4 月，哈桑王储和侯赛因国王先后访问以色列。1999 年 2 月，侯赛因国王去世，以色列总统魏茨曼、总理内塔尼亚胡、议长蒂宏和外长沙龙参加侯赛因的葬礼。以色列总统魏茨曼和以色列政府对侯赛因去世表示深切哀悼，同时表示相信约旦新国王阿卜杜拉二世将会继续执行侯赛因国王制定的对以色列政策，推动约以两国和平与友谊的发展。魏茨曼向约旦王室和约旦人民表示慰问，称侯赛因是“20 世纪杰出的领导人”

和“勇敢的和平斗士”。阿卜杜拉二世上台后，继续奉行对以色列和平政策，约以关系平稳发展，各方面交往和合作不断扩大，但也不断出现一些问题。1999年3月14日，以色列水资源分配委员会向约旦通报，由于本地区发生严重干旱，以色列决定将对约旦的年供水量减少一半。约旦首相拉瓦比德反对以色列的决定，称此举违反两国签署的和平协议。同年10月，由众议院议长马贾利率领的约旦议会代表团访问希伯伦城的易卜拉欣清真寺，遭到以色列军警和犹太移民的谩骂和围攻。事发后，约旦政府向以色列提出强烈抗议，并要求以色列正式道歉并对这一事件进行调查。约旦还宣布无限期推迟以色列工业和贸易部长对约旦的访问。2000年，以色列总理巴拉克多次访问约旦，约旦国王两次访问以色列。

2000年9月，新一轮巴以冲突发生后，约以关系也受到一定冲击，约旦下令撤回驻以色列大使，但约以仍保持良好关系，尤其在经济合作方面。约旦谴责以色列对巴勒斯坦人采取暴力政策和制造人道主义灾难，批评以色列围困阿拉法特和“定点清除”巴勒斯坦激进组织领导人，批评沙龙在巴领土修建隔离墙，对沙龙的单边行动计划表示有条件支持。2003年6月，在约旦等国推动下，以色列总理沙龙和巴勒斯坦自治政府总理阿巴斯在亚喀巴举行会晤，正式启动了中东和平“路线图”计划。2004年1月，约旦外交大臣马阿谢尔表示，约旦官员将前往海牙国际法庭，递交反对以色列在约旦河西岸修建隔离墙的法律诉讼，称“隔离墙对巴勒斯坦人的利益和约旦的国家安全构成了直接威胁”。以色列总理沙龙则警告，如果约旦带头就以色列在巴勒斯坦被占领土上修建隔离墙一事向海牙国际法庭状告以色列政府，以约两国关系将会受到危害。如果两国关系恶化，约旦将会损失巨大。他批评约旦反对隔离墙是因为“害怕因此导致许多巴勒斯坦人到约旦定居”。2004年3月9日，以色列总理沙龙在以色列和约旦合作建立的“沙漠科研中心”奠基仪式上表示，以约两国开展通力合作十分重要。以约“沙漠科研中心”跨越两国边界，占地约61公顷，计划5年建成。为建造这一中心，以约两国已经拆除了位于红海与死海之间两国边界上的部分篱笆。同年3月18日，阿卜杜拉二世秘密访问以色列，在与沙龙总理会谈时强调，巴勒斯坦人民有权在其领土上建立一个独立的巴勒斯坦国；执行中东和平“路线图”计划是确保实现该地区全面公正和平的唯一途径；要求以色列政府尽快释放至今仍被关押在以色列监狱的约旦人。这是约以领导人近4年来的首次会晤。2004年7月31日，以色列官员表示，以色列坚决反对美国向约旦出售空对空导弹。以色列国防部部长莫法兹和外交部部长沙洛姆称将采取一切措施，阻止美国向约旦出售“阿姆拉姆”空对空导弹。这是以约两国签署和约以来，以色列第一次公开反对约旦购买军火。2004年8月1日，约旦国务大臣兼政府发言人胡德尔就此指出，约旦有权发展本国的国防自卫能力，坚决抵制来自任何方面的流言蜚语，并强调约旦将根据本国的国防需求增强防卫能力。5月，以色列副总理奥尔默特出席在约旦举行的世界经济论坛，并与约旦签署一项贸易协议。根据这项协议，欧盟将对在约以两国资格工业园区内生产的产品开放市场。2004年8月，以色列社会民主党主席约西·贝林访问约旦。10月，约旦国王阿卜杜拉二世表示，以色列执意对巴勒斯坦人采取暗杀和屠杀政策并毁坏其家园和财产的行为，严重阻碍了中东和平进程的正常发展。以色列的行为只会导致暴力冲突、不稳定以及极端主义等现象在中东地区持续蔓延。巴勒斯坦问题是中东地区的核心问题，寻求全面、公正解决巴勒斯坦问题的方案也是约旦政府最重要的任务之一。2005年2月，约旦决定恢复向以色列派驻大使，新任大使为退休少将马鲁夫·巴希特。3月，约旦外交大臣哈尼·穆尔基访问以色列，这是约旦外交大臣4年来首次访问以色列，双方同意在30日内成立联合经济委员会，以促进旅游业发展和基础设施建设。4月17日，以色列政府批准释放被关押的9名约旦人。自2000年巴勒斯坦人发动起义后，一些约旦人加入巴武装组织，参与袭击以色列目标。约旦方面，包括阿卜杜拉二世在内，多次督促以色列释放约旦犯人。据报道，以色列一共逮捕和关押了18名约旦人。2005年8月，以色列国防部长莫法兹访问约旦，受到阿卜杜拉二世国王接见，双方就以色列从加沙撤军问题进行了讨论。2006年，以总理奥尔默特访约（1月、6月、12月），副总理佩雷斯访约（6月）。2008年1月和4月，以总理奥尔默特两度访约。2009年，多名以色列利库德集团议员提出法案，要求在约旦河两岸建立一个巴勒斯坦国，约旦应成为巴勒斯坦人的祖国。对此，20名约旦议员提出法案，要求中止约以和约。2009年5月、2010年7月，以总理内塔尼亚胡两度访约。

2011年“阿拉伯之春”爆发后，约以关系开始经受新的考验。约旦国内反对约以和约，要求废约的声音开始增大。2011年3月4日，约旦穆斯林兄弟会的最高领袖哈曼姆·萨义德发表演说，抨击1978年埃以和解时签署的戴维营协议。2013年5月，以总统佩雷斯出席在约举行的世界经济论坛中东及北非会议。2013年，约旦与以色列达成价值10亿美元的海水淡化协议。2013年12月，以色列、约旦和巴勒斯坦代表签署一份“历史性协议”，根据协议，将从红海北端的亚喀巴湾把海水引入死海。其中，部分海水经淡化处理后输往以色列、约旦和巴勒斯坦，其余经4条管道注入死海。2014年1月，以色列总理内塔尼亚胡访约。2014年2月，约旦与以色列签署天然气供应协议，依照协议，自2006年起以色列将向约旦供应660亿立方尺天然气，为期15年。3月，约旦法官拉伊德·阿拉丁·扎伊塔尔在经过侯赛因国王桥由安曼去往位于约旦河西岸以色列军占领城市纳布卢斯时被一名以色列士兵枪杀，引发约方强烈反应，约众议院巴勒斯坦委员会对以方行径进行谴责，要求政府立即执行众议院关于“驱逐以驻约大使和召回约驻以大使”的决议，并要求紧急提交关于“修改或废止约以和平协议”的法案。这是约旦议会一年内第三次提议驱逐以色列驻约旦大使并召回约旦驻以大使。此外，约旦议会还以多数票通过议案，要求约旦政府向以色列政府提出交涉，释放被关押在以色列监狱的约旦人和巴勒斯坦人，同时要求约旦政府和巴勒斯坦民族权力机构控制连接约旦河西岸和约旦的交通要道。后以方向约方正式道歉，并同意对事件开展联合调查。2014年7月18日，约旦政府发表声明，强烈谴责以色列对加沙地带发动地面进攻，认为这是以色列对被困在加沙地带手无寸铁的平民采取的无理行动。以色列对加沙采取这种行动违反了国际人道主义法。这将把该地区引入暴力和毁灭境地，毫无疑问也对以色列的安全与稳定构成威胁。呼吁以色列立即停火，并要求约旦驻联合国常驻代表请求安理会召开紧急会议。声明指出，以色列应对加沙发动进攻所产生的后果承担全部责任，此举违背国际人道主义法和联合国有关决议以及《日内瓦公约》。声明呼吁国际社会和国际组织尽快制止以色列威胁该地区安全与稳定的举动，并呼吁国际社会着力保护加沙地带手无寸铁的平民，促使巴以双方尽早回到谈判桌前，根据联合国有关决议和阿拉伯和平倡议，全面、公正、持久地解决该地区问题。2014 年 11 月，围绕耶路撒冷阿克萨清真寺冲突，约旦召回驻以大使。约旦还向联合国安理会控诉以安全部队袭击阿克萨清真寺，要求联合国“采取合法步骤和措施”。约旦呼吁安理会采取措施让以色列对袭击负责，“如果允许这样的事持续下去，将引发威胁中东地区和平与安全的另一场危机”。对此，以色列外交部发言人伊曼纽尔回应说，约旦的举动是错误的，无助于缓解紧张局势。

第六节　与巴勒斯坦的关系

约巴之间有着特殊关系。历史上，约旦属于巴勒斯坦的一部分。第一次世界大战后，约旦和巴勒斯坦成为英国的委任统治地。1921 年外约旦酋长国成立，但仍由英国驻巴勒斯坦高级专员分管。1948 年第一次阿以战争期间，约旦占领了包括耶路撒冷在内的约旦河西岸大部领土。1949 年 12 月 1 日，2000 多名巴勒斯坦人在杰里科举行会议，做出巴勒斯坦与约旦合并的决议，拥戴阿卜杜拉为国王。12 月 13 日，约旦议会通过了该决议。1950 年 4 月 20 日，约旦选举产生由约旦河东西两岸议员组成的新的众议院。随后又组成参议院。4 月 22 日，外约旦新内阁产生，其中包括 3 名巴勒斯坦人部长。4 月 24 日，约旦参众两院一致通过约旦河两岸统一的决议案，统一后国名为“约旦哈希姆王国”，阿卜杜拉为国王，实行君主立宪制。新的约旦政府宣布，给予巴勒斯坦人约旦国籍，巴勒斯坦人享有与约旦人同等的权利与义务。4 月 27 日，英国政府也宣布承认约旦新政府。美国承认约旦对约旦河西岸的行政管理权，但坚持该地区的最终地位应由未来协议确定。阿卜杜拉的行为在阿拉伯世界和巴勒斯坦内部也招致了很多批评。1950 年 6 月，阿盟有保留地同意约旦将约旦河西岸合并。之后，约旦一直声称它是巴勒斯坦人的代表，支持巴勒斯坦人反对以色列的斗争，收复被以色列占领的巴勒斯坦领土。

不过，约巴之间也存在很多矛盾，主要表现在以下几个方面。

第一，许多巴勒斯坦民族主义者反对与约旦合并，为此还于1951年暗杀了阿卜杜拉国王。此后，巴解组织等众多巴勒斯坦抵抗组织涌现，其中一些反对由约旦充当巴勒斯坦民族的代表和组织攻击约旦保守落后的君主制，并反对约旦追随西方的外交政策，这也导致了很多矛盾。

第二，约旦国力弱小，担心巴武装组织以它为基地发动对以色列的袭击，从而招致以色列的报复，因此对巴组织在约旦境内活动进行限制，从而导致双方矛盾不断激化。1967年第三次阿以战争后，原先在约旦河西岸的巴勒斯坦抵抗组织主力撤到了约旦，它们在约旦的力量和影响不断增大，几乎成为约旦的“国中之国”。拥有重武器的巴游击队对约旦的主权和安全构成了日益严峻的威胁，并与约旦政府发生冲突。侯赛因本来就对建立巴解组织表示不满，担心最终导致巴勒斯坦从约旦分裂出去；此外，他也担心巴武装组织的袭击活动会招致以色列的军事报复，进而危及约旦的安全，因此侯赛因要求巴解组织必须与约旦政府合作，其武装组织要处于约旦军队的控制之下。但事实上这很难做到。1966年侯赛因被迫下令关闭巴解在安曼的总部，并要求其主席苏凯里迁往加沙，引起巴解组织、埃及等方面的不满。1968年3月，法塔赫在卡拉马战役中歼灭以军400多人，此后，巴解组织发展更为迅猛，以约旦为基地对以色列的袭击行动不断升级。为此，约旦不断遭到以色列的猛烈报复。1968年11月，约旦军队对安曼郊区的两个巴勒斯坦难民营中的巴武装组织发动袭击，导致28名巴武装人员和4名约旦士兵死亡。1970年2月，约旦政府下令，禁止在市区携带或使用武器。这实际上限制了巴武装人员的行动，双方矛盾进一步激化。6月，双方开始发生公开的武装冲突。6月27日，阿拉伯国家代表团访问安曼，对约旦政府与巴解组织的矛盾进行调解。7月10日，双方达成协议，约旦政府承认巴勒斯坦抵抗运动，接受其在约旦境内的合法存在；巴抵抗运动同意从城市中撤出，并在市区某些特定地点不携带武器。但随即双方关系又出现恶化。9月6日，一架国际民航客机被巴解组织成员劫持到约旦安曼机场，约旦国际形象严重受损，这迫使约旦政府采取行动。9月16日，侯赛因国王解散政府，下令成立军政府。次日，他下令约旦军队向安曼、扎尔卡等地的巴解武装发动全面进攻，巴解游击队伤亡惨重。阿拉伯各国纷纷做出反应，谴责约旦政府。利比亚、叙利亚和伊拉克等国要求组建阿拉伯联军前往约旦，与约旦作战，遭到埃及总统纳赛尔反对。叙利亚派出一支坦克部队占领了约旦北部的阵地，以支援巴勒斯坦游击队。9月27日，经纳赛尔等阿拉伯国家首脑劝解，侯赛因与阿拉法特达成协议：约旦军队和巴解游击队都从安曼撤退，巴解可在约旦领土上从事抵抗运动，但需尊重约旦主权。此后，双方冲突依然不断，直到1971年7月，约旦军队决定性地打败了巴解游击队，多数巴解游击队员被迫转移到黎巴嫩，冲突才基本宣告结束。为此，巴解等组织多次呼吁推翻侯赛因政权。

第三，约旦河东西两岸统一后，战争和冲突导致上百万巴勒斯坦难民涌入东岸，给东岸带来巨大的政治、经济和社会难题，约旦政府不堪重负。随着巴勒斯坦民族独立意识日益觉醒，加上国际社会支持巴勒斯坦民族独立呼声不断增强，约旦对巴勒斯坦政策也日趋现实，开始调整对巴政策，在巴勒斯坦的主权问题上逐步退让。1970年，侯赛因国王在接受西方记者采访时曾表示，在以色列从约旦河西岸撤走后，他愿意接受“巴勒斯坦国际化”的方案，并且可以把约旦改名为“约旦和巴勒斯坦王国”，让游击队在政府中“分享权力”，并称“我们可以向建立联邦或邦联的方向前进”。1972年3月，侯赛因在王室会议上提出了建立“阿拉伯联合王国”的设想。主要内容是：约旦河东西两岸依照联邦制建立联合阿拉伯王国，首都设在安曼，由侯赛因出任国王和武装部队总司令。这一建议遭到巴勒斯坦的强烈反对，巴解组织等提出要推翻约旦政权。法塔赫发言人指出，侯赛因的计划是要“消灭巴勒斯坦事业”，强调侯赛因无权决定巴勒斯坦人民的命运。

可以说，在巴勒斯坦问题上，约旦承受了巨大的压力。1973年“十月战争”后，形势开始发生变化。1974年在拉巴特举行的第七次阿拉伯国家首脑会议上，约旦与巴解组织关系问题成为重要议题。会议通过决议，确认阿拉法特领导的巴解组织是巴勒斯坦人民的唯一合法代表。约旦虽不满这一决议，但最终表示接受。在此情况下，约旦政府发表声明说，在第七次阿拉伯国家首脑会议通过关于巴勒斯坦问题的决议后，重新考虑约旦的立场是不可避免的。随后，约旦参众两院通过了侯赛因国王提出的宪法修正案。修正案规定，在新的议会选举中，约旦河西岸的人将不参加；约旦现内阁也将进行改组，组成不包括约旦河西岸巴勒斯坦人的新内阁。约旦这么做就是为了从法律上结束约旦政府对约旦河西岸的主权。1974 年第 29 届联大决定邀请巴解组织以观察员身份出席联大后，约旦对形势有了进一步认识。此后，约巴关系有了很大改善。1977 年，巴解全国委员会主席率代表团在约巴关系破裂 6 年后首次访问约旦。1978 年埃以签署戴维营协议后，约巴开始加强在对以色列问题上的合作和协调。侯赛因国王与阿拉法特多次举行会晤。1982 年，黎巴嫩战争爆发，巴解组织被以色列从黎巴嫩驱逐后，约巴关系进一步升温。1982 年 10 月，阿拉法特访问约旦，与侯赛因国王讨论了建立约巴联邦问题，双方同意建立一个委员会以加强联系。1983 年 2 月，巴解全国委员会发表政治宣言，强调要加强与约旦以及其他阿拉伯国家的团结，指出未来与约旦关系应建立在两个独立国家的基础之上。1984 年 11 月，巴解全国委员会在安曼举行第 17 次会议，这是巴解成立 20 年来首次在约旦举行会议。1985 年 2 月 11 日，侯赛因与阿拉法特会晤并达成约巴双方采取联合行动解决中东问题的五点协议。1986 年 3 月 11 日，侯赛因国王发表声明，称约旦不会取代巴解组织。1988 年 7 月 30 日，侯赛因下令解散议会，取消了约旦河西岸代表在议会中的代表。次日，约旦政府正式宣布约旦河西岸巴勒斯坦地区从法律上和行政上完全与约旦脱离，以加强和体现巴勒斯坦的独立性，尊重阿拉伯各国和巴解关于建立独立巴勒斯坦国的主张。但为了保持耶路撒冷以及阿克萨清真寺的伊斯兰特性，那里的宗教事务仍由约旦宗教基金部和伊斯兰宗教大法官负责处理。约旦政府继续负责维修阿克萨清真寺及其附属建筑，继续承担耶路撒冷宗教基金会、约旦河西岸宗教法庭及各清真寺所属院校的费用。这一决定标志着约旦与巴勒斯坦关系进入了新的历史时期。

1988 年 11 月 15 日，巴勒斯坦国宣布成立，约旦立即予以承认。1989 年 1 月 7 日，约旦同意巴解组织驻约旦办事处升格为大使馆。1990 年 4 月，巴勒斯坦民族权力机构主席阿拉法特正式访问约旦，两国原则上达成建立约巴联邦设想。1991 年马德里中东和谈启动后，约巴组成联合代表团参加中东和谈，随后分别与以色列举行直接会谈。1993 年 7 月，约巴成立最高委员会。9 月，巴以签署加沙—杰里克自治协议后，约旦在表示对巴未与之协调而签署协议不满的同时，也加速与以色列的谈判，并于 1994 年签署了《约以和平条约》。巴勒斯坦对约旦与以色列单独实现媾和以及和约中涉及耶路撒冷等问题的条款也表示不满。尽管如此，约旦仍积极推动巴以和谈。1997 年 1 月，侯赛因国王自 1967 年以来首次访问加沙，同阿拉法特举行了会谈。随同侯赛因访问加沙的约旦新闻大臣马阿谢尔指出，约巴领导人此次会晤的目的在于挽救处于困境之中的中东和平进程，特别是巴以之间的和平谈判。在侯赛因斡旋下，巴勒斯坦和以色列于 1997 年 1 月 15 日草签希伯伦问题协议。在巴以草签协议后，阿拉法特和内塔尼亚胡分别打电话给侯赛因国王，对他为解决希伯伦问题所做的贡献表示感谢。1998 年 10 月，当在美国举行的巴以会谈陷入僵局之时，正在美国治病的侯赛因国王抱病数次前往会谈地点，帮助双方缩小分歧。

1999 年 2 月侯赛因去世后，阿卜杜拉二世继任。他在阿以问题上继承了其父的政策，在积极发展与以色列关系的同时，继续努力推动巴以和谈。3 月 10 日，阿拉法特访问约旦，就巴勒斯坦建国问题与约方交换意见。约旦重申，继续支持以阿拉法特为首的巴勒斯坦民族权力机构，支持巴勒斯坦人民为获得合法权益而进行斗争。8 月，阿卜杜拉二世下令对在安曼的哈马斯（伊斯兰抵抗运动）办事处采取行动，逮捕一些领导人，并宣布禁止其在约旦从事危害巴以的行动。在巴以戴维营和谈中，因最终地位谈判涉及的巴勒斯坦难民、水资源、边界划分及安全安排等问题与约旦切身利益攸关，约旦十分关注此次谈判，并就耶路撒冷问题、难民等问题公开提出约旦的主张。8 月 29 日，约旦表示愿意将耶路撒冷一些圣地的宗教管辖权交给巴勒斯坦。9 月 12 日，拉瓦比德首相表示，在同以色列举行最终地位的会谈中，约旦将与巴民族权力机构合作，以保护巴勒斯坦血统的约旦人的利益。“在最终地位谈判中约旦有自己的利益，尤其是有关难民、安全、边界、水和耶路撒冷等问题。”他还表示，约旦决心逮捕哈马斯领导人，以防止约旦成为阿拉伯邻国反对派的跳板。11 月，约旦政府采取行动，逮捕了穆萨·阿布·马尔祖克等数十名哈马斯在约旦的领导成员，关闭其在约旦的办事处，随后将其多名成员驱逐出境。11月10日，约旦首相拉瓦比德强调，约旦在中东和平进程中有着切身利益，因此有义务关注和参与巴以最终地位谈判；约旦虽然不是谈判的签字伙伴，但也应该以一种能保障自己权利的方式参与谈判。

2000年9月，巴以新一轮冲突爆发后，约旦公开支持恢复巴勒斯坦权利，谴责以色列的强硬政策和"定点清除"政策，反对以色列围困阿拉法特和将阿拉法特边缘化，同时还积极进行促和，呼吁美、欧等推动中东和平进程。在冲突愈演愈烈的背景下，一方面，迫于内外压力，阿卜杜拉二世于2001年宣布召回驻以色列大使，多次谴责沙龙政府借反恐镇压巴勒斯坦人，围困、排挤阿拉法特，致使和平进程严重倒退；另一方面，阿卜杜拉二世也谴责针对以色列平民的自杀性恐怖袭击，与美国、埃及一道参与巴勒斯坦安全改革，限制在约旦的巴激进分子的活动。阿卜杜拉二世强调，政治解决是和平的唯一途径，并积极进行斡旋，还联合埃及提出新的和平建议。2001年12月，阿卜杜拉二世主持召开国家安全委员会会议，着重讨论了巴勒斯坦地区的最新事态。阿卜杜拉二世表示，约旦将进一步加强与国际社会的接触和磋商，并主张通过对话和其他和平途径解决巴以争端。强调约旦坚定地站在巴勒斯坦人民一边，支持以阿拉法特为主席的巴勒斯坦民族权力机构。2002年3月，阿卜杜拉二世在会见美国副总统切尼时表示，美国应发挥重要作用以结束巴以之间的暴力对抗，促使中东和平进程重新步入正确轨道，并确保联合国安理会有关决议能够得到实施，同时尊重巴勒斯坦人的合法权益，其中包括在自己的土地上建立独立国家的权利。2003年6月，阿卜杜拉二世在接受一家比利时杂志采访时批评美国对中东局势的严峻性缺乏全面了解，希望美国进一步介入中东问题，努力遏制巴以流血冲突的升级。他指出，若任凭巴以冲突这样发展下去，整个中东的政治形势将严重恶化，将会带来不可想象的后果。他还反对美提出的建立一个临时巴勒斯坦国的建议，主张建立拥有完全主权的巴勒斯坦国。8月28日，阿卜杜拉二世指出，只有最终解决巴勒斯坦问题，中东地区才会有安全和稳定。巴以冲突是中东地区目前面临的最大难题，有关各方应切实执行中东和平“路线图”计划，其内容不容更改。他呼吁国际社会向巴以双方施加压力，以推动双方朝着和平的方向迈进。9月，阿卜杜拉二世强调，中东和平“路线图”计划没有死亡，呼吁提出该计划的美国、欧盟、俄罗斯和联合国四方向巴以双方施加压力，为恢复中东和平进程做出努力。他还呼吁以色列支持以库赖为首的巴勒斯坦新政府，停止修建犹太人定居点和“安全隔离墙”，停止一切暗杀和军事行动；巴勒斯坦人也应停止针对以色列目标的暴力活动。2004年2月，约旦代首相哈莱卡表示，约旦愿帮助巴勒斯坦保护文化古迹。3月14日，巴自治政府总理库赖访问约旦，与约旦首相法耶兹就巴勒斯坦局势举行会谈，双方一致强调，地区民主改革应首先解决巴勒斯坦问题。双方指出，巴勒斯坦领土需要一个安全和稳定的局面，巴勒斯坦内部不应出现任何分歧。双方还表示，约巴反对以色列在巴被占领土上修建隔离墙。3月22日，哈马斯精神领袖亚辛在以色列武装直升机的轰炸中身亡后，阿卜杜拉二世呼吁以色列政府停止暗杀行动，强调以色列只有从巴领土撤军，恢复和平谈判，落实全面公正和平的原则，中东地区才能实现安全与稳定。4月11日，阿卜杜拉二世致信美国总统布什，强调建立巴勒斯坦和以色列两个独立国家是实现中东和平与稳定的唯一保证。他表示约旦完全支持布什提出的以建立两个独立国家来解决巴以冲突的办法。他还呼吁联合国安理会发表一项声明，支持建立巴以两个独立国家的设想。4月28日，巴勒斯坦总理库赖访问约旦。2004年5月，阿卜杜拉二世访美，在接受《纽约时报》采访时表示，希望阿拉法特从长远考虑他待在总统职位上是否有利于巴勒斯坦事业。这标志着约旦在阿拉法特问题上立场发生重大变化。6月24日，巴自治政府总理库赖访问约旦。阿卜杜拉二世会见他时表示，约旦准备向巴勒斯坦人民提供一切可能的帮助，特别是在协助巴自治政府组建安全部队方面。库赖表示，巴民族权力机构已正式要求约旦协助巴进行内部谈判，并帮助巴组建和训练安全部队。7月18日，针对巴勒斯坦内部危机激化，阿卜杜拉二世在接受美国有线电视新闻网（CNN）采访时说反对库赖辞职，认为库赖辞职只会进一步削弱巴民族权力机构的领导能力；称如库赖坚持辞职，将给约旦为和平进程付出的努力造成严重损失，也对巴领导人阿拉法特不利。他呼吁巴方建立起一个更强有力的权力机构。8月4日，约旦外交大臣马阿谢尔强调，约旦与巴勒斯坦权力机构依然保持着良好关系，阿卜杜拉二世国王此前有关阿拉法特的讲话不会对双边关系造成影响。巴勒斯坦权力机构的改革是巴勒斯坦的内部事务，只有巴勒斯坦人才有权做出自己的选择。8月19日，约旦首相法耶兹与来访的巴自治政府总理库赖举行会谈，双方一致强调，约巴应建立持久的协商机制。法耶兹表示，约旦将积极努力推动中东和平进程，帮助建立独立的巴勒斯坦国及解决遣返巴难民等问题。库赖表示，巴约关系是建立在相互尊重、不断协商的基础上的，巴勒斯坦只有同约旦保持良好关系才能建设巴勒斯坦的未来。巴民族权力机构需要继续与约旦方面保持沟通，加强相互间的协商与合作。11月11日，阿拉法特逝世后，约旦政府发表声明，声明说，约旦一贯支持巴勒斯坦人民在自己土地上建国的努力，并坚信巴勒斯坦人民能够继承阿拉法特未竟的事业，结束以色列的占领。11月28～29日，以巴勒斯坦民族权力机构临时主席法图、巴解组织执委会主席阿巴斯和巴自治政府总理库赖为首的巴勒斯坦新领导集体访问约旦，寻求支持，约旦政府表示将全力支持巴权力机构在其领土上实现安全与稳定的努力。2005年1月4日，阿卜杜拉二世呼吁国际社会全力支持和帮助巴勒斯坦领导机构尽快完成选举和实现建国的目标。1月17日，巴民族权力机构主席阿巴斯访问约旦。阿卜杜拉二世对阿巴斯当选巴民族权力机构主席表示热烈祝贺，重申约旦将继续向巴民族权力机构提供支持，帮助其完善政治体制并为巴方培训有关专业人员。4月、5月和11月，阿巴斯再次访问约旦。2006年，巴民族权力机构主席阿巴斯11次访约，哈马斯代表团2月访约。

2010年9月，巴以和谈短暂恢复后，由于以色列拒绝继续延长犹太人定居点限建令，而巴方坚持只有在以色列停建定居点的情况下才重返谈判桌，导致巴以直接谈判陷于停滞。2012年初，在约旦斡旋下，巴以在安曼举行多轮会谈，但由于双方在安全和边界问题上的立场大相径庭，会谈没有取得成果。2012年1月，在约旦方面斡旋下，巴以双方在安曼就重启和谈进行接触。同月，巴勒斯坦总统阿巴斯、哈马斯领导人迈沙阿勒在卡塔尔王储塔米姆·阿勒萨尼的陪同下分别两度访约，并会见了约旦国王阿卜杜拉二世。12 月，阿卜杜拉二世国王偕首相恩苏尔、外交部部长以及其他官员访问拉马拉。这是在巴勒斯坦 11 月在联合国大会上获得联合国观察员国的身份之后第一个访问“巴勒斯坦国”的外国元首。巴勒斯坦外长马勒基称，这是具有“历史性”意义的访问。在双方外长举行的联合记者发布会上，马勒基强调说，双方关系牢固，在许多问题上有一致意见。拉姆安拉市政府决定，为了纪念阿卜杜拉二世是巴勒斯坦获得联合国观察员国身份后第一个到访的外国元首，拉姆安拉将以他的名字命名一条主干道。约旦外长朱达称，约旦反对并谴责以色列近期提出的犹太人定居点建设计划。2013 年 1 月，阿卜杜拉二世国王会见到访的巴勒斯坦伊斯兰抵抗运动（哈马斯）政治领导人哈立德·迈沙阿勒时重申支持巴勒斯坦民族和解的努力，强调民族和解是加强巴人民团结，实现其行使合法权利愿望的基础。阿卜杜拉二世还表示，约旦将继续尽自己的职责向巴勒斯坦人民提供可能的援助，以减轻巴勒斯坦人民在困难的条件下所遭受的痛苦。迈沙阿勒对约旦国王为支持巴勒斯坦人民所做出的努力表示赞赏。2013 年 3 月，巴勒斯坦总统阿巴斯访约，双方签署了共同保护圣城耶路撒冷及阿克萨清真寺等圣迹的协议，确认哈希姆王室对耶城圣迹的监护权。8 月，巴总统阿巴斯再次访约。2014 年 4 月，约旦首相阿卜杜拉·恩苏尔率领约旦政府高层团队与巴勒斯坦总理及巴代表团在约旦河西岸进行会晤，双方签署了包括经济、农业、安全、卫生等方面在内的合作协议。恩苏尔强调，保护耶路撒冷伊斯兰圣地是约旦义不容辞的责任，约旦将肩负起这种责任并保护在约旦生活的巴勒斯坦人。约旦政府支持巴勒斯坦权力机构的和谈，并将尽己所能支持巴勒斯坦进行权利斗争等。恩苏尔谴责了以色列在巴勒斯坦被占领土地（包括约旦河西岸和加沙地区）采取的一些行为，称其违反了国际法有关规定。约、巴双方强烈谴责以色列军队强行进入阿克萨清真寺的行为，并称极端分子将耶路撒冷犹太化的行为无益于巴以和谈，以色列的此种行为应当立即停止。2014 年 7 月以色列对加沙采取军事行动，巴勒斯坦总统阿巴斯访问约旦寻求支持。约旦国王阿卜杜拉二世强调，以色列对加沙的侵略行径违反了所有国际准则，并会给该地区的安全与稳定带来灾难性后果。约旦将继续与国际社会保持沟通和接触，与巴勒斯坦一道，制止以色列对加沙地带的进攻。阿卜杜拉二世强调，约旦支持埃及提出的停火倡议，加沙冲突需立即停火，重启巴以和谈，通过谈判解决所有最终地位问题。在有关各方的共同努力下，推动巴勒斯坦问题早日得到公正、合理解决。他并重申约旦全力支持巴勒斯坦人。阿巴斯向阿卜杜拉二世通报了加沙地带局势的发展以及巴勒斯坦的立场，并通报了他与有关各方为制止以色列进攻所做的努力。阿巴斯对约旦为实现加沙停火所发挥的积极作用，以及约旦在加沙的野战医院为巴勒斯坦人提供医疗和人道主义援助表示赞赏。

第七节　与伊拉克的关系

约旦与伊拉克除了地理上相邻外，在一定历史时期内两国统治者还有同属于哈希姆家族的渊源。20 世纪初阿拉伯大起义期间，领导起义的侯赛因曾将伊拉克许给次子阿卜杜拉，但阿卜杜拉考虑其弟叙利亚国王费萨尔被法国从叙利亚驱赶，无地容身，故决定让费萨尔出任伊拉克国王，而自己接任外约旦的埃米尔。1921 年伊拉克费萨尔王朝建立。从此，亲缘关系将两国紧紧捆绑在一起。1941 年 4 月，伊拉克发生军事政变，当时的摄政王阿卜杜·伊拉匆忙逃往外约旦避难。随后阿卜杜拉出兵讨伐，协助英国军队粉碎了伊拉克的政变，重新恢复了哈希姆家族在伊拉克的统治。1945 年约旦和伊拉克一道加入阿拉伯国家联盟。1947 年 4 月 14 日，约伊签署《友好同盟条约》，两国关系更加紧密，外交上相互支持，特别是在巴以问题上，伊拉克完全支持约旦的立场。1958 年 2 月，约旦与伊拉克又宣布合并成立“阿拉伯联邦”。1958 年 7 月，伊拉克发生军事政变，包括费萨尔二世在内的几乎所有王室重要成员被处死，伊拉克哈希姆王朝覆灭，“阿拉伯联邦”也随之解体。约旦虽做出激烈反应但也于事无补，此后两国关系经历了一段时间的冷淡，约旦与伊拉克复兴党政权彼此对立。直到 1967 年第三次阿以战争前，两国关系才恢复正常。战时，伊拉克和约旦并肩作战，伊拉克为约旦提供了大量军事和经济援助。1971

年约旦与巴勒斯坦武装组织发生严重流血冲突，伊拉克向约旦表示抗议，宣布与约旦断交，关闭两国边境。1980 年两伊战争爆发后，约旦坚定地站在伊拉克一边，与此同时，侯赛因国王还努力游说阿拉伯国家支持伊拉克，为此导致约旦与伊朗、叙利亚关系恶化。1980 年 12 月，约旦与伊拉克解决了遗留的边界问题。1988 年 8 月，侯赛因国王访问伊拉克，两国签署合作协定，规定伊拉克向约旦提供军事和经济援助。1989 年 2 月 18 日，约旦与伊拉克等四国成立“阿拉伯合作委员会”，该委员会的宗旨是加强经济合作，建立共同市场，在经济、文教、科技等领域逐步实现一体化。

1990 年 8 月，伊拉克入侵科威特后，约旦国王侯赛因同情、支持伊拉克。约旦不仅反对制裁伊拉克，而且反对以美国为首的多国部队进驻海湾以及军事打击伊拉克，称美、英的行动不仅是对伊拉克的战争，也是对所有阿拉伯国家和穆斯林的战争。侯赛因国王还抨击美国驻军海湾，认为“外国军事力量在沙特阿拉伯的存在，极大地伤害了阿拉伯穆斯林的感情”。约旦主张在阿拉伯国家框架内解决危机，赞成海湾危机解决应与阿以问题相挂钩。侯赛因国王四处奔走斡旋，提出各种方案，要求用阿拉伯人自己的方式解决问题。他还呼吁阿拉伯国家消除分歧，敦促国际社会以对科威特的同样标准来解决巴勒斯坦问题。为声援伊拉克，约旦还在国内组织妇女、儿童和民众团体为伊拉克捐赠医药、食品等物资。约旦站在伊拉克一边，一方面是出于两国长期关系，另一方面则是对伊拉克经济的依赖使然。据统计，约旦亚喀巴湾转口贸易的 60% 来自伊拉克，约旦对外出口商品中的一半销往伊拉克，约旦所需原油的 90% 和燃料的 99% 也由伊拉克提供。伊拉克对约旦的石油出口不仅在价格上优惠 40% ~50%，而且无须现金支付，这对约旦来说很有诱惑力。1991 年 1 月 18 日，约旦议会在海湾战争爆发后的第二天通过决议，呼吁打击以美国为首的多国部队成员国的利益。1 月 19 日，侯赛因国王呼吁休战，以便通过“对话和静静的外交活动”来拯救中东。

海湾战争使约旦在政治和外交上受到孤立，经济陷入困境。除伊拉克等国的大量难民涌入外，约旦在沙特阿拉伯等海湾国家的侨民和劳工也被驱赶回国。约旦进出口下降，旅游和侨汇收入锐减，失业人员大增，物价飞涨。同时，美约关系变冷，美国会通过“重新考虑”援助约旦法案。海湾战争后侯赛因国王被迫调整对伊政策，与伊拉克保持一定距离。1995年8月，伊拉克总统萨达姆的两个女婿逃亡到约旦，约旦将其收留，两国关系开始走下坡路。同月，侯赛因向全国发表电视讲话，首次公开谴责伊拉克入侵科威特，抨击伊拉克领导人背信弃义，公然违背其多年做出的不干涉阿拉伯国家内政和不对阿拉伯国家使用武力的承诺，从而使包括约旦在内的所有阿拉伯国家的利益受到损害。他不点名地指责萨达姆政权对约旦掩盖了诸如两伊战争和海湾战争这样重大问题的事实真相。侯赛因还指责萨达姆对内实行高压专制政策，给伊拉克人民带来了深重灾难。侯赛因由先前反对制裁伊拉克转而主张绝不能取消制裁，直到伊拉克武器计划被全面查清、大规模杀伤性武器被彻底销毁和伊全面执行联合国有关决议为止。他表示，在科威特失踪人员情况查清之前，约旦将单方面削减对伊出口，把对伊药品和食品等人道主义物资的出口额减少一半。由于约伊经贸关系密切，实际上双方关系并未因此出现大的倒退。1996年约伊签署了伊拉克每年向约旦提供480万吨石油的协议。1996年联合国“石油换食品”协议实施后，约旦在该协议实施第一阶段获得价值1.4亿美元的合同，第二阶段获得8300万美元的合同。1996年11月，约旦驻伊拉克使馆司机萨巴哈携带装有250本外交护照的外交邮袋驾车从约旦前往巴格达途中遭歹徒开枪杀害，车辆和物品均被抢走。约旦外交部就此事向伊拉克提出强烈抗议并要求伊拉克政府承担一切责任。同年12月，约旦能源和矿产资源大臣达巴斯和财政大臣阿瓦德率约旦高级经贸代表团对伊拉克进行了为期3天的访问，同伊拉克石油部长拉希德等政府官员就加强双边贸易合作等问题举行了多轮会谈。根据双方达成的协议，约旦在1997年从伊拉克进口350万吨原油和100万吨石油产品，其总量比1996年增加7%。伊拉克将从约旦进口价值3.55亿美元的商品。此外，双方还在建造连接两国的石油管道和在约旦亚喀巴港建造炼油厂等合作项目上达成原则协议。这是伊拉克与联合国签署“石油换食品”协议实施以来，约旦首次向伊拉克派出高级经贸代表团，表明两国冷淡了将近一年的双边关系正在改善。1997年之后，约伊关系继续恢复，双边贸易额增加。伊拉克很快成为约旦的最大贸易伙伴。1997年1月，伊拉克副总理阿齐兹访问约旦，与约旦首相卡巴里提就两国经济贸易关系特别是伊拉克向约旦供应石油的问题进行了正式会谈。两国就签署新的石油协定达成一致意见。伊继续向约旦提供石油，以支持约旦经济和偿还伊欠约旦的部分债务。伊拉克将继续以优惠价向约旦提供其所需的非赠送部分的石油，同时继续进口约旦的商品。在1997年伊拉克核查危机中，约旦明确表示反对对伊拉克动武。1998年2月，约旦与伊拉克签署贸易协定。侯赛因国王在访问英国时表示，约旦反对使用武力手段解决伊拉克核查危机，同时也要求伊拉克政府履行联合国有关决议。同年，伊拉克外长萨哈夫两次访问约旦。同年12月，伊拉克遭到美、英军事打击后，约旦各界纷纷予以谴责，要求解除对伊拉克的制裁。

1999年2月阿卜杜拉二世上台后，继续发展与伊拉克的关系。2000年9月，约旦卫生大臣塔利克率代表团闯飞巴格达。10月，伊拉克外长萨哈夫访问约旦。11月，约旦首相拉吉卜率百人代表团乘坐约旦皇家航空公司专机正式访问伊拉克，这是海湾战争结束以来访伊的约旦最高级别官员，也是访问伊拉克的第一位阿拉伯政府首脑。约旦强调，应尊重伊拉克的主权与领土完整，呼吁尽快解除对伊制裁。2001年“9·11”事件发生后，美国很快将反恐斗争矛头对准伊拉克，约旦再次面临重大选择。鉴于约美日益密切的关系以及新的国际和地区形势，阿卜杜拉二世的选择余地很小，约旦虽然反对打击伊拉克，但已不如以前坚决。2002年7月，约旦前王储哈桑参加伊拉克反对派在伦敦举行的会议，引起各方注意。有舆论认为，此举显示约旦哈希姆王室有意恢复伊拉克的哈希姆王朝，而哈桑将出任新的伊拉克哈希姆王国国王。为此，哈桑遭到阿卜杜拉二世的批评，他公开表示约旦无意借此恢复哈希姆家族在伊拉克的统治。阿卜杜拉二世指出：“我是哈希姆家族的领导人，我坦率地说，哈希姆家族不会重返伊拉克恢复统治。哈希姆家族任何人都不会反对这一立场。”约旦14个反对党联名发表声明，要求政府停止与美国进行联合军事演习，反对支持对伊动武。10月11日，阿卜杜拉二世表示，约旦在任何时候没有也绝不会为对任何一个阿拉伯国家进行军事打击充当炮架子或成为发动战争的基地。他指出，中东地区一旦发生军事行动和爆发新的战争，这对整个地区的人民来说将是一场毁灭性灾难。阿卜杜拉二世强调，伊拉克人民有权选择自己国家的领导人，约旦反对对任何由人民选择的国家政权领导人进行强行干涉。伊拉克问题应在同联合国和有关各方的范围内寻求对话的方式解决，而不应采取武力或以武力威胁来解决问题。10月19日，阿卜杜拉二世再次表示，对伊拉克发动军事打击将使中东局势进一步复杂化，为滋生新的恐怖主义提供土壤；公正解决伊拉克危机和中东其他问题，将导致那些躲在幕后的人难以凭借民族和宗教问题从事恐怖活动，从而破坏本地区的安全与稳定；约旦将继续呼吁伊拉克全面、无条件地执行联合国安理会的有关决议，解决危机，使中东地区避免新的战乱。

2003年3月伊拉克战争爆发后，约旦表示遗憾，呼吁维护伊拉克的安全、主权、统一，拒绝向伊境内派遣维和部队，主张尽快还政于民，并出于人道主义立场，收留了萨达姆的两个女儿。与此同时，约旦积极参与伊战后维护稳定、重建行动，并成为最早承认伊拉克临时管理委员会和临时政府的阿拉伯国家之一，与伊临时政府保持接触。2003年4月，阿卜杜拉二世先后访问埃及、巴林和沙特阿拉伯等国，就伊拉克问题与它们进行磋商。约旦呼吁阿拉伯联盟对伊拉克问题采取积极态度。7月，拉吉卜首相重申，约旦绝不干涉伊拉克内政，但密切关注伊拉克局势的发展。约旦对伊拉克的帮助仅限于协助其恢复国力和发展经济建设，约旦期待着伊拉克当局尽快颁布有关法律法规，以使约旦能够与伊拉克建立长期的经济关系。2003年9月，约旦外交大臣马阿谢尔表示，即使联合国安理会通过一项关于向伊拉克派遣国际部队的决议，约旦也不会向伊派兵，并将对那些派兵的阿拉伯国家持保留态度。9月29日，阿卜杜拉二世呼吁尽早将伊拉克主权交给伊拉克人民，并指出一个民主、稳定的伊拉克将有助于整个中东地区的安全与稳定。10月，约旦政府批准了由约旦警察总署与伊拉克临管会签署的伊拉克警察培训协议，以加强伊拉克警力，尽快恢复伊拉克的安全与稳定。根据协议，约旦将在两年内为伊拉克培训3.2万名警察。12月，首批伊拉克新建军队官兵抵达安曼，在约旦军事院校接受培训。2004 年 5 月，阿卜杜拉二世表示希望伊拉克有一个强有力的领导人可以将分散的伊拉克统一在一起。他认为包括约旦在内的所有与伊拉克接壤的邻国在当前情况下都不应向伊派驻维和部队，原因是所有这些国家在伊拉克都有特定利益，派兵将使伊局势复杂化。7 月，阿卜杜拉二世表示，如果伊拉克临时政府提出要求，约旦愿意向伊派兵。希望伊临时政府总统亚瓦尔和总理阿拉维向约旦明确表明伊拉克需要何种帮助，约旦将全力提供支持。阿卜杜拉二世强调，如果约旦及其他国家当前不与伊拉克站在一起，那么伊拉克战后重建进程的失败将会使所有国家都付出代价。2004 年 7 月中旬，伊拉克临时政府总理阿拉维访问约旦，寻求支持和帮助，约旦表示将与伊建立长期战略合作关系。7 月 29 日，约旦军方向伊拉克空军交付 2 架侦察机，用于保护伊拉克石油和电力设施、执行海岸和边境巡逻任务。约旦还准备向伊出售 16 架美制“休伊”式直升机和 2 架 C－130“大力神”运输机。10 月初，阿拉维再次访问约旦。阿卜杜拉二世在接见阿拉维时表示，约旦将尽力帮助伊拉克实现安全与稳定，同时希望伊拉克尽快摆脱暴力和混乱局面，使大选能够顺利举行。2005 年 1 月，约旦主办了第六次伊拉克周边国家外长会议，包括埃及、沙特阿拉伯、叙利亚、科威特、约旦、伊朗、土耳其以及伊拉克临时政府的代表参加会议。2 月 28 日，伊拉克南部发生爆炸，据称是一名约旦人所为。伊拉克民众随后举行示威抗议，焚烧约旦国旗，还冲进巴格达的约旦驻伊使馆。两国关系由此变得紧张。3 月 20 日，约旦外交部宣布召回其驻伊拉克临时代办迪马伊·哈达迪。伊拉克外交部当天也宣布召回其驻约旦大使。3 月 21 日，阿卜杜拉二世下令约旦驻伊拉克临时代办重返巴格达。5 月 7 日，伊拉克新当选的总统塔拉巴尼访问约旦，双方共同表示，应排除一切障碍，使两国关系朝着正确的方向前进。阿卜杜拉二世称，约旦尊重伊拉克人民自主选择本国领导人和国家体制，并希望加强与伊拉克新领导层和各党派及人民团体的交往与合作。阿卜杜拉二世还强调，约旦将与伊拉克一道打击恐怖主义，尽一切可能为伊拉克重建和伊治安部队的培训提供帮助。两国领导人还同意启动约伊混合委员会的工作，商讨今后两国间的经贸合作等事宜。塔拉巴尼则强调，伊拉克新政府决心加强和发展同约旦的关系。2006年，伊拉克总理、副总统、众议长及外交部部长、内政部部长、计划部部长、财政部部长等相继访约。8月，约首相率能源部部长、内政部部长等访伊，双方签署备忘录，伊以优惠价格向约旦出口石油，平均每日10万桶。根据该协议，约旦以每桶18美元的价格进口伊拉克石油，而当时国际市场石油价格为每桶75美元。2008年，伊拉克副总统、外交部部长、商务部部长等相继访约。2008年8月，阿卜杜拉二世国王访问伊拉克。这是伊拉克战争后第一位访问伊拉克的阿拉伯国家元首。阿卜杜拉二世在访问期间指出，伊拉克的安全和稳定是整个阿拉伯世界安全与稳定不可或缺的组成部分，呼吁所有阿拉伯国家和人民支持伊拉克。双方就约旦进口伊拉克石油的价格和数量达成一致，伊拉克政府同意增加供应约旦石油，每桶原油价格22美元。协议还规定，伊拉克每天通过陆路运输，向约旦供应3万桶石油，这一协议的执行为约旦进口石油节省了大笔外汇。2008年5月，伊拉克副总统哈希米访问约旦。6月，伊拉克总理马利基访问约旦，与约旦首相扎哈比举行会谈，伊同意延长2006年与约旦达成的协议，继续向约出口优惠价石油直到2011年。2009年2月，约政府就伊拉克人入境做出新规定，将原要求入境的伊拉克人要有15万美元银行存款证明，降为5万美元。约旦亚喀巴港口决定将给伊转口货物减免40%的转口税，以加强约伊贸易往来。2010年2月，约旦和伊拉克两国政府签署关于住房和建筑的合作协议。2011年，巴希特首相访伊，约伊双方达成协议，将伊对约石油日出口量增至15万桶。2012年9月，约旦和伊拉克签署了一项石油进口协议，伊拉克将增加对约旦的石油进口量。同时双方还签署了一份石油备忘录，计划建设一条从伊拉克到约旦的石油输出管道。伊拉克石油部长阿卜杜勒·卡里姆·卢埃比表示，这条管道建成后，石油运输量将大大增加，伊拉克到约旦的原油日输出量将达到一百万桶，其中12万桶供应约旦，85万桶将通过亚喀巴港出口到其他国家。2012年12月，伊拉克总理马利基访约。同月，约旦与伊拉克签署协议，双方同意将输油管线延伸至亚喀巴港，扩大伊拉克石油出口。双方同时宣布实施2009年签署的协议，建立自由贸易区以及增加对约旦天然气供应。2013年12月，约首相恩苏尔访伊。2014年1月，约伊签署协议，双方同意尽快开通自伊拉克南部城市巴士拉到约旦亚喀巴的输油管道，输油能力接近100万桶/天，其中12万桶供应约旦，85万桶将通过亚喀巴港出口到其他国家。为此，伊拉克还将在亚喀巴建设大型储油设施。2014年3月，约旦、埃及和伊拉克三国石油部长在约旦首都安曼签署两项石油和天然气领域的合作协议。约旦能源和矿产部发表声明说，约埃伊三国石油部长在能源领域，包括天然气和石油等方面，寻求共同合作。造价为180亿美元的巴士拉—亚喀巴原油管道项目预计2018年完工。该项目从伊拉克出口原油到约旦、埃及和非洲国家，将确保约埃伊三国的能源安全。亚喀巴将成为能源转运站，并给约旦创造数以千计的就业机会。由于原油进口量将上升，约旦将在2018年扩建扎尔卡炼油厂，并将原油在炼油厂提炼后通过阿拉伯天然气管道卖给非洲国家。2014年6月，约旦国王阿卜杜拉二世表示，伊拉克危机的持续将给伊拉克和整个地区带来风险；强调约旦非常希望维护伊拉克人民的安全及其领土完整，伊目前急需开始由所有党派参与的解决这场危机的政治进程。约旦外交大臣朱达指出，约旦对伊拉克境内的安全局势表示担忧，同时为保卫国家的安全，约旦军队已处在“待命”状态。朱达说，约旦密切关注伊拉克局势的发展，并强调伊拉克目前的安全与稳定是一个大问题。他指出，解决伊拉克问题必须制定一个包括伊拉克所有政治派别参与、朝着安全与和谐的方向发展的全面政治进程，为此需要付出极大的努力。2014年10月，伊拉克总理阿巴迪访问约旦，阿卜杜拉二世国王重申，约旦全面支持伊拉克实现安全和稳定，强调约旦希望维护伊拉克国家统一，支持伊拉克人民重建国家，加强民族团结，努力实现伊拉克各派别之间的和谐。两国领导人希望进一步加强和发展两国在各领域的合作，特别是经济、投资、能源和交通方面的合作；表示希望继续进行双边协调与磋商，扩大合作范围，加强应对本地区各种挑战的能力。

约旦在伊拉克战争中遭受了重大损失。战前，约旦石油供应全部来自伊拉克。伊拉克是约旦最大出口市场，占约旦出口的20%。约旦制造业严重依赖伊拉克市场。约旦每年对伊拉克出口和过境收入约10亿美元。战争对约旦交通运输业和旅游业也造成很大负面影响。同时，约旦境内还有大量伊拉克难民。为此，美国等西方国家给予约旦10多亿美元的经济补偿。2002年约旦与伊拉克双边贸易额为12.07亿美元，伊拉克是约旦的第一大贸易伙伴。2003年双边贸易额为5.17亿美元，伊拉克退居第二大贸易伙伴。2009年约旦和伊拉克两国政府签署协定建立自由贸易区，进一步扩大双方贸易往来。

第八节　与其他阿拉伯和伊斯兰国家的关系

一　与埃及的关系

埃及是中东地区大国，约旦重视埃及的地位和作用，重视发展同埃及的关系。但长期以来，中东形势紧张动荡，复杂多变，约埃关系深受影响。两国既存在盟友关系，又存在分歧和矛盾。1958年、1964年、1972年、1979年，两国多次断交。1984年9月25日，约旦宣布与埃及复交。海湾危机爆发后，两国立场相悖，双方关系发展受阻。20世纪90年代初，约旦在约以和平问题上未与埃及等阿拉伯国家事先进行协调，并声称其对耶路撒冷拥有主权，曾一度导致埃约关系不和。1994年，双边关系全面恢复。20世纪90年代末双方关系进一步好转。1997年1月，约旦首相卡巴里提访问埃及，并向埃及总统穆巴拉克递交了侯赛因国王的亲笔信。1998年，约旦与埃及签署自由贸易协议。同年，侯赛因国王四次访问埃及。1999年2月，埃及总统穆巴拉克赴约旦参加侯赛因国王的葬礼。

1999年阿卜杜拉二世上台后，加强与埃及的关系，约埃关系进一步快速发展。作为阿拉伯温和派国家的代表，埃及和约旦在一系列地区问题上采取了共同立场和协调行动。2000年，埃及总统穆巴拉克访问约旦，同年，阿卜杜拉二世多次访问埃及。阿卜杜拉二世在接受埃及《金字塔报》采访时指出，约埃关系在多个层次上都非常重要。2月，约旦首相拉瓦比德访问埃及。埃约最高联合委员会会议在开罗举行。会议发表联合公报，呼吁以色列履行同有关各方签署的协议，尽快恢复同巴勒斯坦、叙利亚和黎巴嫩的和谈。公报强调必须维护伊拉克的主权和领土完整，主张在伊拉克执行联合国有关决议的基础上尽早取消对伊制裁。公报谴责各种形式的恐怖活动，呼吁尽快召开反恐怖首脑会议。2001 年 4 月，约埃在安曼举行两国最高混合委员会第 17 次会议，由两国总理主持。埃及建议尽快与突尼斯、摩洛哥达成自由贸易协议。5 月，阿卜杜拉二世访问埃及，在沙姆沙伊赫与埃及总统穆巴拉克就中东和平进程举行会谈。6 月，埃约高级经济联委会会议在约旦举行，双方总理出席会议。阿卜杜拉二世表示希望加强与埃及在所有领域的关系。约埃签署天然气管道协议，计划兴建将埃及天然气输送到约旦、叙利亚和黎巴嫩的天然气管道。同月，埃约达成核能合作协议，埃及将帮助约旦建立原子能机构，并培训人才。9 月，总长 278 千米的连接亚喀巴和埃及的天然气管道开始动工。2002 年 2 月、4 月，阿卜杜拉二世两次访问埃及。3 月、4 月，约旦首相和外交大臣访埃，就阿拉伯贝鲁特首脑会议、沙特阿拉伯王储阿卜杜拉的和平建议等进行磋商。6 月，穆巴拉克总统访问约旦。约旦首相访问埃及，双方表示支持阿拉法特的领导地位。2002 年 10 月，两国政府首脑共同主持两国最高混合委员会第 18 次会议，签署了多个协议，如建立联合商会、陆上人员和货物运输过境协议、开通亚喀巴到塔巴之间的定期海运航线、关于环境保护技术合作的谅解备忘录，以及旨在促进双方文化与科技合作、建筑、展览、电力、能源和人力资源等方面合作的协议。双方决定，此后双方部长和专家将每半年会晤一次，跟踪这些协议的执行情况。2003 年 3 月，穆巴拉克总统短暂访问约旦。4 月和 6 月，阿卜杜拉二世访问埃及。7 月，从埃及塔巴到亚喀巴的第一期阿拉伯天然气管道工程项目竣工，总长 18 千米。9 月，约旦与埃及、突尼斯和摩洛哥签署联合建立自由贸易区的协议。2004 年 1 月，约旦、埃及、叙利亚和黎巴嫩四国总理签署了合作建设第二期阿拉伯天然气管道项目协议，全长 390 千米，2005 年底完工，南起亚喀巴，北至约叙交界处的赖哈卜镇。2004 年 10 月，埃及总统穆巴拉克对约旦进行短暂访问，与阿卜杜拉二世在亚喀巴举行会晤，双方呼吁国际社会特别是中东问题有关四方在解决巴以冲突问题上采取积极负责的态度，使中东和平进程重新回到正确的轨道上，并按照中东和平“路线图”计划全面、公正地解决巴以问题。2005 年 1 月 13 日，阿卜杜拉二世在会见来访的埃及总理纳齐夫时强调，约旦期待与埃及进一步加强经贸、运输等领域的双边合作关系。约埃经济合作可以成为阿拉伯国家经济一体化进程中合作的典范。阿卜杜拉二世强调，约埃两国签署的天然气管道项目是推动阿拉伯国家经济合作的重要一步，应尽快落实。纳齐夫希望通过与约旦签署一系列的经贸协议，为实现两国经济全面发展以及阿拉伯国家经济一体化发挥有效的作用。他表示，埃及支持并鼓励企业家到约旦投资，同时对约旦投资者实施减税，为加强两国贸易创造适宜的环境。双方在海陆运输、通信、电力和天然气网络连接、职业培训和工业等领域开展广泛合作。2006 年 6 月和 10 月，阿卜杜拉二世出访埃及。2006 年 4 月，埃及总统穆巴拉克访问约旦。2007 年 6 月，阿卜杜拉二世国王访问埃及。9 月，埃及总统穆巴拉克访问约旦。2009 年 3 月，约旦国王阿卜杜拉二世在约旦亚喀巴与到访的埃及总统穆巴拉克举行了会谈，双方强调应实现阿拉伯国家的团结。5 月，阿卜杜拉二世国王访问埃及。

2011 年“阿拉伯之春”爆发，穆巴拉克政权被推翻，约旦对埃政策保持谨慎，双方关系未出现大倒退。2012 年 5 月，埃及外长阿姆鲁访问约旦，与阿卜杜拉二世国王举行会谈，双方就如何促进两国关系发展、地区局势和共同关心的问题等交换了意见。阿卜杜拉二世在会谈中表示，埃及为解决地区问题和维护地区国家团结发挥着举足轻重的作用。阿姆鲁向阿卜杜拉二世通报了埃及局势的最新发展，尤其是有关埃及总统选举的情况。2012 年 6 月，埃及穆斯林兄弟会领导人穆尔西赢得总统选举胜利。约旦新闻大臣萨米·马亚塔告诉记者，约旦希望穆尔西可以确保埃及稳定。2012 年 12 月，埃及总理甘迪勒访问约旦，与约旦国王阿卜杜拉二世就进一步加强双边关系和共同关心的地区问题举行会谈。甘迪勒向约旦国王转交了埃及总统穆尔西致阿卜杜拉二世的信，内容包括进一步发展两国在各个领域的双边合作机制以及就双方共同关心的地区局势继续保持协调和磋商，并正式邀请阿卜杜拉二世访问埃及。阿卜杜拉二世在会谈时说，约埃两国享有牢固的兄弟般关系，并希望进一步加强和扩大在各个领域的合作，特别是拓展在政治和经济领域的合作。2013 年 7 月埃及军人发动政变后，约旦对埃及新执政当局明确表示支持。2013 年 7 月 20 日，阿卜杜拉二世国王访问埃及，与埃及临时总统曼苏尔举行了会晤。阿卜杜拉二世是埃政局突变后首位访问埃及的阿拉伯国家元首，他强调，埃及所有政治力量和派别必须保持一致，达成全国共识。他表示，支持埃及人民对国家做出的选择，并将帮助埃及渡过现在的难关，实现埃及总统在宣言中所强调的稳定与安全。双方还探讨了加强双边关系的途径，以及埃及局势的发展和中东局势的最新进展。2013 年 8 月，埃及外长法赫米访问约旦。2013 年 9 月，约旦国王阿卜杜拉二世命令向埃及派驻一所野战医院，以帮助埃及医疗部门减轻负担。2013 年 10 月，约旦国王阿卜杜拉二世在安曼会见到访的埃及临时总统曼苏尔时重申，约旦支持埃及人民对未来的选择。2014 年 1 月，约首相恩苏尔访埃。埃及向约旦输送的天然气占约旦发电行业能源需求的 80%。2011 年埃及至约旦的天然气供应中断，导致约旦被迫使用柴油（价格高于天然气）发电，能源成本达到 45 亿美元。2014 年 3 月，约旦、埃及和伊拉克三国石油部长签署两项石油和天然气领域的合作协议。

二 与叙利亚的关系

约旦与叙利亚相邻，并与叙利亚有很深的历史文化渊源。但 20 世纪以来，两国关系一直存有矛盾。这既有历史原因，也有政治和意识形态的因素。1921 年外约旦建国时，埃米尔阿卜杜拉就有意将其管辖权扩大到叙利亚，认为叙是哈希姆王国的一部分。当时阿卜杜拉的弟弟费萨尔已失去叙利亚王位，叙利亚成为法国殖民地。直到 20 世纪 40 年代后期，叙约各自实现独立，阿卜杜拉仍未放弃成为叙利亚国王的计划。而叙利亚认为约旦的大哈希姆王国计划是对叙利亚内政的干涉，并告到了阿拉伯国家联盟。叙利亚阿拉伯复兴社会党执政后，由于叙约在意识形态和政治制度上的对立，叙复兴党政权对约旦王室及其亲美政策持严厉批评态度。20 世纪 50 年代，叙利亚对约旦开展反对国王的宣传运动，并为约旦的反对派提供政治避难，包括 1957 年阴谋推翻侯赛因国王的阿拉伯军团的军官和政治家。1958 年，叙利亚战斗机升空拦截侯赛因国王飞往欧洲的专机，迫使其返回安曼机场，使得两国关系进一步紧张。此外，得到叙利亚训练的武装组织还渗透到约旦境内开展秘密颠覆王室的活动，其高潮是1960年暗杀了约旦首相马贾利，凶手随后逃亡叙利亚。20世纪60年代后期，叙约关系进一步紧张，特别是约旦和巴解组织发生摩擦后，叙利亚明确支持巴解组织反对约旦。1970年9月，叙利亚还派一个师进入约旦北部，增援遭到约旦军队打击的巴勒斯坦游击队。随着约巴冲突加剧，1971年7月，叙利亚中断了与约旦的外交关系。

1973年“十月战争”后，叙约关系开始有了缓慢改善，是年10月两国复交。约旦为叙利亚提供了军事援助。1975～1977年，约叙关系转好。1975年阿萨德总统访问约旦，约叙签署协议，同意在国防、外交、情报、经济、教育和文化等方面进行协调合作，并建立了针对以色列的联合军事指挥部。叙利亚停止了反侯赛因国王的宣传，对得到叙利亚支持的反对约旦的巴勒斯坦组织进行了约束。叙约合作的另外一个重要原因是共同遏制巴解组织日益增大的影响。约旦转向叙利亚的一个重要原因就是其与美国的关系出现危机，美国拒绝了约旦提出的购买防空导弹系统的要求。1976年，在叙利亚帮助下，侯赛因访问莫斯科，寻求购买类似武器系统。当年黎巴嫩内战爆发后，约旦成为唯一的支持叙利亚出兵黎巴嫩的阿拉伯国家。但叙约之间存在很大分歧，叙反对约旦对约旦河西岸的主权，反对约旦企图单独与以色列媾和。不久，两国关系再次恶化。1977年，约旦在战术上支持埃及总统萨达特提出的和平建议，遭到叙利亚的反对。叙指责约旦窝藏从叙逃跑的穆斯林兄弟会成员。这一事件导致两国关系持续紧张，甚至几乎兵戎相见。1980年12月，双方都沿着边境部署了大量军队。为应对来自叙利亚的压力，约旦改善了与伊拉克的关系，取得了伊拉克的支持和援助。1981年，约旦指控叙利亚幕后指挥绑架了约旦驻黎巴嫩的武官，并指控阿萨德总统的弟弟里法特·阿萨德策划暗杀约旦首相。

20世纪80年代中期，双方关系有所改善。1985年9～10月，约旦首相里法伊和叙利亚总理卡西姆在沙特阿拉伯举行两次会晤。1985年12月，侯赛因国王访问叙利亚。1986年5月，叙利亚总统阿萨德访问约旦。1989年2月，约叙两国高级委员会第一次会议在安曼举行，双方一致同意将双边贸易额提高到2亿美元。1994年约旦率先与以色列实现和平之后，叙约关系再次恶化。1996 年，两国元首两次会晤。1997 年，约旦向叙利亚出口 3595 万美元，从叙利亚进口 8225 万美元。1998 年贸易额出现下滑，约旦对叙利亚出口为 2138 万美元，进口 4291 万美元。约对叙主要出口货物为白水泥、树脂、钢管等。叙对约出口主要是纺织品和服装。1999 年 2 月，阿萨德总统亲赴安曼参加侯赛因国王的葬礼。

阿卜杜拉二世上台后，着手改善与叙利亚的关系。1999 年 4 月，阿卜杜拉二世对叙利亚进行为期两天的访问。这是 1996 年 8 月以来约旦国王首次访叙。叙利亚总统阿萨德与阿卜杜拉二世举行了 4 轮会谈，双方一致同意本着"兄弟合作和互利的精神"解决两国关系中存在的各种问题。叙约两国领导人在会谈中就加速发展两国经贸关系、恢复自 1994 年约以签订和平条约后冻结的两国高级委员会会议、叙利亚帮助解决约旦用水困难以及加速修建雅尔穆克河上的"统一水坝"等问题达成了共识。双方还同意加强两国间的新闻合作，并停止相互间的新闻攻击。此后，两国关系开始重新好转。1999 年 7 月，阿卜杜拉二世访问大马士革，与阿萨德总统举行会谈。1999 年 8 月，叙利亚总理祖阿比一行对约旦进行正式访问。访问期间，他与约旦首相拉瓦比德共同主持了叙约高级委员会会议。双方一致同意加强两国在贸易、经济、矿产、旅游和投资等方面的全面合作，并签署了包括农业、水资源、运输、自由贸易区、文化和科技、高等教育、银行及联合投资等一系列协议和备忘录。根据自由贸易区协议，双方将向对方开放市场，最终到 2007 年消除所有贸易限制和关税。同月，约叙签署贸易框架协议。2000 年，叙利亚总统阿萨德去世，阿卜杜拉二世国王亲自出席葬礼，利用"葬礼外交"，大大改善了约叙关系。2000 年 5 月，阿卜杜拉二世以及约旦首相拉吉卜访叙。叙约双方同意恢复互派大使，并争取将双方贸易额提高到 20 亿美元。2000 年 7 月，阿卜杜拉二世再次访问叙利亚，祝贺巴沙尔就任叙利亚总统，并就地区以及双边关系等问题与巴沙尔交换意见。巴沙尔承诺向约旦供应淡水。同月，叙约自由贸易区正式建成。10 月，巴沙尔总统访问约旦。12 月，约旦批准了约叙航海协议，以促进双方的海上运输、船只维护、海洋保护、海洋立法、技术与信息交流等方面的合作。2000 年双边贸易额为 6800 万美元，占约旦对外贸易额的11%，叙利亚对外贸易额的0.8%。2001年1月，约旦计划大臣宣布，叙约已达成协议，将在雅尔穆克河上修建造价达21亿美元的瓦赫达大坝，可蓄水2.25亿立方米。2001年，约叙贸易额增加到7200万约旦第纳尔，其中约对叙出口增加60%，达到2550万约旦第纳尔，进口增加45%，达4650万约旦第纳尔。叙利亚成为约旦在阿拉伯世界的第四大贸易伙伴，仅次于伊拉克、沙特阿拉伯和阿联酋。根据统计，1999年叙向约供水800万立方米，2000年为300万立方米。叙多次表示将帮助约旦解决水资源危机，并采取措施禁止在靠近约旦边境的雅尔穆克河附近种植庄稼，此举为约旦节水800万立方米。叙利亚还通过阿卜杜拉水渠输水到安曼。2001年5月，约旦议长在会见叙利亚大使时强调，约旦支持叙利亚依照国际决议为解放被占的阿拉伯领土进行的斗争。约旦希望增强与叙在阿拉伯联合框架下的合作。叙利亚释放了5名被关押的约旦人。7月，阿卜杜拉二世致电巴沙尔总统，讨论地区形势与发展。8月，20年来叙利亚首次允许约旦报纸在叙利亚公开发行。叙利亚总理米鲁访问约旦，并举行两国高级委员会会议。9月，巴沙尔总统对约旦进行工作访问。2002年3月，阿卜杜拉二世和约旦首相拉吉卜先后访叙。7月，叙经济和对外贸易部长访问约旦，双方表示应进一步加强经济合作，并着重讨论了提供边境便利以及促进包括叙约黎三国的旅游项目。8月，约旦首相拉吉卜再次访叙。10月，巴沙尔总统访问约旦。2003年12月，正在美国访问的阿卜杜拉二世要求叙利亚控制与伊拉克的边界，避免反美武装分子渗入伊拉克，以保证伊拉克的安全。他呼吁巴沙尔总统要“更加谨慎”。对此，叙利亚方面非常不满。2003年，约叙贸易额为2.43亿美元。2004年1月，叙利亚总理访问约旦，双方签署了阿拉伯天然气工程第二阶段协议，管道将连接亚喀巴与叙利亚。2月，阿卜杜拉二世访叙，并与巴沙尔总统联合为瓦赫达大坝工程揭幕。4月，巴沙尔总统访约，与阿卜杜拉二世就阿拉伯首脑会议问题进行磋商。6月，约旦外交大臣马尔谢尔表示，约旦愿意居中调解美国与叙利亚之间的矛盾。10月，约叙达成边界划分协议，基本依照1923年边界进行划分。12月，约旦外交大臣穆尔基访叙，并向巴沙尔总统转交了阿卜杜拉二世国王的亲笔信。2005年2月2

日，叙利亚总统巴沙尔对约旦进行短暂访问。阿卜杜拉二世与巴沙尔在会谈中讨论了包括巴勒斯坦和伊拉克问题在内的中东地区政治局势的最新发展。两位领导人一致表示支持由选举产生的巴勒斯坦新领导人，支持其在恢复巴勒斯坦地区安全、完善政治制度等方面所做的努力，并呼吁国际社会向巴勒斯坦人民为在其领土上建立独立国家提供帮助与支持。2 月 27 日，叙利亚总理奥特里访问约旦，约旦国王阿卜杜拉二世在会见他时强调，中东和平进程还应该包括以色列与叙利亚和黎巴嫩实现和平。约旦正竭尽全力与各方面保持联系，为中东地区实现公正、持久、广泛的和平发挥作用。关于约叙关系，阿卜杜拉二世指出，约叙两国为实现共同利益十分重视在各个领域拓展合作关系，为此双方签订了一系列协议并建立了约叙高级委员会，以进一步发展两国在经贸、文化和科技等领域的合作。

尽管如此，两国关系仍然较为冷淡，这与巴以问题、黎巴嫩问题，以及约旦采取亲西方、亲沙特等温和派国家政策紧密相关。2008 年 3 月，第 20 次阿盟峰会在叙利亚大马士革举行。由于叙利亚拒绝接受沙特阿拉伯和埃及等国的要求，向黎巴嫩真主党等反对派施加压力以加快解决黎政治危机，黎巴嫩政府宣布抵制阿盟峰会。约旦和沙特、埃及相继宣布只派低级别官员出席会议。2011 年“阿拉伯之春”爆发后，尤其是叙利亚危机爆发后，约旦与叙利亚关系急剧恶化。阿卜杜拉二世公开要求巴沙尔总统下台，并与西方、沙特等海湾国家和土耳其等一道支持叙利亚反对派，在约旦境内暗中培训反对派武装。同时，约旦也接纳了大量叙利亚难民。2011 年 11 月 14 日，约旦国王阿卜杜拉二世在接受英国广播电台（BBC）采访时呼吁叙利亚总统巴沙尔·阿萨德为了人民的利益主动下台，并在下台之前开启政治对话的“新纪元”。他是首位提出这项要求的阿拉伯国家领导人。2012 年 8 月，约旦国王阿卜杜拉二世在接受美国 CBS 电视台采访时表示，如果叙利亚总统阿萨德无法控制整个叙利亚，他或寻求建立一块阿拉维派的飞地（被包围的领土）。阿卜杜拉二世表示，“这对我们而言是最糟糕的情况，因为这意味着大叙利亚的分裂，也意味着每个人都会开始争夺土地。如果叙利亚随后陷入混乱，这所引发的问题会让我们数十年都缓不过来”。2013 年 8 月，约旦政府发言人穆罕默德·莫曼宣布，约旦将不允许从其领土发动对叙利亚的军事行动。莫曼同时强调，约旦政府希望通过外交途径解决叙利亚危机，并呼吁国际社会为此进行努力。2014年5月，约旦外交部宣布叙利亚驻约旦大使巴赫贾特·苏莱曼为不受欢迎的人，并要求他在24小时内离开约旦。随即，叙利亚外交部发表声明，宣布约旦驻叙利亚使馆代办为“不受欢迎的人”。叙外交部表示，约旦的做法“不合理并应受到谴责”，这一做法有害叙约两国人民间的深厚友谊。大量叙利亚难民涌入给约旦带来沉重负担。约政府允许叙利亚籍学生在约旦公立学校入学接受教育，并为叙利亚难民提供免费医疗服务。同时，涌入的叙利亚难民与当地人争夺低端就业岗位造成约旦失业率居高不下。据国际劳工组织统计，约16万叙利亚难民在约旦建筑业和服务业等部门工作，将本地失业率推高至15.6%。据联合国测算，为了应对境内叙利亚难民问题，2013年约旦须支出21亿美元，2014年，该项支出将增至32亿美元。2014年1月6日，安理会本月轮值主席、约旦常驻联合国代表侯赛因表示，约旦一贯主张通过政治途径解决叙利亚冲突，支持遵循日内瓦计划，从政治和经济方面重建叙利亚的努力。作为接纳了众多叙利亚难民的邻国，约旦将再次提请包括安理会成员国在内的国际社会对叙利亚难民及其可能对邻国造成的影响投以更多的关注。

三　与沙特阿拉伯等海湾国家的关系

1990年海湾危机发生后，由于支持伊拉克，约旦与埃及、叙利亚、沙特及科威特等国立场相悖，同这些国家的关系一度趋冷。海湾战争后，约主动改善同这些国家的关系。阿卜杜拉二世国王继位后，约与海湾国家关系逐步恢复并持续深入发展，双方关系日益紧密，并形成联盟关系。海湾合作委员会有意吸纳约旦为成员国，并大力支持约旦政治稳定和经济发展。近年来，约从海湾国家获得大量援助和投资。伊拉克战争后，约获得半年的海湾优惠供油，并提出加入“海湾合作委员会”。2011年5月，海湾合作委员会峰会决定，欢迎约旦申请加入海合会，双方将进一步商谈正式加入的相关问题。12月，海合会峰会决定成立海湾基金，未来5年内分别向约旦和摩洛哥提供25亿美元的发展援助。2012年，沙特、科威特、阿联酋承诺向约提供援助7.5亿美元。2013年1月，阿卜杜拉二世国王访问巴林，并出席在科威特举行的“叙利亚人道主义问题高级别国际认捐会议”和在沙特举行的“第三届阿拉伯经济社会发展峰会”。7月、12月，阿卜杜拉二世国王分别访问科威特、阿曼。

1. 与沙特阿拉伯的关系

历史上，阿拉伯半岛的两大家族——哈希姆家族与沙特家族曾长期对立，并为争夺阿拉伯半岛的领导权而多次发生战争。1916年，麦加谢里夫侯赛因·本·阿里发动阿拉伯大起义，并自称阿拉伯王，与沙特家族控制的内志发生冲突。1918～1919年，汉志与内志不断发生武装冲突，后经英国调解才得以缓和。1924～1925年，日益崛起的沙特家族灭掉了哈希姆家族统治的汉志王国，占领了哈希姆家族的腹地麦加、麦地那和塔伊夫等地。在英国支持下，外约旦军队占领了亚喀巴和马安地区。1925年12月，英国与阿卜杜勒·阿齐兹签订《哈德条约》，将联系内志与叙利亚的草原走廊割让给外约旦。1933年，外约旦与沙特阿拉伯签订条约，规定双方相互承认对方的政权，建立睦邻友好关系。但哈希姆家族与沙特家族的对抗一直延续到20世纪50年代。1953年侯赛因上台后，开始改善与沙特阿拉伯的关系，并主动出访沙特阿拉伯。1957年1月，约旦与英国关系破裂后，约旦得到了沙特阿拉伯的支持，约与埃及、沙特阿拉伯、叙利亚三国签订阿拉伯团结协定，规定7年内由三国向约旦提供1250万英镑的财政补贴，以取代英国的财政补贴，沙特阿拉伯负担其中的一半。此后，约沙关系日趋好转，两国都是亲美的阿拉伯王国，在反对纳赛尔主义、苏联扩张等方面立场一致。沙特阿拉伯向约旦提供了大量经济援助，并接纳了大量约旦劳工。1979年，约旦还应沙特阿拉伯的请求出兵帮助镇压麦加的骚乱。1990年海湾危机发生后，由于两国立场不同，沙特阿拉伯指责约旦支持伊拉克，决定中断向约旦供应石油，并驱逐20名约旦外交官以及在沙特阿拉伯的约旦劳工。战后，随着约旦政策调整，两国关系有所改善。1997年1月，约旦国王侯赛因抵达沙特阿拉伯的麦地那访问，旨在促进双方在安全领域的合作，敦促沙特阿拉伯向约旦产品开放市场和增加在沙特的约旦人的就业机会。侯赛因还向法赫德国王通报了中东和平进程的最新发展以及巴以签署希伯伦协议的情况。两位领导人还就双边关系尤其是经贸关系的发展进行了讨论。1997 年，约旦与沙特阿拉伯的贸易额达到 3.45 亿美元。1998 年 7 月，两国决定逐步实现贸易自由化。双方同意建立一个委员会，具体研究落实最终实现自由贸易。1998 年，侯赛因国王访问沙特阿拉伯，沙特阿拉伯王储阿卜杜拉回访约旦。

阿卜杜拉二世上台后，大力改善约旦与沙特阿拉伯等海湾国家的关系。2000 年 1 月，沙特阿拉伯参谋长联席会议主席穆哈亚访问约旦。穆哈亚是 1990 年海湾危机以来沙特阿拉伯军方访问约旦的最高级别领导人，标志着约沙两国因海湾危机而受到严重损害的双边关系正得到进一步改善。约旦首相兼国防大臣拉瓦比德表示，约旦愿同沙特阿拉伯全面发展双边关系，其中包括加强军事合作。穆哈亚表示，沙特阿拉伯愿同约旦和其他阿拉伯国家开展军事合作和军事技术交流。他对约旦军队在国际事务与维和行动中积极发挥作用表示赞赏。2000 年 5 月和 2001 年 3 月、8 月和 11 月，2002 年 1 月、6 月和 11 月，阿卜杜拉二世访问了沙特阿拉伯。沙特是阿卜杜拉二世上任后首次出访的国家。2003 年 2 月和 4 月，阿卜杜拉二世又访问沙特阿拉伯，就伊拉克战争等问题与沙特领导人进行磋商。5 月，约旦与沙特阿拉伯签订了石油供给协议，沙特阿拉伯每天向约旦供应 10 万桶原油，其中 5 万桶为无偿赠送，另外 5 万桶按照市场价出售。2002 年约旦与沙特阿拉伯的贸易额为 2.87 亿美元，2003 年为 4.5 亿美元。2004 年 5 月，沙特阿拉伯王储阿卜杜拉访问约旦。2006 年，阿卜杜拉二世 4 次出访沙特（6 月、7 月、8 月、10 月）。2007 年 6 月，沙特国王阿卜杜拉二世访问约旦，这是沙特国王 25 年来首访约旦。两国领导人就双边关系和中东问题进行了探讨并重点讨论了巴勒斯坦派系争斗问题。双方发表的联合声明呼吁阿拉伯世界实现内部和平，尽快将阿拉伯和平倡议付诸实施。双方领导人还就加强两国在各领域的合作交换了意见。约旦国王阿卜杜拉二世感谢沙特帮助约旦克服油价上涨带来的经济困难。会后，两国领导人还宣布在约扎尔卡地区建设以沙特国王名字命名的大型社区。2010 年 2 月，约旦国王阿卜杜拉二世访问沙特。2010 年 7 月，沙特国王阿卜杜拉访问约旦。约旦国王阿卜杜拉二世与沙特阿拉伯国王阿卜杜拉举行会谈，双方就中东局势和其他共同关心的问题交换了意见。两位领导人强调，约旦和沙特支持黎巴嫩为维护稳定、安全、统一和民族团结所做的努力。“两国方案”是解决巴以冲突、实现中东地区安全和稳定的唯一途径，约旦和沙特支持巴勒斯坦人民恢复合法权利的正义要求。伊拉克应尽快组建由所有政治派别参加的民族团结政府，以维护伊拉克的安全和稳定。2013 年 2 月，沙特外交大臣费萨尔亲王访问约旦，并与约旦国王阿卜杜拉二世就巴勒斯坦问题和叙利亚危机的最新发展进行了交谈。双方还讨论了两国之间的合作关系。阿卜杜拉二世国王对约旦沙特两国关系的进一步发展表示赞赏，并认为这种关系在应对各种挑战中已成为阿拉伯国家联合行动的典范，他强调希望进一步发展这种有利于两国和两国人民共同利益的关系。目前，沙特是约第一大援助国。2012 年，沙特、科威特、阿联酋承诺向约提供援助 7.5 亿美元。2013 年阿卜杜拉二世国王访问沙特。

2. 与阿联酋的关系

约旦与阿联酋关系密切，两国王室来往频繁。阿卜杜拉二世与阿联酋的许多要员有着良好友谊。2000 年，阿卜杜拉二世一年内三次访问阿联酋。2001 年 3 月、2002 年 1 月和 8 月，阿卜杜拉二世访问了阿联酋。2003 年 3 月和 10 月，阿卜杜拉二世又访问了阿联酋。2006 年 1 月和 6 月，阿卜杜拉二世两次出访阿联酋等国。2008 年，约旦政府与阿联酋玛巴尔地产公司签署协议，双方将投资 50 亿美元用于约旦亚喀巴港口南迁项目。2012 年 9 月，约旦财政大臣会见来访的阿布扎比基金会代表团，双方就上半年达成的 12.5 亿美元援款具体实施方案交换了意见。根据海湾国家与约旦签订的援助协议，未来 5 年内，阿联酋、沙特、卡塔尔与科威特将向约旦提供总额 50 亿美元援助贷款。

3. 与科威特的关系

海湾危机爆发后，约科关系恶化，两国间贸易锐减，约旦对科威特的出口贸易额由战前的 1540 万美元跌至 1995 年的 126 万美元，并由直接贸易转为间接贸易。1996 年两国关系改善后，两国间的间接贸易额上升到 2800 万美元。1997 年 1 月 29 日，约旦《宪法报》称，科威特特种部队曾残酷迫害关押在科监狱的约旦公民。侯赛因国王表示关注，希望弄清这些囚犯在海湾战争中被捕和被判刑的原因以及目前的处境，强调必须按照国际惯例和有关文件以及有关拘押犯人的法律处理这些约旦犯人。约旦要求科方澄清海湾战争后约旦公民被投进科威特监狱的问题。同年3月2日，科威特宣布决定恢复同约旦的直接贸易。科威特开始允许约旦的货运车辆经陆路直接进入科威特境内。3月4日，约旦供应大臣苏贝尔发表声明，欢迎科威特政府宣布恢复与约旦的直接贸易。苏贝尔在声明中说，恢复中断6年的两国间直接贸易将有助于全面恢复两国关系，特别是两国间的经贸关系。1999年2月阿卜杜拉二世上台后，着手改善与科威特的关系。2001年5月，阿卜杜拉二世访问科威特。2002年，约旦同科威特签署了两国保护投资、避免双重征税、劳务、技术等方面的协定。2004年1月，约旦外交大臣马阿谢尔访问科威特，科约两国混合委员会首次会议在科威特举行。科约两国强调反对损害伊拉克的安全、稳定与领土完整，遵守不干涉伊拉克内政的原则。2005年1月，约旦首相兼国防大臣法耶兹访问科威特。2006年1月和5月，阿卜杜拉二世两次出访科威特。2013年1月，约旦政府与科威特政府签署4项合作协议。根据协议，科威特阿拉伯经济发展基金会将对约旦提供项目发展资金约2.6亿美元，该资金将用于发展教育、水资源、健康、能源等多个领域。此次援助资金也是海湾合作组织框架下科威特对约旦提供12.5亿美元援助的一部分。目前，科威特是约第一大投资伙伴，在约投资总额超过80亿美元。

4. 与卡塔尔的关系

1999年11月，约旦首相拉瓦比德访问卡塔尔。2000年4月，卡塔尔外交大臣访问约旦。2002年8月，因对卡塔尔半岛电视台不满，约旦宣布关闭该台驻安曼办事处，召回驻卡塔尔大使。2003年3月，约旦国王阿卜杜拉二世访问卡塔尔。2004年3月，卡塔尔埃米尔哈马德·本·哈利法·阿勒萨尼访问约旦，与阿卜杜拉二世国王在亚喀巴就中东局势，特别是巴勒斯坦领土局势的最新发展、结束暴力活动以及积极推动和平进程等问题举行了会谈。2006年10月，因卡塔尔在联合国秘书长意向性投票中支持韩国候选人潘基文，而未支持约候选人扎伊德亲王，约召回驻卡大使。2011 年 12 月，在海湾合作委员会首脑会议上，沙特阿拉伯、阿联酋、科威特和卡塔尔决定由每国支付 12.5 亿美元，组成总金额为 50 亿美元的支持约旦项目开发的五年期援助计划。2012 年，约旦和卡塔尔签署框架备忘录，探讨卡塔尔捐助给约旦的 12.5 亿美元赠款的用途。约旦计划部长表示，该援助计划 60% 的资金计划用于当地社区的发展，15% 的资金用于能源项目开发，10% 的资金用于运输部门，另外 15% 的资金用于教育和卫生等其他领域。2014 年 3 月，卡塔尔埃米尔塔米姆访问约旦，与阿卜杜拉二世国王举行会谈，双方就进一步加强和巩固约卡两国在各个领域的关系，以及中东局势的最新发展等问题举行会谈。阿卜杜拉二世和塔米姆在会晤时强调两国非常希望加强两国之间的兄弟关系，巩固在各个领域的合作，以实现两国的共同利益，并服务于阿拉伯事业。两国领导人还强调有必要就进一步加强两国双边关系以及阿拉伯和地区等共同关心的问题保持磋商与协调。

5. 与巴林的关系

2000 年，约旦国王阿卜杜拉二世三次访问巴林。同年 4 月，巴林首相哈利法访问约旦。访问期间，他同约旦首相拉瓦比德就中东局势及加强双边关系等问题进行了广泛磋商。双方还签署了加强科技、卫生和文化领域合作的 3 项协议。2002 年 1 月，阿卜杜拉二世访问巴林。2010 年 8 月，约旦国王阿卜杜拉二世访问巴林，与巴林国王哈马德举行会谈。双方一致称赞彼此在两国关系上所做的贡献，表示将在经贸和文化等领域进一步加强合作与交流，同时双方还在地区局势和国际焦点问题上交换了意见。2011 年 9 月，约旦与摩洛哥联合出兵巴林，协助维稳。2012 年 9 月，巴林国王哈马德·本·伊萨·阿勒哈利法访问约旦，与约旦国王阿卜杜拉二世举行会谈。两国领导人在会晤期间，就共同关心的问题及地区局势的最新发展、特别是叙利亚局势交换了意见。两国领导人对叙利亚局势进一步恶化且尚未找到一个快速和全面的政治解决方案表示担忧。

6. 与阿曼的关系

两国关系友好。1998 年侯赛因国王访问阿曼。2000 年 5 月、2001 年 4 月、2002 年 8 月和 2003 年 10 月，阿卜杜拉二世国王访问阿曼。2004 年

9月，阿卜杜拉二世对阿曼进行为期3天的私人访问，与阿曼素丹就双边关系举行会谈。2013年11月，阿卜杜拉二世访问阿曼。

四 与利比亚等北非阿拉伯国家的关系

1. 与利比亚的关系

1970年9月，约旦与巴勒斯坦游击队发生武装冲突后，利比亚于同年9月28日宣布与约旦断交，后复交。1984年2月，利比亚的黎波里发生火烧约旦驻利大使馆事件，约旦宣布与利比亚断交。1987年9月24日，约旦与利比亚复交。1998年3月，侯赛因国王访问利比亚，双方讨论了和平进程、伊拉克危机以及经济合作事宜。6月，约旦首相访问利比亚。12月，侯赛因国王派阿卜杜拉亲王访问利比亚，并向卡扎菲捎去亲笔信。1999年2月阿卜杜拉二世上台后，两国关系得到进一步发展。4月，阿卜杜拉二世访问利比亚。约旦皇家航空公司恢复了因联合国对利比亚制裁而中断7年之久的约利航线。11月，约利举行联合委员会会议，签署了包括劳工、运输、教育、卫生和信息技术等在内的多个领域的合作协议。2000年5月，利比亚总人民委员会（内阁）秘书（总理）沙迈赫访问约旦，同约旦首相拉瓦比德举行了会谈。双方表示支持召开一次阿拉伯国家首脑会议，讨论地区形势和加强团结合作的问题，尽快建立阿拉伯自由贸易区。双方重申支持阿拉伯国家在中东和平进程中获得应有的合法权利，包括巴勒斯坦人民的建国权利及叙利亚和黎巴嫩收复被占领土的权利。双方呼吁国际社会解除对伊拉克的经济制裁，约旦同时表示应尽快结束对利比亚的国际制裁。沙迈赫还与拉瓦比德共同主持召开了两国最高联合委员会会议，双方决定加强政治和经济联系，特别要在贸易、工业、农业、水利、卫生、文教、金融、社会保险、运输、住房和信息技术等领域进一步开展双边合作。利比亚允诺为约旦修建一条从利比亚到安曼的输水管道，耗资7.3亿美元，并将出资70%。2000年9月，阿卜杜拉二世访问利比亚，并参加了利比亚革命纪念日活动。访问期间，他与卡扎菲就双方关系，尤其是经济金融合作以及双方共同关心的地区和阿拉伯世界问题进行了会谈。卡扎菲授予阿卜杜拉二世利比亚最高勋章，以感谢1992～

1999年利比亚遭受制裁期间，约旦始终支持利比亚。10月，利比亚领导人卡扎菲回访约旦。2000年2月和9月，利比亚对外联络与国际合作总人委秘书（外长）沙勒格梅两次访问约旦。2004年10月，阿卜杜拉二世访问利比亚。2011年卡扎菲政权被推翻后，约旦是最早承认利比亚“过渡委员会”的国家之一，并在利援建战地医院。2012年2月，约首相哈萨瓦纳访利。2013年12月，利比亚总理阿里访问约旦。2014年4月15日，约旦驻利比亚大使法瓦兹·埃坦在利比亚首都的黎波里被绑架。5月，埃坦被释放，作为交换，约旦方面释放了一名关押的利比亚籍恐怖分子。

2. 与阿尔及利亚的关系

约旦与阿尔及利亚关系一向友好。1999年5月31日至6月1日，约旦国王阿卜杜拉二世对阿尔及利亚进行了为期两天的友好工作访问。双方发表联合公报，呼吁在马德里和会及执行所有已达成协议的基础上恢复中东和平进程。两位领导人在联合公报中重申，必须恢复阿拉伯国家的一切合法权利，特别是必须保证恢复巴勒斯坦人民建立以耶路撒冷为首都的独立国家的权利。2000年2月，阿尔及利亚总统布特弗利卡访问约旦。2005年双方贸易额由2004年的7062万美元上升到9463万美元。2006年2月，约旦和阿尔及利亚两国在投资、传媒、旅游、青年交流、体育、职业培训、教育、文化、食品和药品等领域签订了9项合作协议和备忘录。另外，约方还提议稍后在安全和水资源领域与阿方签订另外两项备忘录。约阿双方还同意更新两国在1997年签署的有关商业协议，消除约旦公司向阿尔及利亚出口的障碍。另外，双方还决定设立联合技术商业委员会处理两国之间的商务问题，并在两国贸易部门设置相应部门，对一些问题进行紧急磋商。两国还拟在制药、服装、水泥、农业机械、食品生产等领域展开投资合作。

3. 与摩洛哥的关系

约旦与摩洛哥关系紧密。2000年3月、2001年6月、2002年2月和2003年3月，约旦国王阿卜杜拉二世都曾访问摩洛哥。2004年3月，摩洛哥议会代表团访问约旦，其间与约旦议会发表联合公报，呼吁国际社会支持巴勒斯坦人民建立以耶路撒冷为首都的独立的巴勒斯坦国，并帮助伊拉克人民结束占领、尽快恢复主权和领土完整。公报还表示希望在突尼斯举行的阿拉伯首脑会议能达成多项决议，为实现阿拉伯民族团结以及推动和发展阿拉伯的共同事业做出贡献。2007 年摩约双边贸易额为 3380 万美元。摩约贸易仅占摩外贸总额的 0.7% 左右。2008 年 7 月，约旦—摩洛哥高级委员会第四次会议在安曼举行。双方一致认为，两国经贸合作仍有较大增长空间，呼吁加强两国私营部门的合作，为进一步促进双边经贸合作创造更多的机会。2009 年 3 月，阿卜杜拉二世访问摩洛哥，并与穆罕默德六世国王举行会谈，双方讨论了阿拉伯国家和中东地区的局势，表示阿拉伯国家在目前阶段应营造有利于团结的氛围，协调一致，共同应对各种挑战。2011 年 9 月，约旦与摩洛哥向海湾阿拉伯国家合作委员会（海合会）提供 2 万名职业军人以帮助“维稳”，海合会方面负责支付费用。2012 年 10 月，摩洛哥国王穆罕默德六世访问约旦，与阿卜杜拉二世国王就双边关系和地区局势的最新发展等议题举行会谈。两国领导人在会谈时就中东地区局势的最新发展，尤其是叙利亚危机等交换了意见。约旦国王强调，约旦支持寻求政治解决叙利亚危机，以停止暴力和流血冲突，维护叙利亚的国家统一。阿卜杜拉二世强调，这场危机继续下去，不仅会给叙利亚带来不良后果，还会对本地区乃至外部地区造成负面影响。两国领导人在会晤时肯定了约旦和摩洛哥良好的双边关系，并表示将进一步加强两国在各个领域的合作，为两国的共同利益服务。同时，两国政府官员还举行会谈，探讨在能源、矿产、水资源、环境、卫生、经贸、交通和农业等领域加强双边交流与合作。2014 年 2 月，受约旦首相邀请，摩洛哥政府首脑班基兰对约旦进行为期 3 天的工作访问。

4. 与突尼斯的关系

约突关系良好。1998 年 4 月，侯赛因国王访问突尼斯，与突尼斯领导人就巴勒斯坦问题、突约双边关系、阿拉伯地区局势以及马格里布国家的局势交换了意见。1999 年 6 月，突尼斯总理卡鲁伊对约旦进行为期 3 天的访问，并同约旦首相拉瓦比德一起主持了两国最高委员会第 4 次会议，两国决定加强在经贸、工业、农业、交通、文化和新闻等领域的合作。2001 年 1 月，约旦与突尼斯、埃及和摩洛哥签署建立联合自由贸易区协议。2007 年，突尼斯总理加努希访问约旦，并举行约突高级混合委员会会议，双方共签订 11 项协议和备忘录。约首相巴希特称，两国贸易额仍有扩大空间，鼓励两国私营行业充分利用约旦、突尼斯、埃及和摩洛哥签订的 Agdir 协议，加强经贸合作。阿卜杜拉二世国王强调约旦愿与突尼斯在各方面发展友好关系，且两国在重视人力资源开发、吸引外资等方面有很多共同之处，两国应充分发挥双方签订的自贸协议的潜力，进一步扩大经贸往来。他表示，希望提升两国私营行业之间合作的重要性。他呼吁双方企业家建立合作机制，促进经济发展，创造更多就业机会。

五 与土耳其的关系

约土长期保持良好关系。2000 年 3 月，阿卜杜拉二世对土耳其进行为期两天的访问。阿卜杜拉二世称赞土耳其在地区发挥了突出作用。约土都支持该地区实现公正和持久的和平，解决由阿以冲突引发的所有问题。两国领导人表示将扩大双边贸易，并争取签署自由贸易协议；抓紧关于约旦从土耳其购买水事宜的谈判；同意建立军事联系，加强国防工业合作。约旦还邀请土耳其商人来约旦资格工业区投资。据统计，2000 年土约贸易额约 8000 万美元。2004 年 3 月，应土总统德米雷尔邀请，阿卜杜拉二世偕王后拉尼娅再次访问土耳其。德米雷尔称赞土约关系是该地区稳定和现代化的榜样，土约合作将促进地区的和平与稳定。阿卜杜拉二世称，土约关系正处于历史上最好的时期，他此行将进一步推动两国的经济合作，扩大双方投资和贸易。他表示，如果土约私营部门加强合作的话，双边关系将会得到进一步提升。他欢迎土耳其商人前往约旦投资，建议两国尽快签署自由贸易协议。据统计，2003 年土对约出口比 2002 年增加了 19%，达 1.359 亿美元，进口下降了 26%，为 1340 万美元。2006 年 11 月，土耳其总理埃尔多安访问约旦。2009 年约旦与土耳其签署自由贸易协定，2010 年初生效。2009 年 12 月，土总统居尔访问约旦。2013 年 5 月，约旦国王阿卜杜拉二世访问土耳其。2014 年 3 月，约土签署一项框架协议，根据该协议，土耳其将向约旦提供经济和技术援助。协议还将知识和科学交流、管理、环境、可再生能源、文化、农业和农村发展、中小企业合作、医疗、交通、水和污水处理等确定为双方主要合作领域。2014 年 9 月，土耳其外长达乌特奥卢访问约旦，双方讨论叙利亚和伊拉克局势及其对本地区的影响，并表示将继续保持协调与合作，共同应对各种挑战。土耳其外长表示，土耳其愿意将约土两国关系提升为战略合作伙伴关系，并提高贸易水平，增加在约旦的投资份额。他说，两国在巴勒斯坦问题上有着共同的立场，对地区局势的研判观点一致。

六　与伊朗的关系

两国关系长期冷淡。两伊战争期间，约旦坚决支持伊拉克，与伊朗断交。战后，两国关系有所恢复。海湾战争爆发后，1991 年 1 月 28 日，约旦外长马斯里访问伊朗，表示支持伊朗提出的关于结束海湾战争的“五点计划”。特别是 1999 年阿卜杜拉二世上台后，约旦与伊朗关系进一步好转。2002 年两国贸易额为 2000 万美元。约旦对伊朗出口商品为磷酸盐、钾盐和肥料，从伊朗进口产品主要是工农业产品。2003 年，伊朗工业能源部长访问约旦，双方签署了有关避免双重税收、促进农业合作谅解备忘录和执行贸易议定书的 3 项协议。伊朗还在安曼国际展览馆举办了“第 7 届伊朗商品展”。2003 年 4 月 23 日，伊朗总统哈塔米派特使赛义德访问约旦，赛义德向阿卜杜拉二世国王转交了伊朗总统哈塔米的亲笔信，信中表达了伊朗迫切希望与约旦加强联系与合作的愿望。赛义德与约旦外交大臣马阿谢尔就当前该地区局势，特别是伊拉克问题交换了意见。双方认为，应该共同维护伊拉克的主权和领土完整，应让伊拉克人民决定自己的未来和选择自己的政府。双方在会谈中讨论了巴勒斯坦局势的最新发展以及寻求中东地区实现全面、公正、永久和平的途径。双方表示希望进一步发展和推动两国在各领域的合作。2003 年 7 月，伊朗道路和运输部长霍拉姆访问约旦。约旦首相拉吉卜在与其会见时指出，改善约旦和伊朗两国间的交通状况和发展宗教旅游等是发展双边贸易、促进两国人员交往的关键所在。2003 年 9 月，阿卜杜拉二世国王对伊朗进行了为期两天的访问，这是自 1979 年伊朗爆发伊斯兰革命以来，约旦国王首次访问德黑兰。访问期间，阿卜杜拉二世分别与伊朗精神领袖阿里·哈梅内伊、伊朗总统穆罕默德·哈塔米以及伊朗政府高级官员就加强和发展两国双边关系以及共同关心的问题举行了会谈。访问结束时，两国发表了联合宣言，宣布伊约将加强在政治、经济、文化等各领域的广泛合作，充分利用该地区的自然资源，进一步加强和发展两国建立在悠久历史和古老文化基础上的共同关系。宣言呼吁阿拉伯国家和伊斯兰国家加强在各领域，尤其是经济领域的地区性合作，以维护各国和人民的利益。关于伊拉克问题，两国希望在伊拉克人民的主导下建立一个合法的伊拉克政府，并强调该地区各国应加强合作，维护伊拉克的主权和领土完整，尽力帮助伊拉克人民渡过面临的困境。宣言强调，应当发挥联合国在国际事务中的作用，加强国际社会参与制定国际和地区性决议，并强调中东地区应成为无大规模杀伤性武器区。2003 年 12 月，伊朗巴姆地区发生大地震，约旦皇家医疗中心官员宣布向伊朗紧急派遣一个野战医院，为灾民提供医疗服务。此外，约旦还向伊朗运送了一批包括帐篷、毛毯、食品和药品在内的紧急救援物资。2004 年 6 月，约旦首相法耶兹率包括宫廷大臣、外交大臣在内的代表团访问伊朗，签署了多个政府间合作协议，两国决定扫除阻碍两国关系发展的障碍，扩大经济和贸易合作。2004 年 9 月，伊朗副总统兼伊朗体育组织主席阿扎德甘访问约旦，讨论双边关系以及伊拉克形势。阿卜杜拉二世表示，约伊关系正稳步向前发展，建议尽快实施两国政府间协议，允许两国私人部门在经济领域进行投资，特别是水资源和旅游部门。2004 年 12 月，阿卜杜拉二世国王在一次新闻采访中指责伊朗干涉伊拉克内政，派 100 多万伊朗人进入伊拉克准备参加 2005 年 1 月举行的大选，称伊朗试图建立一个包括两伊、叙利亚和黎巴嫩的“什叶派新月地带”。伊朗政府称这番言论是对伊朗民众的侮辱，并取消了伊朗外长哈拉齐参加约旦主持的伊拉克周边国家外长会议的计划。

2010 年 12 月，约旦国王阿卜杜拉二世与到访的伊朗总统办公室主任马沙伊举行了闭门会议。他表示，将寻求迈出“有实际意义的步伐”提升与伊朗的关系。约旦王宫声明称，阿卜杜拉二世接受了内贾德的邀请访问，但日期并未确定。阿卜杜拉二世曾在最近几年对伊朗提出严厉批评，警告伊朗不断扩大的影响力会损害其与该地区亲美国家的关系。2012 年 7 月，约旦首相塔拉瓦奈在会见到访的伊朗负责阿拉伯和非洲国家事务的副外长侯赛因·埃米尔·阿布杜拉希扬时说，约旦一贯主张在不干涉别国内政的基础上同所有国家发展良好关系。约旦呼吁国际社会寻求以和平方式解决叙利亚危机，约旦支持联合国—阿盟联合特使安南解决叙利亚危机的“六点计划”，并希望伊朗在寻求巩固地区安全与稳定方面发挥积极作用。阿布杜拉希扬向塔拉瓦奈介绍了伊朗对地区局势发展所采取的政策和立场，包括对叙利亚危机等地区局势的看法。同时，他表示，伊朗将进一步加强与约旦在多个领域的合作，努力扩大与约旦的贸易往来。2012 年 11 月，伊朗驻约旦大使穆斯塔法·穆斯利赫-扎德表示，伊朗已经准备好在未来 30 年为约旦提供免费石油和能源，以交换伊朗所需的物资。伊朗正在寻求加强与约旦的“外交和商业联系”。此前，约旦政府取消燃料补贴的决定引发了大规模的民众抗议活动。2014 年 1 月，伊朗外长扎里夫访问约旦。

第九节　与其他国家的关系

一　与日本的关系

1954 年，日本与约旦建立外交关系。1974 年，哈桑王储访问日本。同年，双方相互在对方首都设立大使馆。

自 20 世纪 70 年代以来，约旦同日本的双边关系不断发展，包括政府官员和王室成员在内的高层往来频繁，经济关系密切。1976 年，日本王储明仁夫妇访问约旦，同年侯赛因国王夫妇访问日本。1980 年，日本王储访问约旦。1982 年和 1983 年侯赛因国王两次访问日本。1988 年，哈桑王储访问日本。1989 年 2 月，侯赛因国王出席了日本裕仁天皇的葬礼；10 月，努尔皇后访问日本。1990 年，哈桑王储参加了明仁天皇加冕庆典。1990 年 10 月，日本首相海部俊树访问约旦。1993 年，约旦首相访问日本。1994 年，哈雅公主访问日本。1995 年，哈桑王储再次访问日本；同年，日本王储（1月）、首相村山富市（10月）访问约旦。1996年6月，日本王储访问约旦。1998年，阿卜杜拉亲王访问日本。1999年1月，日本外相访问约旦；2月，日本首相小渊惠三和王储夫妇访问约旦。1999年阿卜杜拉二世上台后多次访问日本（1999年12月、2002年6月、2004年12月、2005年12月、2006年12月、2009年4月、2010年4月、2014年11月）。2000年，约旦王储哈姆扎访问日本。2001年10月，约旦首相拉吉卜访问日本，表示希望日本在中东和平进程中发挥更大作用。2002年11月，日本派特使访问约旦，磋商伊拉克核查问题。2003年4月和5月，日本外相川口顺子两次访问约旦。10月，巴斯玛公主访问日本。2005年6月，日本王储访问约旦。2006年7月，日本首相小泉纯一郎访问约旦。在约期间，小泉与约旦国王阿卜杜拉二世和巴希特首相举行了会晤，探讨了双边关系和地区局势的有关问题。小泉纯一郎首次提出“和平繁荣走廊”倡议，计划在约旦河谷建立一座农工产业综合园区，在日本主导下，通过经济合作的形式令以色列、巴勒斯坦、约旦三方获得利益，并借此重建互信，推动中东地区实现和平、共享繁荣。2006年8月，哈桑亲王访问日本。2007年，穆娜公主、莱雅尔公主访问日本。2008年，哈桑亲王、苏玛雅公主、莱雅尔公主以及约旦外交大臣访问日本。2010年10月，约首相里法伊访日；11月，阿里亲王访问日本。2011年，阿里亲王、费萨尔亲王和米瑞德亲王分别访问日本。2012年5月，日本外相玄叶光一郎访问约旦，双方讨论了日方提出的在约旦河谷建设巴勒斯坦“和平繁荣走廊”的倡议，并强调支持巴勒斯坦经济发展的重要性。约旦政府表示支持日本政府提出的在约旦河谷建设“和平繁荣走廊”的倡议，并表示愿同日本政府和巴勒斯坦民族权力机构合作，帮助巴勒斯坦发展经济。双方一致同意愿为推动中东和平进程，以最终建立一个以东耶路撒冷为首都的独立的巴勒斯坦国而努力。2012年6月，穆娜公主访问日本。2013年9月，约旦参议长访问日本。2014年5月，哈里亲王访问日本。

日本是约旦的重要贸易伙伴。2013年约旦与日本双边贸易额为27.3亿美元，其中约旦对日本出口79亿美元，主要是化肥、磷酸盐矿石，从日本进口194亿美元，主要是交通设备和机械。日本是约旦第12大进口伙伴，第18大出口伙伴。截至2014年10月,日本在约旦有6个投资项目。

日本为约旦提供了大量经济技术援助以及债务减免,是约旦第一大债权国。截至2012财年,日本对约旦提供贷款累积达2167亿日元,提供担保686亿日元,技术合作援助313亿日元。截至1998年1月,约旦欠日本债务约17亿美元。至2002年,约旦欠日本债务增至18亿美元。1998年1月,日本与约旦签署协议,重新调整约旦欠日本的部分债务6500万美元。1998年3月,日本向约旦提供640万美元贷款,资助约旦国营医院购买医疗器械。1999年5月,日本国际合作署决定向约旦提供6000万美元贷款,资助约旦发展旅游业,包括修建博物馆、建立旅游大街、改造安曼市中心、建造连接旅游景点的公共汽车站等项目。1999年12月,阿卜杜拉二世国王访日,双方发表联合公报,日本宣布了对约旦的全面经济援助计划,提出在1999~2001年三年内向约提供4.27亿美元的援助,包括减免债务、提供非项目贷款、技术援助(通过工业发展政策顾问项目)、提高企业管理能力项目、旅游部门开发项目(7000万美元)、建设侯赛因大桥、大安曼水供应系统第二期工程、粮食援助(57万美元),等等。2000年7月,由日本捐资970万美元的新侯赛因国王桥(连接约旦河东西两岸)正式开工兴建,2001年完工。2002年4月,约旦和日本在安曼签署合作备忘录,日本向约旦捐赠460万约旦第纳尔,在约旦河、雅尔穆克河和国王运河等河流上建设13座水质监控站。2002年6月,美国总统布什在八国首脑会议上要求日本首相考虑增加对约旦的官方发展援助,免除约旦所欠债务。2002年7月,阿卜杜拉二世对日本进行为期3天的工作访问,讨论中东问题、日本对约旦援助以及削减约旦债务等问题。2003年11月,约旦司法协会和日本外务省下属的日本国际协力机构签署协议,联合在约旦培训巴勒斯坦司法人员。该计划为期5年,在约旦举办,日方提供培训所需的75万美元经费,并根据实际支出追加拨款。2003年12月,巴勒斯坦第一批司法人员开始在约旦接受培训,培训内容主要是刑法及其他相关法律,包括理论和实践课程。2004年3月23日,日本外务省宣布将给予约旦1亿美元的援助,以帮助其减少因伊拉克战争而遭受的损失。2006年7月,日本首相小泉访约。两国领导人签署了有关援助协议，日本政府将向约旦提供315万约旦第纳尔（约合445万美元）的援款，用于完成约旦扎尔卡地区的供水改造项目。该项目的总投资约为1420万约第（约合2006万美元）。另外小泉还宣布2006年将给予约旦2000万美元的额外援助。2007～2011年，日对约累计援助达3.16亿美元。2010年5月，双方签署一项日向约提供1670万美元的援助协议，用于弥补约财政赤字。2012～2014年，日向约提供1.56亿美元贷款。2013年7月，日本外相岸田文雄访约，宣布向约旦提供120万美元人道主义援助和1.2亿美元贷款。10月，日本宣布向约旦增加100万美元的援助，主要用于资助公立学校水和卫生设施等基础设施建设。2013年12月，日本政府宣布向约旦援助1000万美元，帮助约旦安置其境内数十万叙利亚难民。根据日本驻约大使馆声明，日本计划向叙利亚难民提供总额6000万美元的人道主义援助，此次提供给约旦的1000万美元援助是该计划的一部分。声明提到，2012年、2013年日本向约旦发放了两笔贷款，总值2.4亿美元。截至目前，日本是约最大的债权国之一，债务总额约18亿美元。约是中东地区人均获日本援助最多的国家。

日约之间签署了大量合作协议。1985年两国技术援助协议生效。1995年两国航空协议生效。1999年两国同意成立“约旦—日本咨询论坛”，就两国开展广泛合作进行研究，并提供咨询和建议。2012年两国达成和平利用核能协议。此外，日本还与约旦实施了青年、妇女和工会领袖交流计划，并为约旦学生提供日本政府奖学金。文化援助项目达23个，累积金额为15.4亿日元。截至2014年10月，有332名日本人生活在约旦，有133名约旦人生活在日本。

二 与加拿大的关系

约旦和加拿大一直保持良好关系。在1991年海湾战争期间，约旦因没有参加国际盟军而遭到西方广泛批评时，加拿大对约给予了同情和理解。约旦和加拿大还在中东和平多边谈判方面进行合作。约旦支持加拿大竞选安理会非常任理事国席位（1999～2000年）。加拿大为约旦的“地区人权保护中心”资助200万美元，为约旦军队在约旦境内的扫雷行动资助了50万美元。1999 年 5 月和 2000 年 9 月，阿卜杜拉二世先后两次访问加拿大。2000 年 4 月，加拿大总理克雷蒂安访问约旦。阿卜杜拉二世希望加拿大在中东和平进程中发挥更重要的作用，欢迎加拿大企业家到约旦的旅游、矿产、计算机软件和信息技术等领域投资办厂。克雷蒂安对阿卜杜拉二世国王和约旦政府为推动中东和平进程做出的努力表示赞赏，表示加拿大将努力扩大同约旦在政治、经济等各个领域的合作。约旦和加拿大双边贸易额不大。1999 年加拿大向约旦出口额为 1910 万美元，主要是木材、机械、铜、谷物、药品；进口额为 100 万美元，主要是黄瓜、电子器械。发展援助方面，约旦是加拿大的第八大捐赠对象。加拿大的发展援助主要用于几个方面：一是与中东和平进程有关的项目，如在约旦的巴勒斯坦难民；二是反贫困项目，如水、卫生、职业和技术教育等方面。1995 ~ 1999 年，加拿大对约旦的双边发展援助额为 2860 万美元。1999 年 5 月，加拿大宣布向约旦赠款 1000 万美元。加拿大支持巴黎俱乐部重新安排约旦的债务，其中包括约旦欠加拿大的 4500 万美元。2000 年 9 月，阿卜杜拉二世会见加拿大的信息技术和高技术公司领导人，欢迎他们来约旦投资。两国签署了避免双重征税协议。加拿大阿吉拉（Agra）公司获得了约旦的一个价值 7900 万美元的合同，设计和建造一个氧化镁工厂。约旦皇家航空公司购买了 2 架“冲锋”（Dash）8 - 300 型运输机。约旦空军从加拿大购买了 2 架“挑战者”604 宽体商用喷气式飞机。加拿大斯帕（Spar）航空服务公司为约旦空军的 C - 130 型运输机的导航系统进行了升级。加拿大 Suncor Energy of Calgary 向约旦能源部提交申请，要求投资 10 亿美元开发约旦的油页岩。2007 年 7 月，约旦国王阿卜杜拉二世访问加拿大。2008 年，约旦与加拿大签署自由贸易协定。约旦是第一个与加拿大签订 FTA 协定的阿拉伯国家。2012 年 8 月，加拿大外长约翰·贝尔德访问约旦，表示加拿大将向约旦提供援助，以帮助约旦安置叙利亚难民。2012 年 10 月，加拿大与约旦的自由贸易协定生效。2014 年 1 月，加拿大总理哈珀访问约旦。

三　与印度的关系

约旦与印度有着长期良好关系。1947 年，约旦与印度签署了第一个双边合作与友好关系条约。1950 年，约旦与印度正式建交，该友好合作条约正式生效。过去 50 多年来，约印在政治、经济、贸易、科技与教育等领域保持良好合作关系，且日益扩大。1976 年两国签署贸易协议，并成立了经贸混联委员会。1988 年，印度总理拉吉夫·甘地访问约旦。同年约旦王储哈桑第 5 次访印。1999 年 2 月，侯赛因国王去世，印度副总统代表印度政府出席葬礼。2006 年 12 月，阿卜杜拉二世国王和拉尼娅皇后访问印度。2012 年，哈桑亲王访问印度。

经济上，1963 年约印签署了经济合作协议。1976 年 2 月 24 日，两国又签署新的经济合作协议，并成立了经贸联委会，以进一步推进经济合作。双边贸易保持飞速增长。1990/1991 年度，印度一度成为约旦的第一大进口国。印度从约旦主要进口磷酸石、碳酸钾；印度向约旦主要出口小麦、大米、重型机械、实验室设备、工程工具、手工工具、汽车、汽车配件、冷冻肉、炸药、药品、基本化学品。1997 年两国贸易额为 2.14 亿美元，2002 年为 3.10 亿美元，2003 年为 2.84 亿美元，2005 年 3.11 亿美元，2008 年为 18 亿美元，2009 年为 9.83 亿美元，2010 年为 11.6 亿美元，2011 年为 13.6 亿美元，2012 年达到 14.3 亿美元。2013 年约旦和印度双边贸易额为 16.1 亿美元。

约旦积极吸引来自印度方面的投资，尤其是来自信息技术、生物和金融等方面的投资。印度在约旦南部投资 1.695 亿美元建造了一个磷酸厂，1997 年 7 月正式落成。这是约印间的一个重大项目。2009 年印约双方联合投资 8.5 亿美元建立磷酸盐加工厂，计划 2014 年建成。目前在约旦资格工业区有 25 家印度投资的工厂，总投资 6000 万美元，雇用员工 9500 人。

文化科技方面，1976 年 2 月 15 日，约印签署了第一个文化合作协定，此后连续签订了多个类似协定，合作范围包括教育、文化与艺术、旅游、新闻、体育、社会发展、卫生、科技。1985 年 4 月，约旦皇家科学院与印度科学和工业研究委员会签署了科学与技术合作协议。2001 年 7 月，印度与约旦签署技术信息交流备忘录，并提出未来 3 年双边贸易额要扩大 5 倍的目标，强调要在化工和信息技术领域建立合资企业。

目前在约旦大约有 10 万名印度劳工，主要从事工业制造方面的工作。

约旦对印度实施落地签证制度。2013 年有 5.5 万人次印度游客访问约旦。1987 年 2 月，两国签署了航空合作协定，约旦皇家航空公司班机可以直飞印度的新德里和加尔各答。1996 年 11 月，又开通了安曼至孟买的航线，对促进两国旅游和商务发展发挥了很大作用。

四　与韩国的关系

1962 年两国建立外交关系。近年来，约旦与韩国之间的经贸关系日益密切。根据统计，2003 年，约旦从韩国进口 1.02 亿约旦第纳尔，对韩国出口 310 万约旦第纳尔。截至 2004 年，韩国对约旦投资总额为 200 万约旦第纳尔。2004 年 7 月，约旦国王阿卜杜拉二世对韩国进行为期 3 天的访问。访问期间，两国签订了投资保护和避免双重税收协定。另外，约旦计划大臣巴希姆·阿瓦德拉同韩国外交与通商部长签订协议，韩国给予约旦 500 万美元无偿援助和 2400 万美元贷款（贷款期限 30 年，包括 10 年宽限期）。赠款将用于约旦部分政府部门更新电脑系统、兴办医疗中心以及政府官员培训等阿卜杜拉发展基金项下的其他项目。低息贷款将用于解决安曼南部污水处理系统建设和地下水污染治理项目。此外，两国还签署备忘录，韩国现代集团将在约旦亚喀巴特区建立一个汽车组装厂，并作为中东地区的技术培训和销售中心。2008 年，约旦众议长访问韩国，讨论核合作问题。10 月，约旦和韩国在约旦首都安曼签订了核合作协议草案，该协议将为两国在和平利用核能领域展开合作确立法律框架。根据协议，约韩双方同意在和平利用核能领域展开广泛合作，合作范围包括技术支持、选址、设计、建设、训练约方人员以及核安全等。2010 年 4 月，韩国原子能研究所和大宇工程建设公司引领的韩国财团宣布，与约旦签署协议，将投资 1.3 亿美元在约旦建立一个核研究反应堆。近年来，两国在贸易、旅游、可再生能源以及发展援助等领域合作发展迅速，目前韩国已是约旦第十大贸易伙伴。LG、三星先后在约旦设立研发中心。据约旦官方统计，2013 年韩约双边贸易额（不含再出口）为 5.7 亿美元。韩国官方数据显示，2013 年双边贸易额为 14 亿美元，其中 80% 是整车及其零配件和电子产品，同比下降 6.7%，统计差额主要在于经约旦再出口到伊拉克等周边国家的汽车及其零配件。2013 年，1.9 万人次韩国游客赴约旦旅游，较 2012 年增长 1000 人次。截至目前，韩国常住约旦人口约有 700 人。

第十节　与中国的关系

自 1977 年 4 月 7 日建交以来，中约两国关系稳步发展，高层往来不断，经贸合作日益活跃。来华访问的约旦主要领导人有：侯赛因国王（1982 年 12 月、1983 年 9 月），阿卜杜拉二世国王（1981 年 7 月、1982 年 12 月、1993 年 12 月以亲王身份；1999 年、2002 年、2004 年、2005 年、2007 年、2008 年、2013 年），拉尼娅王后（2007 年）、哈桑亲王（2000 年 6 月）、众议长阿卜杜·哈迪·马贾利（2000 年 7 月）、参议长米斯里（2011 年）、参议长里法伊（2004 年）、副首相马贾利（1985 年 5 月）、副首相兼外交大臣马尔旺·卡西姆（1990 年 8 月）、副首相兼经济事务国务大臣哈莱伊格（2001 年 9 月）、外交大臣马斯里（1987 年 9 月、11 月）、外交大臣哈提卜（2006 年）、外交大臣朱达（2012 年、2013 年）、教育大臣图甘（2004 年）、旅游大臣布兰（2004 年）、公有部门大臣哈扎阿拉（2006 年）、社会发展大臣塔拉瓦纳（2006 年）、城镇事务大臣哈迪布（2009 年）、新闻和联络事务大臣兼政府发言人谢里夫（2009 年）、计划与国际合作大臣哈桑（2012 年）、公有部门发展大臣兼大型项目国务大臣法胡里（2012 年）、参谋长联席会议主席哈立德·萨赖雷上将（2004 年 9 月）、参议长助理兼参议院约中友好委员会主席哈里法特（2012 年）等。访问约旦的中国主要领导人有：国家主席李先念（1984 年 3 月）、国家副主席胡锦涛（2001 年 1 月）、全国人大常务委员会委员长乔石（1996 年 11 月）、国务院总理李鹏（1991 年 7 月）、国务院副总理吴邦国（1996 年 5 月）、全国政协主席贾庆林（2008 年）、全国政协主席俞正声（2014 年），中央政治局常委、中纪委书记贺国强（2009 年），全国人大常委会副委员长铁木尔·达瓦买提（2000 年 5 月）、全国人大常委会副委员长顾秀莲（2003 年）、全国人大常委会副委员长陈至立（2009 年）、全国人大常委会副委员长韩启德（2012 年）、全国政协副主席王兆国（1994 年 4 月）、全国政协副主席陈奎元（2005 年）、全国政协副主席罗豪才（2007 年），中共中央政治局委员、全国政协副主席王刚（2012 年），中央军委副主席、国务委员兼国防部长秦基伟（1990 年 6 月），中央军委副主席、国务委员兼国防部长迟浩田（1999 年 10 月），副总参谋长钱树根中将（1997 年 11 月）、全国妇联名誉主席彭珮云（2004 年 5 月）、国务委员兼公安部部长孟建柱（2009 年）、外交部部长钱其琛（1989 年 9 月、1990 年 11 月）、外交部部长唐家璇（2001 年 12 月）、外交部部长李肇星（2005 年 6 月）、外交部部长杨洁篪（2009 年）等。

2004 年 7 月，阿卜杜拉二世对中国进行了为期 6 天的国事访问。他表示，约旦一贯坚持发展与中国的良好关系，重视加强两国在政治、经济领域的合作。阿卜杜拉二世指出，约中关系是两国老一代领导人共同奠定的，几十年来一直发展很好。约方高度重视对华关系，并把此视为约旦外交的优先领域，希望与中国在各领域建立更加紧密的关系。约方将继续奉行一个中国政策，支持中国统一大业。他强调，中国在经济方面，尤其是发展农村经济中取得的成就是约旦学习的典范。他希望中国继续增加在约旦的投资，特别希望能够吸引中国企业对约旦高科技、通信、旅游、运输、化肥制造以及服务业的投资。他赞赏中国在巴勒斯坦问题上采取的明确、坚决立场，即寻求公正解决巴勒斯坦问题，并支持执行有关巴问题的国际决议，希望中国在有关方面继续努力，结束中东地区“以暴易暴”的怪圈，协助寻求使各方都能够满意的解决方案。中国国家主席胡锦涛、国务院总理温家宝分别同阿卜杜拉二世举行了会谈或会见。胡锦涛主席指出，建交 27 年来，中约关系发展得越来越好。近年来，两国领导人交往密切，双边贸易增长迅速，文化、教育、旅游等领域的交流与合作成果显著，地方和民间交往日益活跃，在国际事务中也进行了良好的沟通与合作。胡锦涛还就发展中约长期友好、互利合作关系提出了三项建议。第一，继续开展多种形式的高层交往，加强两国政府、议会间的交流，密切政治与外交磋商，加强在联合国等国际组织中的合作。第二，深入探讨加强两国互利合作、扩大双边贸易的新领域和新途径。双方继续鼓励和支持双向投资，加强两国在高科技、高附加值领域的合作。两国政府部门应为两国企业深化合作牵线搭桥。中国政府支持更多有实力的中国企业参与约旦的经济建设，也欢迎约旦企业来华投资办厂经商。第三，继续拓展双方在文化、教育、人力资源培训和旅游等领域的交流与合作。中方支持约旦开展汉语教学，愿继续向约方提供奖学金名额，帮助约方培训经济管理等方面的人才。阿卜杜拉二世赞同胡锦涛的建议，表示希望约中进一步加强电信、信息、旅游等产业的合作，促进文化交流，增进两国人民间的了解和友谊。2005年12月，约旦国王阿卜杜拉二世对中国进行了工作访问，与中国国家主席胡锦涛举行了会谈。胡锦涛主席表示，中方愿同约方共同努力：①在政治领域，保持两国高层互访。加强两国议会、政府部门的对话与交流，鼓励两国青年、妇女团体开展友好往来。在涉及各自国家利益的重大原则问题上相互理解、相互支持。②在经贸领域，进一步扩大两国贸易规模，重点拓展双方在投资、技术、人力资源培训及劳务方面的合作。③在多边领域，密切两国在国际和地区事务中的协调与配合，促进世界和地区的和平与稳定。双方还可在中国和阿拉伯国家合作论坛框架内开展宽领域、多形式的交流与合作。两国元首还就中约反恐合作交换了意见。胡锦涛再次强烈谴责不久前在约旦首都安曼发生的恐怖袭击事件，对约旦在此次事件中遭受的重大人员伤亡和财产损失表示同情和慰问，并感谢阿卜杜拉二世及约方在中方处理中国国防大学学员代表团遇袭善后事宜中给予的关心和大力协助。胡锦涛重申，中国政府坚决反对一切形式的恐怖主义，愿与包括约旦在内的国际社会一道，加强反恐合作，共同打击恐怖主义，维护世界和地区的和平、安全与稳定。阿卜杜拉二世表示，约旦政府坚持《安曼宣言》中阐述的反对恐怖主义的立场，愿加强同中方的协调和配合，共同打击恐怖主义，维护世界的安宁。

2013年9月，中国国家主席习近平会见来访的约旦国王阿卜杜拉二世。两国元首就双边关系和共同关心的问题深入交换意见，达成广泛共识。习近平表示，约旦是中东地区重要国家，具有独特地位和重要影响，长期致力于促进地区和平、稳定、发展，是中国的好朋友、好伙伴。我们愿同约方共同努力，推动两国友好合作关系深入发展。双方要在涉及彼此核心利益问题上相互支持，就重大国际和地区问题保持沟通，深化政治互信；结合中方西部大开发战略和约方“向东看”战略，扩大双边经贸、投资合作规模，并提升中国同中东地区国家合作水平。双方要加强防务安全合作，共同打击国际恐怖主义；中国倡导尊重文明多样性，希望两国密切人文交流，促进不同宗教和文明包容互鉴。阿卜杜拉二世表示，约旦钦佩中国巨大的发展成就，相信中国共产党一定能够带领中国人民在民族复兴的征程上不断向前迈进。约旦感谢中方长期支持，视中国为长期战略性合作伙伴，愿扩大两国经贸、电力、能源、电信和铁路基础设施、医疗卫生等领域的合作，欢迎中国企业参与约方经济开发区等建设项目。约方将积极参与中国—阿拉伯国家博览会。约方愿同中方加强安全执法合作，协力保护中国公民和公司安全。约旦愿成为促进伊斯兰世界和中国友好交往的纽带，希望两国开展更多人文交流。约方高度赞赏中国为推动中东和平进程及政治解决叙利亚问题发挥的重要积极作用，愿同中方共同致力于实现地区和平、稳定、发展。约旦国王阿卜杜拉二世强调，中国在促进世界和平与稳定方面发挥着关键作用，同时在解决中东地区问题上也发挥着影响力，约旦希望加强约中双边合作。“约中两国有着根深蒂固的关系，我个人与中国历届领导人的关系友好亲密，我们非常重视同中国新一届领导人建立这种关系，”阿卜杜拉二世说，“约旦希望就地区和世界面临的挑战继续同我们的中国朋友协调、磋商，加强和巩固两国关系，进一步发展两国在政治、经济、贸易、旅游、教育和文化等领域的双边合作。”他表示，约旦希望吸引中国的投资和游客，学习中国在工业技术和发展规划领域的经验。约旦将致力于为两国私营企业开拓贸易、投资和旅游前景。

经过多年发展，中约合作全面展开，领域广泛，成绩巨大。政治方面，双方在地区和国际问题上相互支持。2006年1月，中约签署《关于建立中国—约旦战略对话小组的谅解备忘录》。2009年7月，约旦新闻事务国务大臣纳比勒·谢里夫接受新华社记者专访时说，约旦支持中国政府处理新疆乌鲁木齐“7·5”打砸抢烧严重暴力犯罪事件采取的措施，谴责乌鲁木齐“7·5”事件中发生的打砸抢烧严重暴力犯罪行为。乌鲁木齐“7·5”事件不是民族问题，也不是宗教问题，这些暴力恐怖活动的目的就是要破坏中国的稳定和繁荣、影响中国的经济发展、制造冲突和矛盾，试图把新疆从中国分裂出去。约旦支持中国政府为平息事态、维护新疆维吾尔自治区的稳定、保障人民生命和财产安全所采取的一切必要措施，认为对进行暴力犯罪活动的人应该依法追究责任。谢里夫强调，约旦一贯支持一个中国政策，反对任何企图分裂中国的势力和有关活动，中国的发展和繁荣对于世界的稳定有重大意义。希望中国政府尽快平息事态，继续保持经济发展、社会安定团结的局面。2008 年 9 月，约旦国王阿卜杜拉二世来华出席北京残奥会闭幕式并正式访华。此外，费萨尔亲王和拉阿德亲王也先后来京观摩北京奥运会和残奥会。经贸方面，1979 年 5 月，中约两国签订贸易协定。

双边贸易合作快速增长。2000 年中约贸易额为 2.5 亿美元，其中中国对约旦出口 2 亿美元，从约旦进口 0.5 亿美元。2003 年中约双边贸易额达 5.2 亿美元，其中中方出口额为 4.6 亿美元。到 2012 年，中约双边贸易额 32.56 亿美元，同比增长 17.57%，其中中方对约出口额 29.59 亿美元，同比增长 17.75%，进口额 2.97 亿美元，同比增长 15.73%。2014 年 1~8 月，中约双边贸易额 23.09 亿美元，同比下降 3.1%。其中，中国对约出口 21.35 亿美元，同比下降 5.3%，中国自约进口 1.73 亿美元，同比增长 36%。中方对约主要出口机电产品、通信器材、纺织服装。从约旦主要进口钾肥。中国对约投资金额 511 万美元；在约新签承包项目合同 1259 万美元，同比增长 42.3%。截至 2014 年 8 月底，中国在约劳务人员有 1156 人。目前中国是约旦第三大贸易伙伴。此外，由于伊拉克战后重建的需求，约旦在中国对中东贸易的地位不断上升，转口贸易成为新的热点。

经济与科技领域合作广泛开展。2005 年 12 月、2007 年 10 月、2008 年 9 月、2009 年 3 月和 6 月、2010 年 12 月和 2013 年 9 月，中约两国政府多次签订政府间经济技术合作协定。科技方面，2008 年 9 月，两国签署了《核能合作协议》；2008 年 11 月，签署了《科学技术合作协定》。

文化方面，1979 年中约两国签署文化合作协定，迄今已签署 9 个年度文化合作协定执行计划。2010 年，约旦派团分别来华参加阿拉伯艺术节、上海世博会、中阿经贸论坛开幕式文艺晚会。2011 年以来，中方连续 3 年参加约旦杰拉什艺术节。2007 年和 2011 年两国政府先后签署《2007 ~

2010年文化合作执行计划》和《2011~2014年文化合作执行计划》。

教育方面，目前中国在约旦设有两所孔子学院，分别是安曼TAG孔子学院和费城大学孔子学院。

安全合作领域，2009年双方签署了《内政部安全合作协议》。2014年9月，中国海军第17批护航编队长春舰、常州舰抵达约旦亚喀巴港，开始对约旦进行为期4天的友好访问。这是中国海军舰艇首次访问约旦。

新闻合作方面，2010年4月新华社与约旦佩特拉通讯社签署合作协议，2012年11月中国中央电视台与约旦国家电视台签署新闻合作协议书，2013年9月中国国家新闻出版广电总局与约旦哈希姆王国广播电视总局签署谅解备忘录。2013年5月，中国国际广播电台约旦安曼FM94.5调频台正频率落地项目正式开播，24小时播出阿拉伯语节目。

旅游方面，2003年10月，中约签署了《关于中国旅游团队赴约旦旅游实施方案的谅解备忘录》，允许中国公民自费组团去约旦旅游，约旦成为中国公民自费旅游目的地国。2003年，约旦接待了约8000名中国游客。2004年12月，中国旅游团队赴约旦旅游业务启动。2009年2月，约旦对中国公民提供落地签证待遇。

此外，中国政府还向约旦提供了大量军事、经济和技术援助。中国积极参与在约旦的培训项目，不断为约旦培训技术人员。

大事纪年

公元前 18 世纪至公元前 15 世纪	约旦为希克索斯王朝统治。
公元前 15 世纪至公元前 13 世纪	埃及人统治约旦。
公元前 13 世纪	腓力斯人入侵约旦。
公元前 1200 ~ 公元前 332 年	约旦地区出现伊多姆王国、摩押王国、阿蒙王国、纳巴特王国四个王国。
公元前 730 ~ 公元前 630 年	约旦处于亚述人的统治之下。
公元前 7 世纪末	巴比伦攻占约旦。
公元前 639 年	波斯灭巴比伦，统治约旦。
公元前 332 年	约旦被马其顿亚历山大大帝征服，开始希腊化时期。
公元前 301 ~ 公元前 198 年	托勒密王朝统治时期。
公元前 198 ~ 公元前 63 年	约旦处于塞琉古王朝统治之下。
公元前 63 年	罗马军队占领约旦，约旦进入罗马化时期。
324 ~ 632 年	罗马帝国分裂，约旦为拜占庭统治。
614 ~ 629 年	波斯帝国短暂统治约旦。
622 年	穆罕默德及其信徒抵达麦地那。伊斯兰纪元开始。
633 年	约旦为阿拉伯军队占领，开始进入伊斯兰化时期。
661 ~ 750 年	倭马亚王朝统治时期。

750～1258年	阿拔斯王朝统治时期。
935～969年	埃及的伊赫什德王朝控制约旦。
969～1071年	法蒂玛王朝统治时期。
1071～1194年	塞尔柱人占领时期。
1096～1291年	十字军数次东征约旦等地。
1171～1250年	阿尤布王朝统治。
1258～1517年	处于突厥人马木留克王朝统治之下。
1516～1918年	奥斯曼帝国统治约旦。
1908年11月	奥斯曼帝国苏丹哈米德二世任命侯赛因·本·阿里为麦加埃米尔，并继承谢里夫称号。
1910年	侯赛因·本·阿里从伊斯坦布尔回到麦加。
1911年	侯赛因正式就任麦加埃米尔。
1914年2月	侯赛因派次子阿卜杜拉去埃及，与英国驻埃及的高级专员商讨有关反奥斯曼帝国问题。
1915年7月14日	侯赛因致函英国政府驻埃及专员亨利·麦克马洪爵士，提出合作条件。
1915年10月24日	麦克马洪致函侯赛因，表示英国政府支持侯赛因战后在英国指定的边界内建立阿拉伯国家。
1916年5月16日	英法俄三方签订了《赛克斯—皮科协定》（又称《小亚细亚协议》），对奥斯曼帝国进行了秘密瓜分。
1916年6月10日	麦加谢里夫侯赛因·本·阿里领导的阿拉伯大起义爆发。
1916年10月	谢里夫侯赛因宣布成立阿拉伯王国，自立为国王。

1919 年	巴黎和会战胜国决定在被占阿拉伯领土实行委任统治制度。
1920 年 3 月	伊拉克民族主义者宣布拥戴侯赛因次子阿卜杜拉为伊拉克国王。
1920 年 11 月	谢里夫侯赛因命次子阿卜杜拉率军收复被法国军队占领的叙利亚。阿卜杜拉宣布将伊拉克国王王位让给费萨尔。
1921 年 3 月	阿卜杜拉与英国殖民大臣温斯顿·丘吉尔在开罗会晤，英国同意建立外约旦酋长国，由阿卜杜拉出任埃米尔。
1921 年 3 月 2 日	阿卜杜拉率军队抵达安曼。
1921 年 4 月 11 日	阿卜杜拉建立了第一届内阁。
1922 年	国际联盟通过对巴勒斯坦的委任统治书，宣布成立以阿卜杜拉为首的外约旦酋长国。
1923 年 5 月 25 日	外约旦宣布独立。
1923 年	英国军官 F. G. 皮克着手组建阿拉伯军团。
1924 年	沙特家族发动对汉志的进攻。侯赛因被迫让位给长子阿里。
1925 年 4 月	外约旦举行了历史上第一次选举。
1925 年 6 月	外约旦占领马安和亚喀巴。
1925 年 12 月	麦地那和吉达相继被沙特军队占领，汉志王国灭亡。
1926 年	英国组建外约旦边防军（TJFF）。
1928 年 2 月 20 日	英国政府与外约旦在耶路撒冷签订为期 20 年的《英约协定》。
1928 年 4 月	约旦颁布《外约旦基本法》。
1929 年 2 月	外约旦举行首次立法委员会的选举，组

成首届议会。

1931 年 6 月 4 日　谢里夫侯赛因·本·阿里病逝于安曼。

1934 年 6 月　阿卜杜拉赴伦敦与英国政府谈判修改《英约协定》，双方签署补充议定书。

1939 年 8 月　以陶菲克为首相的外约旦新内阁组成。

1939 年　阿卜杜拉派首相陶菲克与英国政府谈判修改《英约协定》和《外约旦基本法》等问题。

1939 年 9 月 10 日　二战爆发，阿卜杜拉公开发表声明，表示支持英国。

1946 年 3 月　《英约同盟条约》签署。根据条约，英国结束对约旦的委任统治，外约旦获得完全独立。

1946 年 5 月 15 日　外约旦内阁发表声明，宣布约旦将成为一个完全独立的国家，实行君主立宪制，拥阿卜杜拉为国王。

1946 年 5 月 22 日　约旦议会正式提名阿卜杜拉任外约旦王国国王，并将国名“外约旦埃米尔王国”改为“外约旦哈希姆王国”。

1946 年 5 月 25 日　阿卜杜拉登基。

1947 年 3 月 17 日　塔拉勒·本·阿卜杜拉被册封为王储。

1947 年 11 月　约旦颁布新宪法，取代《外约旦基本法》。

1948 年 4 月　阿拉伯联盟决定组建阿拉伯军队以阻止巴勒斯坦分治，同时决定由阿卜杜拉出任阿拉伯军队总司令。

1948 年 5 月 15 日　英国宣布结束对巴勒斯坦的委任统治。以色列国宣布建立。第一次阿以战争爆发，约旦军队开进约旦河西岸，占领了

	约旦河西岸4800平方千米的土地。
1949年4月3日	外约旦与以色列签署停火协议。
1949年12月1日	2000多巴勒斯坦人在杰里科举行会议，通过巴勒斯坦与约旦合并的决议，拥戴阿卜杜拉为国王。
1949年12月13日	约旦议会通过与巴勒斯坦合并的决议。
1950年4月	外约旦宣布约旦河东西两岸合并，改国名为“约旦哈希姆王国”，阿卜杜拉为国王。
1950年4月27日	英国政府宣布承认约旦新政府。
1950年6月	阿盟有保留地同意约旦将约旦河西岸合并。
1951年3月	约旦与美国签署经济援助协定。
1951年7月20日	约旦国王阿卜杜拉在耶路撒冷被暗杀。
1951年9月5日	约旦议会发表声明，拥王储塔拉勒为国王。
1951年9月6日	塔拉勒正式加冕。
1951年9月9日	塔拉勒任命长子侯赛因·伊本·塔拉勒为王储。
1952年1月1日	约旦颁布新宪法。
1952年5月	塔拉勒国王前往巴黎治病。
1952年8月11日	约旦议会废黜塔拉勒国王，立其长子侯赛因为国王。
1953年5月2日	侯赛因正式加冕为国王。
1954年	侯赛因下令修改宪法。
1955年11月16日	约旦政府提出申请加入巴格达条约组织，引发内乱。
1955年12月	侯赛因任命哈扎·马贾利为总理。
1956年1月9日	萨米尔·里法伊组成新内阁，宣布不加

	入巴格达条约组织。
1956年1月	侯赛因宣布约旦拒绝参加任何军事集团。
1956年3月	侯赛因国王解除英国人J. B. 格拉布的约旦陆军参谋长和阿拉伯军团司令的职务。
1956年10月21日	侯赛因命苏莱曼·纳布西组阁。
1956年11月27日	约旦政府宣布废除《英约同盟条约》，要求一切英国军队从约旦领土上撤出，取消英国的军事基地。
1957年1月	约旦与埃及、沙特、叙利亚签署《阿拉伯团结协定》。
1957年3月13日	约旦政府废除《英约同盟条约》，要求英军6个月内撤出。
1957年4月	侯赛因下令实施戒严，停止议会活动，解散所有政党，解散内阁。
1957年4月24日	侯赛因下令逮捕首相纳布西。
1957年4月28日	侯赛因宣布反对与苏联建交。
1957年6月	美国政府宣布给予约旦2000万美元援助；侯赛因下令驱逐埃及驻约旦使馆武官，关闭埃及驻耶路撒冷总领事馆。
1957年7月	阿拉伯军团改名为约旦阿拉伯军。
1958年2月14日	侯赛因和伊拉克国王费萨尔二世签署协定，宣布建立"阿拉伯联邦"。
1958年7月	英国、美国宣布出兵约旦。侯赛因向联合国控告"阿拉伯联邦"干涉约旦内政。
1958年8月2日	侯赛因宣布解散阿拉伯联邦。
1959年	侯赛因粉碎军队总参谋长萨迪克领导的

	武装政变，任命哈扎·马贾利为首相。
1960年8月	哈扎·马贾利首相在其办公室被定时炸弹炸死。
1962年	约旦历史上第一个大学——约旦大学兴建。
1962年1月30日	侯赛因长子阿卜杜拉出生，并被立为王储。
1963年	约旦再次颁布禁党令。
1965年	侯赛因罢黜长子阿卜杜拉的王储职位，改立哈桑为王储。
1966年11月	以军对约旦河西岸萨姆村发动大规模袭击。
1967年	侯赛因下令颁布《戒严法》，宣布一切政党活动为非法。
1967年5月24日	沙特阿拉伯决定派2万军队进入约旦并进驻亚喀巴湾。
1967年5月30日	侯赛因访问埃及，与埃签署"共同防御协定"。
1967年6月5日	第三次阿以战争爆发，约旦遭毁灭性打击，失去约旦河西岸和耶路撒冷。
1967年9月	侯赛因国王表示，约旦准备承认以色列在和平与安全条件下的生存权利。
1967年11月22日	安理会通过第242号决议。
1968年11月	约旦军队对安曼郊区两个巴勒斯坦难民营发动袭击。
1969年3月	侯赛因访美，提出六点阿拉伯和平计划。
1970年	约旦皇家科学院成立。
1970年2月	约旦政府下令，禁止在市区携带或使用

	武器。
1970 年 7 月 10 日	经调解，约旦与巴勒斯坦组织达成停止冲突协议。
1970 年 9 月 6 日	一架国际民航客机被巴解组织成员劫持到约旦安曼机场。
1970 年 9 月 16 日	侯赛因解散阿卜杜勒·莫奈姆·里法伊政府，下令成立穆罕默德·达乌德军政府。
1970 年 9 月 17 日	侯赛因下令约旦军队向境内巴解武装发动全面进攻，酿成“黑九月事件”。
1971 年 9 月	侯赛因国王成立“约旦民族联盟”，侯赛因任主席。
1972 年	前国王塔拉勒去世；侯赛因国王与阿丽娅结婚。
1973 年	约旦在亚喀巴设立第一个自由保税区。
1973 年 9 月	约旦与埃及、叙利亚三国首脑在开罗会晤，就协调三国军队及各自作战任务达成一致。约旦与埃及、叙利亚复交。
1973 年 10 月 6 日	第四次阿以战争爆发。
1974 年 10 月	阿拉伯首脑会议在拉巴特举行，会议通过决议，阿拉法特领导的巴解组织是巴勒斯坦人民的唯一合法代表；妇女首次取得公民权。
1977 年	巴解全国委员会主席率代表团在约巴关系破裂 6 年后首次访问约旦；约旦与欧共体建立外交关系。
1977 年 2 月	阿丽娅王后乘坐的直升机失事，不幸遇难。
1977 年 4 月 7 日	约旦同中国建交。

1978 年	阿拉伯首脑会议上，7 个产油国一致同意每年向约旦提供 12.5 亿美元援助。
1978 年 4 月	侯赛因下令成立“全国协商委员会”，以暂时替代众议院。
1980 年 12 月	约旦与伊拉克解决了遗留的边界问题。
1981 年	首届杰拉什文化艺术节举办；“阿拉伯思想论坛”创办；哈桑工业区（HIE）创办。
1984 年	英国女王伊丽莎白和菲利普亲王首次对约进行国事访问。
1984 年 1 月 5 日	侯赛因国王下令恢复众议院。
1985 年 2 月	侯赛因与阿拉法特会晤，并达成约巴采取联合行动解决中东问题的五点协议。
1986 年	努尔王后基金会成立；侯赛因下令中断与巴勒斯坦解放组织的政治联系，并关闭其主要办事处。
1986 年 3 月	约旦通过新选举法；侯赛因国王发表声明，称约旦不会取代巴解组织。
1988 年 7 月 30 日	侯赛因下令解散议会。
1988 年 7 月 31 日	约旦政府正式宣布中断与约旦河西岸巴勒斯坦地区法律和行政上的联系。
1988 年 8 月	侯赛因国王访问伊拉克，两国签署合作协定，伊向约提供军事和经济援助。
1988 年 11 月 15 日	巴勒斯坦国宣布成立，约旦立即予以承认。
1989 年 1 月 7 日	约旦同意巴勒斯坦驻约旦办事处升格为大使馆。
1989 年 2 月 18 日	约旦与伊拉克等四国成立“阿拉伯合作委员会”。

1990 年 4 月	巴解领导人阿拉法特正式访问约旦。
1990 年 8 月	伊拉克入侵科威特。
1991 年 1 月	侯赛因授权穆达尔·巴德兰组阁。
1991 年 1 月 18 日	约旦议会通过决议，呼吁打击以美国为首的多国部队成员国的利益。
1991 年 1 月 19 日	侯赛因国王呼吁美国与伊拉克休战。
1991 年 6 月	约旦名人大会通过了国民宪章。
1991 年 6 月 9 日	侯赛因国王正式宣布解除长达 33 年的党禁，恢复政党活动。
1991 年 10 月	马德里中东和会举行，约旦和巴勒斯坦组成联合代表团参加会议。
1992 年	约旦与利比亚签署建立自由贸易区协议。
1992 年 4 月	侯赛因正式下令停止实施《紧急状态法》。
1992 年 8 月 23 日	约旦政府颁布新的《政党法》。
1992 年 12 月 7 日	以穆斯林兄弟会为首的伊斯兰行动阵线成立。
1993 年 1 月 17 日	约旦共产党重新宣布成立。
1993 年 1 月 18 日	约旦阿拉伯复兴社会党宣布重建。
1993 年 8 月	约旦议会通过众议院选举法补充法案，确立了一人一票原则。
1993 年 9 月	约旦与以色列在华盛顿恢复直接谈判。
1993 年 11 月 8 日	约旦首次举行多党议会选举，产生了第 12 届众议院。
1994 年 4 月 26 日	宰因王太后去世。
1994 年 6 月 28 日	侯赛因·本·阿卜杜拉出生。
1994 年 7 月 25 日	约旦与以色列签署《华盛顿宣言》，宣布结束敌对状态。

1994年10月26日	约旦与以色列正式签署《约以和平条约》。
1994年11月27日	约旦与以色列建交。
1995年	约旦等地中海国家与欧盟在西班牙巴塞罗那举行首届外长会议，正式加入巴塞罗那进程。
1995年2月9日	约旦收回被以色列占领的约340平方千米的土地。
1995年8月	约旦收留逃亡到约旦的萨达姆的两个女婿；约旦议会通过决议，取消对以色列的禁运。
1995年11月	侯赛因国王前往以色列出席以前总理拉宾的葬礼。
1996年	因削减食品补贴，约旦部分地区发生骚乱。
1996年6月25日	约旦民族党成立。
1996年9月27日	伊曼公主出生。
1996年10月	美国会通过加沙和约旦河西岸自由贸易互惠法案，将美国—以色列自由贸易区扩展到约旦，允许在约旦建立资格工业区。
1996年11月	美国政府宣布约旦为其“非北约盟国”。
1996年12月	约旦高级经贸代表团访问伊拉克，签署新合作协议。
1997年1月	侯赛因国王自1967年以来首次访问加沙。
1997年3月	侯赛因国王访问以色列。
1997年5月7日	全国宪章党成立。

1997年7月2日	约美签署《关于鼓励和相互保护投资的条约》。
1997年11月24日	约旦与欧盟签署联系协定。
1998年11月28日	约旦举行议会选举，产生第13届众议院。
1998年	约旦与埃及签署自由贸易协议；穆斯林兄弟会等组织民众抗议政府取消食品补贴；侯赛因前往美国一家医院治疗淋巴癌。
1998年3月6日	美国划定哈桑工业区为资格工业区。这是约旦第一个资格工业区。
1998年8月10日	侯赛因国王授权法伊·塔拉瓦奈组阁。
1998年12月	约旦谴责美、英打击伊拉克。
1999年1月26日	侯赛因国王罢黜哈桑王储，改立长子阿卜杜拉为王储。
1999年2月7日	侯赛因国王去世。阿卜杜拉二世继位。阿卜杜拉二世立哈姆扎为王储。
1999年3月4日	阿卜杜拉二世任命阿卜杜勒·鲁乌夫·拉瓦比德组阁。
1999年8月	阿卜杜拉二世下令关闭哈马斯驻约旦办事处，逮捕并驱逐了4名哈马斯领导人。
1999年9月	阿卜杜拉二世访问科威特，改善与科关系。
1999年10月	阿卜杜拉二世就任国王后首次访问美国。
2000年3月24日	约旦在死海旅游区举行第一届IT论坛。
2000年6月	阿卜杜拉二世出席叙利亚总统阿萨德的葬礼，改善与叙关系。

2000年6月18日	拉瓦比德政府被解散。阿卜杜拉二世任命阿里·艾布·拉吉卜成立新内阁。
2000年7月	约旦议会通过亚喀巴经济特区法案。
2000年9月26日	阿卜杜拉二世国王次女萨尔玛出生。
2000年9月	约旦卫生大臣塔利克率代表团闯飞巴格达，开各国纷纷闯飞先例；约旦一家军事法庭判处6名伊斯兰激进分子死刑。
2000年10月24日	阿卜杜拉二世国王与美国总统克林顿在华盛顿正式签署《约美自由贸易协议》。
2000年11月	约旦首相拉吉卜率代表团乘约旦航空公司专机正式访问伊拉克，这是海湾战争结束后访伊的第一位阿拉伯国家政府首脑。
2001年1月	约旦、埃及、摩洛哥和突尼斯四国签署阿加迪尔宣言；亚喀巴经济特区法案正式实施。
2001年3月	阿卜杜拉二世与叙利亚总统巴沙尔、埃及总统穆巴拉克共同主持三国电网联网典礼。
2001年5月17日	阿卜杜拉二世正式宣布亚喀巴经济特区成立。
2001年6月	阿卜杜拉二世下令对拉吉卜内阁进行重大改组。
2001年9月	“9·11”事件发生后，阿卜杜拉二世国王和约旦政府立即予以强烈谴责。阿卜杜拉二世访美，双边自由贸易正式生效。
2001年11月	约旦政府推出“经济与社会改革计划”

	(SETP)。
2002年1月	约旦南部马安地区因一年轻犯人死亡而发生骚乱；拉吉卜对内阁进行第三次重大改组。
2002年5月1日	约旦—欧盟联系协议正式生效。
2002年7月	巴黎俱乐部成员国同意重新安排约旦所欠的41亿美元债务；哈桑亲王出席在伦敦举行的伊拉克反对派大会。
2002年8月	约旦14个反对党联名发表声明，要求政府停止与美进行军事演习，反对支持对伊动武；约旦宣布关闭卡塔尔半岛电视台驻安曼办事处，召回驻卡大使。
2002年9月	约旦和以色列宣布投资8亿美元兴建引红海水到死海的输水管道。
2002年10月	美国外交官劳伦斯·福雷在安曼遭枪击死亡。
2002年11月	阿卜杜拉二世国王提出“约旦第一”的设想，计划将约旦打造为一个现代民主国家，强调约旦利益高于一切。
2003年1月11日	约旦与埃及、摩洛哥和突尼斯签署建立联合自由贸易区协议。
2003年6月	约旦举行议会选举，这是阿卜杜拉二世上台后首次举行大选。
2003年6月	美国总统布什首次访问约旦。
2003年6月21~23日	世界经济论坛在约旦死海旅游区举行特别年会，主题是“共享未来”。
2003年8月7日	约旦驻伊拉克大使馆门前发生汽车炸弹爆炸，造成17人死亡，60多人受伤。
2003年9月	约旦中央银行决定撤销冻结哈马斯的账

	户的命令。
2003 年 10 月	阿卜杜拉二世下令解散拉吉卜内阁，费萨尔·法耶兹组阁。
2004 年 2 月	阿卜杜拉二世国王和叙利亚总统巴沙尔出席雅尔穆克河瓦赫达大坝工程开工典礼。
2004 年 3 月	约旦与以色列联合建立沙漠科研中心。
2004 年 4 月	8 名伊斯兰激进分子被约旦一家法庭判处死刑。
2004 年 4 月 11 日	阿卜杜拉二世国王致信美国总统布什，强调建立巴勒斯坦和以色列两个独立国家是实现中东和平与稳定的唯一保证。
2004 年 5 月	阿卜杜拉二世对美国进行为期 3 天的工作访问；新加坡与约旦签订双边自由贸易协议。
2004 年 5 月 15 ~ 17 日	世界经济论坛在约旦死海旅游区举行第二次年会，主题是“迎接真正挑战”。
2004 年 11 月	阿卜杜拉二世罢黜哈姆扎王储。
2004 年 11 月 28 日	以巴勒斯坦民族权力机构临时主席法图、巴解组织执委会主席阿巴斯和巴勒斯坦自治政府总理库赖为首的巴勒斯坦领导层访约。
2005 年 1 月 30 日	阿卜杜拉二世国王次子哈希姆出生。
2005 年 2 月	约旦国王阿卜杜拉二世和以色列总理沙龙在沙姆沙伊赫会晤，约旦宣布恢复向以色列派驻大使。
2005 年 2 月 9 日	阿卜杜拉二世国王倡议并成立了“国家议程指导委员会”，负责制定未来十年（2007 ~ 2017 年）约旦改革与发展议

	程。
2005年3月	约旦与以色列同意成立联合经济委员会。
2005年4月7日	阿卜杜拉二世国王解散法耶兹内阁，授权阿德南·巴德兰组阁。
2005年5月7日	伊拉克总统塔拉巴尼访问约旦。
2005年11月	阿卜杜拉二世发起“低收入者住房计划”，为贫困家庭建造2000套住房。
2005年11月9日	约旦首都安曼发生3家大饭店连环自杀性爆炸事件，造成61人死亡，300余人受伤。
2005年12月	阿卜杜拉二世国王对中国进行工作访问。
2006年5月	阿卜杜拉二世下令启动城市住房项目，在扎尔卡修建阿卜杜拉国王城，计划修建7万套住房，受益者达37万人。
2006年7月	根据阿卜杜拉二世国王的倡议，约旦官方举办“我们都是约旦人”论坛，全国750名代表参加。
2006年10月30日	阿卜杜拉二世国王访问位于荷兰海牙的国际法院并发表演讲。
2007年	阿卜杜拉二世国王成立“中东科学基金”，以资助青年科学家。
2007年2月	俄罗斯总统普京访问约旦。
2007年3月	阿卜杜拉二世访问美国，并在美国国会发表演讲。
2007年10月	约旦国王阿卜杜拉二世对中国进行国事访问。
2007年11月	巴希特政府辞职。以纳迪尔·扎哈比为

	首相的约旦新政府组建。
2007 年 11 月 20 日	约旦举行议会选举。
2007 年 12 月 12 日	阿卜杜拉二世国王在法国斯特拉斯堡欧洲议会发表演讲。
2008 年 2 月 26 日	阿卜杜拉二世发起“有尊严的生活，有尊严的住房”的项目，计划五年内为中低收入者修建 10 万套住房，其中 2008 年修建 20500 套。
2008 年 9 月	阿卜杜拉二世国王访问中国，并出席北京残奥会闭幕式。
2009 年 1 月	阿卜杜拉二世国王宣布实施新的农业发展战略。
2009 年 4 月	阿卜杜拉二世国王访问美国。
2009 年 5 月	罗马天主教皇访问约旦。
2009 年 7 月 2 日	约旦国王阿卜杜拉二世发布命令，任命其现年 15 岁的长子侯赛因·阿卜杜拉为王储。
2009 年 7 月 7 日	约旦宣布承认科索沃独立。
2010 年 3 月	“阿拉伯国家改革指数”发布，约旦在 15 个阿拉伯国家中排名第一。
2010 年 11 月	约旦举行国民议会选举。
2011 年	约旦国家统计局发布报告，预测全国人口为 624.9 万。
2011 年 1 月	受突尼斯等国抗议活动影响，约旦街头爆发抗议活动。
2011 年 2 月 1 日	阿卜杜拉二世国王在压力下解散萨米尔·里法伊内阁，授权马鲁夫·巴希特组阁，并决定组建全国对话委员会。
2011 年 2 月 9 日	约旦国王阿卜杜拉二世批准新任首相马

鲁夫·巴希特提交的内阁名单，随后新一届政府在国王面前宣誓就职。

2011年2月18日　反对派支持者在安曼举行示威游行时与政府支持者发生冲突，首次出现暴力事件。

2011年3月25日　安曼再次发生反对派与政府支持者之间的暴力冲突，造成1人死亡，160人受伤。

2011年4月15日　约旦扎尔卡市伊斯兰主义者举行抗议示威活动，要求释放被关押的300名伊斯兰分子，并谴责政府与美国和以色列保持外交关系。这场抗议活动最终演变成了反政府示威者与政府支持者、警察间的暴力冲突，造成90多人受伤。

2011年6月12日　阿卜杜拉二世国王在纪念阿拉伯起义、约旦建军节和他本人执政12周年的电视演讲中承诺，将“向民众交权”，改革选举制度和内阁产生方式，由“公平和透明”地选举出来的议会多数派组建未来的内阁，地方政府也将以同样的方式组成。

2011年8月　约旦政府在国王阿卜杜拉二世的授意下，向约旦政府部门、军队、安全部门的在职和离退休人员，以及国家援助基金的受益人发放每人100约旦第纳尔（约合141.2美元）的补贴。此举旨在缓解民众生活压力，保证民众基本生活需要。

2011年10月16日　70名众议员议员在一份致国王的请愿

书上签字，要求罢免首相，理由是他拖延改革，在给予约旦公民更多的政治发言权问题上犹豫不决。

2011年10月18日 奥恩·哈苏奈接受阿卜杜拉二世国王委任，成为新首相。

2012年8月31日 约旦政府决定，从9月1日起，将对燃油产品进行1%～10%的提价。国内多个地区爆发大规模示威游行，抗议政府提价。

2012年9月3日 阿卜杜拉二世国王决定中止政府提高国内燃料价格的决定。

2012年4月27日 阿卜杜拉二世国王任命法耶兹·塔拉瓦奈为新首相，强调新政府的首要任务是继续在政治、经济、社会等各领域深化改革，为在年底前举行议会选举铺平道路，以推动约旦全面改革进程。

2012年5月2日 阿卜杜拉二世国王批准新任命的首相法耶兹·塔拉瓦奈提交的内阁名单，随后新一届政府在拉格丹王宫向国王宣誓就职。

2012年10月4日 阿卜杜拉二世宣布即日起解散众议院，将重新举行选举。

2012年10月10日 阿卜杜拉二世国王任命恩苏尔为首相兼国防大臣。

2013年1月23日 约旦依照新的选举法举行国民议会选举。

2013年3月30日 约旦最高权力机构宣布批准首相恩苏尔提交的新内阁名单，随后新一届政府在王宫向国王宣誓就职。

2013 年 8 月 21 日	阿卜杜拉二世国王批准恩苏尔改组内阁名单。
2013 年 9 月	阿卜杜拉二世国王对中国进行国事访问，并出席 2013 中国—阿拉伯国家博览会。
2014 年 1 月	美国国务卿克里访问约旦等中东国家；美参众两院代表团访问约旦；以色列总理内塔尼亚胡秘密访问约旦。
2014 年 2 月 8 日	约旦众议院（议会）发表声明表示，约旦议会拒绝承认“以色列犹太国”，并强调约旦在巴勒斯坦问题上的立场是坚定的，坚决支持巴勒斯坦民族的合法权利，拒绝承认犹太血统的以色列国。
2014 年 3 月	卡塔尔埃米尔塔米姆访问约旦。
2014 年 4 月	因管道频繁遭到袭击、价格调整等因素，埃及对约旦天然气供应彻底中断。
2014 年 7 月	约旦国王阿卜杜拉二世会见到访的巴勒斯坦总统阿巴斯时强调，约旦支持埃及提出的停火倡议，并重申约旦全力支持巴勒斯坦人。
2014 年 9 月 10 日	美国国务卿克里访问约旦。阿卜杜拉二世国王表示，约旦支持国际社会为打击恐怖主义所做的努力。
2014 年 9 月 24 日	阿卜杜拉二世国王出席联合国安理会关于打击恐怖主义的会议并发言。
2014 年 10 月	伊拉克总理阿巴迪访问约旦，阿卜杜拉二世国王会见阿巴迪时重申，约旦全面支持伊拉克实现安全和稳定。
2014 年 11 月	中国全国政协主席俞正声访问约旦。

参考文献

一　中文文献

1. 〔埃及〕艾哈迈德·爱敏：《阿拉伯—伊斯兰文化史》，朱凯等译，商务印书馆，1997。

2. 〔德〕卡尔·布罗克尔曼：《伊斯兰教各民族与国家史》，孙硕人、诸长福等译，商务印书馆，1985。

3. 《多难兴邦——约旦国王侯赛因一世自传》，台湾正中书局，1968。

4. 郭应德：《阿拉伯史纲》，经济日报出版社，1997。

5. 梁国诗：《当代约旦哈希姆王国社会与文化》，上海外语教育出版社，2003。

6. 刘宝莱：《中国驻中东大使话中东：约旦》，世界知识出版社，2014。

7. 纳忠：《阿拉伯通史》，商务印书馆，1999。

8. 彭树智主编《阿拉伯国家史》，高等教育出版社，2002。

9. 孙承熙：《阿拉伯伊斯兰文化史纲》，昆仑出版社，2001。

10. 王铁铮：《中东国家通史（约旦卷）》，商务印书馆有限公司，2005。

11. 杨辉：《中东国家通史——巴勒斯坦卷》，商务印书馆，2002。

12. 杨孝柏等：《圣裔的王冠——约旦王室》，社会科学文献出版社，1998。

13. 〔英〕James D. Lunt：《约旦国王侯赛因》，吕乃君等译，世界知识出版社，1992。

14. 〔英〕阿兰·哈特：《阿拉法特传》，吕乃君等译，中国社会科学出版社，1990。

15. 〔约旦〕侯赛因：《我的职务是国王》，孟早译，外语教学与研究出版社，1980。

16. 《约旦史——一脉相承的王国》，台湾三民书局，2004。

17. 仲跻昆：《阿拉伯现代文学史》，昆仑出版社，2004。

二　英文文献

1. Abdullah, *King Abdullah of Jordan My Memoirs Completed*, American Council of Learned Societies, 1954.

2. Adam Garfinkle, *Israel and Jordan in the Shadow of War* (*Functional Ties and Futile Diplomacy in a Small Place*), Macmillan, 1992.

3. Avi Shlaim, *Lion of Jordan*: *The Life of King Hussein in War and Peace*, Penguin, 2008.

4. B. A. Toukan, A Short History of TransJordan, Luzacand Co., 1945.

5. Bichara & Badran, Adnan Khader, *The Economic Development of Jordan*, Croom Helm, 1987.

6. Curts R. Ryan, *Jordan in Transition*: *From Hussein to Abdullah*, Lynne Rienner Publishers, 2002.

7. I. Y. Qutub, *The Rising Middle Class in Jordan*, Iowa State University Press, 1961.

8. Jenny Walker, *Lonely Planet Jordan*, Lonely Planet Publications, 2012.

9. Joseph A. Massad, *Colonial Effects*: *The Making of National Identity in Jordan*, Columbia University Press, 2001.

10. Kamal S. Salibi, *The Modern History of Jordan*, I. B. Tauris, 1998.

11. King Abdullah Ⅱ of Jordan, *Our Last Best Chance*: *The Pursuit of Peace in a Time of Peril*, Viking Adult, 2011.

12. Madiha Rashid AL Madfai, *Jordan*, *The United States and The Middle*

East Peace Process 1974 – 1991, Cambridge University Press, 1993.

13. Naseer H. Aruri, *Jordan* (*A Study in Political Development 1921 – 1965*), Martinus Mijhoff, 1972.

14. Nigel Ashton, *King Hussein of Jordan: A Political Life*, Yale University Press, 2010.

15. Peake Pasha, *A History of Jordan and Its Tribes*, Universityof Miami Press, 1958.

16. Philip Robins, *A History of Jordan*, Cambridge University Press, 2004.

17. Raphael Israeli, *Palestinians Between Israel and Jordan* (*Squaring the Triangle*), Praeger, 1991.

18. Raphael Patai, *The Kingdom of Jordan*, Greenwood Press, 1984.

19. R. Patai, *The Kingdom of Jordan*, Princeton University Press, 1958.

20. Robert B. Satloff, *From Abdullah to Hussein: Jordan in Transition*, Oxford University Press Inc., 1994.

21. *The Military Balance 2013 ~ 2014*, International Institute for Strategic Studies, London, 2012.

三 约旦相关网站

www. kingabdullah. jo（阿卜杜拉二世国王网站）

www. queenrania. jo（拉尼娅王后网站）

www. kinghussein. gov. jo（侯赛因国王网站）

www. noor. gov. jo（努尔王后网站）

www. princehassan. gov. jo（哈桑亲王网站）

www. princehamzah. jo（哈姆扎亲王网站）

www. nic. gov. jo（国家信息系统网站）

www. parliament. gov. jo（国民议会网站）

www. jordan. gov. jo（约旦政府官方网站）

www. pm. gov. jo（首相府网站）

www. mof. gov. jo（财政部网站）
www. cbj. gov. jo（约旦中央银行网站）
www. mop. gov. jo（计划部网站）
www. mfa. gov. jo（外交部网站）
www. moi. gov. jo（内政部网站）
www. mit. gov. jo（工贸部网站）
www. moe. gov. jo（教育部网站）
www. mohe. gov. jo（高等教育与科技部网站）
www. awqaf. gov. jo（伊斯兰事务部网站）
www. moict. gov. jo（信息与通信技术部网站）
www. culture. gov. jo（文化部网站）
www. nis. gov. jo（司法部网站）
www. mol. gov. jo（劳工部网站）
www. mwi. gov. jo（水资源与灌溉部网站）
www. mosd. gov. jo（社会发展部网站）
www. moa. gov. jo（农业部网站）
www. moh. gov. jo（卫生部网站）
www. youth. gov. jo（青年事务部网站）
http：//ch. visitjordan. com（约旦旅游委员会网站）
www. mota. gov. jo（约旦旅游和古迹部网站）
www. moenv. gov. jo（约旦环境部网站）
www. trc. gov. jo（电信管理委员会网站）
www. mopc. gov. jo（邮政和电信部网站）
www. mot. gov. jo（交通部网站）
www. jcaa. gov. jo（民航管理局网站）
www. ptrc. gov. jo（约旦公共交通管理委员会网站）
www. auditbureau. gov. jo（审计总局网站）
www. dos. gov. jo（统计部网站）
www. gid. gov. jo（情报总局网站）

www. rjaf. gov. jo（皇家空军网站）
www. ju. edu. jo（约旦大学网站）
www. mutah. edu. jo（穆塔大学网站）
www. nhf. org. jo（努尔侯赛因基金会网站）
www. rss. gov. jo（皇家科学院网站）
www. rja. com. jo（皇家航空公司网站）
www. royalwings. com. jo（皇家之翼航空公司网站）
www. nic. gov. jo（国家信息网）
www. jordantimes. com（《约旦时报》网站）
www. jordan. jo（约旦媒体中心网站）
www. petra. gov. jo（佩特拉通讯社网站）
www. jib. com. jo（约旦投资委员会网站）
www. customs. go. jo（约旦海关网站）
www. aseza. jo（亚喀巴经济特区管理局网站）
www. jiec. com（约旦工业区公司网站）
www. free – zones. gov. jo（自由区公司网站）
www. jedco. gov. jo（约旦出口开发公司网站）
www. fjcc. com（约旦商会联合会网站）
www. esc. jo（约旦经济社会委员会网站）
www. jtajordan. gov. jo（约旦贸易协会网站）
www. aci. org. jo（安曼工业协会网站）
www. jba. com. jo（约旦商会网站）
www. arabisch. tv（约旦国家电视台网站）
www. rscn. org. jo（皇家自然保护协会）
www. ammancity. gov. jo（大安曼市政府网站）
www. deadseamarathon. com（死海马拉松比赛官方网站）
www. amman – marathon. com（安曼国际马拉松比赛官方网站）
www. johotels. org（约旦旅馆协会网站）
www. jordanrestaurant. com（约旦饭店协会网站）

www. tourguides. com. jo（约旦导游协会网站）
www. phajordan. org（约旦私人医院协会）
www. nationalgallery. org（约旦国家美术馆网站）
www. aqaba. jo（亚喀巴旅游网）
www. tourist – police. psd. gov. jo（约旦旅游警察网站）
www. rjgc. gov. jo（皇家地理中心网站）

索　引

A

B

C

D

E

F

G

H

J

K

L

M

N

O

P

Q

R

S

T

W

X

Y

Z

新版《列国志》总书目

亚洲

阿富汗
阿拉伯联合酋长国
阿曼
阿塞拜疆
巴基斯坦
巴勒斯坦
巴林
不丹
朝鲜
东帝汶
菲律宾
格鲁吉亚
哈萨克斯坦
韩国
吉尔吉斯斯坦
柬埔寨
卡塔尔
科威特
老挝
黎巴嫩
马尔代夫
马来西亚
蒙古国
孟加拉国
缅甸
尼泊尔
日本
塞浦路斯
沙特阿拉伯
斯里兰卡
塔吉克斯坦
泰国
土耳其
土库曼斯坦
文莱
乌兹别克斯坦
新加坡
叙利亚
亚美尼亚
也门
伊拉克
伊朗
以色列
印度
印度尼西亚
约旦

越南

非洲

阿尔及利亚
埃及
埃塞俄比亚
安哥拉
贝宁
博茨瓦纳
布基纳法索
布隆迪
赤道几内亚
多哥
厄立特里亚
佛得角
冈比亚
刚果共和国
刚果民主共和国
吉布提
几内亚
几内亚比绍
加纳
加蓬
津巴布韦
喀麦隆
科摩罗
科特迪瓦
肯尼亚
莱索托
利比里亚
利比亚
卢旺达
马达加斯加
马拉维
马里
毛里求斯
毛里塔尼亚
摩洛哥
莫桑比克
纳米比亚
南非
南苏丹
尼日尔
尼日利亚
塞拉利昂
塞内加尔
塞舌尔
圣多美和普林西比
斯威士兰
苏丹
索马里
坦桑尼亚
突尼斯
乌干达
西撒哈拉
赞比亚
乍得
中非

欧洲

阿尔巴尼亚
爱尔兰

爱沙尼亚
安道尔
奥地利
白俄罗斯
保加利亚
比利时
冰岛
波黑
波兰
丹麦
德国
俄罗斯
法国
梵蒂冈
芬兰
荷兰
黑山
捷克
克罗地亚
拉脱维亚
立陶宛
列支敦士登
卢森堡
罗马尼亚
马耳他
马其顿
摩尔多瓦
摩纳哥
挪威
葡萄牙
瑞典
瑞士
塞尔维亚
圣马力诺
斯洛伐克
斯洛文尼亚
乌克兰
西班牙
希腊
匈牙利
意大利
英国

美洲

阿根廷
安提瓜和巴布达
巴巴多斯
巴哈马
巴拉圭
巴拿马
巴西
玻利维亚
伯利兹
多米尼加
多米尼克
厄瓜多尔
哥伦比亚
哥斯达黎加
格林纳达
古巴
圭亚那
海地
洪都拉斯
加拿大
美国
秘鲁

墨西哥
尼加拉瓜
萨尔瓦多
圣基茨和尼维斯
圣卢西亚
圣文森特和格林纳丁斯
苏里南
特立尼达和多巴哥
危地马拉
委内瑞拉
乌拉圭
牙买加
智利

大洋洲

澳大利亚
巴布亚新几内亚
斐济
基里巴斯
库克群岛
马绍尔群岛
密克罗尼西亚
瑙鲁
纽埃
帕劳
萨摩亚
所罗门群岛
汤加
图瓦卢
瓦努阿图
新西兰

图书在版编目（CIP）数据

约旦 / 唐志超编著. --2 版. --北京：社会科学文献出版社，2016. 8（2020. 5 重印）
（列国志：新版）
ISBN 978-7-5097-8470-9

Ⅰ. ①约… Ⅱ. ①唐… Ⅲ. ①约旦-研究 Ⅳ. ①K937. 9

中国版本图书馆 CIP 数据核字（2015）第 284721 号

· 列国志（新版）·
约旦（第二版）（Jordan）

编 著 / 唐志超

出 版 人 / 谢寿光
项目统筹 / 高明秀
责任编辑 / 许玉燕 赵子安

出 版 / 社会科学文献出版社 · 国别区域分社（010）59367078
地址：北京市北三环中路甲 29 号院华龙大厦 邮编：100029
网址：www. ssap. com. cn
发 行 / 市场营销中心（010）59367081 59367083
印 装 / 北京盛通印刷股份有限公司

规 格 / 开 本：787mm × 1092mm 1/16
印 张：28 插 页：0. 75 字 数：419 千字
版 次 / 2016 年 8 月第 2 版 2020 年 5 月第 2 次印刷
书 号 / ISBN 978-7-5097-8470-9
定 价 / 89. 00 元

本书如有印装质量问题，请与读者服务中心（010-59367028）联系